高职高专**会计**专业
工学结合系列教材

会计电算化

第二版

——用友ERP-U8 V10.1版

◉ 甘玲俐 主 编

◉ 李 薇 刘 华 施 颖 郭晓芬 副主编

清华大学出版社
北 京

内 容 简 介

本书以用友 ERP-U8 V10.1 软件为蓝本，介绍会计电算化认知、系统设置与管理、企业应用平台设置、总账系统处理、报表系统处理、薪资管理系统处理、固定资产管理系统处理、应收款管理系统处理、应付款管理系统处理等内容。

本书采用任务驱动教学模式，理论知识与技能知识相结合，以问题引领学生思、学、做，便于学生自学，关注学生自学能力、实践能力的培养。

本书所有任务均提供相应的账套数据备份和演示操作视频，以二维码的形式加入书中，每个实训任务既环环相扣，又可以独立操作，适应不同层次教学的需要。

本书可作为高等职业院校会计等经济管理相关专业的师生使用，也可供社会从业人员学习参考。

图书在版编目（CIP）数据

会计电算化：用友 ERP-U8 V10.1 版/甘玲俐主编.—2 版.—北京：清华大学出版社，2017(2021.8 重印)

（高职高专会计专业工学结合系列教材）

ISBN 978-7-302-46673-4

Ⅰ. ①会…　Ⅱ. ①甘…　Ⅲ. ①会计电算化－高等职业教育－教材　Ⅳ. ①F232

中国版本图书馆 CIP 数据核字（2017）第 036030 号

责任编辑：左卫霞
封面设计：毛丽娟
责任校对：袁　芳
责任印制：丛怀宇

出版发行：清华大学出版社
网　　　址：http://www.tup.com.cn，http://www.wqbook.com
地　　　址：北京清华大学学研大厦 A 座　　　　邮　　编：100084
社 总 机：010-62770175　　　　　　　　　　　邮　　购：010-62786544
投稿与读者服务：010-62776969，c-service@tup.tsinghua.edu.cn
质量反馈：010-62772015，zhiliang@tup.tsinghua.edu.cn
课件下载：http://www.tup.com.cn，010-62770175-4278
印 装 者：三河市龙大印装有限公司
经　　销：全国新华书店
开　　本：185mm×260mm　　　　印　张：21.25　　　字　　数：487 千字
版　　次：2010 年 2 月第 1 版　　2017 年 3 月第 2 版　　印　次：2021 年 8 月第 6 次印刷
定　　价：59.00 元

产品编号：070061-03

高职高专会计专业工学结合系列教材
编委会名单

主　任： 梁伟样（丽水职业技术学院）

编委会成员（按拼音顺序排列）：

陈　强（浙江商业职业技术学院）

甘玲俐（长沙商贸旅游职业技术学院）

顾全根（苏州经贸职业技术学院）

李　莉（四川商务职业学院）

李泽岚（唐山职业技术学院）

戚素文（唐山职业技术学院）

申屠新飞（温州职业技术学院）

施海丽（丽水职业技术学院）

俞校明（浙江经贸职业技术学院）

周小芬（长沙商贸旅游职业技术学院）

朱　明（浙江经贸职业技术学院）

邹　敏（湖南交通职业技术学院）

策划编辑： 左卫霞（zuoer_2002@163.com）

丛书总序

2014 年 5 月 2 日,国务院发布了《关于加快发展现代职业教育的决定》(国发〔2014〕19 号),提出"坚持校企合作、工学结合,强化教学、学习、实训相融合的教育教学活动。推行项目教学、案例教学、工作过程导向教学等教学模式。加大实习实训在教学中的比重,创新顶岗实习形式,强化以育人为目标的实习实训考核评价"。"积极推进学历证书和职业资格证书'双证书'制度"。建设融"教、学、做"为一体、强化学生能力培养的优质教材显得更为重要。

2013 年 8 月 1 日起,陆续在交通运输业、邮政业、电信业和部分现代服务业进行营业税改征增值税的试点工作,2016 年 5 月 1 日起在全国范围内全面推开,营业税退出了历史舞台;2014 年 7 月 1 日起,实施《长期股权投资》《职工薪酬》《公允价值计量》《财务报表列报》《合并会计报表》等新的企业会计准则;企业所得税纳税申报表从 2015 年 1 月 1 日起作了全新的修改,2014 年 12 月 1 日起陆续修改了消费税法规,2016 年 7 月 1 日起全面推行资源税改革。会计法规在变,税法在变,教材也应及时更新、再版。

为满足教学改革和教学内容变化的需要,我们对 2007 年立项,梁伟样教授主持的清华大学出版社重点规划课题"高职院校会计专业工学结合模式的课程研究"成果,2009 年以来出版的"高职高专会计专业工学结合系列教材"陆续进行修订、再版,包括《出纳实务》《基础会计实务》《财务会计实务》《成本会计实务》《企业纳税实务》《会计电算化实务》《审计实务》《财务管理实务》《财务报表阅读与分析》,前 7 种教材单独配备了"全真实训",以方便教师的教学与学生的实训练习。

本系列教材具有以下特色。

(1)项目导向、任务驱动。以真实的工作目标作为项目,以完成项目的典型工作过程(环节、方法、步骤)作为任务,以任务引领知识、技能和态度,让学生在完成工作任务中学习知识,训练技能,获得实现目标所需要的职业能力。

(2)内容适用、突出能力。根据高职毕业生就业岗位的实际情况,以会计岗位的各种业务为主线,以介绍工作流程中的各个程序和操作步骤为主要内容,围绕职业能力培养,注重内容的实用性和针对性,体现职业教育课程的本质特征。

(3)案例引入、学做合一。每个项目以案例展开并贯穿于整个项目之中,打破长期以来的理论与实践二元分离的局面,以任务为核心,配备相应的全真实训教材,便于在做中学、学中做,学做合一,实现理论与实践一体化教学。

（4）资源丰富、方便教学。在教材出版的同时为教师提供教学资源库，主要内容为：教学课件、习题答案、趣味阅读、课程标准、模拟试卷等，以便于教师教学参考。

本系列教材无论从课程标准的开发、教学内容的筛选、教材结构的设计还是到工作任务的选择，都倾注了职业教育专家、会计教育专家、企业会计实务专家和清华大学出版社各位编辑的心血，是高等职业教育教材为适应学科教育到职业教育、学科体系到能力体系两个转变进行的有益尝试。

本系列教材适用于高等职业院校、高等专科学校、成人高校及本科院校的二级职业技术学院、继续教育学院和民办高校的财会类专业，也可作为在职财会人员岗位培训、自学进修和岗位职称考试的教学用书。

本系列教材难免有不足之处，敬请各位专家、老师和广大读者不吝指正，希望本系列教材的出版能为我国高职会计教育事业的发展和人才培养做出贡献。

高职高专会计专业工学结合系列教材
编写委员会

前言

随着社会主义市场经济的改革与完善和科学技术的不断进步，企业的管理日趋科学化、现代化，会计信息技术也以前所未有的速度发展，会计电算化作为现代企业管理的重要手段之一，发挥着越来越重要的作用。会计电算化专业人才在经济管理中的作用也日益凸显，财政部在《关于大力发展我国会计电算化事业的意见》中指出："会计电算化人才缺乏，是制约我国会计电算化事业进一步发展的关键环节。"

本书以用友 ERP-U8 V10.1 管理软件为载体，由 9 个学习项目组成，这 9 个学习项目分别是：会计电算化认知、系统设置与管理、企业应用平台设置、总账系统处理、报表系统处理、薪资管理系统处理、固定资产管理系统处理、应收款管理系统处理、应付款管理系统处理。每个学习任务包括任务单、信息页、理论测试。

本书以任务引导为主线，便于学生自学，关注学生自学能力、实践能力、创新能力和就业能力的培养，注重理论知识与技能操作相结合，以问题引领学生思、学、做。主要特点如下：

（1）以完成任务应具备的技能和知识为学习内容。教材的编写遵循"易学、易教"为原则，循序渐进，通俗易懂，图文并茂，每一个项目由若干任务单组成，信息页是对每个任务单的知识点的详细讲解，理论测试是对学生理论知识掌握的检测，让学生既掌握操作实践又掌握理论知识。

（2）教学模式由"教师为主"转化为"学生为主"。教材中的"任务单""信息页"和"理论测试"体现了"任务驱动""项目化""工作过程导向"的教学模式，注重培养学生的自学能力，课堂教学由"老师为主"转化为"学生为主"的教学模式的运用。

（3）教材配套资源丰富。本书设有专门的课程教学网站（网址：http://www.worlduc.com/SpaceShow/index.aspx?uid=252135）。为了满足学习者不同的学习需要，我们对教材中的 8 个教学项目（项目 2～项目 9）做了账套备份，为学习者提供数据准备。同时也提供了任务单上的任务演示操作视频，以二维码的形式加入书中，方便老师教学和学生自学。

本书由甘玲俐任主编，李薇、刘华、施颖、郭晓芬任副主编，罗静、范秀旺参与了编写，我们还邀请了徐金鸿（用友新道湖南分公司）直接参与编写和审定。本书具体编写分工如下：施颖负责项目一、项目二；甘玲俐负责项目三、项目四、项目九；罗静负责项目五；李薇负责项目六；刘华负责项目七；郭晓芬负责项目八。李薇负责综合实训一；范秀旺负责综合实训二。全书由甘玲俐负责总纂和审核。

在编写过程中我们虽然付出了很多努力,但由于编者水平有限,书中难免有疏漏之处,敬请专家和广大读者批评、指正。

编　者

2016 年 12 月

目录

32 项目3　企业应用平台设置

会计电算化认知

任务 1.1　会计电算化的基本认知

[任务单 1-1]

项目 1　会计电算化认知		学时　2	
任务 1.1	会计电算化的基本认知	学时	1
一、学习目标 1. 了解会计电算化的发展过程。 2. 会计电算化的发展现状。 3. 掌握手工会计与电算化会计的相同点和不同点。			
二、学习资源 用友 ERP-U8 V10.1 软件。			
三、学习方法 认真听课,查找资料。			
四、准备工作 查找相关资料。			
五、学习任务 1. 了解会计电算化的发展过程。 2. 会计电算化的发展现状。 3. 掌握手工会计与电算化会计的相同点和不同点。			

[信息页 1-1]

理论目标:

了解会计电算化的发展过程;

掌握会计电算化的发展现状;

掌握手工会计与电算化会计的相同点和不同点。

1.1.1 会计电算化的发展过程

在国际会计史上,会计电算化产生于 20 世纪 50 年代。1951 年美国通用电气公司第一次利用计算机计算职工工资,开创了电子数据处理会计的新起点。但当时的计算机作为一项新兴技术,价格昂贵,计算机在会计工作上的应用,仅仅限于单位业务范围内一些数据处理量大、计算简单且多次重复的经济业务。从 20 世纪 50 年代到 60 年代,会计电算化发展到建立了会计信息阶段,人们开始利用计算机对会计数据进行综合加工,系统地为经济分析、经济决策提供会计信息。到了 20 世纪 70 年代,随着计算机网络技术的出现和数据库系统的广泛应用,形成了网络化的电子计算机会计信息系统。采用这种方式,不仅实现了会计电算化,还为企业全面应用计算机进行会计管理、预测、决策奠定了基础。20 世纪 80 年代和 90 年代,会计电算化得到迅速发展,1987 年 10 月在日本东京召开了第十三届世界会计师大会,其中心议题就是讨论在会计电算化情况下会计师的作用。至今,美国、日本、德国、英国、法国等西方发达国家的会计电算化已发展到了较为完善的程度。

在中国,会计电算化开始于 20 世纪 70 年代,从 70 年代到 1983 年以前这一阶段主要进行理论研究和试点工作。1979 年财政部拨出专款,在长春第一汽车制造厂进行试点,首先应用计算机进行工资、产值等方面的计算。此时的会计软件以模拟手工核算为主,各项业务的数据处理都是独立进行的,没有形成整体的会计信息系统。因此,这一阶段称为我国会计电算化工作的尝试阶段。从 1983 年至 1986 年,社会对会计电算化的需求越来越大,应用计算机进行会计处理的单位越来越多,单位会计电算化工作的内容已扩展到账务处理、银行对账、工资核算、固定资产核算、销售核算、材料核算、成本核算、报表编制和其他等 9 个单项。计算机硬件不断完善,但会计软件开发不规范,国家没有明确规定,软件开发各为为战。因此,这一阶段称为我国会计电算化工作的自我发展阶段。从 1986 年至今,财政部先后颁布了《会计电算化管理办法》《商品化会计软件评审规则》《会计核算软件基本功能规范》等,社会上出现了专门从事商品化会计软件和会计专用设备开发研制单位,如用友电子财务技术有限公司等,全国的会计软件市场也已形成。因此,这一阶段称为我国会计电算化工作的稳步发展阶段。

1.1.2 会计电算化的发展现状

从以上我国会计电算化的发展历程可以看出,我国会计电算化的发展具有以下特点。

(1) 我国的会计电算化工作起步较晚,采用的计算机硬件结构主要是单机系统,应用的范围也主要是会计核算业务;而西方发达国家的会计电算化工作已进入网络信息阶段,形成了有机结合的会计管理信息系统。

(2) 会计电算化工作经过多年的普及,我们有了比较系统和全面的认识,会计软件得到广泛应用,基层单位的会计电算化工作推动了主管部门会计电算化的管理工作,会计电算化的实践推动了会计电算化理论研究工作的深入。

(3) 西方国家的会计电算化工作一般都经历了手工处理、机械化处理、电算化处理三个阶段,而我国是直接从手工处理过渡到电算化处理,这种跳跃式的发展,使得会计人员对机械化和电子化数据处理工具的掌握能力较粗浅,从而阻碍了会计电算化工作的进程。

(4) 我国地域广阔,科学技术发展水平不均衡,要跟上西方发达国家的会计电算化工作,还需要我们大家共同努力。

20 世纪末以来,互联网在全球 IT 领域掀起了第二次产业浪潮,发展迅猛。国际互联网将散布在全球各地的计算机和网络相互连接,从而形成了全球最大的网络系统。基于网络资源共享的电子商务(E-business)风靡全球,使经营、管理和服务变得及时而迅速。为适应此需要,我国会计理论界、会计实务界和会计软件公司纷纷响应,各种新的会计理念、会计软件不断推出。特别是企业资源规划(ERP)管理思想和系统的提出,要求财务业务一体化管理,即当经济业务发生时,由业务单据驱动,根据会计分录模板由系统自动生成会计凭证并审核后记账,这样就实现了财务账和实务账的同步生成。财务人员只有从繁杂的劳动中解放出来,才能不断完善会计信息系统的控制功能,在会计(控制)信息系统的支持下,将控制职能延伸到业务前端,从核算角色转变为管理决策角色,并在会计决策系统的支持下做出决策。

企业资源计划管理思想和系统的提出,给我国电算化会计提供了新的发展想象空间。

1.1.3 手工会计与电算化会计的比较

手工环境下和 IT 环境下账务处理流程有如下不同点。

(1) 数据处理的起点与终点不同。在手工环境下,会计业务的处理起点为原始凭证;而在 IT 环境下,会计业务的处理起点可以是原始凭证、记账凭证或机制凭证。在手工环境下,会计业务的处理终点为编制会计报表;而在 IT 环境下,会计业务的处理终点为自动输出账簿和固定报表,内外部会计报表则由报表子系统来完成。

(2) 数据处理顺序不同。在手工环境下,会计核算程序有记账凭证核算程序、科目汇总表核算程序等,会计人员根据选择的核算程序将凭证登记到账簿中,此时的工作量很大,工作质量也难以得到保证;而在 IT 环境下,会计核算程序已无意义,所有账簿都由计算机自动处理完成。

(3) 数据存储介质不同。在手工环境下,会计数据存储在纸张中;而在 IT 环境下,会计数据存储在有关数据文件中,需要时可查询或打印输出。

(4) 对账的方式不同。在手工环境下,会计数据根据复式记账的原理,采用平行登记的方法,登记总账和相关明细账,然后定期将总账、明细账等数据进行核对,如果总账和相关明细账中的数据不相符,说明记账有错误;而在 IT 环境下,只要会计软件中的程序正确,所有账簿都由计算机自动处理完成,一般登记的账簿不会出现错误,也就没有必要对账了。

(5) 在手工环境下,会计人员如果需要会计数据资料,如急需某个账户资料、某张数据统计表等,要付出不少的劳动;而在 IT 环境下,由于计算机具有高速的数据处理能力,会计人员只需选择所需功能,便可快速得到所需会计数据资料。

以上分析只是从账务处理流程来看会计工作在手工环境下和 IT 环境下的不同。手工会计与电算化会计的异同归纳如下。

1. 手工会计与电算化会计的相同点

（1）手工会计与电算化会计的目标一致

手工会计与电算化会计的最终目标都是加强经营管理，提供准确及时的会计信息，参与经营决策，提高经济效益。

（2）手工会计与电算化会计都必须遵守相同的会计法规与会计准则

手工会计与电算化会计都必须遵守会计法、会计准则、会计制度及有关的其他法规和政策。

（3）手工会计与电算化会计的会计档案都必须按规定妥善保管

会计档案是会计的重要历史资料，必须妥善保管。实行会计电算化，大部分会计档案的物理性质发生了变化，即由纸质的会计档案变为磁性介质的会计档案，这时备份数据容易丢失，但档案又容易复制，这就要求管理更要到位。

（4）手工会计与电算化会计都要求编制并输出报表

手工会计是根据一定的会计核算程序编制出会计报表，电算化会计是通过计算机程序和会计软件来实现编制会计报表的任务，两者最终都要求提供会计报表给管理者使用。

（5）手工会计与电算化会计都要遵守相同的基本会计理论和方法

两者所遵循的基本会计理论和方法是一致的，如复式记账的原理、固定资产提取折旧的方法等。

（6）手工会计与电算化会计的基本工作相同

手工会计与电算化会计都要进行如下基本工作。

① 以原始凭证为依据编制记账凭证，并对凭证进行审核。

② 根据记账凭证过账。手工登账和计算机自动生成账簿都是为了存储资料。

③ 对以上资料的加工处理。手工汇总与对账操作，在电算化会计中则是由计算机完成各种运算并进行查询。

2. 手工会计与电算化会计的不同点

（1）手工会计与电算化会计所用运算工具不同

手工会计使用的运算工具是算盘、计算器等，工作量大，计算速度慢；电算化会计使用的运算工具是计算机，只要输入原始数据便能得到相应的会计信息，工作量比手工会计小，计算速度比手工会计快。

（2）手工会计与电算化会计的信息载体不同

手工会计的信息都是以纸张为载体，占用空间大，保管不便，查找困难；电算化会计一般以磁性材料为信息的载体，占用空间少，查找非常方便。

（3）手工会计与电算化会计的账户设置方法不同

手工会计按会计六要素设置六大类账户；电算化会计将全部账户给予一个科目编号，这个科目编号的第一位为会计科目的类别，前四位为总账科目，后面的位数则表示明细科目，这样的设置完全打破了手工会计下各种账簿的不同处理方式和核对方法，实现了数出一门、数据共享。

（4）手工会计与电算化会计的簿记规则不同

手工会计规定日记账、总账要采用订本式账册，明细账要采用活页式账册，账簿记录的错误可用画线法或红字法进行更正，账页中的空行、空页要用红线注销；电算化会计登记的账本只要录入的凭证是正确的，则登记的账簿肯定是正确的，电算化会计输入的数据要经过逻辑性校验，因此不需要用画线法来更改账簿记录，如果发现出错，只能采用红字更正法和补充登记法。

（5）手工会计与电算化会计的账务处理程序不同

手工会计的会计核算程序有记账凭证核算程序、科目汇总表核算程序等，会计人员根据选择的核算程序将凭证登记到账簿中；而电算化会计中，会计核算程序已无意义，所有账簿都由计算机自动处理完成。

（6）手工会计与电算化会计的会计工作组织体制和人员素质不同

手工会计中，会计工作组织体制以会计事务的不同性质为依据，其骨干是会计师；电算化会计中，会计人员不但要精通会计专业，而且还要能够熟练使用计算机，形成复合型人才，其骨干是熟悉计算机的高级会计人才。

［理论测试 1-1］

一、单项选择题

我国会计电算化开始于 20 世纪（　　）年代到 1983 年以前，这一阶段我国会计电算化工作主要进行理论研究和试点工作。

　　A. 70　　　　　　B. 60　　　　　　C. 50　　　　　　D. 40

二、多项选择题

1. 1979 年财政部拨出专款，在长春第一汽车制造厂进行试点，首先应用计算机进行（　　）等方面的计算。

　　A. 工资　　　　　B. 产值　　　　　C. 固定资产　　　D. 材料

2. 西方国家的会计电算化工作一般都经历了（　　）三个阶段。

　　A. 手工处理　　　　　　　　　B. 机械化处理

　　C. 电算化处理　　　　　　　　D. 手工到电算化过渡阶段

三、判断题

1. 我国的会计电算化工作起步时采用的计算机硬件结构主要是单机系统。（　　）

2. 在电算化环境下，会计核算程序已无意义，所有账簿都由计算机自动处理完成。

（　　）

四、思考题

手工会计与电算化会计的相同点和不同点各是什么？

任务 1.2 　会计电算化硬、软件配置及用友软件安装

[任务单 1-2]

项目 1 　会计电算化认知		学时	2
任务 1.2	会计电算化硬、软件配置及用友软件安装	学时	1
一、学习目标 　　掌握用友 ERP-U8 V10.1 软件的安装。			
二、学习资源 　　用友 ERP-U8 V10.1 软件。			
三、学习方法 　　和同学讨论、交流。			
四、准备工作 　　用友 ERP-U8 V10.1 软件。			
五、学习任务 　　1. 了解会计电算化的硬件配置。 　　2. 了解会计电算化的软件配置。 　　3. 用友 ERP-U8 V10.1 软件安装。			

[信息页 1-2]

理论目标：

了解会计电算化的硬件配置；

掌握会计电算化的软件配置；

掌握用友 ERP-U8 V10.1 软件安装操作要点。

技能目标：

能够安装用友 ERP-U8 V10.1 软件。

1.2.1 　会计电算化的硬件配置

　　计算机硬件是指计算机系统中的所有机械、电、磁及光设备。换而言之，计算机系统中那些看得见、摸得着的物理设备都是硬件，如主机箱、显示器、打印机、键盘等。计算机硬件设备是会计电算化工作的基石，其选择的好与坏直接影响到今后会计电算化工作的质量和效率。

　　硬件配置是指会计电算化所需硬件系统的构成模式。目前主要有单机系统、多用户系统和网络系统等模式。

1. 单机系统

单机系统是指整个系统中只配置一台计算机和相应的外部设备,所使用的计算机一般为微型计算机。在单机结构中,所有的数据集中输入输出,同一时刻只能供一个用户使用。

(1) 单机系统的优点:投资规模小,见效快。

(2) 单机系统的缺点:可靠性差,一台机器发生故障,会使整个工作中断;不利于设备、数据共享,易造成资源的浪费。

(3) 单机系统的适用范围:单机系统一般适用于经济和技术力量比较薄弱的小单位。

2. 多用户系统

多用户系统是指整个系统配置一台计算机主机和多个终端。数据通过各终端输入,即分散输入。各个终端可同时输入数据,主机对数据集中处理。

(1) 多用户系统的优点:这种分散输入、集中处理的方式,很好地实现了数据共享,每个用户通过终端或控制台与主机打交道,就像自己独有一台计算机一样,这样既提高了系统效率,又具有良好的安全性。

(2) 多用户系统的缺点:系统比较庞大,系统维护要求高。

(3) 多用户系统的适用范围:适用于会计业务量大、地理分布较集中、资金雄厚且具有一定系统维护力量的单位。

3. 网络系统

网络系统主要是指用通信线连接多台微机,这些微机不仅具有信息处理能力,而且可以通过网络系统共享网络服务器上的硬件资源和软件资源,可以与其他计算机通信和交换信息。网络体系包括客户机/服务器(C/S)和文件服务器(FS)方式。

(1) 网络系统的优点:能够在网络范围内实现硬件、软件和数据的共享,以较低的费用,方便地实现一座办公楼、一个建筑群内部或异地数据通信,具有较高的传输速度,且容易维护,可靠性高,使用简单方便,结构灵活,具有可扩展性。

(2) 网络系统的缺点:安全性不如多用户系统,工作站易被病毒感染等。

(3) 网络系统的适用范围:局域网(LAN)对大多数用户适用,广域网(WAN)对具有异地财务信息交换需求单位(如集团型企业)更适用。计算机网络不仅是世界范围计算机应用的潮流,也是财务应用系统的潮流。端对端(Peer-to-Peer)是指计算机使用者不必通过网络中央管制系统,便可以交换影片、音乐和文字档案的一种新的 IT 架构。如Napster 提供点对点传输软件,让网友私下从事免费音乐共享与交流活动,让唱片业者、靠网络起家的搜索引擎网站、拍卖网站、网络书店及好莱坞影城大为失色。端对端的出现,象征点对点传输软件成为网络发展的新趋势,将带动网络科技发展热潮。

1.2.2 会计电算化的软件配置

1. 系统软件的配置

计算机软件是指计算机的程序和文档。就程序而言，有的是用来支持计算机工作和扩大计算机功能的，有的则是专为某种具体问题而编制的。由于这些程序是看不见、摸不着的，所以叫作"软件"。只有硬件而没有软件，计算机几乎是无用的，只有当软件和硬件结合成一体，组成计算机系统后才能发挥计算机的作用。

系统软件是指与计算机硬件直接联系，供用户使用的软件，它担负着扩充计算机功能，合理调用计算机资源的任务，如操作系统、数据管理系统等都是系统软件。系统软件的选择主要考虑以下技术指标。

（1）与所选计算机的兼容性。

（2）数据处理能力是否满足企业要求。

（3）是否能支持财会软件中汉字处理的要求。

（4）数据安全保密性。

（5）远程数据的维护能力。

（6）性能价格比。

（7）是否满足总体规划的要求。

2. 会计软件的配置

一般说来，配备会计软件的方式主要有选择通用会计软件、定点开发、选择通用会计软件与定点开发相结合三种。选择买通用的商品化会计软件是企事业单位实现会计电算化的一条捷径，它是各单位采用最多的一种方式。

（1）选择通用会计软件的利弊

目前，国内外许多企事业单位使用商品化的会计软件，其优点如下：

① 成本低。相对于自行开发会计软件，选择商品化通用软件的成本比较低。这主要是因为商品化软件能批量生产，单位成本低，因而售价相对低廉。

② 见效快。对于基础较好的企事业单位，买到软件即可开始试运行。运行几个月即可以代替手工记账，时间短，见效快。而对同样的项目，如自行开发，往往需要一年甚至几年的时间。

③ 软件质量高。经过财政部和各省市财政部门评审的商品化会计软件，一般都是由实力雄厚的专业软件公司开发的。软件厂家集中了一批会计电算化人才、会计专业人才、计算机高级人才，认真研究各单位的会计核算特点，开发出的会计软件质量高，符合现行会计制度，功能完善，核算准确，基本上能够满足大多数单位的会计核算要求。

④ 维护有保障。生产商品化会计软件的公司，一般有专门的维护队伍，而且很多厂家都承诺有偿终身维护。当软件出现问题、会计制度发生重大变动，以及企事业单位的需

求提高时,大多数财务会计电算化公司能立即组织力量对软件改进和升级。这为各单位电算化的顺利进行提供了保证。

通用会计核算软件由于自身的局限,也存在一些不足之处,其主要缺点如下:

① 对会计人员要求较高。在手工方式下,会计人员在进行会计核算时,常常采用一些自己习惯的工作方式。商品化会计软件为保证软件通用,通常设置多种自定义功能,如要求用户根据系统提供的语法,定义各种转账公式、数据来源公式、费用分配公式等。这就要求会计人员必须改变自己的工作习惯,以适应会计软件的要求。当然,从长远看,这有利于会计人员整体综合素质的提高与会计电算化事业的发展。

② 不能完全满足单位的核算要求。会计核算软件的通用性是指会计软件适用了不同的企事业单位、不同的会计工作需要及适应单位会计工作不同时期需要的性能。其包括纵向与横向两方面的通用性。纵向的通用性是指会计软件适应不同时期会计工作需要的性能;横向的通用性是指会计软件适应不同单位会计工作的需要的性能。由于商品化软件要供各单位使用,对通用性要求较高,因而不可能满足各单位的各种会计核算和会计管理要求,对某些特殊单位也不适用。解决这个问题的办法是开展会计电算化的初期,先选择通用的商品化会计软件,因为这种方式投资少,见效快,易于成功。待会计电算化工作深入后,通用会计软件不能完全满足工作需要时,可以在通用会计软件基础上,企事业单位与会计软件公司相结合,进行会计软件的再开发,从而满足需要。

(2)选择通用会计软件应考虑的问题

目前,我国会计软件公司的发展已具备一定规模。商品化通用会计软件的不断开发、推广与使用,一方面极大地丰富了会计软件市场,给企事业单位在选择软件时以广阔的天地与选择机会;另一方面也给企事业单位在选择会计软件时提出了一个难题,即怎样选择既符合国家法律政策与有关规定,又符合本单位实际需要与未来发展要求的软件。我们认为,企事业单位在选择会计软件时应主要从以下两个方面对会计软件进行认真的考查。

① 会计软件所需的计算机硬件和软件环境。目前,商品化会计软件品种多,不同软件厂家生产的会计软件对计算机硬件环境和软件环境的要求也不尽相同。

② 商品化会计软件对计算机软件环境的要求。主要是指对操作系统(Windows 2000、Windows XP＋SP2、Windows 2003＋SP2)的要求、对数据库(Microsoft SQL)的要求。如某 Windows 版本会计软件对计算机软件环境的要求如下。

操作系统,单机版为 Windows 3.1,网络版为 Windows for Workgroup,客户服务器结构为 Windows NT ADS 中文环境、Windows 中文版或中文之星等外挂式中文系统。数据库系统为 FoxPro。

因此,在购买某商品化会计软件之前,必须搞清楚你想购买的会计软件对计算机硬件和软件的要求,并结合本单位的条件,选择合适的会计软件。

综上所述,企事业单位选择会计软件时应全面考虑,权衡利弊,既着眼于现在,又要放眼未来,选择最适合本单位要求的商品化会计软件,促进会计电算化事业的发展,使本单位早日步入会计电算化的行列。

1.2.3　用友 ERP-U8 V10.1 软件安装

1. ERP-U8 V10.1 服务器安装准备

（1）计算机装有 DVD 光驱。

（2）内存大小最低要求为 3GB，建议 4GB 或以上。

（3）操作系统要求为 Windows Server 2003、Windows Server 2008。

（4）数据库要求为 SQL 2000＋SP4、SQL 2005、SQL 2008＋SQL Server 2005_BC。

（5）浏览器要求为 IE 6.0 或以上版本。

（6）安装.NET Framework 2.0 SP1、.NET Framework 3.5 SP1。

（7）安装 Silverlight 4.0。

（8）请根据选择安装的功能确保磁盘有足够的可用空间。

（9）计算机名称不能够有特殊符号（如"，""。""/""－"等），建议用字母或者字母＋数字组合。

（10）要求系统时间日期格式为双位数（如 14:06:21、2016-05-21 等）。

2. 安装步骤

（1）运行安装盘下的 setup.exe 或者 setupshell.exe 文件，运行 U8 All in One 安装程序。

（2）进入准备安装界面，退出杀毒软件和安全卫士等；单击确定按钮后进入安装欢迎界面，可以选择查看"安装手册""下一步""取消"操作。

（3）确认用友 ERP-U8 V10.1 安装的许可证协议。

（4）录入用户信息。

（5）选择安装路径，默认系统盘的"U8SOFT"，并控制不允许安装在根目录下。

【注意】

（1）建议安装在非系统盘，以确定系统重装后数据的安全。另外，安装路径不要有中文，建议使用默认的即可。

（2）可选择的安装类型分为"全产品""服务器""客户端""自定义"四种，可以选择安装的语种。

（3）环境检测时，要根据上一步所选择的安装类型及其子项检测环境的适配性，当"基础环境"和"缺省组件"都满足要求后，单击"确认"按钮进入下一步；检测报告以记事本方式自动打开并显示出示检测结果，可以保存（"基础环境"需要手工进行安装；"缺省组件"可以通过"安装缺省组件"进行自动安装，也可以选择手工安装；"可选组件"可选择安装也可以不安装）。

（4）记录日志可以选择是否记录安装每一个 MSI 包的详细日志，默认不勾选（勾选将延长一定的安装时间并占用部分磁盘空间，正常情况下不推荐使用）。

（5）安装完成用友 ERP-U8 V10.1 软件后，需要重新启动电脑，请按要求重新启动。

[理论测试 1-2]

一、单项选择题

1. ( )是指整个系统配置一台计算机主机和多个终端。数据通过各终端输入,即分散输入。

    A. 单机系统　　　　B. 多用户系统　　　　C. 网络系统

2. 某工厂的财会核算软件属于( )。

    A. 应用软件　　　B. 系统软件　　　C. 工具软件　　　D. 以上答案都不是

二、多项选择题

目前会计电算化所需硬件系统的构成模式主要有( )等模式。

    A. 单机系统　　　B. 多用户系统　　　C. 网络系统　　　D. 单用户系统

三、判断题

不同的会计软件所要求的运行环境不同,如果系统软件不能满足会计软件的要求,软件就不能正常运行。　　　　　　　　　　　　　　　　　　　　　　( )

四、思考题

简述用友 ERP-U8 V10.1 软件的安装步骤。

系统设置与管理

任务 2.1　系统管理的账套管理

[任务单 2-1]

项目2　系统设置与管理		学时	4
任务 2.1	系统管理的账套管理	学时	2

一、学习目标

在用友 ERP-U8 V10.1 软件中操作完成学习任务，完成相应的理论测试。

二、学习资源

1. 用友 ERP-U8 V10.1 软件。

2. 操作视频：(1)建立账套；(2)修改账套；(3)账套备份(输出账套)；(4)引入账套。

2.1.1 建立账套.mp4	2.1.2 修改账套，修 demo 密码.mp4	2.1.3 输出账套(账套备份).mp4	2.1.4 引入账套.mp4

三、学习方法

1. 认真观看视频并记录重点。

2. 和同学讨论、交流。

四、准备工作

1. 准备一个剩余空间不小于 2GB 的 U 盘。

2. 修改计算系统时间为 2016 年 1 月 1 日。

五、学习任务

1. 建立账套

(1)账套信息。账套号：216；账套名称：湖南旺旺食品厂；账套路径：默认；启用会计期：2016 年 1 月；会计期间设置：1 月 1 日至 12 月 31 日。

（2）单位信息。单位名称：湖南旺旺食品厂；单位简称：旺旺食品厂；单位地址：长沙市开福区三一大道 368 号；法人代表：林涛；税号：430101264720051；联系电话及传真：0731-8862678。

（3）核算类型。记账本位币：人民币（RMB）；企业类型：工业；行业性质：2007 年新会计制度科目；账套主管：demo；要求按行业性质预置科目。

（4）基础信息。存货、客户、供应商有分类，有外币核算。

（5）分类编码方案。科目编码级次：4222；客户、供应商分类编码级次：223；存货分类码级次：122；部门编码：12；地区分类码级次：223；结算方式编码级次：12。其他采用系统默认。

（6）数据精度。采用系统默认值。

（7）系统启用。启用模块：总账系统、固定资产。启用时间：2016 年 1 月 1 日。

2. 修改账套

将账套号为"216"、账套名称为"湖南旺旺食品厂"的单位法人代表修改为"杨立伟"。

3. 账套备份

在 E 盘根目录下建立一个文件夹，文件夹的名字为"216 账套备份"，在该文件中建立一个名为"系统管理的账套管理"的文件夹，将账套备份到该文件夹中。

4. 账套引入

将 E 盘中文件夹名为"216 账套备份"中的"系统管理的账套管理 2-1"的文件夹中的账套引入到软件中。

［信息页 2-1］

理论目标：

掌握系统管理的主要功能；

掌握系统管理的操作流程；

掌握相关的概念、操作要点。

技能目标：

熟练地建立账套；

熟练地修改账套；

熟练地备份、引入账套。

2.1.1　系统管理的主要功能

用友 ERP-U8 软件产品是由多个产品组成的，各个产品之间相互联系、数据共享，完全实现财务业务一体化管理，对于企业资金流、物流、信息流的统一管理提供了有效的方法和工具。系统管理模块主要能够实现如下功能。

（1）对账套的统一管理，包括建立、修改、引入和输出（恢复备份和备份）。

（2）对操作员及其功能权限实行统一管理，设立统一的安全机制，包括用户、角色和权限设置。

（3）允许设置自动备份计划，系统根据这些设置定期进行自动备份处理，实现账套的自动备份。

（4）对年度账的管理，包括建立、引入、输出年度账，结转上年数据，清空年度数据。

系统管理的使用者为企业的信息管理人员，如系统管理员 Admin 和账套主管。

2.1.2 系统管理操作流程

1.系统注册

系统允许两种身份进入系统管理：一是系统管理员（Admin）；二是账套主管。

系统管理员负责整个应用系统的总体控制和维护工作，可以管理该系统中所有的账套。以系统管理员的身份进入，可以进行账套的建立、引入和备份，设置用户、角色和权限，设置备份计划，监控系统运行过程，清除异常任务等。

第一次进入系统的是系统管理员（Admin）；初始密码为空。

只有系统管理员（Admin）才能进行增加用户的操作。

2.系统管理员（Admin）注册

【操作步骤】

（1）启动系统管理

以系统管理员 Admin 的身份依次执行"开始"→"用友 ERP-U8"→"系统服务"→"系统管理"命令。

（2）登录系统管理

① 依次执行"系统"→"总账"命令。

② 在"登录到"栏中选择登录的服务器。

③ 在"操作员"栏中输入"Admin"。

④ 在"密码"栏中不要求输入。

⑤ 在"账套"栏中选择"default"。

⑥ 单击"确定"按钮。

2.1.3 账套管理

每个企业可以为其每一个独立核算的单位建立一个核算账套，即每一个核算单位都有一套完整的账簿体系。账套管理就是对账套的统一管理，包括账套的建立、修改、引入输出（恢复备份和备份）。

1.建立账套

【操作步骤】

（1）打开新建账套功能：在系统管理界面执行"账套"→"建立"命令。

只有系统管理员（Admin）可以建立企业账套。

（2）录入账套信息，如图 2-1-1 所示。

账套号是账套的唯一标识，可以自行设置 3 位数字。账套号不允许与已存账套的账套号重复，账套号设置后将不允许修改。

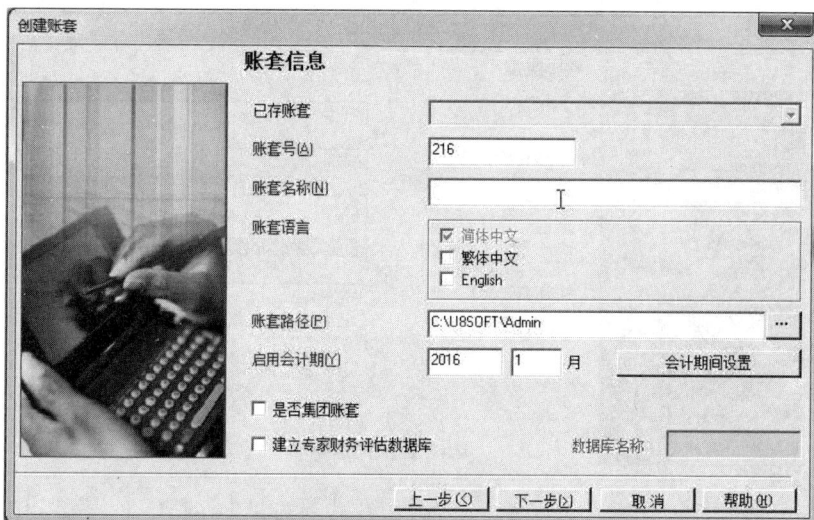

图 2-1-1　账套信息

账套名称用来输入新建账套的名称,作用是标识新账套的信息。

账套路径是新建账套被保存的路径,必须输入,为系统默认用友 ERP-U8 V10.1 软件的安装路径,但不能是网络磁盘,用户可以进行修改。

启用会计期是用户输入新建账套的启用时间,必须输入。

（3）录入单位信息,如图 2-1-2 所示。

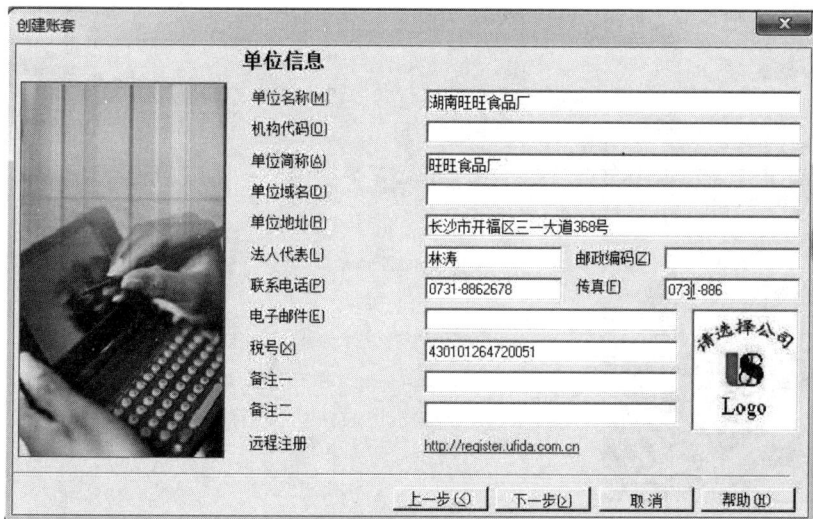

图 2-1-2　单位信息

单位名称必须录入,为蓝色标识,应录入企业的全称,以便打印发票时使用。

（4）录入核算类型,如图 2-1-3 所示。

企业核算类型有工业、商业和医药流通三种选择。企业类型只能由商业企业改为医药流通企业,其他类型不允许修改。

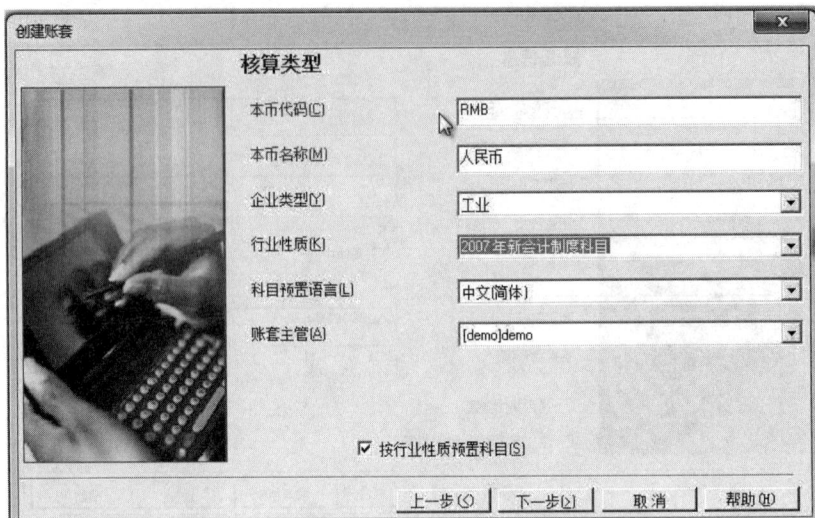

图 2-1-3　核算类型

行业性质将决定系统预置科目的内容,必须选择正确。

如果事先增加了用户,则可以在此选择用户为账套主管。若事先没有增加用户,则要到"权限"中进行设置。

系统默认"按行业性质预置科目",系统将根据所选的行业类型自动装入国家规定的一级科目和部分二级科目。

(5) 设置基础信息,如图 2-1-4 所示。

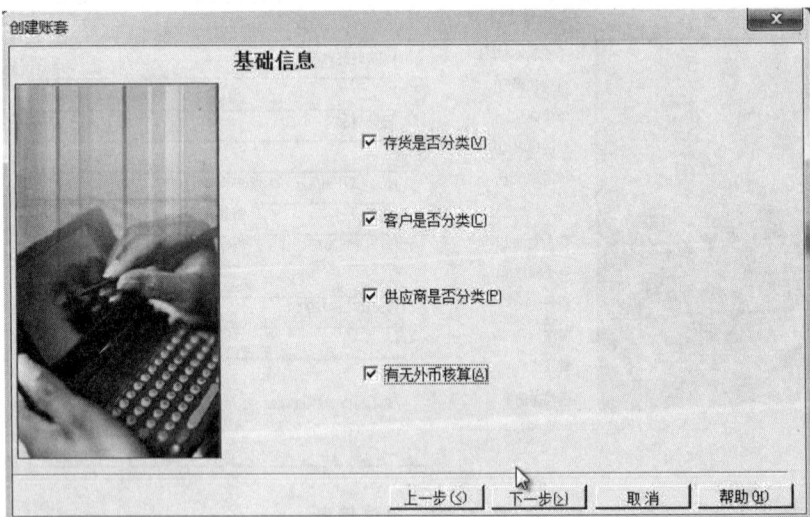

图 2-1-4　基础信息

如果企业存货、客户、供应商相对较多,可以对其进行分类管理。如果选择对存货、客户、供应商进行分类,在进行基础信息设置时,必须先设置存货、客户、供应商分类,然后才能设置存货、客户、供应商的档案。如果没有选择对存货、客户、供应商进行分类,在进行基础信息设置时,可以直接设置存货、客户、供应商的档案。

如有分类和外币核算则在方框内打"√",反之则不用。

若基础信息设置错误,可以由账套主管在修改账套功能中进行修改。

(6)开始创建账套。

创建账套的过程需要5分钟到10分钟。

(7)设置编码方案,如图2-1-5所示。

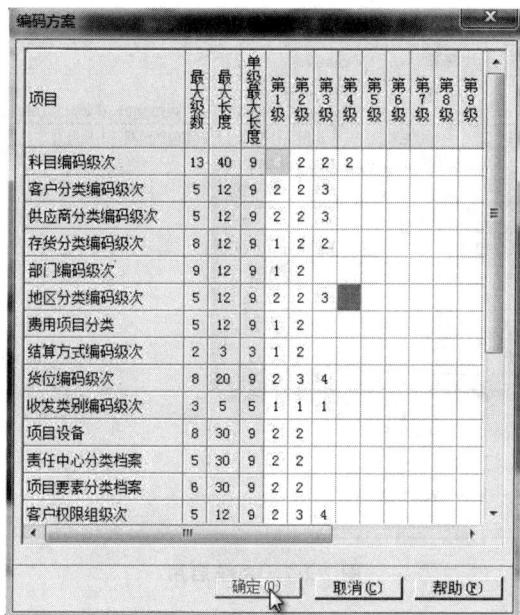

项目	最大级数	最大长度	单级最大长度	第1级	第2级	第3级	第4级	第5级	第6级	第7级	第8级	第9级
科目编码级次	13	40	9		2	2	2					
客户分类编码级次	5	12	9	2	2	3						
供应商分类编码级次	5	12	9	2	2	3						
存货分类编码级次	8	12	9	1	2	2						
部门编码级次	9	12	9	1	2							
地区分类编码级次	5	12	9	2	2	3						
费用项目分类	5	12	9	1	2							
结算方式编码级次	2	3	3	1	2							
货位编码级次	8	20	9	2	3	4						
收发类别编码级次	3	5	5	1	1	1						
项目设备	8	30	9	2	2							
责任中心分类档案	5	30	9	2	2							
项目要素分类档案	6	30	9	2	2							
客户权限组级次	5	12	9	2	3	4						

图 2-1-5　编码方案

编码级次和各级编码长度的设置将决定用户单位如何编制基础数据的编号,进而构成用户分级核算、统计和管理的基础。

例如,某单位将科目编码长度设为422,即一级科目编码为四位长,二级科目编码为二位长,三级科目编码为二位长。该单位"银行存款"科目设置如下:银行存款——建行存款——人民币存款,则编码为1002(银行存款)——100201(建行存款)——10020101(人民币存款)。

科目编码第1级为灰色的原因是系统按行业预置了一级会计科目。在以后用过的级次都将变成灰色。

删除多余编码只能从最后一级向前依次删除。方法是选择最后一级,输入0或者按Delete键或退格键即可。

(8)设置数据精度。

单击编码方案中的"取消"按钮,关闭编码方案后,会自动弹出数据精度界面,默认值与任务单相同,不需要修改,直接单击"确定"按钮即可,如图2-1-6所示。

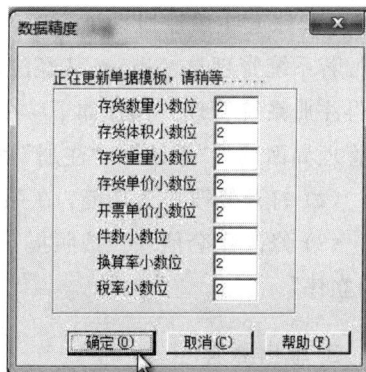

正在更新单据模板,请稍等……

存货数量小数位	2
存货体积小数位	2
存货重量小数位	2
存货单价小数位	2
开票单价小数位	2
件数小数位	2
换算率小数位	2
税率小数位	2

图 2-1-6　数据精度

· 17 ·

（9）系统启用。

账套建立完成后直接进行"系统启用"设置，也可单击"否"按钮结束建账过程，之后再以账套主管身份登录企业应用平台中的"基础信息"进行系统启用设置。

按任务单启用总账系统、固定资产系统。选中总账前面复选框，将时间设置为"2016 年1 月 1 日"（见图 2-1-7），单击"确定"按钮，系统提示"确实要启用当前系统吗?"，单击"是"按钮，返回系统启用窗口。

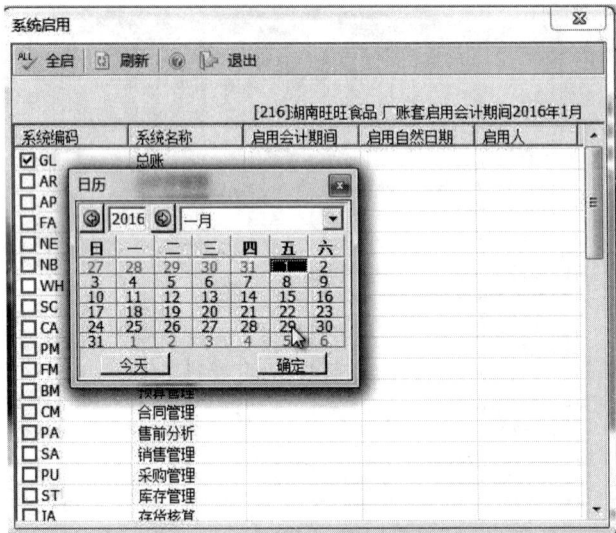

图 2-1-7 系统启用

2. 修改账套

只有账套主管可以修改自己管理的账套，系统管理员 Admin 无权修改。

黑色是可以修改的账套信息，包括：账套信息页中的账套名称；单位信息页中的所有信息，核算信息页中的企业类型（只能由商业企业改为医药流通企业，其他类型不允许修改）；基础信息页中全部信息；编码方案和数据精度。

【操作步骤】

（1）账套主管注册系统管理。

若系统管理员 Admin 已经注册系统管理，则系统管理员 Admin 先注销，然后账套主管再注册系统管理。操作如下：在系统管理界面选择"系统"→"注销"命令；然后再在系统管理界面选择"系统"→"注册"命令，输入账套主管编码。

（2）打开修改账套功能：在系统管理中选择"账套"→"修改"命令。

（3）修改账套信息。按照提示，单击"下一步"按钮修改账套信息，将法人代表修改为"杨立伟"。

3. 输出账套

输出账套功能是指将所选的账套数据进行备份输出。对于企业系统管理员来讲，定时将企业数据备份出来存储到不同的介质上（如常见的软盘、光盘、网络磁盘等），对数据的安全性是非常重要的。如果企业由于不可预知的原因（如地震、火灾、计算机病毒、人为的误操作等），需要对数据进行恢复，此时备份数据就可以将企业的损失降到最小。当然，对于异地管理的公司，此种方法还可以解决审计和数据汇总的问题。具体应用应根据企业实际情况进行。

如果要删除账套，只需要在账套输出界面选择"删除当前输出账套"即可。

只有系统管理员 Admin 有权进行账套输出。

账套备份输出的文件为：UfErpAct. Lst 和 UFDATA. BAK。

【操作步骤】

（1）建立一个文件夹（在 E 盘中新建"216 账套备份"文件夹，在该文件中建立一个名为"系统管理的账套管理"的文件夹）。

（2）在系统管理界面，系统管理员 Admin 登录系统管理→"账套"→"输出"→单击账套号栏的倒三角形，选择需要输出账套→单击"确认"按钮（等待 5 分钟进入下一个界面）→选择备份存放的位置（E 盘中新建"216 账套备份"文件夹中的"系统管理的账套管理"文件夹）→提示输出成功→"确定"。

【注意】 提示输出成功后，到指定的目录中（E 盘中新建"216 账套备份"文件夹中的"系统管理的账套管理"文件夹）查看是否有 UfErpAct. Lst 和 UFDATA. BAK 两个文件。

4. 引入账套

引入账套功能是指将系统外某账套数据引入本系统中。用户可使用系统管理中提供的备份功能（设置备份计划）或输出功能，将 U8 账套备份，当需要恢复账套时，可使用引入功能将备份的账套恢复到 U8 系统中。当账套数据遭到破坏时，可将最近复制的账套数据引入到本账套中，尽量保持业务数据完好；同时该功能也有利于集团公司的操作，子公司的账套数据可以定期被引入母公司系统中，以便进行有关账套数据的分析和合并工作。

备份账套数据不能直接运行，只有在账套引入成功后，才能打开运行。

【操作步骤】

（1）以系统管理员 Admin 的身份登录系统管理。

（2）打开账套引入功能：选择"账套"→"引入"命令，选择引入账套的路径。

［理论测试 2-1］

一、单项选择题

1. 建立账套的操作员只能是（　　　）。

　　A. 系统管理员（Admin）　　　　　　B. 出纳员

　　C. 账套主管　　　　　　　　　　　　D. 会计

2. （　　　）可以作为区分不同账套数据的唯一识别标志。

    A. 账套号   B. 账套名称   C. 单位名称   D. 账套主管

3. 会计科目编码级次为4222，则"银行存款——建行存款"编码为（　　）。

    A. 10021   B. 100201   C. 1002001   D. 10020001

4. 只能是（　　）修改账套。

    A. 单位领导   B. 系统管理员（Admin）

    C. 账套主管   D. 出纳员

5. 只能是（　　）输出、删除、引入账套。

    A. 单位领导   B. 系统管理员（Admin）

    C. 账套主管   D. 出纳员

二、多项选择题

1. 建立账套后，（　　）不能修改。

    A. 账套号   B. 账套名称   C. 启用会计期   D. 单位信息

2. 系统管理只允许（　　）登录。

    A. 系统管理员   B. 主管会计   C. 账套主管   D. 会计

三、判断题

1. 账套号允许与已存账套的账套号重复。   （　　）

2. 系统管理员和账套主管都可以进入系统管理，且两者的操作权限相同。 （　　）

3. 账套备份输出的文件为：UfErpAct. Lst 和 UFDATA. BAK。   （　　）

四、思考题

1. 存货编码为122，而系统默认为12232，怎样将存货编码修改为122？

2. 建账时出现了什么问题？你的解决方案是什么？

3. 建立账套时，存货、供应商分类，客户不分类，该怎么操作？

4. 如何删除216号账套？

任务2.2　操作员及权限管理

[任务单 2-2]

项目2　系统设置与管理		学时	4
任务2.2	操作员及权限管理	学时	1
一、学习目标 　在用友 ERP-U8 V10.1 软件中操作完成学习任务，完成相应的理论测试。			
二、学习资源 　1. 用友 ERP-U8 V10.1 软件。			

2. 操作视频：(1)增加角色、增加用户、授权；(2)修改用户；(3)删除用户；(4)操作员权限设置；(5)修改操作员权限设置。

2.2.1 增加角色、用户、授权.mp4	2.2.2 修改角色和用户.mp4	2.2.3 删除角色和用户.mp4	2.2.4 操作员权限设置.mp4	2.2.5 修改操作员权限.mp4

三、学习方法

1. 认真观看视频并记录重点。

2. 和同学讨论交流。

四、准备工作

1. 引入"系统管理的账套管理 2-1"账套。

2. 准备一个剩余空间不小于 2GB 的 U 盘。

3. 修改计算系统时间为 2016 年 1 月 1 日。

五、学习任务

1. 角色和用户操作

(1) 增加角色。

编号	角 色
ZZKJ	总账会计
YSKJ	应收会计
YFKJ	应付会计
CN	出纳
ZCGL	资产管理
XCJL	薪酬经理

(2) 增加用户。

编号	姓 名	所属部门	认证方式	用户类型	角 色
101	李伟	财务部	用户＋口令	普通用户	账套主管
102	胡琳	财务部	用户＋口令	普通用户	总账会计
103	何大鹏	财务部	用户＋口令	普通用户	应收会计、应付会计
104	王利	财务部	用户＋口令	普通用户	出纳
105	夏雪	财务部	用户＋口令	普通用户	资产管理
106	郭东	财务部	用户＋口令	普通用户	薪酬经理
107	刘芳	财务部	用户＋口令	普通用户	总账会计

(3) 将编号为 107 的刘芳这个用户的用户名修改为张大为，角色修改为应收会计、应付会计。

(4) 删除 107 张大为这个用户。

2. 操作员权限操作

(1) 操作员权限设置。

编号	姓　名	操　作　权　限	权　　限
101	李伟	系统初始化	账套主管
102	胡琳	会计业务主管签字、审核凭证、对账、结账、编制会计报表	基本信息、总账、应收款管理、应付款管理、UFO 报表
103	何大鹏	编制记账凭证、记账	基本信息、总账、人力资源
104	王利	出纳签字	出纳签字、出纳、出纳管理
105	夏雪	固定资产折旧及增减变动业务	基本信息、固定资产
106	郭东	工资分摊、银行对账	基本信息、人力资源

（2）将编号为 103 的操作员何大鹏的权限修改成"基本信息、总账、应收款管理、应付款管理"。

3. 账套备份

在 E 盘根目录下名字为"216 账套备份"的文件夹中建立一个名为"操作员及权限管理 2-2"的文件夹，将账套备份到该文件夹中。

［信息页 2-2］

理论目标：

掌握系统管理的主要功能；

掌握系统管理的操作流程；

掌握相关的概念、操作要点。

技能目标：

通过操作练习，能以系统管理员身份注册系统管理；

能熟练增加角色和用户；

能熟练删除角色和用户；

能熟练修改角色和用户；

通过操作练习，对操作员进行授权和取消权限。

2.2.1　角色和用户管理

角色是指在企业管理中拥有某一类职能的组织，这个角色组织可以是实际的部门，也可以是由拥有同一类职能的人构成的虚拟组织。其本质是权限的集合，每个角色对应所需要的权限。

用户是指有权登录系统，可以对财务应用系统进行操作的人员，即财务室有财务软件操作权限的工作人员，如会计、出纳等。

只有系统管理员（Admin）才能进行增加用户的操作。

1. 增加角色

【操作步骤】

（1）在系统管理界面选择"权限"→"角色"命令，单击"增加"按钮，进入"角色详细情况"界面,如图 2-2-1 所示。

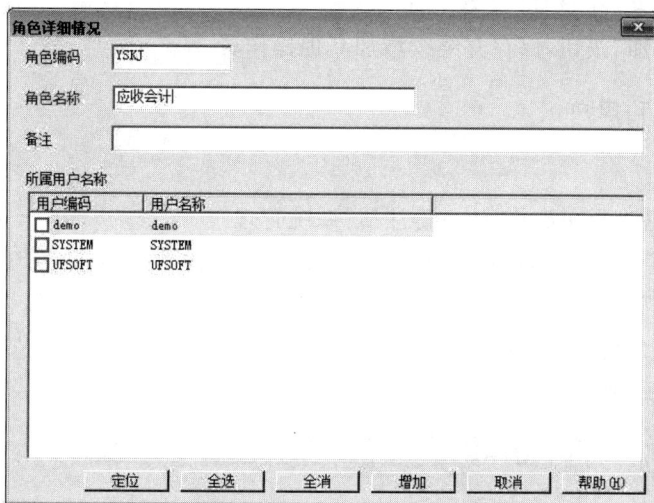

图 2-2-1　角色详细情况

　　(2) 输入角色编码"YSKJ"、角色名称"应收会计"。单击"增加"按钮,保存并继续增加其他用户。

　　2. 增加用户

【操作步骤】

　　(1) 在系统管理界面,选择"权限"→"用户"命令,单击"增加"按钮,打开"操作员详细情况"界面,如图 2-2-2 所示。

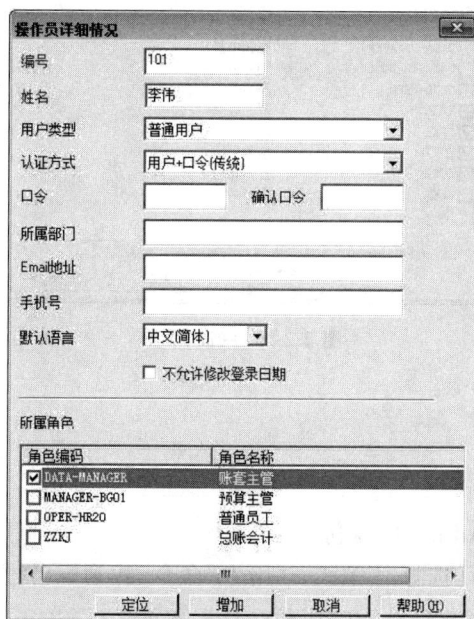

图 2-2-2　操作员详细情况

（2）录入编号"101"、姓名"李伟"、用户类型"普通用户"、认证方式"用户＋口令（传统）"。在"所属角色"中选择"账套主管"。

（3）单击"增加"按钮，保存并继续增加其他操作员。

3. 修改角色和用户

【操作步骤】

（1）以系统管理员 Admin 的身份注册"系统管理"。

（2）在系统管理界面，选择"权限"→"用户"命令，找到"107 刘芳"并单击"修改"按钮，将用户"姓名"改为"张大为"；在"所属角色"栏找到"总账会计"项目，将"√"取消。

（3）在"所属角色"栏找到"应收会计"和"应付会计"项目，并分别打"√"，单击"确定"按钮，如图 2-2-3 所示。

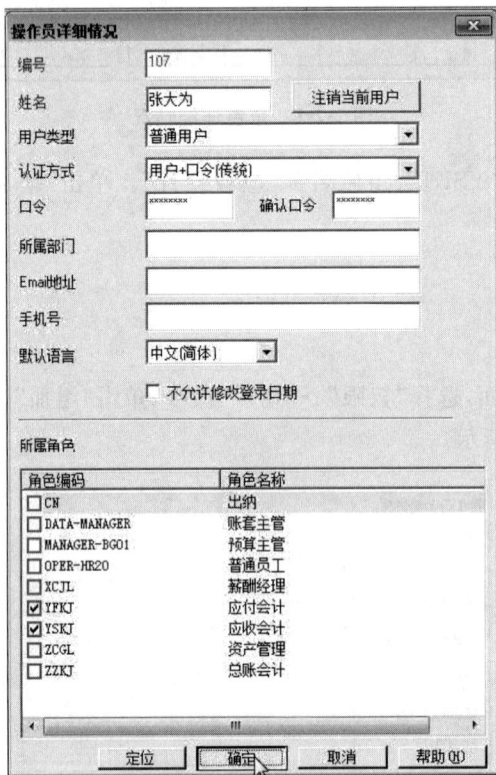

图 2-2-3　修改角色

4. 删除角色和用户

【操作步骤】

（1）以系统管理员 Admin 的身份注册"系统管理"。

（2）在系统管理界面，选择"权限"→"用户"命令，找到"107 张大为"并单击"修改"按钮，"所属角色"栏找到"应收会计"和"应付会计"，取消"√"，单击"确定"按钮。

（3）在系统管理界面，选择"权限"→"用户"命令，找到"107 张大为"并单击"删除"→

"是"按钮。

【注意】 修改用户时,编号不能修改。

2.2.2 设置操作员权限

1.设置操作员权限

设置操作员权限的工作应由系统管理员或该账套的主管,在系统管理中的权限功能中完成 。

只有系统管理员 Admin 才有权设置或取消账套主管,并且可以对所有账套设置用户权限。而账套主管只有对所管辖账套的操作员进行权限设置。

一个账套可以有多个账套主管。

设置权限时应注意分别选中"账套"和相应的"用户"。

账套主管的设置有两种方法,一是在建账时设置(前提是该操作员在建账套前已经增加了);二是在"系统管理"→"权限"→"权限"操作中设置。

【操作步骤】

(1) 以系统管理员 Admin 身份注册系统管理。

(2) 单击"权限"→"权限"按钮,打开操作员权限窗口。

(3) 核对账套:在账套主管右边的下拉表框选中"216"湖南旺旺食品厂账套。

(4) 选择权限分配对象:在左侧的操作员列表中,选择操作员 102 胡琳,单击"修改"按钮。

(5) 设置权限:在右侧窗口中,"＋"表示有下级明细权限,单击"＋"变成"－",则展开所有权限;单击"－"则变成"＋"。找到相应的权限,并在方框中单击,将会有"√"出现,则表示选中了该权限;若选错,则再次单击方框,将"√"取消即可。102 胡琳的权限有:基本信息、总账、应收款管理、应付款管理和 UFO 报表。

(6) 单击"保存"按钮,继续设置其他操作员权限,如图 2-2-4 所示。

2.修改操作员权限

【操作步骤】

(1) 以 Admin 或账套主管(101 李伟)注册系统管理。

(2) 单击"权限"→"权限"按钮,打开操作员权限窗口。

(3) 核对账套:在账套主管右边的下拉表框选中"216"湖南旺旺食品厂账套。

(4) 选择权限分配对象:在左侧的操作员列表中,选择操作员 103 何大鹏,单击"修改"按钮。

(5) 修改权限:先将右侧窗口中"人力资源"前的"√"取消,然后分别找到应收款管理和应付款管理两个权限,并在方框中单击,将会有"√"出现,如图 2-2-5 所示。

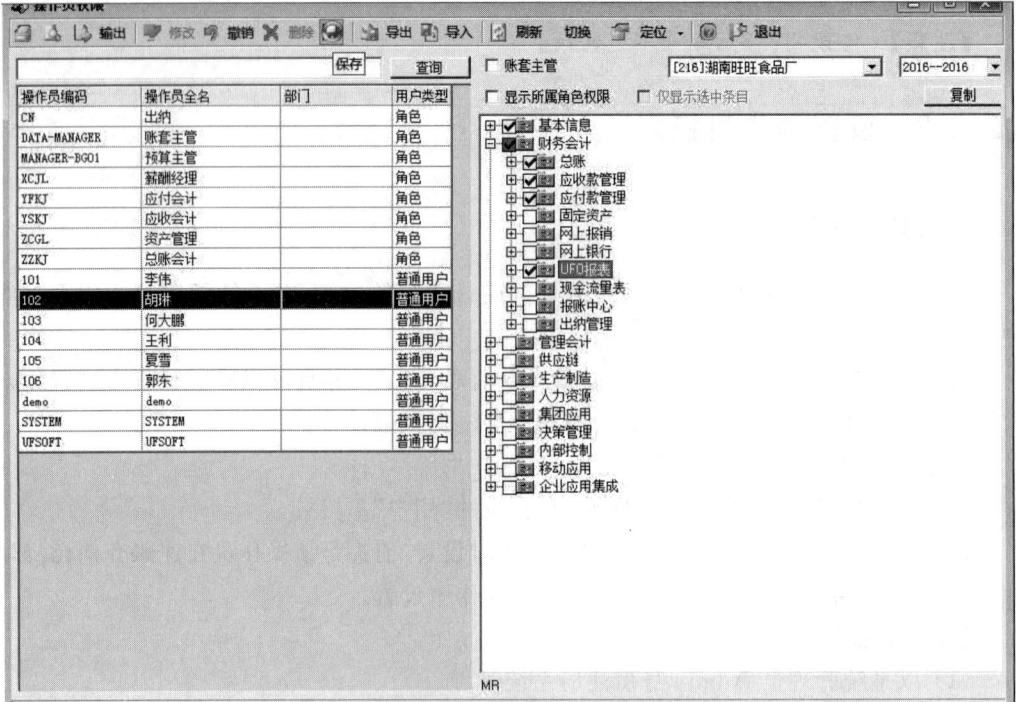

图 2-2-4　设置操作员权限

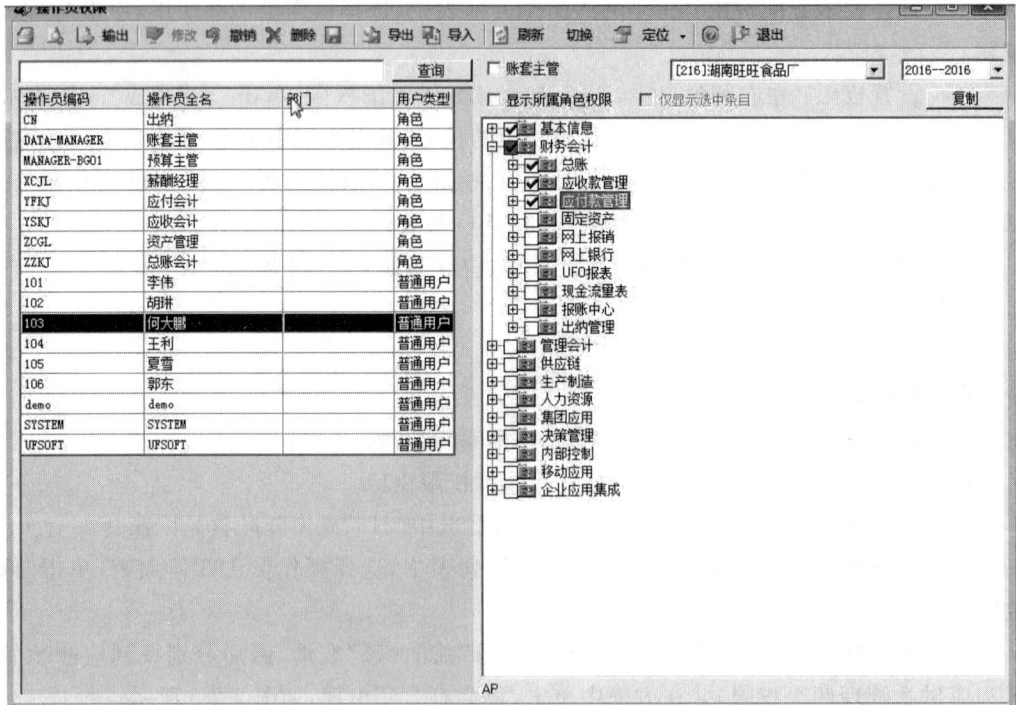

图 2-2-5　修改操作员权限

[理论测试 2-2]

一、单项选择题

1. 一个账套可以有( )账套主管。

    A. 1个   B. 2个   C. 3个   D. 多个

2. 第一次注册登录系统管理,操作员只能是( )。

    A. Admin   B. 账套主管   C. 会计   D. 出纳

二、多项选择题

下列属于系统管理员的操作权限有( )。

    A. 建立账套   B. 分配用户权限

    C. 账套引入和输出   D. 增加用户

三、判断题

1. 账套主管可以自己给自己授权。   ( )

2. 操作员不可以给自己授权。   ( )

3. 账套主管可以对自己管辖的账套操作员授权,而系统管理员可以对所有账套的操作员授权。   ( )

四、思考题

1. 修改角色和用户时,用户编号是什么颜色?可以修改吗?

2. 设置账套的账套主管的方法有几种?分别是怎样操作的?

任务2.3 系统安全管理

[任务单 2-3]

项目 2 系统设置与管理		学时	4
任务 2.3	系统安全管理	学时	1
一、学习目标 　1. 掌握如何解决系统异常状况。 　2. 掌握有关基本概念。			
二、学习资源 　1. 用友 ERP-U8 V10.1 软件。 　2. 操作视频:系统安全管理。			

2.3 系统安全管理 .mp4

续表

三、学习方法

1. 认真观看视频并记录重点。

2. 和同学讨论、交流。

四、准备工作

1. 引入"操作员及权限管理 2-2"账套。

2. 准备一个剩余空间不小于 2GB 的 U 盘。

3. 修改计算系统时间为 2016 年 1 月 1 日。

五、学习任务

1. 设置自动备份计划

计划编号为"216"，计划名称为"216 账套自动备份计划"，备份类型为"账套备份"，发生频率为"每周"，有效触发时间"2"小时，保留天数为"1"天，备份路径为"E：\216 账套自动备份"。

2. 修改自动备份计划

发生频率修改为"每天"。

3. 注销当前操作员

注销当前操作员 Admin。

4. 清除系统运行异常

（1）清除异常任务。

（2）清除所有任务。

5. 账套备份

在 E 盘根目录下名字为"216 账套备份"的文件夹，在该文件中建立一个名为"系统安全管理 2-3"的文件夹，将账套备份到该文件夹中。

［信息页 2-3］

理论目标：

理解系统运行监控；

理解自动备份计划；

掌握相关的概念、操作要点。

技能目标：

熟练地设置自动备份计划；

熟练地注销当前操作员；

熟练地清除系统运行异常。

2.3.1 系统运行监控

以系统管理员身份注册并进入系统管理后，可以看到系统管理的功能列表分为上下两部分。上部分所示的是正在登录到系统管理的子系统，下部分所示的是登录的操作员在子系统中正在执行的功能。这两部分的内容都是动态的，它们都根据系统的执行情况而自动变化。

2.3.2 设置自动备份计划

该功能的作用是按指定的时间、指定的规则自动对账套进行输出备份。利用该功能，可以实现定时、自动输出多个账套的目的，有效减轻了系统管理员的工作量，保障了系统数据安全。

1. 设置自动备份计划

【操作步骤】

（1）以系统管理员的身份或者账套主管的身份注册进入系统管理。选择"系统"→"备份计划设置"命令，打开"备份计划设置"对话框，如图 2-3-1 所示。

图 2-3-1　"备份计划设置"对话框

（2）单击"增加"按钮，打开"备份计划详细情况"对话框。

（3）录入计划编号"216"、计划名称"216 账套备份计划"、发生频率"每周"、有效触发时间为"2"小时、保留天数"1"天。单击"请选择备份路径"后的"增加"按钮，新建一个文件夹"E:\216 账套自动备份"，并选择此文件夹后，单击"确定"按钮，选择账套"216"，最后单击最下方的"增加"按钮即可，如图 2-3-2 所示。

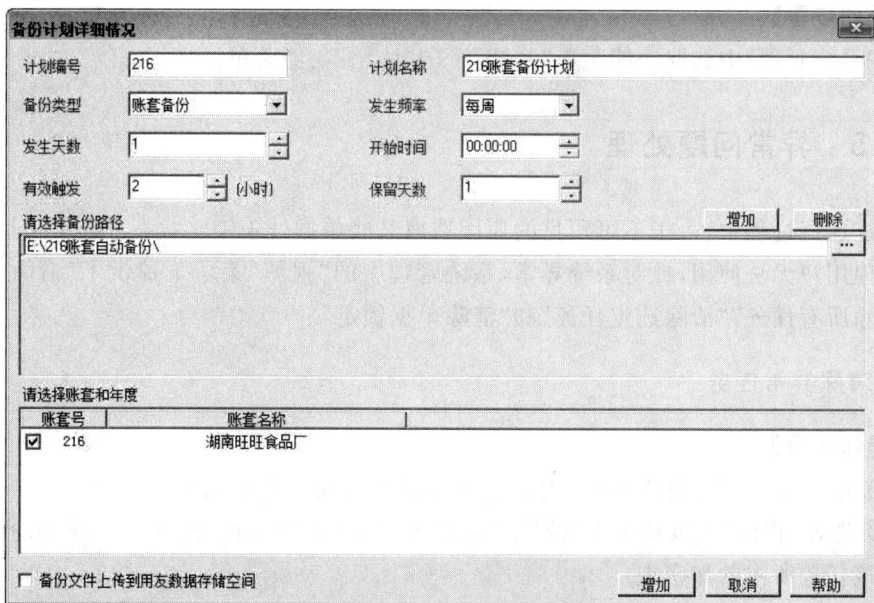

图 2-3-2　备份计划详细情况

2.修改自动备份计划

【操作步骤】

（1）以系统管理员或账套主管的身份注册进入系统管理。选择"系统"→"备份计划设置"命令，打开"备份计划设置"对话框。

（2）选中"216账套备份计划"，单击"修改"按钮，打开"备份计划详细情况"对话框，将发生频率改成"每天"。单击最下方的"增加"按钮即可。

【注意】 Admin和账套主管都可以登录此功能，Admin登录后，将进行账套的自动输出设置；而账套主管登录后，将进行年度账的自动输出。

2.3.3 升级数据

任何一个应用系统的功能拓展和完善都是无止境的，随着信息技术的不断发展，应用系统的开发不断融入新的技术和更为先进的管理思想，这样就存在对老系统的数据的更新问题。为保证客户数据的一致性和可追溯性，用友ERP-U8 V10.1应用系统在系统管理中提供了升级工具，可以使用此功能一次将数据升级到新产品。

2.3.4 注销当前操作员

如果需要以一个新的操作员注册进入，以启用系统其他功能，就需要当前的操作员从系统管理中注销；或者操作员因需要暂时离开，防止数据泄露，也应该注销当前操作员登录。

【操作步骤】

在"系统管理"中选取功能菜单"系统"下的"注销"功能菜单。

2.3.5 异常问题处理

系统运行过程中，由于不可预见的原因造成某些单据处于锁定状态或异常占用状态，导致其他用户无法使用，针对系统异常，系统管理中的"视图"菜单下提供了"清除异常任务""清除所有任务""清除选定任务"和"清除单据锁定"。

1.清除异常任务

【操作步骤】

（1）用户以系统管理员或有权限的管理员用户身份注册进入系统管理。

（2）选择"视图"下级菜单中"清除异常任务"操作即可执行，清除异常任务的同时也会清除该任务所占的加密点。

2. 清除所有任务

【操作步骤】

提供清除当前界面所见的所有任务的功能,单击"清除所有任务"按钮。

3. 清除选定任务

【操作步骤】

提供手动清除任务功能。选择要清除的任务,单击"清除选定任务"按钮,强制结束该任务。不释放该任务占用的授权点数。

[理论测试 2-3]

一、单项选择题

系统运行过程中,由于不可预见的原因造成某些单据处于锁定状态或异常占用状态,单击(　　)菜单下的功能键可以解决。

    A. 视图   B. 系统   C. 账套   D. 权限

二、多项选择题

1. 系统运行过程中,由于不可预见的原因造成某些单据处于锁定状态或异常占用状态,导致其他用户无法使用,针对系统异常,系统管理中的"视图"菜单下提供了(　　)。

    A. 清除异常任务   B. 清除选定任务   C. 清除所有任务   D. 清除单据锁定

2. (　　)可以登录修改自动备份计划。

    A. 系统管理员(Admin)   B. 主管会计

    C. 账套主管   D. 会计

三、判断题

不管是谁登录修改自动备份计划,其权限和操作都是一样的。　　　　　　(　　)

四、思考题

1. 写出注销当前操作员的操作步骤。

2. 如何清除异常任务?

企业应用平台设置

任务 3.1　企业应用平台认识及系统启用

[任务单 3-1]

项目 3　企业应用平台设置		学时	4
任务 3.1	企业应用平台认识及系统启用	学时	1

一、学习目标

　　在用友 ERP-U8 V10.1 软件中操作完成学习任务,完成相应的理论测试。

二、学习资源

　　1. 用友 ERP-U8 V10.1 软件。

　　2. 操作视频:登录企业应用平台及系统启用、账套备份。

3.1 登录企业应用平台及
系统启用、账套备份.mp4

三、学习方法

　　1. 认真观看视频并记录重点。

　　2. 和同学讨论、交流。

四、准备工作

　　1. 引入"系统安全管理 2-3"账套。

　　2. 准备一个剩余空间不小于 2GB 的 U 盘。

　　3. 修改计算系统时间为 2016 年 1 月 1 日。

五、学习任务

　　1. 登录企业应用平台,了解企业应用平台的内容,并对系统进行启用

101 号操作员李伟登录 216 账套,日期为 2016 年 1 月 1 日。

　　湖南旺旺食品厂账套还需要启用"薪资管理""应收款系统"和"应付款系统"。启用时间:
2016 年 1 月 1 日。

续表

2. 账套备份 在 E 盘根目录下名字为"216 账套备份"的文件夹中建立一个名为"企业应用平台认识及系统启用 3-1"的文件夹,将账套备份到该文件夹中。

[信息页 3-1]

理论目标:

认识企业应用平台的主要功能;

理解企业应用平台的作用。

技能目标:

能够登录到企业应用平台;

能够启用各个系统模块。

为使企业能够存储企业内部和外部的各种信息,使企业员工、用户和合作伙伴能够从单一的渠道访问其所需的个性化信息,通过企业应用平台,可以通过单一的访问入口访问企业的各种信息,定义业务工作,并设计工作流程。

3.1.1 登录企业应用平台及介绍

【操作步骤】

(1)执行"开始"→"用友 ERP-U8 V10.1"→"企业应用平台"命令,打开操作员登录界面。

(2)以操作员 101 的身份登录系统。选择 216 账套,操作日期设为 2016-01-01,单击"登录"按钮,进入企业应用平台,如图 3-1-1 所示。

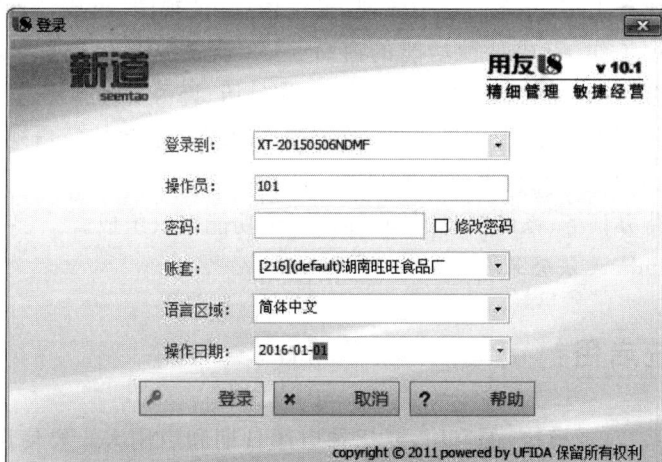

图 3-1-1 登录企业应用平台

(3)进入企业应用平台后,可以看到经常工作场景、简易桌面及业务导航视图,如

图 3-1-2 所示。

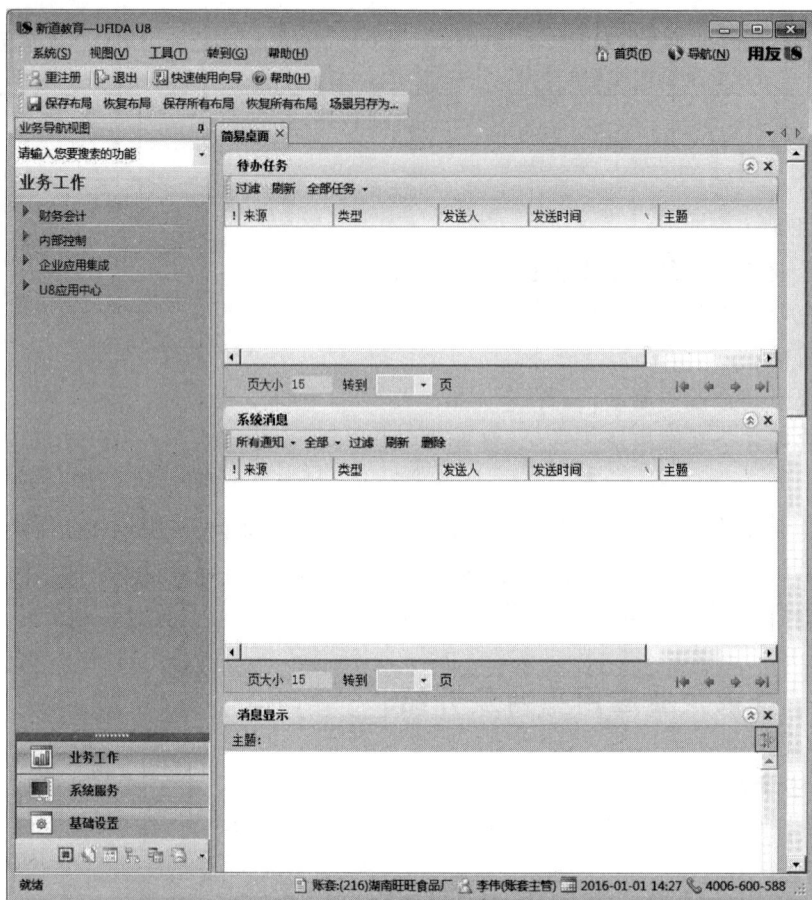

图 3-1-2　企业应用平台

以场景驱动业务工作，并在门户中体现，工作场景由"视图"组成，"视图"是指用于用户处理或监控某项工作、完成某种功能的窗口。U8 预置视图有业务导航视图、系统消息、待办任务、消息显示、我的工作、监控列表、工作日历、许可管理视图、企业流程图、助手视图、审批进程图、审批进程表、审批视图、监控视图、UAP 定制的门户视图，也可以通过UAP、UAP 报表或自定义编程生成新的视图。

简易桌面由待办任务、系统消息、消息显示三个功能窗口组成。

【注意】　Admin 无法登录企业应用平台。

3.1.2　系统启用

用于已安装系统（或模块）的启用，要记录启用日期和启用人。要使用一个产品必须先启用这个产品。用户创建一个新账套后，自动进入系统启用界面，用户可以一气呵成地完成创建账套和系统启用，这时启用人是系统管理员；或者由账套主管执行"用友 ERP-U8"→"企业应用平台"→"基础信息"→"基本信息"命令进入，进行系统启用的设置。

【操作步骤】

（1）以操作员 101 的身份登录系统。选择 216 账套，操作日期为 2016-01-01，单击"登录"按钮，进入企业应用平台。

（2）单击"基础设置"→"基本信息"→双击"系统启用"，打开"系统启用"界面，在要启用的"薪资管理"前的方框内打钩，并在启用时间内输入"2016 年 1 月 1 日"，如图 3-1-3 所示。

图 3-1-3　系统启用

（3）依次启用"应收款系统"和"应付款系统"，启用时间为 2016 年 1 月 1 日。

【注意】

（1）只有账套主管才有权在启用应用平台中启用系统。

（2）各系统的启用日期必须晚于账套的启用日期或与之相同。如账套建立日期为 2016 年 1 月 1 日，总账和其他系统启用日期应在 2016 年 1 月 1 日之后。

3.1.3　常用工具按钮

（1）重新注册：方便用户修改登录信息、切换登录用户及登录账套等。

（2）退出：即退出 U8 系统。

3.1.4　帮助使用

用户在当前窗口，可以使用三种方式获得帮助信息。

（1）F1 快捷键：在当前窗口，按 F1 快捷键，即可弹出帮助。

（2）帮助按钮：在当前窗口，单击工具栏右侧的"帮助"按钮，即可弹出帮助。

（3）在弹出窗口中，单击窗口下方的"帮助"按钮，即可弹出帮助。

［理论测试 3-1］

一、单项选择题

（　　）有权在企业应用平台中进行系统启用。
A. 账套主管　　　　B. Admin　　　　C. 主管会计　　　　D. 出纳

二、多项选择题

关于系统启用，下列说法正确的是（　　）。
A. 建账套时由 Admin 启用　　　　　　B. 由账套主管在企业应用平台启用
C. 由单位领导在企业应用平台启用　　　D. 只能在建账套时由 Admin 启用

三、判断题

1. Admin 无法登录企业应用平台。　　　　　　　　　　　　　　　　　（　　）
2. 各系统的启用日期必须晚于账套的启用日期或与之相同。　　　　　　（　　）

四、思考题

启用"应收款系统"的操作步骤有哪些？

任务 3.2　基础档案设置

［任务单 3-2］

项目3　启用应用平台设置		学时　4	
任务 3.2	基础档案设置	学时	3
一、学习目标 　在用友 ERP-U8 V10.1 软件中操作完成学习任务，完成相应的理论测试。			
二、学习资源 　1. 用友 ERP-U8 V10.1 软件。 　2. 操作视频：(1)部门档案设置；(2)人员类别设置；(3)人员档案设置；(4)客户分类设置；(5)客户档案设置；(6)供应商分类设置；(7)供应商档案设置；(8)增加会计科目；(9)修改、指定会计科目；(10)删除科目；(11)凭证类别设置；(12)外币及汇率设置；(13)项目目录设置；(14)结算方式设置。			

3.2.1 部门档案设置.mp4	3.2.2 人员类别设置.mp4	3.2.3 人员档案设置.mp4	3.2.4 客户分类设置.mp4	3.2.5 客户档案设置.mp4

| 3.2.6 供应商分类设置.mp4 | 3.2.7 供应商档案设置.mp4 | 3.2.8 增加会计科目.mp4 | 3.2.9 修改、指定会计科目.mp4 | 3.2.10 删除科目.mp4 |

| 3.2.11 凭证类别设置.mp4 | 3.2.12 外币及汇率设置.mp4 | 3.2.13 项目目录设置.mp4 | 3.2.14 结算方式设置.mp4 |

三、学习方法

1. 认真观看视频并记录重点。
2. 和同学讨论、交流。

四、准备工作

1. 引入"企业应用平台认识及系统启用 3-1"账套。
2. 准备一个剩余空间不小于 2GB 的 U 盘。
3. 修改计算系统时间为 2016 年 1 月 1 日。

五、学习任务

1. 部门档案设置

部门编码	部门名称	部门属性
1	管理部	管理部门
2	财务部	财务管理
3	采购部	采购管理
4	生产部	生产管理
401	一车间	生产管理
402	二车间	生产管理
5	销售部	销售管理
6	人事部	人事管理

2. 人员类别设置

人员类别编码	人员类别名称
10101	管理人员
10102	生产人员
10103	采购人员
10104	销售人员

3. 人员档案设置

职员编码	职员姓名	性别	行政部门	人员类别	是否操作员	是否业务员	业务或费用部门	雇用状态
101	李伟	男	财务部	管理人员	是	是	财务部	在职
102	胡琳	女	财务部	管理人员	是	是	财务部	在职
103	何大鹏	男	财务部	管理人员	是	是	财务部	在职
104	王利	女	财务部	管理人员	是	是	财务部	在职
105	夏雪	女	财务部	管理人员	是	是	财务部	在职
106	郭东	男	财务部	管理人员	是	是	财务部	在职
107	张小伟	男	采购部	采购人员	否	是	采购部	在职
108	王玲	女	人事部	管理人员	否	是	人事部	在职
109	吴清	女	销售部	销售人员	否	是	销售部	在职
110	刘敏	女	销售部	销售人员	否	是	销售部	在职
111	刘伟	男	一车间	生产人员	否	是	一车间	在职
112	罗玲	女	二车间	生产人员	否	是	二车间	在职

4. 客户分类设置

分类编码	分类名称
01	省内
02	省外

5. 客户档案设置

客户编码	客户名称	客户简称	所属分类	税号	开户银行（默认值）	银行账号	地址	邮政编码	扣率	分管部门	分管业务员	默认值
01	长沙家润多股份有限公司	家润多	01	201400001472583	工行新星支行	78965432	长沙市芙蓉区人民路8号	410004	5	销售部	吴清	是
02	罗记食品有限公司	罗记食品	02	20140000369258	中行新华支行	47258369	湖北省武汉市天华路10号	510007	10	销售部	刘敏	是

6. 供应商分类设置

分类编码	分类名称
01	原材料供应商
02	成品供应商

7. 供应商档案设置

供应商编号	供应商名称	供应商简称	所属分类	税号	开户银行（默认值）	银行账号	地址	邮政编码	分管部门	分管业务员
01	北方贸易有限公司	北方贸易	01	789456123369	中国建设银行朝阳支行	89000666	北京市朝阳区9号	100089	采购部	张小伟
02	陈克明面粉厂	克明面粉	01	321654987147	中国工商银行长沙分行	63000777	长沙市雨花区8号	410004	采购部	张小伟
03	南方徐福记食品厂	徐福记食品	02	456987123258	中国银行广州分行	56000888	广州市天华区6号	610009	采购部	张小伟

项目**3** 企业应用平台设置

8. 外币及汇率设置

币符	币名	固定汇率
USD	美元	8.325 00

9. 会计科目体系设置

科 目 名 称	计量单位	辅助账类型	余额方向
库存现金(1001)		日记账	借
银行存款(1002)		日记账、银行账	借
中国工商银行(100201)		日记账、银行账	借
建设银行(100202)美元		外币、日记账、银行账	
应收票据(1121)		客户往来,受控	借
应收账款(1122)		客户往来,受控	借
其他应收款(1221)		个人往来	借
预付账款(1123)		供应商往来,受控	
原材料(1403)			借
面粉(140301)	公斤	数量核算	借
植物油(140302)	公斤	数量核算	借
蔗糖(140303)	公斤	数量核算	借
库存商品(1405)			借
雪饼(140501)	公斤	数量核算	
牛奶糖(140502)	公斤	数量核算	
自制半成品(1409)			
花生酥(140901)	公斤	数量核算	
固定资产(1601)			借
累计折旧(1602)			贷
无形资产(1701)			借
累计摊销(1702)			贷
短期借款(2001)			贷
应付票据(2201)		供应商往来,受控	贷
应付账款(2202)		供应商往来,受控	贷
应付职工薪酬(2211)			贷
工资(221101)			
福利费(221102)			
应交税费(2221)			贷
应交增值税(222101)			贷
进项税额(22210101)			贷
销项税额(22210102)			贷
未交增值税(222102)			贷
应交城建税(222103)			贷

科 目 名 称	计量单位	辅助账类型	余额方向
应交教育费附加(222104)			贷
应交所得税(222105)			贷
预收账款(2203)		客户往来,受控	贷
实收资本(4001)			贷
盈余公积(4101)			贷
本年利润(4103)			贷
利润分配(4104)			贷
未分配利润(410401)			贷
生产成本(5001)			借
直接材料(500101)		项目核算	借
直接人工(500102)		项目核算	借
制造费用(500103)		项目核算	借
其他(500104)		项目核算	
折旧费(500105)		项目核算	
主营业务收入(6001)			
雪饼(600101)	公斤	数量核算	
牛奶糖(600102)	公斤	数量核算	
主营业务成本(6401)			
雪饼(640101)	公斤	数量核算	
牛奶糖(640102)	公斤	数量核算	
管理费用(6602)		部门核算	借
工资(660201)		部门核算	借
差旅费(660202)		部门核算	借
折旧费(660203)		部门核算	借
无形资产摊销(660204)		部门核算	借
办公费(660205)		部门核算	借

要求:

(1) 在会计软件中增加不存在的会计科目。

(2) 删除会计科目:将会计科目"生产成本——其他(500104)"删除。

(3) 修改会计科目:按辅助账类型修改相应的会计科目。修改"生产成本——折旧费(500105)"编码为500104,再增加会计科目"生产成本——其他(500105)",辅助账类型"项目核算"。

(4) 指定会计科目:指定"1001 库存现金"为现金总账科目;指定"1002 银行存款"为银行总账科目。

10. 记账凭证类别设置

类别字	类别名称	限制类型	限制科目
收	收款凭证	借方必有	1001,1002
付	付款凭证	贷方必有	1001,1002
转	转账凭证	凭证必无	1001,1002

11. 项目核算设置

项目设置	设 置 内 容
项目大类	生产成本
核算科目	直接材料
	直接人工
	制造费用
	折旧费
	其他
项目分类定义	1. 饼
	2. 糖
项目目录	101 雪饼(所属分类码:1)
	201 牛奶糖(所属分类码:2)

12. 结算方式设置

结算方式编码	结算方式名称	票据管理
1	现金	否
2	托收承付	否
3	支票	否
301	现金支票	是
302	转账支票	是
4	商业汇票	否
401	商业承兑汇票	否
402	银行承兑汇票	否

13. 账套备份

在 E 盘根目录下名字为"216账套备份"的文件夹中建立一个名为"基础档案设置3-2"的文件夹，将账套备份到该文件夹中。

[信息页 3-2]

理论目标：

了解基础档案设置包括的主要内容；

理解基础档案设置对日常业务处理的影响；

理解基础档案设置在整个系统中的作用。

技能目标：

熟练地设置部门档案、人员类别、人员档案、客户分类、客户档案、供应商分类、供应商档案；

熟练地增加会计科目、修改会计科目、删除会计科目；

熟练地定义凭证类别；

熟练地定义项目档案外币及汇率、项目目录、结算方式。

3.2.1 基础档案设置顺序

只有按照顺序进行基础档案的设置，才可以使基础档案的设置顺利进行。基础档案的设置既可以在"企业应用平台"中进行，也可以在各个子系统中进行。设置好的基础档案的内容为各个子系统通用。基础档案设置的顺序如下：

（1）先进行部门档案设置，然后进行人员类别设置，再进行人员档案设置。

（2）先进行客户分类设置，然后进行地区分类和供应商分类设置，再进行客户档案和供应商档案设置。

（3）先进行存货分类设置，然后进行计量单位设置，再进行存货档案设置。

3.2.2 部门档案设置

用于设置企业各个职能部门的信息，既可以是实际中的部门机构，也可以是虚拟的管辖组织。

【操作步骤】

（1）以 101 号操作员的身份登录企业应用平台，单击左下角"基础设置"→单击"基础档案"→单击"机构人员"→双击"部门档案"。

（2）单击"增加"按钮，界面右边进入增加状态，如图 3-2-1 所示。

（3）根据任务单录入部门编码"6"，部门名称"人事部"，部门属性"人事管理"。

（4）单击工具栏中的"保存"按钮；单击"增加"按钮。

（5）重复步骤（2）～（4），依次录入任务单上的其余资料，如图 3-2-1 所示。

（6）输入完成后，单击"退出"按钮，退出当前界面。

【注意】

（1）部门档案设置中蓝色是必填选项，成立日期一般默认输入时的系统时间，如"2016-01-01"，可修改。

（2）部门档案增加是先增加上级再增加下级，删除是先删除下级再删除上级。

（3）部门档案编码要符合编码方案中定义的编码规则。

（4）由于此时还未设置人员档案，部门中的负责人暂时不能设置。如果需要设置，则必须在完成人员档案设置后，再回到部门档案中以"修改"命令补充设置。

3.2.3 人员类别设置

人员类别设置用于设置企业各职能部门中需要进行核算和业务管理的职员信息，方便其他业务模块调用。

【操作步骤】

（1）以 101 号操作员的身份登录企业应用平台，单击左下角"基础设置"→单击"基础档案"→单击"机构人员"→双击"人员类别"，进入人员类别管理界面，如图 3-2-2 所示。

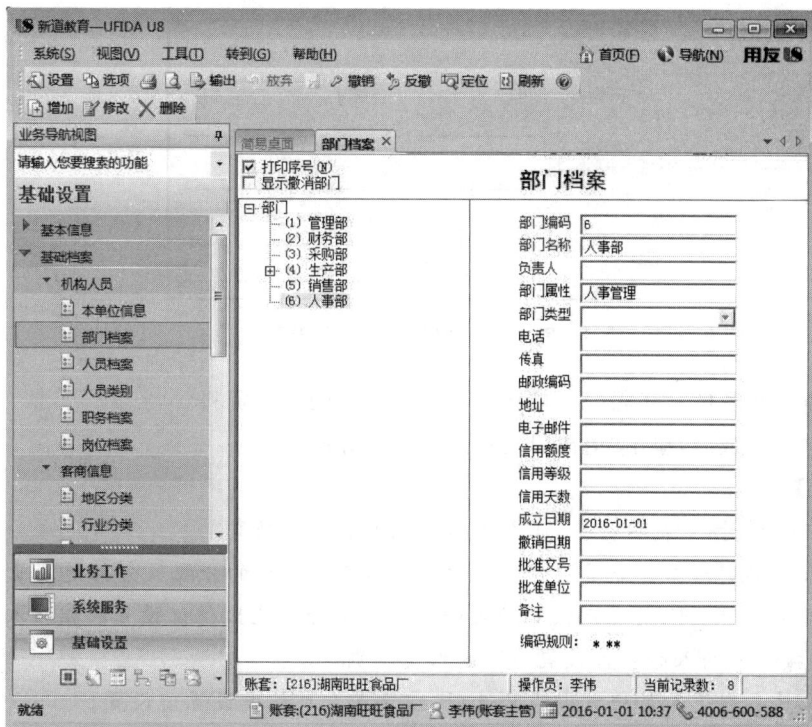

图 3-2-1　部门档案

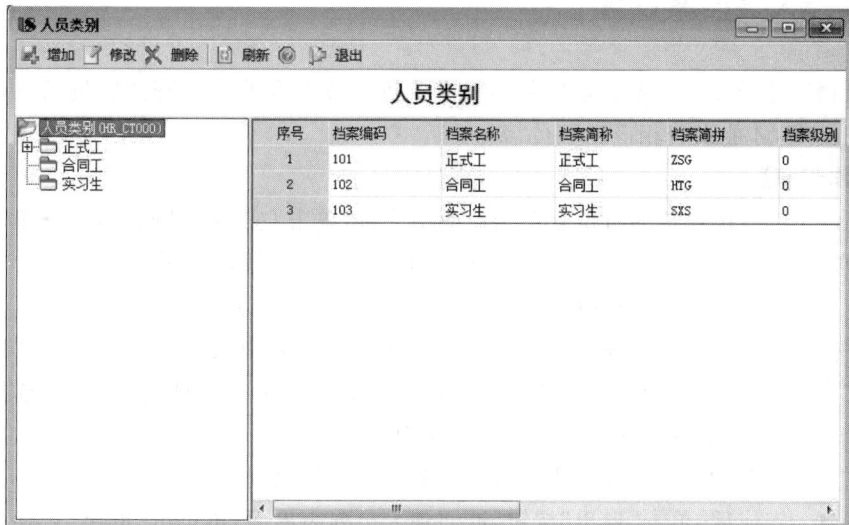

图 3-2-2　人员类别

（2）选中左边的"正式工"按钮，单击"增加"按钮，打开"增加档案项"界面，如图 3-2-3 所示。

（3）根据任务单在档案编码中录入"10101"，在档案名称中录入"管理人员"，单击"确定"按钮保存。

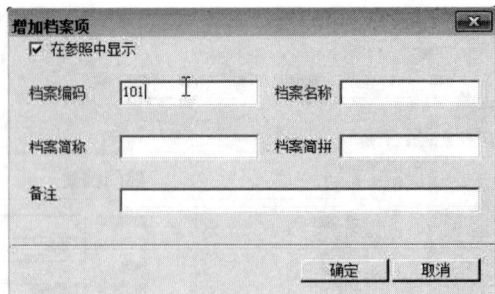

图 3-2-3 "增加档案项"界面

（4）重复步骤（2）、步骤（3），依次录入任务单上的其余资料。

（5）输入完成后，单击"退出"按钮，退出当前界面。

【注意】

（1）在新增时，一定要选中"正式工"，才能增加二级档案。

（2）人员类别与工资费用的分配、分摊有关，工资费用的分配及分摊是薪资管理系统中的一项重要功能。人员类别设置的目的是为工资分摊生成凭证设置的相应入账科目做准备，可以按不同的入账科目设置不同的人员类别。

（3）人员类别是人员档案中的必选项，需要在人员档案设置前设置。

（4）人员类别可以修改，但已使用的人员类别名称不能删除。

3.2.4　人员档案设置

人员档案主要用于企业各职能部门中需要进行核算和业务管理的职员信息，必须先设好部门档案，才能设置相应的职员信息。

【操作步骤】

（1）以 101 号操作员的身份登录企业应用平台，单击左下角"基础设置"→单击"基础档案"→单击"机构人员"→双击"人员档案"，进入人员档案管理界面。

（2）单击"增加"按钮，打开增加档案界面，如图 3-2-4 所示。

（3）根据任务单在人员编码中录入"101"，在人员姓名中录入"李伟"，单击"性别"参照，选择"男"；单击"人员类别"参照，选择"管理人员"；单击行政部门的参照，选择"财务部"，选择复选框"是否业务员"和"是否操作员"保存。

（4）重复步骤（2）、步骤（3），依次录入任务单上的其余资料。

（5）输入完成后，单击"退出"按钮，返回到人员列表界面；再单击"退出"按钮，退出当前界面。

【注意】

（1）此处的人员档案应该包括企业所有员工。

（2）人员编码必须唯一，人员姓名可以重复。

（3）是否业务员：指此人员是否可操作 U8 其他的业务产品，如总账、库存等。

（4）是否操作员：指此人员是否可操作 U8 产品，可以将本人作为操作员，也可与已

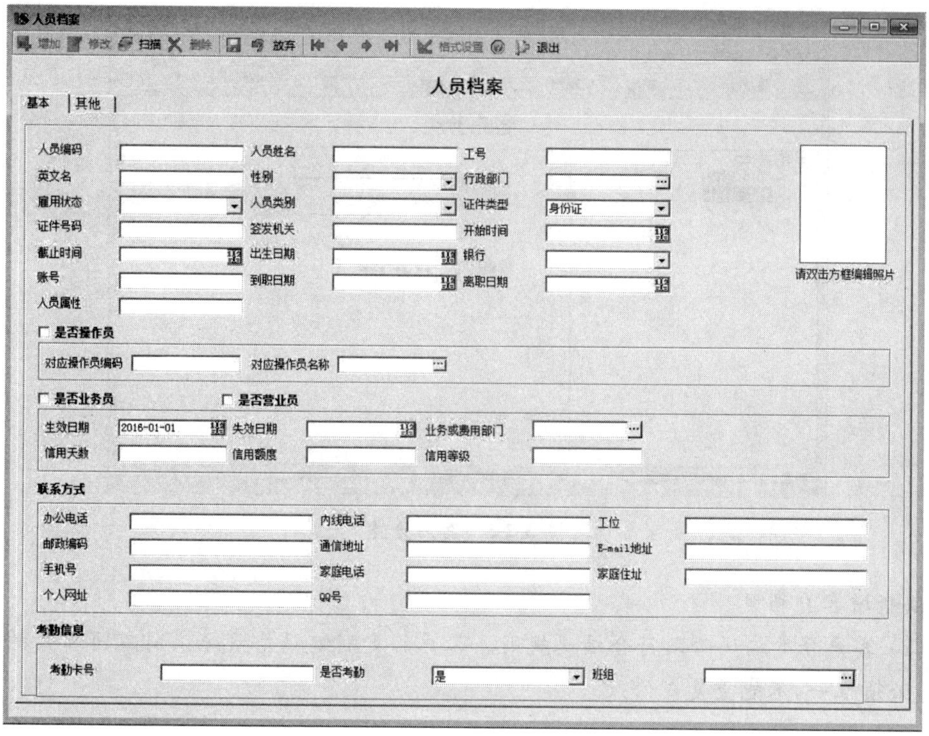

图 3-2-4　增加人员档案

有的操作员做对应关系。

（5）录入人员档案信息时，尽量用参照，参照的快捷键是 F2。先录入一个字再参照，可以提高参照速度。

（6）操作员编码不能修改，操作员的名称可随时修改。

3.2.5　客户分类设置

由于在建立账套时选择了客户分类，因此需要先建立客户分类，再定义客户档案。企业可以根据自身的需要，将客户按行业、地区等进行客户分类。

【操作步骤】

（1）以 101 号操作员的身份登录企业应用平台，单击左下角"基础设置"→单击"基础档案"→单击"客商信息"→双击"客商分类"，进入客户分类录入界面。

（2）单击"增加"按钮，界面右边进入增加界面。

（3）根据任务单，在分类编码中录入"02"，在分类名称中录入"省外"，单击"保存"按钮。

（4）重复步骤（2）、步骤（3），录入任务单上的其余资料，如图 3-2-5 所示。

（5）输入完成后，单击"退出"按钮，退出当前界面。

【注意】

（1）客户是否需要分类应在建立账套时确定，如果建立账套时需要分类而没有分类，

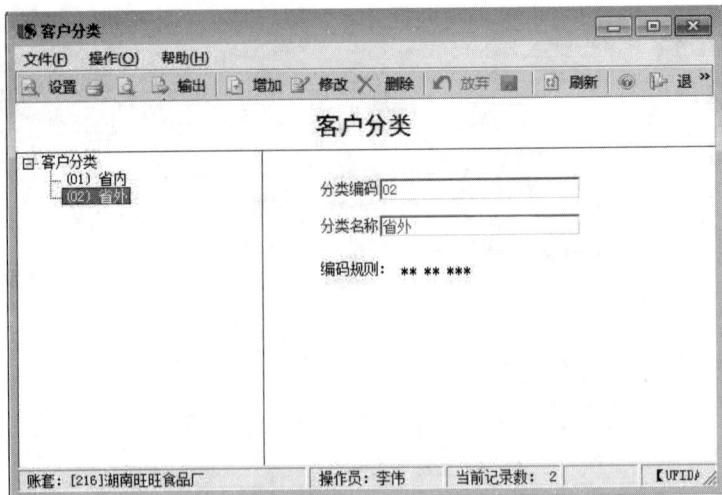

图 3-2-5　客户分类

将无法新增客户档案。

（2）客户分类编码必须符合编码规则。客户的类别编码是系统识别不同客户的唯一标志，必须唯一，不能重复或修改。

3.2.6　客户档案设置

建立客户档案主要是为企业的销售管理、库存管理、应收款管理服务的。在填制销售出库单、销售发票、应收款结算和有关销售单位统计时都会用到客户档案，因此必须先设立客户档案。

【操作步骤】

（1）以 101 号操作员的身份登录企业应用平台，单击左下角"基础设置"→单击"基础档案"→单击"客商信息"→双击"客商档案"，进入客户档案设置界面。

（2）单击"增加"按钮，增加界面。

（3）根据任务单，在客户编码中录入"01"，在客户名称中录入"长沙家润多股份有限公司"，在客户简称中录入"家润多"，所属分类选择"01-省内"，税号中录入"201400001472583"等相关信息。如图 3-2-6 所示。

（4）单击"联系"按钮，选择分管部门"5-销售部"，分管业务员"109-吴清"，邮政编码"410004"，地址"长沙市芙蓉区人民路 8 号"，如图 3-2-7 所示。

（5）单击"信用"按钮，输入扣率"5"。

（6）单击"银行"按钮，打开客户银行档案界面，单击"增加"按钮，选择所属银行"中国工商银行"，开户银行"工行新星支行"，银行账号"78965432"，默认值"是"，单击"保存"按钮，如图 3-2-8 所示。

（7）重复步骤（2）～（6），依次录入任务单上的其余资料。

（8）输入完成后，单击"退出"按钮，返回到客户档案列表界面，再单击"×"按钮，退出

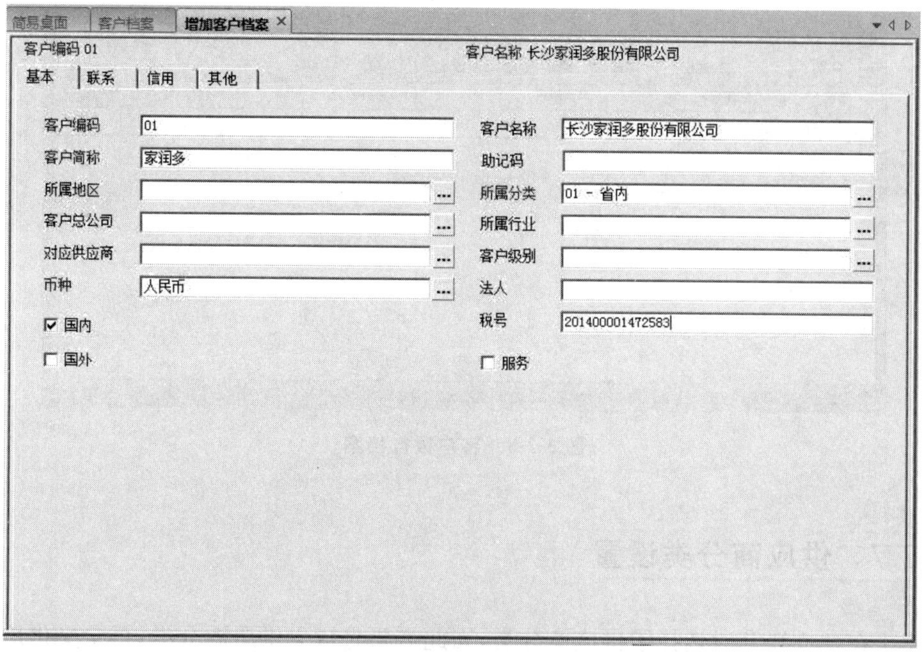

图 3-2-6　客户档案基本信息

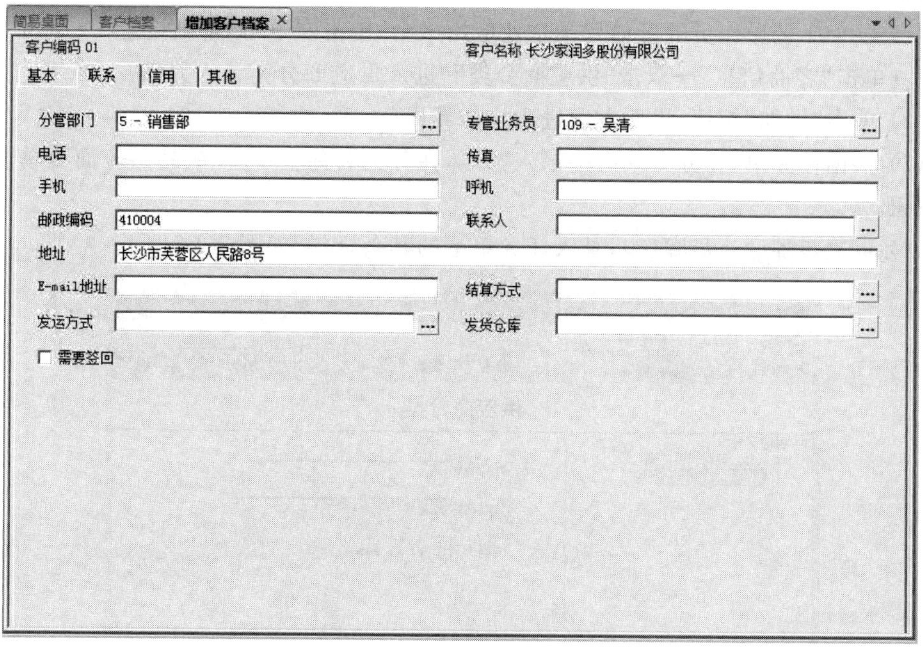

图 3-2-7　客户档案联系信息

当前界面。

【注意】　之所以设置"分管部门""专管业务员"，是为了在应收应付款管理系统中填制发票等原始单据时能自动根据客户显示部门及业务员的信息。

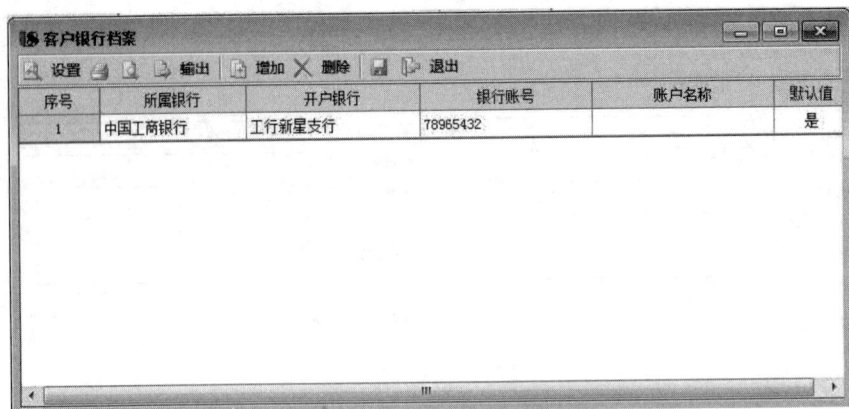

图 3-2-8　客户银行档案

3.2.7　供应商分类设置

由于在建立账套时选择了供应商分类，因此需要先建立供应商分类，再定义供应商档案。企业可以根据自身的需要，将客户按行业、地区等进行分类。

【操作步骤】

（1）以 101 号操作员的身份登录企业应用平台，单击左下角"基础设置"→单击"基础档案"→单击"客商信息"→双击"供应商分类"，进入供应商分类录入界面。

（2）单击"增加"按钮，界面右边进入增加界面。

（3）根据任务单，在分类编码中录入"02"，在分类名称中录入"成品供应商"，单击"保存"按钮。

（4）重复步骤（2）、步骤（3），录入任务单上的其余资料，如图 3-2-9 所示。

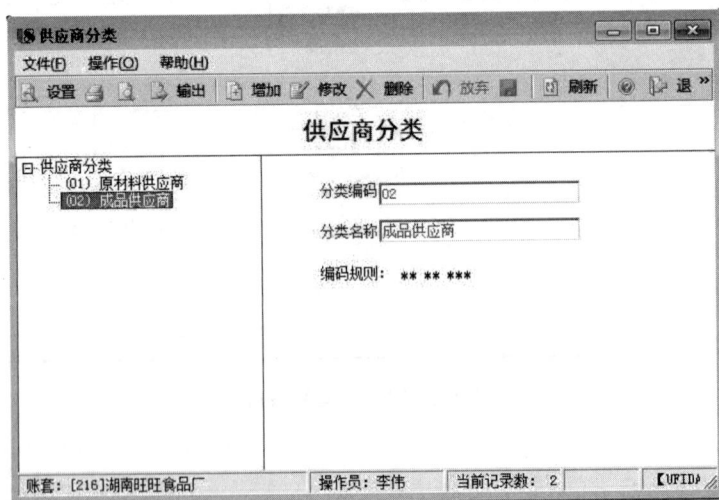

图 3-2-9　供应商分类

（5）输入完成后，单击"×"按钮，退出当前界面。

【注意】

（1）供应商是否分类应在建立账套时确定，此时不能修改，如果修改只能在未建立供应商档案的情况下，在系统管理中以修改账套的方式修改。

（2）如果在建账套时没有选择供应商分类，那么系统在此处会自动建一个大类，并且不能删除和修改，也不能新增。

3.2.8 供应商档案设置

建立供应商档案主要是为企业采购管理、库存管理、应付款管理服务的。

【操作步骤】

（1）以 101 号操作员的身份登录企业应用平台，单击左下角"基础设置"→单击"基础档案"→单击"客商信息"→双击"供应商档案"，进入供应商档案录入界面。

（2）单击"增加"按钮，进入增加界面。

（3）根据任务单，在供应商编码中录入"01"，在供应商名称中录入"北方贸易有限公司"，在客户简称中录入"北方贸易"，所属分类选择"01-原材料供应商"，税号中录入"789456123369"，在开户银行中录入"中国建设银行朝阳支行"、银行账号录入"89000666"等相关信息，如图 3-2-10 所示。

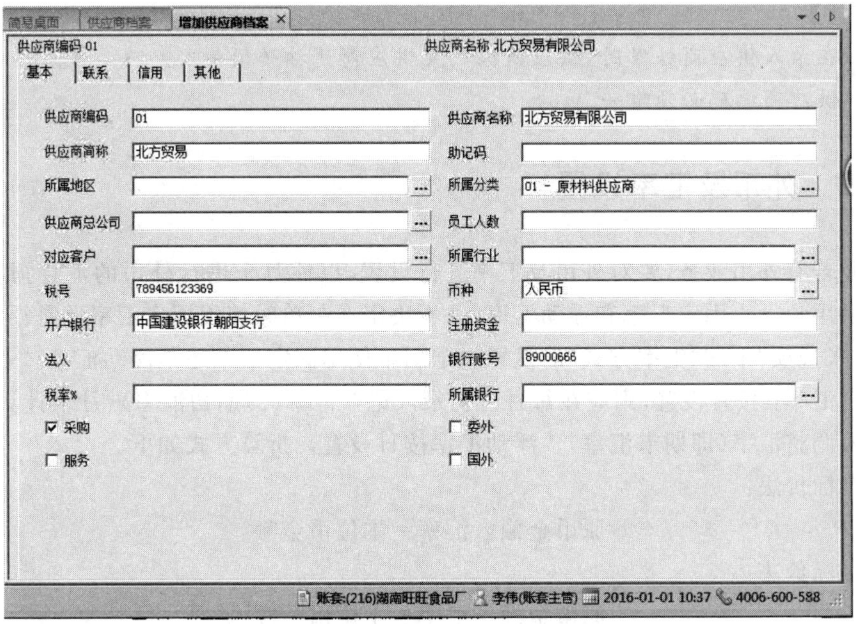

图 3-2-10 供应商档案基本信息设置

（4）单击"联系"按钮，选择分管部门"3-采购部"，专管业务员"107-张小伟"，邮政编码输入"100089"，地址输入"北京市朝阳区 9 号"，如图 3-2-11 所示。单击"保存并新增"按钮。

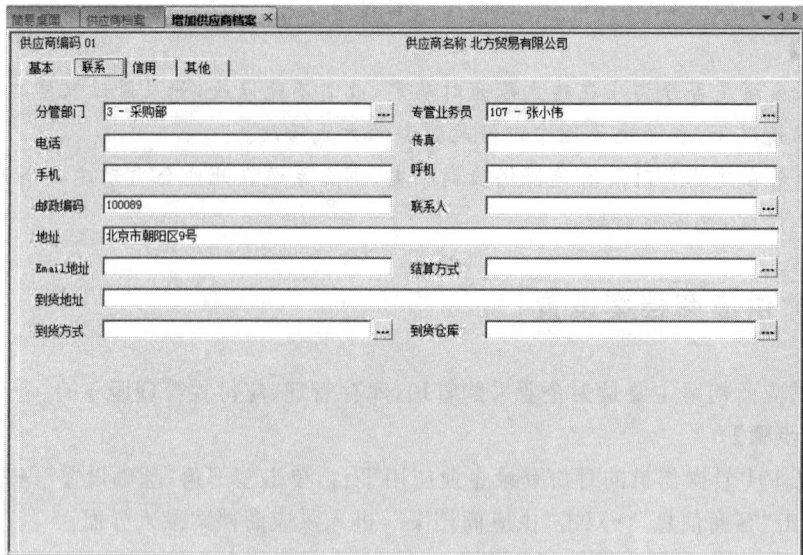

图 3-2-11　供应商档案联系信息设置

（5）重复步骤（2）～（4），依次录入任务单上的其余资料。

（6）输入完成后，单击"退出"按钮，返回到供应商档案列表界面，再单击"×"按钮，退出当前界面。

【注意】

（1）在录入供应商档案时，供应商编码及供应商简称必须录入。

（2）供应商编码必须唯一。

3.2.9　外币及汇率设置

企业若有外币业务，要对外币及汇率进行设置，以便月末进行外币的汇兑损益计算。此处仅供用户录入固定汇率和浮动汇率，并不决定在制单时使用固定汇率还是浮动汇率，而在"总账选项"中的"汇率方式"的设置决定制单使用固定汇率还是浮动汇率。

固定汇率：按月设置，则应在每月月初录入记账汇率（即期初汇率），月末计算汇兑损益时录入调整汇率（即期末汇率）。浮动汇率按日设置。折算方式如下。

直接标价法：

$$原币金额×汇率＝本位币金额$$

间接标价法：

$$原币金额÷汇率＝本位币金额$$

【操作步骤】

（1）以 101 号操作员的身份登录企业应用平台，单击左下角"基础设置"→双击"基础档案"→单击"财务"→双击"外币设置"，进入外币设置界面。

（2）单击工具栏中的"增加"按钮，根据任务单输入币符"USD"、币名"美元"，单击"确认"按钮。

（3）输入 1 月记账汇率"8.325 00"后回车或单击其他位置。

（4）依次执行"增加"→"退出"→"是"命令，如图 3-2-12 所示。

图 3-2-12 外币设置

【注意】

（1）录完调整汇率后，一定要回车确认，或者单击一次其他位置。

（2）记账汇率在制单过程中使用，调整汇率在月末转账的汇兑损益中使用。

3.2.10 会计科目体系设置

会计科目是填制凭证、登记账簿和编制报表的基础。每个会计科目核算的经济内容是不同的，据此可将会计科目在行政事业中分为资产、负债、净资产、收入、支出五类，在企业中分为资产、负债、所有者权益、成本、损益五类。

1. 会计科目增加

由于在建立账套过程中选择了行业性质及按行业性质预置会计科目，系统提供了与之对应的会计科目表，但企业结合自身管理需要，还需增加明细会计科目。

增加会计科目必须由上级至下级逐级进行，即必须首先增加上级科目，只有在上级科目存在的情况下才能增加下级科目，否则系统会提示上级科目不存在。

会计科目的级别编码，完全按照在新建账套时所设各级会计科目编码的长度来限制，增加的会计科目编码长度及每段位数要符合编码规则，编码不能重复。

【操作步骤】

（1）以 101 号操作员的身份登录企业应用平台，单击左下角"基础设置"→双击"基础档案"→单击"财务"→双击"会计科目"，进入会计科目管理界面。

（2）单击工具栏中的"增加"按钮，打开新增会计科目界面。

（3）根据任务单，录入科目编码"100201"，科目名称"中国工商银行"，选择"日记账""银行账"复选框。

(4) 单击"确定"按钮,数据自动保存并变成增加按钮。

(5) 根据任务单 3-2,重复步骤(3)、步骤(4),继续增加其他科目。

(6) 增加完毕,单击"关闭"按钮,退回到浏览状态。

【注意】

(1) 科目编码必须从一级科目开始逐级增加,科目编码必须唯一。

(2) 账页格式用于定义该科目在账簿打印时的默认打印格式。

(3) 助记码用于帮助记忆科目,在制单或查账中可以使用助记码快速输入科目。

(4) 选择外币核算后,将启用该科目的外币核算功能,并要设置币种,月末可进行汇兑损益结转。

(5) 选择数量核算后,将记录该科目的数量信息,并需要输入数量的计量单位,如件、千克、吨等。

(6) 汇总打印是指在打印输出时将该科目的金额汇总到指定科目进行打印。

(7) 封存是指对已使用的科目停用。

(8) 科目性质(余额方向)是指科目默认的余额方向(借或贷),下级科目和余额方向必须与一级科目的余额方向相同。在 UFO 报表中只能按默认余额方向取期初值和期末值。

(9) 辅助核算包括客户往来、供应商往来、部门核算、个人往来、项目核算和自定义项。管理费用一般设置部门核算,生产成本一般设置项目核算,其他应收款一般设置个人往来,应收账款和应收票据、预收账款一般设置为客户往来,应付账款、应付票据、预付账款一般设置为供应商往来。

(10) 设置日记账后,可以按日记账格式查询打印科目,指定现金、指定银行科目会自动选择日记账选项。

(11) 设置银行账后,该科目具有银行对账功能,在制单时可录入结算方式、结算号和票据日期。

2. 修改会计科目

【操作步骤】

(1) 以 101 号操作员的身份登录企业应用平台,单击左下角"基础设置"→双击"基础档案"→单击"财务"→双击"会计科目",进入会计科目管理界面。

(2) 单击工具栏中的"查找"按钮,打开查找界面。

(3) 输入"库存现金"或"1001",单击"确定"按钮,光标会自动调至查找的科目处。

(4) 单击工具栏中的"修改"按钮,选择"日记账"复选框。

(5) 单击"确定"按钮,保存修改数据。

(6) 单击"返回"按钮,关闭修改界面。

(7) 根据任务单 3-2,重复步骤(2)～(5),继续修改其他科目。

(8) 修改完毕,单击"关闭"按钮,退回到浏览状态。

【注意】

(1) 只有未使用的科目编码才可以修改。

（2）科目编码一旦使用，将不能修改，但科目名称可以随时修改。

3. 删除会计科目

【操作步骤】

（1）以 101 号操作员的身份登录企业应用平台，单击左下角"基础设置"→双击"基础档案"→单击"财务"→双击"会计科目"，进入会计科目管理界面。

（2）单击工具栏中的"查找"按钮，打开查找界面。

（3）输入需要删除的科目，单击"确定"按钮，光标会自动调至查找的科目处。

（4）单击工具栏中的"删除"按钮，然后单击"确定"按钮。

【注意】

（1）删除科目从末级开始。

（2）已经使用的科目不能删除，包括已被指定的科目、已录入期初余额的科目、已制单的科目。

（3）对于会计科目，计算机通过科目代码进行识别，而科目名称对于计算机来说没有任何意义。

4. 指定会计科目

指定会计科目是指定出纳的专管科目。指定科目的目的是让某些科目与相应的功能建立关联。即计算机并不知道每个科目的用途，通过指定操作，可以让计算机"认识"哪些科目是库存现金，哪些科目是银行存款。

【操作步骤】

（1）以 101 号操作员的身份登录企业应用平台，单击左下角"基础设置"→双击"基础档案"→单击"财务"→双击"会计科目"，进入会计科目管理界面。

（2）单击工具栏中的"编辑"→单击"指定科目"，打开指定科目界面。

（3）选择"现金科目"→单击"库存现金"→单击向右的箭头，将"库存现金"从待选科目移至已选科目。

（4）选择"银行科目"→单击"银行存款"→单击向右的箭头，将"银行存款"从待选科目移至已选科目。

（5）单击"确定"按钮，退出。

【注意】

（1）只有指定了现金和银行科目后，出纳才能签字，否则无法查询到出纳凭证。

（2）只有指定了现金和银行科目后，才能查询现金日记账和银行日记账。

（3）指定现金后，相应科目自动具有"日记账"属性。指定银行后，相应科目自动具有"日记账"与"银行账"属性。

（4）指定现金时，只能将"1001"移到已选区，若将"1002"移去，指定银行时会找不到科目。

（5）被指定现金总账和银行存款总账的科目必须是一级科目。

3.2.11 记账凭证类别设置

单位为了便于管理或登账方便，一般对记账凭证进行分类编制。

【操作步骤】

（1）以101号操作员的身份登录系统。选择216账套，操作日期为2016-01-01，单击"确定"按钮，进入企业应用平台。

（2）依次执行"基础设置"→"基础档案"→"财务"→"凭证类别"命令，进入凭证类别管理界面。

（3）根据任务单，选择"收付转"分类方式，然后单击"确定"按钮，进入凭证类别界面。

（4）单击工具栏中的"修改"→双击第一行的"限制类型"，选择"借方必有"→在限制科目中输入或参照录入"1001，100201，100202"，根据任务单依次录入第二行与第三行→"退出"。

【注意】

（1）限制科目"1001，100201，100202"中的数字和逗号都是半角符号。

（2）不小心增加了空行时，退出的方法是按Esc键两次。

（3）已使用的凭证类别不能删除，也不能修改类别字。

（4）若限制科目为非末级科目，则在制单时，其所有下级科目都将受到同样的限制。如：若分类如上所设，且101科目下有10101、10102两个下级科目，那么，在填制转账凭证时，将不能使用10101、10102及102下的所有科目。

（5）表格右侧的上下箭头按钮可以调整凭证类别的前后顺序，它将决定明细账中凭证的排列顺序。例如，如果凭证类别设置中凭证类别的排列顺序为收、付、转，那么，在查询明细账、日记账时，同一日的凭证将按照收、付、转的顺序进行排列。

3.2.12 项目目录设置

企业在实际业务处理中会对多种类型的项目进行核算和管理，例如在建工程、对外投资、技术改造项目、项目成本管理、合同等。为此，可以将具有相同特性的一类项目定义成一个项目大类。一个项目大类可以核算多个项目，为了便于管理，还可以对这些项目进行分类管理。也可以将存货、成本对象、现金流量、项目成本等作为核算的项目分类。

使用项目核算与管理的首要步骤是设置项目档案，项目档案设置包括增加或修改项目大类，定义项目核算科目、项目分类、项目栏目结构，并进行项目目录的维护。

1. 定义项目大类

项目目录的操作流程如图3-2-13所示。

【操作步骤】

（1）以101号操作员的身份登录企业应用平台，单击左下角"基础设置"→双击"基础档案"→单击"财务"→双击"项目目录"，进入项目档案界面。

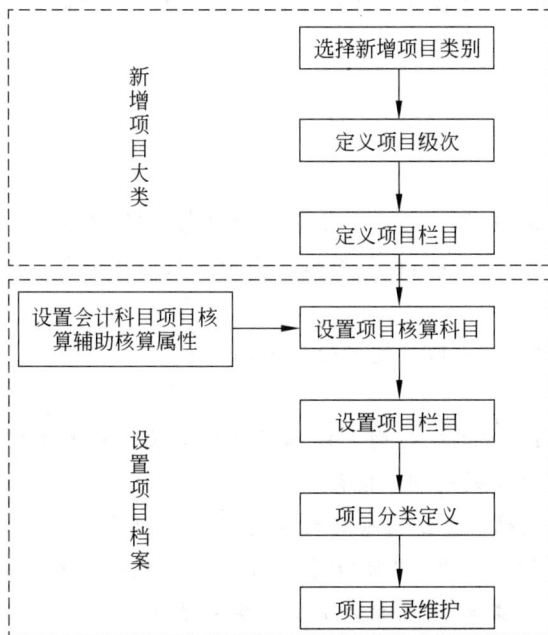

图 3-2-13　项目目录操作流程

（2）单击工具栏中的"增加"按钮，打开项目大类定义增加界面。

（3）根据任务单输入项目大类名称"生产成本"，并选择"普通项目"；单击"下一步"按钮，进入修改项目级次界面；单击"下一步"按钮，进入定义项目栏目界面；单击"完成"按钮，完成项目大类的定义，回到项目档案界面。

【注意】

（1）系统提供 5 个可选项：普通项目、成本对象、项目管理、存货核算、现金流量项目。普通项目是可以自由定义的项目，是一个通用型的项目。其他几个类型是专用型的项目，它会按项目内容自动增加项目栏目或者增加项目目录，有一定的使用条件限制。

（2）项目级次是指项目分类编码的长度，后面的项目分类编码必须符合此处定义的编码规则。

（3）定义项目栏目的本质是定义表结构，即定义项目的属性，相当于数据库表的字段。

2. 设置项目核算科目

设置项目大类与科目的关系，即什么科目使用哪个项目。

【操作步骤】

（1）选择"核算科目"页签——右上角选择项目大类"生产成本"。

（2）将左边的"直接材料""直接人工""制造费用""折旧费""其他"这几个明细科目从待选科目区全部移到已选科目区；单击"确定"按钮保存。

【注意】　此处操作要注意防范两种错误的发生，一种是没有修改项目大类，错将科目关联到现金流量项目；另一种错误就是设置好科目后，没有单击"确定"按钮保存数据。若错将科目关联至其他项目，需要将科目移回到待选科目，单击"确定"按钮后，重新设置。

3. 项目分类定义

此处用于定义项目目录的分类。

【操作步骤】

（1）选择"核算科目"页签——右上角选择项目大类"生产成本"。

（2）单击右下角"增加"按钮，在分类编码中录入"1"；在分类名称中录入"饼"；单击空格键，单击"确定"按钮保存。

（3）重复步骤（2）操作，完成其他分类数据的录入。

【注意】

（1）分类编码必须符合编码规则。编码规则在定义项目大类时录入，可以通过修改项目大类进行修改，已使用的规则不能修改。

（2）在录入时，一定确保右上角项目大类是"生产成本"。在录入编码和名称后，要单击"确定"按钮才能保存数据，单击"增加"按钮不能保存数据。录入完成后，在左边没有出现录入的数据，说明操作错误，没有录入时需要重新录入。

4. 定义项目目录

此处用于录入具体的项目明细。

【操作步骤】

（1）选择"项目目录"页签——右上角选择项目大类"生产成本"。

（2）单击右下角"维护"按钮，进入"项目目录维护"界面。

（3）单击工具栏中的"增加"按钮，在项目编码中录入"101"，在项目名称中录入"雪饼"，在所属分类码中选择"1"，回车后，自动增加一空行，依次录入其他内容。

（4）单击工具栏中的"退出"按钮，返回到上一界面。

【注意】 "是否结算"是指是否已结算完成，在新增时无须选择。

3.2.13 结算方式设置

企业与银行的业务往来需要很多票据作为联系方式，如支票。为了方便银行对账，在制单过程中或其他往来业务单据中，需要记录这些结算方式。因此，在使用结算方式前，需要进行结算方式的定义。其功能就是用来建立和管理用户在经营活动中所涉及的结算方式。

【操作步骤】

（1）以操作员101的身份登录系统。选择216账套，操作日期为2016-01-01，单击"确定"按钮，进入企业应用平台。

（2）依次执行"基础设置"→"基础档案"→"收付结算"→"结算方式"命令，进入结算方式录入界面。

（3）单击工具栏中的"增加"按钮，界面右边进入增加状态。

(4) 根据任务单 3-2,在结算方式编码中录入"1",在结算方式名称中录入"现金",取消是否票据管理复选框。

(5) 单击工具栏中的"保存"按钮,保存当前记录。

(6) 重复步骤(2)～(5),依次录入任务单上的其他数据。

【注意】

(1) 注意编码规则是否有误,结算方式编码必须符合编码规则。

(2) 票据管理要与总账选项中的支票控制配合使用,启用票据管理的结算方式将参与支票控制。

(3) 对应票据类型不用填写。

[理论测试 3-2]

一、单项选择题

1. 部门档案用于设置部门相关信息,一般不包括( )。

A. 部门编码 　　 B. 部门属性 　　 C. 部门位置 　　 D. 部门名称

2. 下列( )不属于企业基础档案的设置。

A. 部门档案 　　 B. 职员档案 　　 C. 客户档案 　　 D. 账页格式的定义

3. 设置会计科目时,必须是会计科目的( )。

A. 明细科目编码 　B. 科目全编码 　C. 一级科目编码 　D. 助记码

4. 若客户分类编码为 223,则增加省内一级分类中的批发商二级编码为( )。

A. 1 　　　　 B. 01 　　　　 C. 0101 　　　　 D. 101

5. 设置凭证类别时,不小心增加了空行时,退出的方法是按( )键两次。

A. Esc 　　　　 B. F1 　　　　 C. Ctrl 　　　　 D. Shift

二、多项选择题

1. 基础档案的内容包括( )。

A. 职员档案 　　 B. 供应商档案 　　 C. 存货档案 　　 D. 科目与余额

2. 下列关于会计科目的描述中,错误的有( )。

A. 要修改和删除会计科目,应先选中该会计科目

B. 科目一经使用,即已经输入记账凭证,则不允许修改或删除该科目

C. 有余额的会计科目可直接修改

D. 删除会计科目应从一级科目开始

3. 会计凭证出纳要签字,必须指定了( )和( )科目才可以。

A. 现金 　　　　 B. 银行 　　　　 C. 应收账款 　　　　 D. 材料采购

三、判断题

1. 部门档案既可以在企业应用平台的基础档案中设置,也可在使用部门档案的其他系统中进行设置,系统中基础档案信息是共享的。 ( )

2. 某企业的部门编码规则是 122,则编码 10101 正确。   （　　）

3. 人员类别是人员档案中的必选项,需要在人员档案设置前设置。   （　　）

4. 科目编码必须从一级科目开始逐级增加,科目编码必须唯一。   （　　）

四、思考题

1. 在进行基础设置时出现了以下问题应该怎么办?

(1) 在设置部门档案时不能设置负责人。

(2) 在设置职员档案时,其所属部门选择错了,在重新选择时却只显示这一个错误部门。

(3) 在设置客户及供应商分类等内容时发现编码规则错误。

2. 系统中的会计科目"银行存款(1002)——中国工商银行(100201)",若想删除"银行存款(1002)",应该怎样操作?

3. 在定义项目核算科目时,若错将科目关联至其他项目,该怎么办?操作看看。(团队合作完成)

4. 收款凭证的限制类型和科目为"借方必有 1001,100201",是什么意思?

总账系统处理

任务4.1　总账系统概述及初始设置

[任务单 4-1]

项目4　总账系统处理		学时　14	
任务 4.1	总账系统概述及初始设置	学时	2
一、学习目标 　　在用友 ERP-U8 V10.1 软件中操作完成学习任务,完成相应的理论测试。			
二、学习资源 　　1. 用友 ERP-U8 V10.1 软件。 　　2. 操作视频:(1)设置总账管理系统控制参数; (2)录入期初余额。		4.1.1 设置总账管理 系统控制参数.mp4　　4.1.2 录入期 初余额.mp4	
三、学习方法 　　1. 认真观看视频并记录重点。 　　2. 和同学讨论、交流。			
四、准备工作 　　1. 引入"基础档案设置 3-2"账套。 　　2. 准备一个剩余空间不小于 2GB 的 U 盘。 　　3. 修改计算系统时间为 2016 年 1 月 1 日。			
五、学习任务 　　1. 设置总账管理系统控制参数			

选　项	参　数　设　置
凭证	制单序时控制 支票控制 赤字控制:资金往来及往来科目　赤字控制方式:提示 可以使用应收应付受控科目 凭证编号方式采用系统编号
账簿	总账、明细账、日记账显示并打印结转下年字样
凭证打印	打印凭证的制单、出纳、审核记账等人员姓名
预算控制	超出预算允许保存
权限	出纳凭证必须由出纳签字 不允许修改、作废他人填制的凭证 可查询他人凭证 明细账查询权限控制到科目
会计日历	会计日历为 1 月 1 日至 12 月 31 日 数量小数位数和单价小数位数设置为 2 位
其他	部门、个人、项目按编码方式排序 外币核算采用固定汇率

2. 根据期初余额信息设置相应明细科目及辅助科目,并录入期初余额及进行试算平衡

(1) 总账期初余额表

科　目　名　称	计量单位	辅助账类型	余额方向	期初余额
库存现金(1001)		日记账	借	3 640.00
银行存款(1002)		日记账、银行账	借	731 000.00
中国工商银行(100201)		日记账、银行账	借	731 000.00
建设银行(100202)美元		外币、日记账、银行账		
应收票据(1121)		客户往来,受控	借	
应收账款(1122)		客户往来,受控	借	286 000.00
其他应收款(1221)		个人往来	借	2 400.00
预付账款(1123)		供应商往来,受控		
原材料(1403)			借	162 800.00
面粉(140301)	4 600 公斤	数量核算	借	27 600.00
植物油(140302)	4 000 公斤	数量核算	借	101 600.00
蔗糖(140303)	6 000 公斤	数量核算	借	33 600.00
库存商品(1405)			借	388 000.00
雪饼(140501)	16 000 公斤	数量核算		208 000.00
牛奶糖(140502)	20 000 公斤	数量核算		180 000.00
自制半成品(1409)				60 000.00
花生酥(140901)	10 000 公斤	数量核算		60 000.00
固定资产(1601)			借	4 160 000.00
累计折旧(1602)			贷	875 099.00

科 目 名 称	计量单位	辅助账类型	余额方向	期初余额
无形资产(1701)			借	600 000.00
累计摊销(1702)			贷	36 000.00
短期借款(2001)			贷	200 000.00
应付票据(2201)		供应商往来,受控	贷	
应付账款(2202)		供应商往来,受控	贷	100 000.00
应付职工薪酬(2211)			贷	283 200.00
工资(221101)				283 200.00
福利费(221102)				
应交税费(2221)			贷	60 000.00
应交增值税(222101)			贷	
进项税额(22210101)			贷	
销项税额(22210102)			贷	
未交增值税(222102)			贷	60 000.00
应交城建税(222103)			贷	
应交教育费附加(222104)			贷	
应交所得税(222105)			贷	
预收账款(2203)		客户往来,受控	贷	
实收资本(4001)			贷	2 837 501.00
盈余公积(4101)			贷	520 000.00
本年利润(4103)			贷	
利润分配(4104)			贷	1 715 040.00
未分配利润(410401)			贷	1 715 040.00
生产成本(5001)			借	233 000.00
直接材料(500101)		项目核算	借	164 600.00
直接人工(500102)		项目核算	借	31 200.00
制造费用(500103)		项目核算	借	37 200.00
其他(500104)		项目核算		
折旧费(500105)		项目核算		
主营业务收入(6001)				
雪饼(600101)	公斤	数量核算		
牛奶糖(600102)	公斤	数量核算		
主营业务成本(6401)				
雪饼(640101)	公斤	数量核算		
牛奶糖(640102)	公斤	数量核算		
管理费用(6602)		部门核算	借	
工资(660201)		部门核算	借	
差旅费(660202)		部门核算	借	
折旧费(660203)		部门核算	借	

科目名称	计量单位	辅助账类型	余额方向	期初余额
无形资产摊销(660204)		部门核算	借	
办公费(660205)		部门核算	借	
合　计				5 715 741

(2) 应收账款期初余额

单据日期	客户名称	摘　要	金　额
2015-10-16	长沙家润多股份有限公司	销售商品	32 000.00
2015-10-28	罗记食品有限公司	销售商品	254 000.00

(3) 应付账款期初余额

单据日期	供应商名称	摘　要	金　额
2015-10-16	北方贸易有限公司	购买材料	64 000.00
2015-10-26	陈克明面粉厂	购买材料	36 000.00

(4) 其他应收款期初余额

日　期	部　门	个　人	摘　要	方　向	期初余额
2015-10-10	采购部	张小伟	出差借款	借	2 000
2015-11-15	销售部	吴清	出差借款	借	400

(5) 生产成本期初余额

项　目	101 雪饼	201 牛奶糖
直接材料	121 600.00	43 000.00
直接人工	18 400.00	12 800.00
制造费用	20 000.00	17 200.00

3. 账套备份

在 E 盘根目录下建立一个文件夹,文件夹的名字为"216 账套备份",在该文件中建立一个名为"总账系统概述及初始设置 4-1"的文件夹,将账套备份到该文件夹中。

[信息页 4-1]

理论目标:

掌握总账系统的主要功能;

掌握总账系统与其他系统的关系。

技能目标:

熟练地设置总账管理系统控制参数;

熟练地输入会计科目期初余额;

熟练地输入辅助账期初余额。

总账管理又称账务处理系统,是完成从记账到账务输出等账务处理工作的子系统,它是会计信息系统的核心系统,与其他系统之间有着大量的数据传递关系。

4.1.1 总账系统概述

1.总账系统的功能

（1）总账系统初始设置

总账系统初始设置是总账系统应用的第一步,关系到日后账务处理。总账系统初始设置的实质是将通用账务核算系统设置为适合本单位核算要求的专用账务核算系统。

（2）凭证处理

凭证处理包括常用凭证定义、凭证录入、审核、记账、查询、打印以及出纳签字等。

（3）出纳管理

出纳管理包括现金和银行存款日记账的输出、支票登记簿的管理及银行对账。

（4）账簿查询

账簿查询实现总账、明细账、凭证联查,包含未记账凭证的最新数据。

（5）辅助核算管理

① 个人往来管理

个人往来管理进行个人借款、还款管理工作。

② 部门核算

部门核算反映控制部门费用的支出,提供部门总账、明细账的查询,进行部门收支分析。

③ 项目管理

项目管理用于核算在建工程、产成品成本、科研课题等,同项目总账、明细账及统计查询。

④ 单位往来管理

单位往来管理进行供应商往来款项的管理工作,提供往来总账、明细账、催款单、往来清理、账龄分析报告等功能。

（6）期末处理

期末处理包括银行对账、期末转账、试算平衡、对账、结账等。

2.总账系统与其他系统的关系

总账系统属于财务管理系统的一部分,而财务管理系统与其他系统成并行关系。总账系统既可单独使用,也可以与其他系统同时使用。

3.总账系统的操作流程

新用户操作流程:启动系统管理→以系统管理员 Admin 身份登录→新建账套→增加角色、用户→设置角色、用户权限→启用各相关系统。

老用户操作流程：启动系统管理→以账套主管身份注册登录→建立下一年度账→结转上年数据→启用各相关系统→进行新年度操作。

4.1.2　总账系统参数设置

在首次使用总账管理系统时，需要确定总账管理核算要求的各种参数，以便为总账管理系统配置相应的功能或执行相应的控制。参数说明如表 4-1-1 所示。

表 4-1-1　参数说明

参　　数	说　　明
制单序时控制	此项和"系统编号"选项联用，指下一张凭证的制单日期必须晚于或与上一张凭证制单日期相同。例如，11 月 26 日编制 28 号凭证，则 11 月 27 日只能开始编制 29 号凭证
支票控制	在制单时使用银行科目编制凭证时，系统针对票据管理的结算方式进行登记，如果录入支票号在支票登记簿中已存，系统提供登记支票报销的功能；否则，系统提供登记支票登记簿的功能
赤字控制	在制单时，当"资金及往来科目"或"全部科目"的最新余额出现负数时，系统将予以提示
可使用应收应付受控科目、存货核算受控科目	系统提供应收受控、应付受控、存货受控三种受控科目。如果选择可以使用受控科目，那么此类型的科目既可在总账也可在其他模块制单过程中使用；若不可以使用受控科目，那么此类型的科目就不可以在总账制单过程中使用，只可以在其他模块制单时使用
现金流量科目必录现金流量项目	选择此项后，在录入凭证时如果使用现金流量科目则必须输入现金流量项目及金额
凭证编号方式	系统在"填制凭证"功能中一般按照凭证类别按月自动编制凭证编号，即"系统编号"；但有的企业需要系统允许在制单时手工录入凭证编号，即"手工编号"
允许修改、作废他人填制的凭证	若选择了此项，在制单时可修改或作废别人填制的凭证，否则不能修改
自动填补凭证断号	如果选择凭证编号方式为系统编号，则在新增凭证时，系统按凭证类别自动查询本月的第一个断号默认为本次新增凭证的凭证号。如无断号则为新号，与原编号规则一致

【操作步骤】

（1）以账套主管 101 的身份登录企业应用平台，单击左下角"业务工作"→单击"财务会计"→单击"总账"→单击"设置"→双击"选项"，进入选项界面。

（2）单击"编辑"按钮，根据任务单，在"凭证""账簿""凭证打印""预算控制""权限""会计日历""其他"选项卡选择对应的控制参数。

（3）设置完成后，单击"确定"按钮。

4.1.3　期初余额设置

在期初余额管理中主要完成的工作有两个，一是录入科目的期初余额和科目辅助账的期初余额；二是核对期初余额，并进行试算平衡。

若企业是在年初建账，则期初余额就是年初余额；若是年中启用总账系统，则应将各账户此时的余额和年初到此时的借贷方累计发生额计算清楚。

【操作步骤】

(1) 以操作员 101 的身份登录系统。选择 216 账套，操作日期为 2016-01-01，单击“确定”按钮，进入企业应用平台。

(2) 单击“业务工作”→“财务会计”→“总账”→“设置”→双击“期初余额”，进入“期初余额录入”界面。

(3) 录入白色区域科目的余额：单击“1001 库存现金”的期初余额区域，录入 3 640，根据任务单，按照同样的方法录入其他白色区域科目的余额。

(4) 录入浅黄色区域科目的余额：单击“1122 应收账款”的期初余额区域(浅黄色区域)，进入辅助账期初余额界面，单击工具栏中的“增行”按钮，增加一个空行，根据任务单输入相关信息并单击工具栏中的“汇总”按钮，将明细数据根据客户和业务员分类汇总到辅助期初余额中，单击“确定”按钮，在“辅助期初余额”窗口中可以看到已增加了一行汇总数据，单击工具栏中的“退出”按钮，关闭“辅助期初余额”，返回至“期初余额录入”界面。根据任务单，按照同样的方法录入其他浅黄色区域科目的余额，如图 4-1-1 所示。

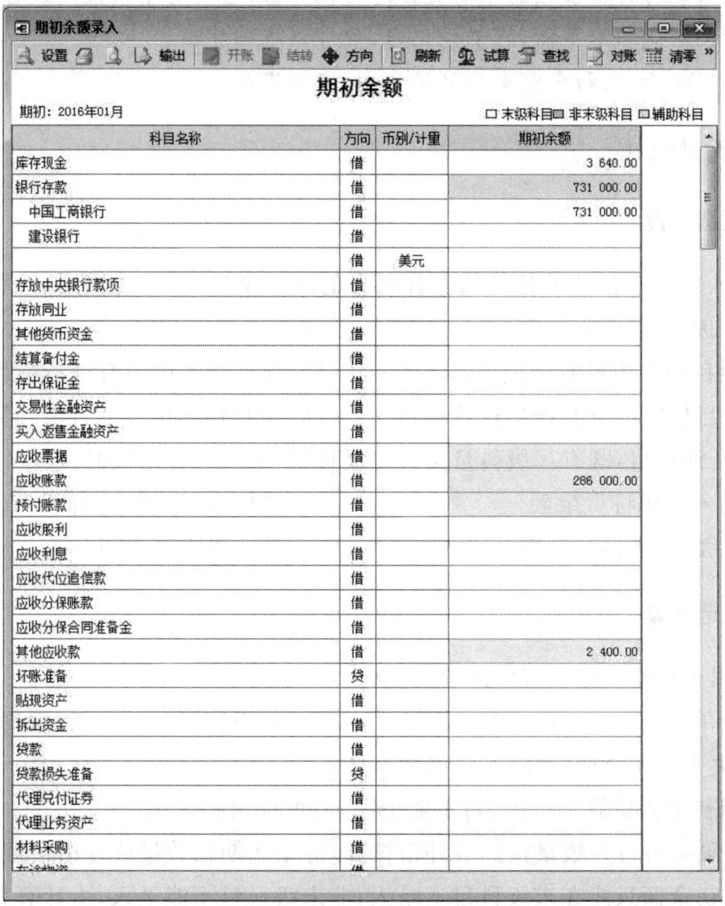

科目名称	方向	币别/计量	期初余额
库存现金	借		3 640.00
银行存款	借		731 000.00
中国工商银行	借		731 000.00
建设银行	借		
	借	美元	
存放中央银行款项	借		
存放同业	借		
其他货币资金	借		
结算备付金	借		
存出保证金	借		
交易性金融资产	借		
买入返售金融资产	借		
应收票据	借		
应收账款	借		286 000.00
预付账款	借		
应收股利	借		
应收利息	借		
应收代位追偿款	借		
应收分保账款	借		
应收分保合同准备金	借		
其他应收款	借		2 400.00
坏账准备	贷		
贴现资产	借		
拆出资金	借		
贷款	借		
贷款损失准备	贷		
代理兑付证券	借		
代理业务资产	借		
材料采购	借		

图 4-1-1　期初余额录入

（5）单击工具栏中的"对账"按钮，进入期初对账界面并单击"开始"按钮，系统自动开始对账，并在界面上显示对账结果并单击"取消"按钮，关闭期初对账界面，返回到上一界面。

（6）单击工具栏中的"试算平衡"按钮，系统自动开始试算平衡计算，然后显示"试算平衡表"界面，显示计算后单击"确定"按钮，关闭当前界面，返回到上一界面。

【注意】

（1）没有辅助项的科目，可以直接录入期初余额。期初余额只能在末级科目上录入，非末级科目不能录入，由计算机根据末级科目自动计算。

（2）灰色单元为非末级科目，不允许录入期初余额，待下级科目余额录入完成后自动汇总生成。

（3）具有辅助属性的科目所在区域都以黄色显示，辅助科目需要录入明细记录，辅助科目的期初余额会根据录入的明细数据自动汇总，不能直接录入。

（4）如果某科目为数量核算或外币核算，应录入期初数量或外币余额。

（5）总账科目与其下级科目的方向必须一致，如果所录入明细余额方向与总账余额方向相反，则用"—"号表示。

（6）系统只能对月初余额的平衡关系进行试算，而不能对年初余额进行试算。

（7）期初余额试算不平衡，将不能记账，但可以填制凭证。

（8）凭证记账后，期初余额变为只读状态，不能修改。

［理论测试 4-1］

一、单项选择题

1. 在录入具有项目辅助核算的会计科目的期初余额时，系统提示"该科目没有定义项目大类"，原因是（　　）。

    A. 项目档案中没有增加项目大类　　B. 项目档案中没有进行项目分类定义

    C. 项目档案中没有指定核算科目　　D. 项目档案中没有设置项目目录

2. 某一会计科目，既有一级科目又有二级科目，输入科目余额时，应（　　）。

    A. 输入一级科目余额　　　　　　　B. 只输入二级科目余额

    C. 一级、二级科目余额都输入　　　D. 输入哪个都可以

二、多项选择题

1. 以下属于总账参数设置的内容的是（　　）。

    A. 制单控制　　B. 凭证控制　　C. 账簿控制　　D. 编码方案设置

2. 下列关于期初余额的描述，正确的有（　　）。

    A. 期初余额试算不平衡，将不能记账，但可以填制凭证

    B. 如果某科目为数量核算或外币核算，应录入期初数量或外币余额

    C. 期初余额只能在末级科目上录入，非末级科目不能录入，由计算机根据末级科目自动计算

D. 所有的会计科目都要输入期初余额

三、判断题

1. 采用序时控制，指下一张凭证的制单日期必须晚于或与上一张凭证制单日期相同。 （　　）

2. 期初余额只能在末级科目上录入。 （　　）

3. 期初余额试算不平衡，将不能记账，但可以填制凭证。 （　　）

四、思考题

1. 录入期初余额的界面中有白色、黄色、灰色，它们分别是什么含义？

2. "可使用应收受控科目"和"可以用应付受控科目"是什么意思？

任务 4.2 日常业务处理的操作

［任务单 4-2］

项目 4	总账系统处理	学时	14
任务 4.2	日常业务处理的操作	学时	6

一、学习目标

　　在用友 ERP-U8 V10.1 软件中操作完成学习任务，完成相应的理论测试。

二、学习资源

　　1. 用友 ERP-U8 V10.1 软件。

　　2. 操作视频：(1)增加凭证业务 1、2；(2)增加凭证业务 3；(3)增加凭证业务 4、5；(4)增加凭证业务 6、7；(5)审核记账前修改凭证；(6)审核记账前删除凭证；(7)设置常用凭证；(8)审核凭证；(9)出纳签字；(10)主管签字；(11)记账；(12)审核记账后修改凭证；(13)审核记账后删除凭证。

4.2.1 增加凭证 1、2.mp4	4.2.2 增加凭证 3.mp4	4.2.3 增加凭证 4、5.mp4	4.2.4 增加凭证 6、7.mp4	4.2.5 审核记账前修改凭证.mp4
4.2.6 审核记账前删除凭证.mp4	4.2.7 设置常用凭证.mp4	4.2.8 审核凭证.mp4	4.2.9 出纳签字.mp4	4.2.10 主管签字.mp4

4.2.11 记账.mp4 4.2.12 审核记账后 4.2.13 审核记账后
修改凭证.mp4 删除凭证.mp4

三、学习方法

1. 认真观看视频并记录重点。

2. 和同学讨论、交流。

四、准备工作

1. 准备一个剩余空间不小于 2GB 的 U 盘。

2. 修改计算系统时间为 2016 年 1 月 31 日。

3. 引入"总账系统概述及初始设置 4-1"账套。

五、学习任务

1. 增加凭证

由操作员 103 何大鹏填制凭证,104 王利出纳签字;102 胡琳审核凭证、对账;103 何大鹏记账。

2016 年 1 月份企业发生的经济业务如下:

(1) 1 月 2 日,销售部门刘敏以工行存款支付电视台广告费 2 000 元,转账支票号为 01656740。

借:销售费用 2 000

　　贷:银行存款——中国工商银行 2 000

(2) 1 月 3 日,出纳王利从中国工商银行提取备用金 6 000 元,现金支票号为 03171859。

借:库存现金(1001) 6 000

　　贷:银行存款——中国工商银行 6 000

(3) 1 月 5 日,采购员张小伟出差回来报销差旅费 1 760 元,交回现金 240 元。

借:管理费用——差旅费 1 760

　　库存现金 240

　　贷:其他应收款——张小伟 2 000

(4) 1 月 11 日,销售部吴清向长沙家润多股份有限公司销售雪饼 15 000 公斤,单价 28 元/公斤,价款 420 000 元,增值税销项税额 71 400 元;销售牛奶糖 16 000 公斤,单价 20 元/公斤,价款 320 000 元,增值税销项税额 54 400 元,货已发出,款项尚未收到。

借:应收账款——长沙家润多股份有限公司 865 800

　　贷:主营业务收入——雪饼 420 000

　　　　　　　　　　——牛奶糖 320 000

　　应交税费——应交增值税(销项税额) 125 800

(5) 1 月 15 日收到中华集团投资资金 10 000 美元,汇率 1:8.325,转账支票号为 01643863。

借:银行存款——建设银行 83 250

　　贷:实收资本 83 250

(6) 1 月 20 日,采购员张小伟从陈克明面粉厂采购面粉 5 000 公斤,单价 5.8 元/公斤,金额 29 000 元,增值税进项税额 4 930 元;采购植物油 4 000 公斤,单价 26 元/公斤,金额 104 000 元,增值税进项税额 17 680 元,材料已入库验收,货款以工商银行存款支付,转账支票号为 01656741。

借:原材料——面粉 29 000

　　　　　——植物油 104 000

　　应交税费——应交增值税(进项税额) 22 610

　　贷:银行存款——中国工商银行 155 610

(7) 1 月 20 日,销售部吴清转来长沙家润多股份有限公司前欠款 32 000 元,存入工商银行,转账支票号为 01643864。

借：银行存款——中国工商银行   32 000
 贷：应收账款——长沙家润多股份有限公司   32 000

2. 审核记账前修改凭证

将第1笔业务中的金额2 000元改为20 000元。

3. 审核记账前删除凭证

将第5笔业务的凭证删除（收字2号凭证）。

4. 设置常用凭证

操作员103设置常用凭证。编码：1；摘要：从工行提取现金；凭证类别：付款凭证；科目编码：1001和100201。

5. 审核凭证

操作员102对所有的凭证进行审核。

6. 出纳签字

操作员104对收付款凭证进行出纳签字。

7. 主管签字

操作员101对所有的凭证进行主管签字。

8. 记账

操作员103对所有的凭证进行记账。

9. 审核记账后修改凭证（采用红字冲销法更正）

发现下面这张凭证的金额应该为30 000元，请修改。

借：银行存款——中国工商银行   32 000
 贷：应收账款——长沙家润多股份有限公司   32 000

操作员103修改凭证；操作员102对修改的凭证进行审核；操作员104对修改的凭证进行出纳签字；操作员101对修改的凭证进行主管签字；操作员103对修改的凭证进行记账。

10. 审核记账后删除凭证

请删除第2笔业务的凭证（付字2号凭证）。

11. 账套备份

在E盘根目录下建立一个文件夹，文件夹的名字为"216账套备份"，在该文件中建立一个名为"日常业务处理的操作4-2"的文件夹，将账套备份到该文件夹中。

[信息页4-2]

理论目标：

了解日常账务处理工作的内容；

了解凭证增加、删除、修改的相关理论知识。

技能目标：

掌握日常业务中凭证处理和记账方法；

掌握凭证填制过程中辅助账数据录入的方法；

能对不同情况下的错账采取合适的更正方法；

能分析不能进行凭证修改和删除的原因；

能分析不能进行凭证审核和出纳签字的原因；

能解决制单不序时的问题；

能解决不能记账问题；

能对错账进行有痕迹修改和无痕迹修改；

会删除不需要的凭证。

初始设置完成后,即可开始进行凭证处理。凭证处理包括填制凭证、修改或删除凭证、出纳签字、主管签字、审核凭证、记账、账证查询等工作。

4.2.1 填制凭证

填制凭证也称为制单,是进行账务处理最基础的环节,直接影响到整个账务处理系统的应用效果。

1. 第一笔业务

【操作步骤】

(1)以操作员 103 的身份登录企业应用平台。选择 216 账套,操作日期为 2016-01-01,单击"确定"按钮,进入企业应用平台。

(2)单击"业务工作"→"财务会计"→"总账"→"凭证"→双击"填制凭证",打开填制凭证界面。

(3)单击工具栏中的"增加"按钮或 F5 键,进入增加界面。

(4)单击凭证类别"参照"按钮,选择"付款凭证"。

(5)将制单日期修改为"2016.01.02"。

(6)在摘要栏录入"支付广告费",回车。

(7)在科目名称栏,单击"参照"按钮或 F2 键,选择损益类账户"销售费用",回车;在借方金额栏输入金额"2 000",回车。

(8)在科目名称栏,单击"参照"按钮或 F2 键,选择资产类"银行存款——中国工商银行"或输入"100201",回车,在弹出的辅助项窗口输入结算方式"302",票号"01656740",日期"2016.01.02",单击"确定"按钮,回车;在贷方金额栏输入金额"2 000"或直接按"=",回车,系统弹出对话框"此支票尚未登记,是否登记",单击"是"按钮,系统弹出支票信息登记窗口,选择领用部门为"销售部",姓名为"刘敏",用途为"支付广告费",单击"确定"按钮,如图 4-2-1 所示,可进入"出纳→支票登记簿"进行查看。

(9)单击"保存"按钮,系统弹出"凭证已保存成功"信息提示框,单击"确定"按钮。

【注意】

(1)如果凭证的金额方向录错了,可以按空格键改变余额方向。

(2)科目编码必须是末级科目编码。

(3)若辅助项窗口没有弹出,双击凭证左下角票号日期,弹出辅助项输入即可。

(4)采用序时控制,凭证日期应晚于启用日期或与之相同,但不能早于业务日期,如总账启用日期为 2016 年 1 月 1 日,操作业务日期为 2016 年 1 月 31 日,凭证日期应在 2016 年 1 月 1 日与 2016 年 1 月 31 日之间。

(5)凭证一旦保存,其凭证类别和编号不能修改。

(6)不同行的摘要可以相同,也可以不同。每行摘要将随相应的会计科目在账簿中出现,所以不能为空。

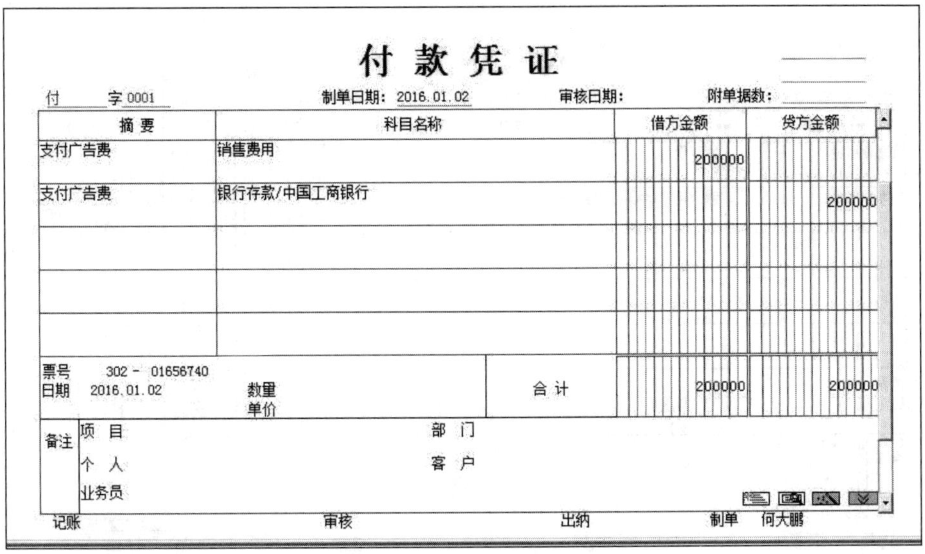

图 4-2-1　第一笔业务凭证

（7）金额不能为零，红字以"—"号表示。

（8）最后一个科目的金额可以按"＝"键，以便快速、准确地写入。

2.第二笔业务

【操作步骤】

（1）单击工具栏中的"增加"按钮或 F5 键，进入增加界面。

（2）单击凭证类别"参照"按钮，选择"付款凭证"。

（3）将制单日期修改为"2016.01.03"。

（4）在摘要栏录入"提取备用金"，回车。

（5）在科目名称栏，单击"参照"按钮或 F2 键，选择资产类账户"库存现金"，回车；在借方金额栏输入金额"6 000"，回车。

（6）在科目名称栏，单击"参照"按钮或 F2 键，选择资产类"银行存款——中国工商银行"或输入"100201"，回车，在弹出的辅助项窗口输入结算方式"301"、票号"03171859"、日期"2016.01.03"，单击"确定"按钮，回车；在贷方金额栏输入金额"6 000"或直接按"＝"，回车，系统弹出对话框"此支票尚未登记，是否登记"，单击"是"按钮，系统弹出支票信息登记窗口，选择领用部门为"财务部"，姓名为"王利"，用途为"提取备用金"，单击"确定"按钮，如图 4-2-2 所示。可进入"出纳→支票登记簿"进行查看。

3.第三笔业务

【操作步骤】

（1）单击工具栏中的"增加"按钮或 F5 键，进入增加界面。

（2）单击凭证类别"参照"按钮，选择"收款凭证"。

（3）将制单日期修改为"2016.01.05"。

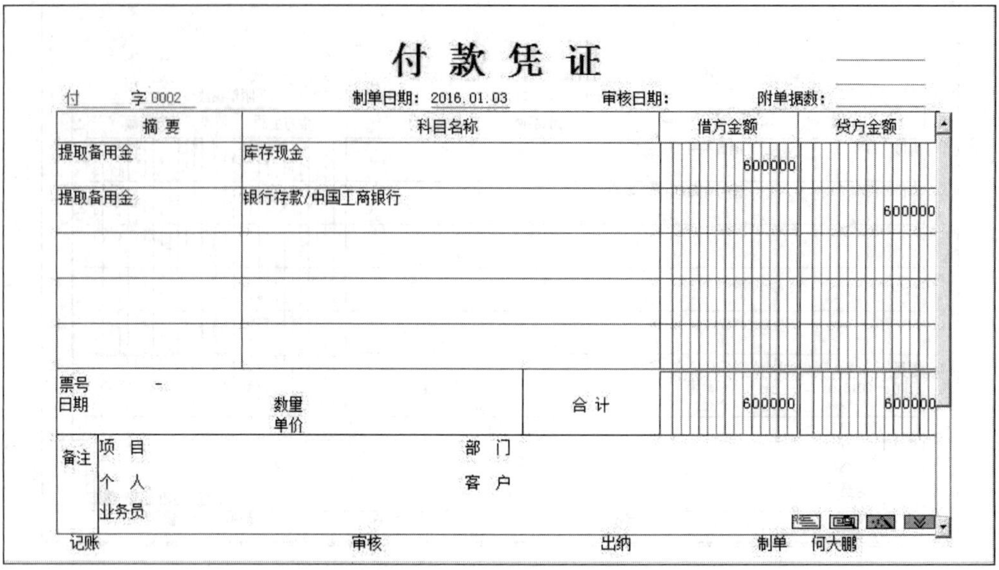

付款凭证

付 字 0002　制单日期：2016.01.03　审核日期：　附单据数：

摘要	科目名称	借方金额	贷方金额
提取备用金	库存现金	600000	
提取备用金	银行存款/中国工商银行		600000
票号 - 日期　数量 单价	合计	600000	600000

备注　项目　部门　个人　客户　业务员

记账　审核　出纳　制单 何大鹏

图 4-2-2　第二笔业务凭证

（4）在摘要栏录入“报销差旅费”，回车。

（5）在科目名称栏，单击“参照”按钮或 F2 键，选择损益类账户“管理费用——工资”，回车，在弹出的辅助项窗口输入部门“3”，单击“确定”按钮，回车；在借方金额栏输入金额“1760”，回车；在资产类账户中输入“库存现金”，回车；在借方金额栏输入金额“240”，回车；在资产类账户中输入“其他应收款”，回车；在弹出的辅助项窗口输入部门“采购部”，个人“张小伟”，单击“确定”按钮，回车；在贷方金额栏输入金额“2 000”，回车。如图 4-2-3 所示。

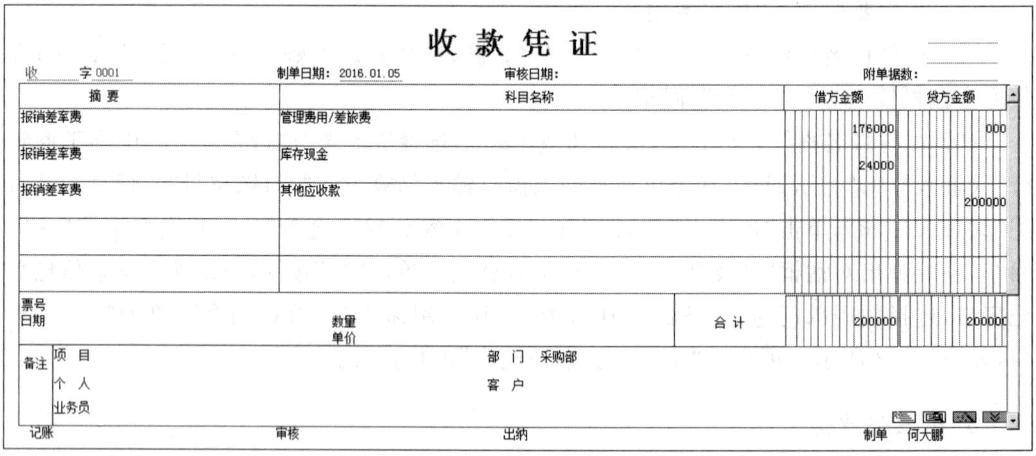

收款凭证

收 字 0001　制单日期：2016.01.05　审核日期：　附单据数：

摘要	科目名称	借方金额	贷方金额
报销差辜费	管理费用/差旅费	176000	000
报销差辜费	库存现金	24000	
报销差辜费	其他应收款		200000
票号 日期　数量 单价	合计	200000	200000

备注　项目　部门 采购部　个人　客户　业务员

记账　审核　出纳　制单 何大鹏

图 4-2-3　第三笔业务凭证

4. 第四笔业务

【操作步骤】

(1) 单击工具栏中的“增加”按钮或 F5 键,进入增加界面。

(2) 单击凭证类别“参照”按钮,选择“转账凭证”。

(3) 将制单日期修改为“2016.01.11”。

(4) 在摘要栏录入“销售商品”,回车。

(5) 在科目名称栏,单击“参照”按钮或 F2 键,选择资产类账户“应收账款”,回车,在弹出的辅助项窗口输入客户“01”,单击“确定”按钮;在借方金额栏输入金额“865 800”,回车;选择损益类账户“主营业务收入——雪饼”,回车,在弹出的辅助项窗口输入数量“15 000”,单价“28”,单击“确定”按钮,金额“420 000”在借方,按空格键调整到贷方,回车;选择损益类账户“主营业务收入——牛奶糖”,回车;在弹出的辅助项窗口输入数量“16 000”,单价“20”,单击“确定”按钮,金额“320 000”在借方,按空格键调整到贷方,回车;选择负债类科目“应交税费——应交增值税(销项税额)”,回车,在贷方金额栏输入金额“125 800”,回车。如图 4-2-4 所示。

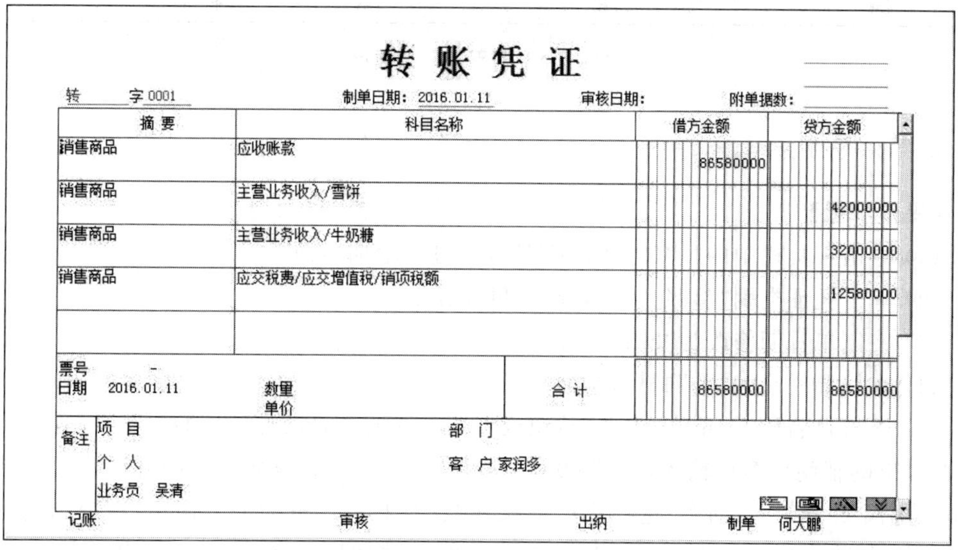

转账凭证

转 字 0001　　制单日期: 2016.01.11　　审核日期:　　附单据数:

摘要	科目名称	借方金额	贷方金额
销售商品	应收账款	86580000	
销售商品	主营业务收入/雪饼		42000000
销售商品	主营业务收入/牛奶糖		32000000
销售商品	应交税费/应交增值税/销项税额		12580000
票号 - 日期 2016.01.11	数量 单价　　合 计	86580000	86580000

备注　项 目　　部 门

个 人　　客 户 家润多

业务员 吴清

记账　　审核　　出纳　　制单 何大鹏

图 4-2-4　第四笔业务凭证

5. 第五笔业务

【操作步骤】

(1) 单击工具栏中的“增加”按钮或 F5 键,进入增加界面。

(2) 单击凭证类别“参照”按钮,选择“收款凭证”。

(3) 将制单日期修改为“2016.01.15”。

(4) 在摘要栏录入“收到外币投资”,回车。

(5) 在科目名称栏,单击“参照”按钮或 F2 键,选择资产类账户“银行存款——建设银行"，回车，在弹出的辅助项窗口输入结算方式"302"，票号"01643863"，单击"确定"按钮；在外币栏输入美元"10 000"，借方金额栏自动输入金额83 250元，回车；选择权益类账户"实收资本"，回车，在贷方金额栏输入金额83 250元，回车，如图4-2-5所示。

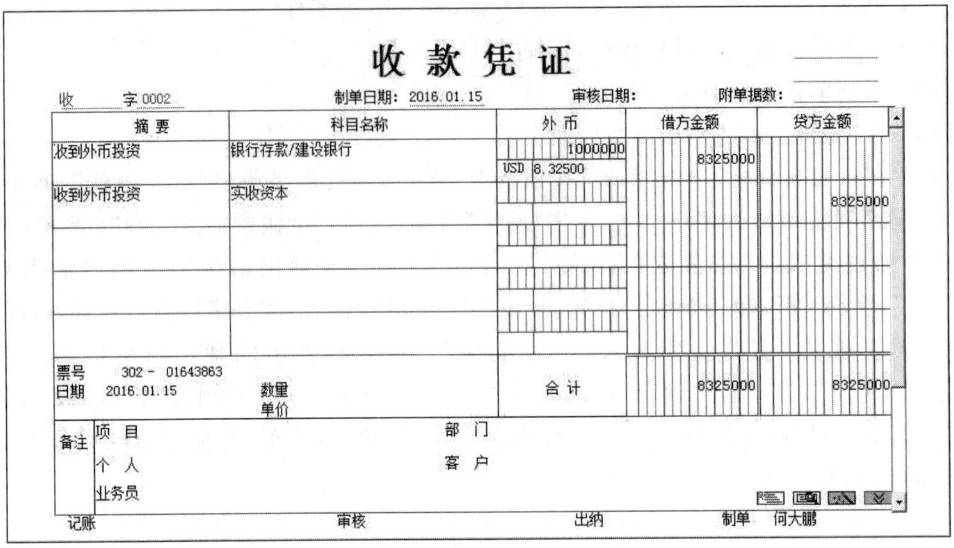

图 4-2-5　第五笔业务凭证

6. 第六笔业务

【操作步骤】

（1）单击工具栏中的"增加"按钮或F5键，进入增加界面。

（2）单击凭证类别"参照"按钮，选择"付款凭证"。

（3）将制单日期修改为"2016.01.20"。

（4）在摘要栏录入"采购材料"，回车。

（5）在科目名称栏，单击"参照"按钮或F2键，选择资产类账户"原材料——面粉"，回车，在弹出的辅助项窗口输入数量"5 000"，单价"5.8"，单击"确定"按钮；在借方金额栏自动输入金额29 000元，回车；选择资产类账户"原材料——植物油"，回车，在弹出的辅助项窗口输入数量"4 000"，单价"26"，单击"确定"按钮；在借方金额栏自动输入金额104 000元，回车；选择负债类账户"应交税费——应交增值税（进项税额）"，回车，在借方输入金额"22 610"，回车；选择资产类"银行存款——中国工商银行"或输入"100201"，回车，在弹出的辅助项窗口输入结算方式"302"，票号"01656741"，日期"2016.01.20"，单击"确定"按钮，回车；在贷方金额栏输入金额"155 610"或直接按"＝"，回车，系统弹出对话框"此支票尚未登记，是否登记"，单击"是"按钮，系统弹出支票信息登记窗口，选择领用部门为"采购部"，姓名为"张小伟"，收款人为"陈克明面粉厂"，用途为"采购材料"，单击"确定"按钮，如图4-2-6所示。可进入"出纳→支票登记簿"进行查看。

付 款 凭 证

付　字 0003　　　　　制单日期: 2016.01.20　　审核日期:　　　　附单据数:

摘　要	科目名称	借方金额	贷方金额
购买原材料	原材料/面粉	2900000	
购买原材料	原材料/植物油	10400000	
购买原材料	应交税费/应交增值税/进项税额	2261000	
购买原材料	银行存款/中国工商银行		15561000

票号 日期	数量　　5000.00公斤 单价　　5.80	合　计	15561000	15561000

备注　项　目　　　　　部　门
　　　个　人　　　　　客　户
　　　业务员

记账　　　　　审核　　　　　出纳　　　　　制单　何大鹏

图 4-2-6　第六笔业务凭证

7. 第七笔业务

【操作步骤】

(1) 单击工具栏中的"增加"按钮或 F5 键,进入增加界面。

(2) 单击凭证类别"参照"按钮,选择"收款凭证"。

(3) 将制单日期修改为"2016.01.20"。

(4) 在摘要栏录入"收到欠款",回车。

(5) 选择资产类账户"银行存款——中国工商银行"或输入"100201",回车,在弹出的辅助项窗口输入结算方式"302"、票号"01643864"、日期"2016.01.20",单击"确定"按钮,回车;在借方金额栏输入金额"32 000",回车;选择资产类账户"应收账款",回车,在弹出的辅助项窗口输入客户"01",单击"确定"按钮,回车;在贷方金额栏输入金额"32 000"或直接按"＝",回车,如图 4-2-7 所示。

◁ 4.2.2　审核记账前修改凭证

【操作步骤】

(1) 以操作员 103 的身份登录企业应用平台。选择 216 账套,操作日期为 2016-01-01,单击"确定"按钮,进入企业应用平台。

(2) 单击"业务工作"→"财务会计"→"总账"→"支票登记簿"→在银行选择科目界面选择"中国工商银行 100201"→单击"确定"按钮,打开支票登记簿界面,选中支票号为01656740,单击工具栏中的"删除"按钮,在提示框是否删除当前行,单击"是"按钮,单击"退出"按钮。

(3) 单击"业务工作"→"财务会计"→"总账"→"凭证"→双击"填制凭证",打开填制

收 款 凭 证

| 收　　字 0003 | 制单日期：2016.01.20 | 审核日期： | 附单据数： |

摘　要	科目名称	借方金额	贷方金额
收到欠款	银行存款/中国工商银行	3200000	
收到欠款	应收账款		3200000

| 票号 302 - 01643864
日期 2016.01.20 | 数量
单价 | 合　计 | 3200000 | 3200000 |

备注　项　目　　　　　　　部　门
　　　个　人　　　　　　　客　户
　　　业务员

记账　　　　　　审核　　　　　　出纳　　　　　制单　何大鹏

图 4-2-7　第七笔业务凭证

凭证界面。

（4）查找付 0001 凭证，将光标移到借方金额栏，在红线左边输入 0，同理在贷方金额栏将金额 2 000 修改为 20 000；回车，系统弹出对话框"此支票尚未登记，是否登记"，单击"是"按钮，系统弹出支票信息登记窗口，选择日期为"2016.01.02"，领用部门为"销售部"，姓名为"刘敏"，用途为"支付广告费"，单击"确定"按钮，如图 4-2-8 所示。可进入"出纳→支票登记簿"进行查看。

付 款 凭 证

| 付　　字 0001 | 制单日期：2016.01.02 | 审核日期： | 附单据数： |

摘　要	科目名称	借方金额	贷方金额
支付广告费	销售费用	2000000	
支付广告费	银行存款/中国工商银行		2000000

| 票号　　　-
日期 | 数量
单价 | 合　计 | 2000000 | 2000000 |

备注　项　目　　　　　　　部　门
　　　个　人　　　　　　　客　户
　　　业务员

记账　　　　　　审核　　　　　　出纳　　　　　制单　何大鹏

图 4-2-8　审核记账前修改凭证

4.2.3　审核记账前删除凭证

【操作步骤】

（1）以操作员 103 的身份登录企业应用平台。选择 216 账套，操作日期为 2016-01-01，单击"确定"按钮，进入企业应用平台。

（2）单击"业务工作"→"财务会计"→"总账"→"凭证"→双击"填制凭证"，打开填制凭证界面。

（3）查找收 0002 凭证，单击工具栏中的"制单"→"作废/恢复"，在收 0002 上打上"作废"标记；如图 4-2-9 所示。

作废			收　款　凭　证				
收　字 0002		制单日期: 2016.01.15	审核日期:			附单据数:	
摘　要		科目名称		外　币	借方金额	贷方金额	
收到外币投资		银行存款/建设银行		1000000 USD 8.32500	8325000	000	
收到外币投资		实收资本				8325000	
票号　302 - 01643863 日期　2016.01.15		数量 单价			合　计	8325000	8325000
备注　项　目 个　人 业务员		部　门 客　户					
记账	审核	出纳			制单　何大鹏		

图 4-2-9　作废凭证

（4）单击工具栏中的"制单"→"整理凭证"按钮，在弹出的对话框"凭证选择期间"中选择 2016-01，单击"确定"按钮，在弹出的对话框"作废凭证列表"中选择"全选"，单击"确定"按钮，在弹出的对话框"提示"中选择"按凭证号重排"，单击"是"按钮，如图 4-2-10 所示。

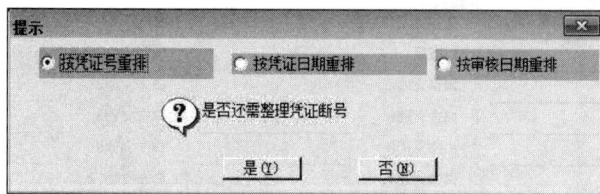

图 4-2-10　整理断号

【注意】

（1）未审核的凭证可以直接删除，已审核或已进行出纳签字的凭证不能直接删除，必须在取消审核及取消出纳签字后再删除。

（2）若要删除凭证，必须先进行"作废"操作，后再进行"整理"。

（3）对于作废凭证，可以单击"作废/恢复"按钮，取消"作废"标志。作废凭证不能修改、不能审核，但应参与记账。只能对未记账凭证进行凭证整理。

（4）若在总账系统的选项中选中"自动填补凭证断号"及"系统统编号"，那么在对作废凭证整理时，若选择不整理断号，则在填制凭证时可以由系统自动填补断号。否则，将会出现凭证断号。

（5）账簿查询时查不到作废凭证的数据。

4.2.4 设置常用凭证

【操作步骤】

（1）以操作员 103 的身份登录企业应用平台。选择 216 账套，操作日期为 2016-01-01，单击"确定"按钮，进入企业应用平台。

（2）单击"业务工作"→"财务会计"→"总账"→"凭证"→双击"常用凭证"，打开常用凭证界面。

（3）单击"增加"按钮，输入编码"1"、说明"从工行提取现金"、凭证类别"付款凭证"。单击"详细"按钮，输入科目名称"库存现金"。单击"增分"按钮，输入科目名称"银行存款——工行存款"，如图 4-2-11 所示。

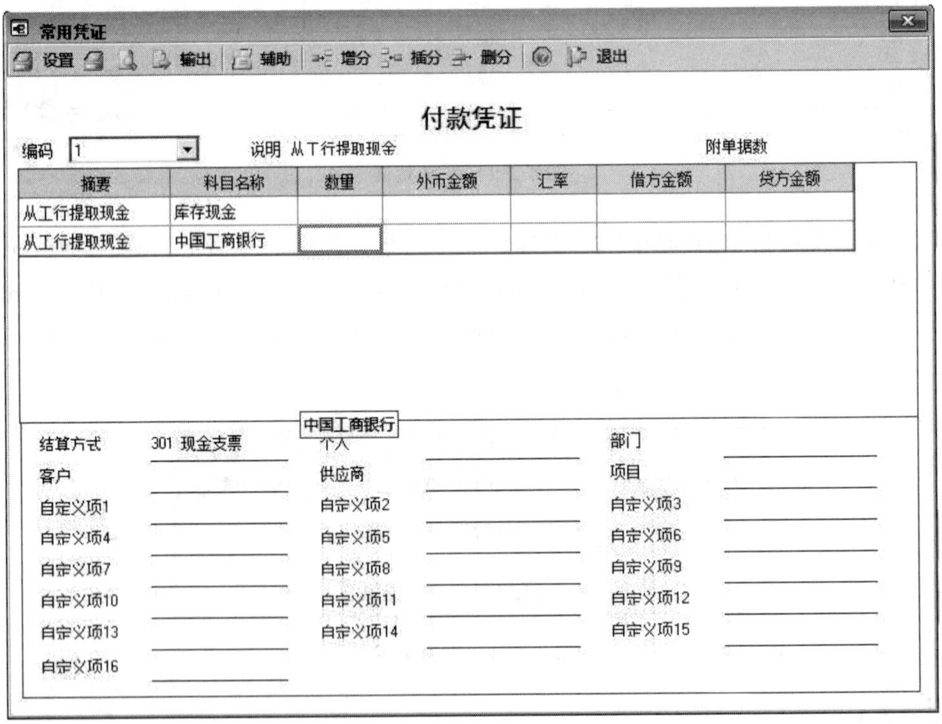

图 4-2-11 常用凭证

4.2.5　出纳签字

【操作步骤】

（1）以操作员104的身份登录企业应用平台。选择214账套,操作日期为2016-01-20,单击"确定"按钮,进入企业应用平台。

（2）单击"业务工作"→"财务会计"→"总账"→"凭证"→双击"出纳签字",进入"出纳签字"界面,如图4-2-12所示。

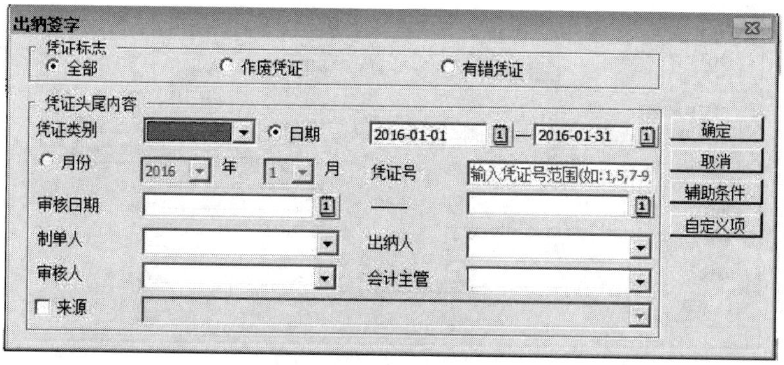

图4-2-12　出纳签字

（3）单击"确定"按钮进入"出纳签字"界面,如图4-2-13所示。

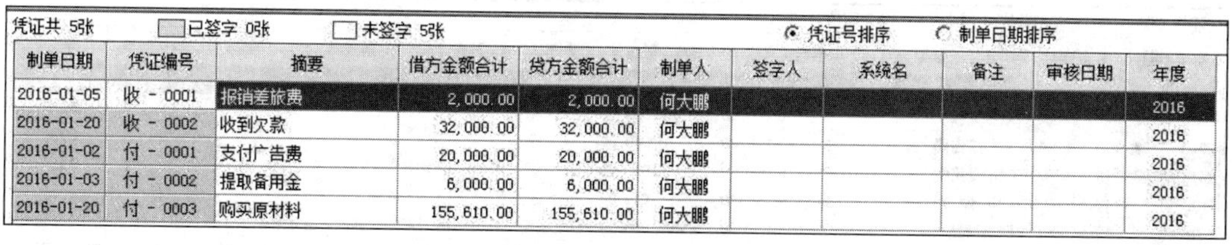

制单日期	凭证编号	摘要	借方金额合计	贷方金额合计	制单人	签字人	系统名	备注	审核日期	年度
2016-01-05	收 - 0001	报销差旅费	2,000.00	2,000.00	何大鹏					2016
2016-01-20	收 - 0002	收到欠款	32,000.00	32,000.00	何大鹏					2016
2016-01-02	付 - 0001	支付广告费	20,000.00	20,000.00	何大鹏					2016
2016-01-03	付 - 0002	提取备用金	6,000.00	6,000.00	何大鹏					2016
2016-01-20	付 - 0003	购买原材料	155,610.00	155,610.00	何大鹏					2016

凭证共 5张　　□已签字 0张　　□未签字 5张　　　　⊙凭证号排序　　○制单日期排序

图4-2-13　"出纳签字"界面

（4）双击第一张凭证,进入出纳签字界面。单击工具栏中的"签字"按钮,单击"下张凭证",再单击"签字"按钮,直到将已填制的凭证全部签字。

（5）单击"×"按钮退出。

【注意】

（1）要进行出纳签字的操作应满足以下条件:进行出纳签字的操作员应已在系统管理中赋予了出纳的权限,在总账系统的"选项"中已经设置了"出纳凭证必须经由签字",已经在会计科目中进行了"指定科目"的操作,凭证中所使用的会计科目是已经在总账系统中设置为"日记账"辅助核算内容的会计科目。

（2）发现已进行出纳签字的凭证有错误,应在取消出纳签字后再在填制凭证功能中进行修改。

4.2.6 审核凭证

【操作步骤】

(1) 以操作员102的身份登录企业应用平台。选择216账套，操作日期为2016-01-31，单击“确定”按钮，进入企业应用平台。

(2) 单击“业务工作”→“财务会计”→“总账”→“凭证”→双击“审核凭证”，进入凭证审核界面，如图4-2-14所示。

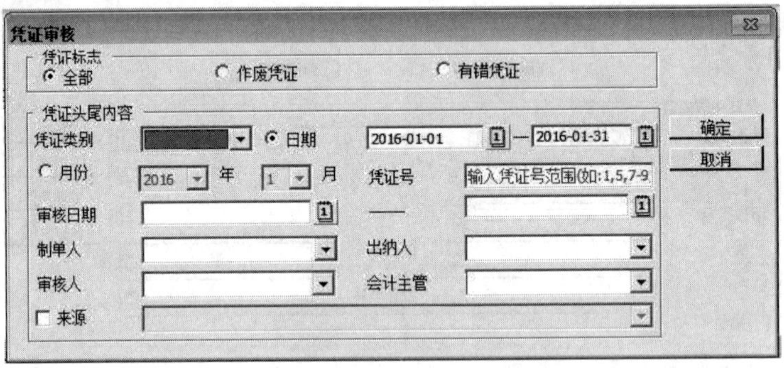

图 4-2-14 凭证审核

(3) 单击“确定”按钮，进入“凭证审核”列表窗口，如图4-2-15所示。

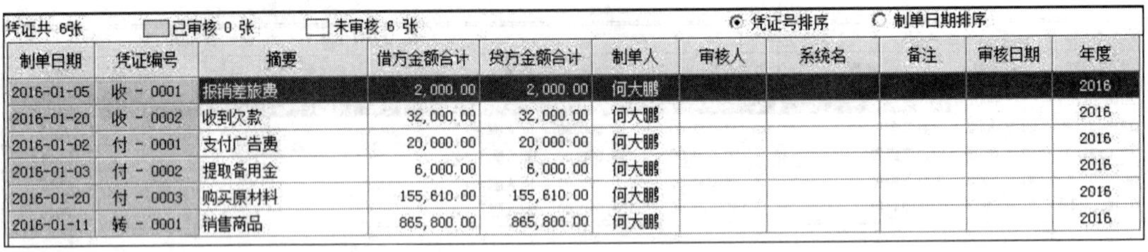
凭证共 6张　已审核 0 张　未审核 6 张　凭证号排序　制单日期排序

制单日期	凭证编号	摘要	借方金额合计	贷方金额合计	制单人	审核人	系统名	备注	审核日期	年度
2016-01-05	收 - 0001	报销差旅费	2,000.00	2,000.00	何大鹏					2016
2016-01-20	收 - 0002	收到欠款	32,000.00	32,000.00	何大鹏					2016
2016-01-02	付 - 0001	支付广告费	20,000.00	20,000.00	何大鹏					2016
2016-01-03	付 - 0002	提取备用金	6,000.00	6,000.00	何大鹏					2016
2016-01-20	付 - 0003	购买原材料	155,610.00	155,610.00	何大鹏					2016
2016-01-11	转 - 0001	销售商品	865,800.00	865,800.00	何大鹏					2016

图 4-2-15 “凭证审核”列表窗口

(4) 双击第一张凭证，打开待审核的凭证，单击工具栏中的“审核”按钮，系统自动审核第一张凭证，并打开下一张未审核凭证。

(5) 依次审核其他凭证，直到将已经填制的凭证全部审核签字。单击“×”按钮退出。

【注意】

(1) 系统要求制单人和审核人不能是同一个人。

(2) 审核凭证必须具备审核权限的操作员才能操作。凭证审核的操作权限应首先在“系统管理”的权限中进行授权。

(3) 在凭证审核的功能中除了可以分别对单张凭证进行审核外，还可以执行“成批审核”的功能，对符合条件的待审核凭证进行成批审核。

(4) 在审核凭证的功能中还可以对有错误的凭证进行“标错”处理，还可以“取消”审核。

(5) 已经审核的凭证不能直接修改，只能在取消审核后再在填制凭证功能中进行修改。

4.2.7　主管签字

主管签字可以理解为主管对凭证的"复核"。

【操作步骤】

（1）以操作员 101 的身份登录企业应用平台。选择 216 账套，操作日期为 2016-01-31，单击"确定"按钮，进入企业应用平台。

（2）单击"业务工作"→"财务会计"→"总账"→"凭证"→双击"主管签字"，进入主管签字列表窗口。

（3）双击第一张凭证，打开待签字的凭证，单击工具栏中的"签字"按钮，系统将自动在凭证的右上角签字，如图 4-2-16 所示。

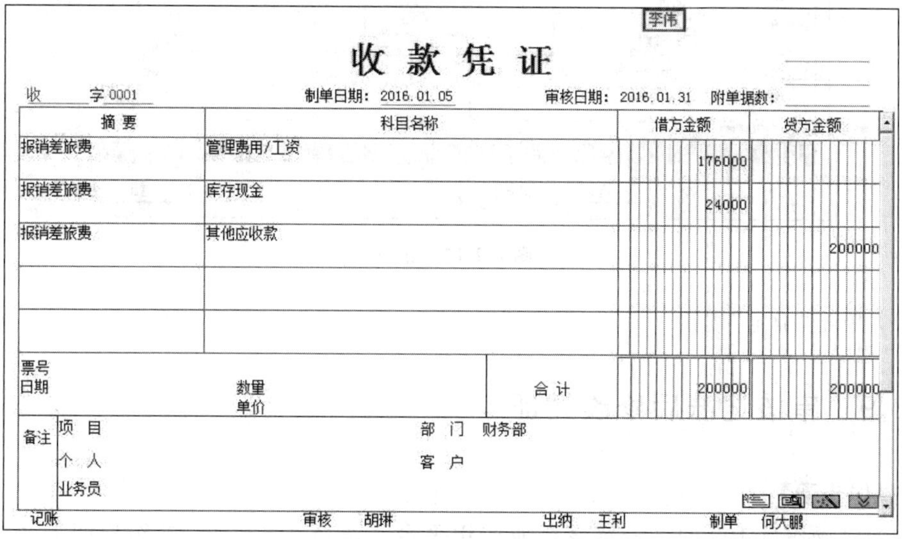

图 4-2-16　主管签字

（4）单击"➡"按钮，依次审核其他凭证，直到将已经填制的凭证全部审核签字。单击"×"按钮退出。

【注意】　出纳签字、审核凭证、主管签字之间没有先后顺序。

4.2.8　记账

记账一般采用向导方式，当操作员发出记账指令时，计算机按照预先设计的记账程序自动地进行合法性检验、科目汇总、登记账簿等操作。

【操作步骤】

（1）以操作员 103 的身份登录企业应用平台。选择 216 账套，操作日期为 2016-01-31，单击"确定"按钮，进入企业应用平台。

（2）单击"业务工作"→"财务会计"→"总账"→"凭证"→双击"记账"，进入记账窗口。

（3）单击"全选"→"记账"按钮，弹出"期初试算平衡表"界面。

（4）单击"确定"按钮，进入"记账"界面，单击"记账"按钮，系统自动进行记账，记账完成后，系统弹出"记账完毕"提示，如图4-2-17所示。

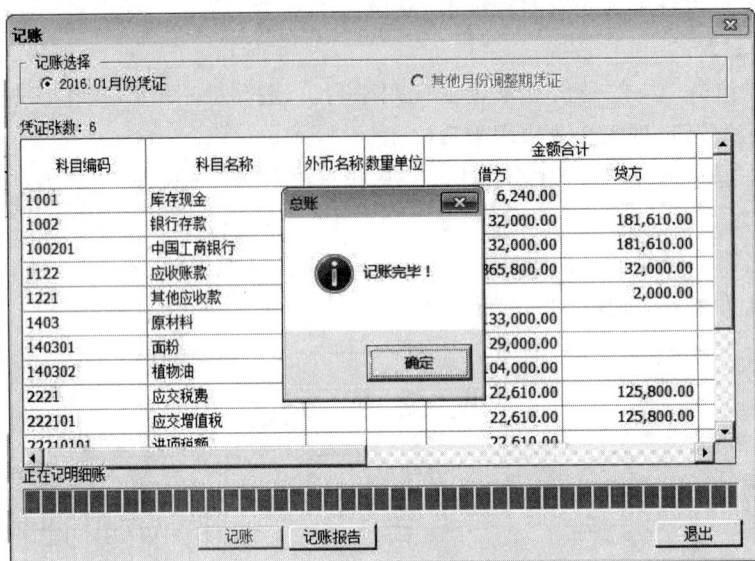

图4-2-17　记账

（5）单击"确定"按钮。

4.2.9　审核记账后修改凭证

【操作步骤】

（1）以操作员103的身份登录企业应用平台。选择216账套，操作日期为2016-01-31，单击"确定"按钮，进入企业应用平台。

（2）单击"业务工作"→"财务会计"→"总账"→"凭证"→双击"填制凭证"，进入填制凭证界面；单击"冲销凭证"，进入"冲销凭证"界面，如图4-2-18所示。

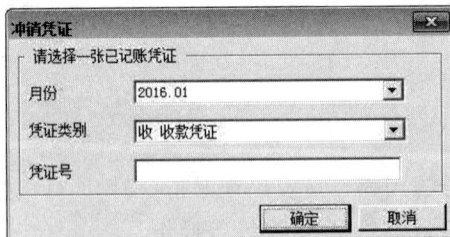

图4-2-18　"冲销凭证"界面

（3）选择凭证类别"收款凭证"，凭证号"2"，单击"确定"按钮，弹出红字冲销凭证，如图4-2-19所示。

（4）单击"增加"按钮，填写一张蓝字正确的凭证，如图4-2-20所示。单击"保存"按

收 款 凭 证

收　字 0004		制单日期：2016.01.20			审核日期：	附单据数：	
摘　要		科目名称				借方金额	贷方金额
[冲销2016.01.20 收-0002号凭证]收到欠款		银行存款/中国工商银行				3200000	
[冲销2016.01.20 收-0002号凭证]收到欠款		应收账款					3200000
票号　302 - 01643864							
日期　2016.01.20	数量 单价		合　计			3200000	3200000
备注	项　目			部　门			
	个　人			客　户			
	业务员						
记账		审核		出纳		制单　何大鹏	

图 4-2-19　红字冲销凭证

收 款 凭 证

收　字 0005		制单日期：2016.01.20		审核日期：		附单据数：	
摘　要		科目名称				借方金额	贷方金额
收回前欠货款		银行存款/中国工商银行				3000000	
收回前欠货款		应收账款					3000000
票号							
日期　2016.01.20	数量 单价			合　计		3000000	3000000
备注	项　目		部　门				
	个　人		客　户　家润多				
	业务员　吴青						
记账		审核		出纳		制单　何大鹏	

图 4-2-20　蓝字正确凭证

钮,然后退出。

(5) 以操作员 104 的身份进行出纳签字,打开"出纳签字"界面。

(6) 单击"确定"按钮,打开"出纳签字列表"界面。

(7) 双击打开收 0003 号凭证,单击"批处理"→"成批出纳签字"按钮,单击"确定"按钮。

(8) 以操作员 102 的身份进行凭证审核,打开"凭证审核"界面。

(9) 单击"确定"按钮,打开"凭证审核列表"界面。

(10) 双击打开收 0003 号凭证,单击"批处理"→"成批审核凭证"按钮,如图 4-2-21 所示。

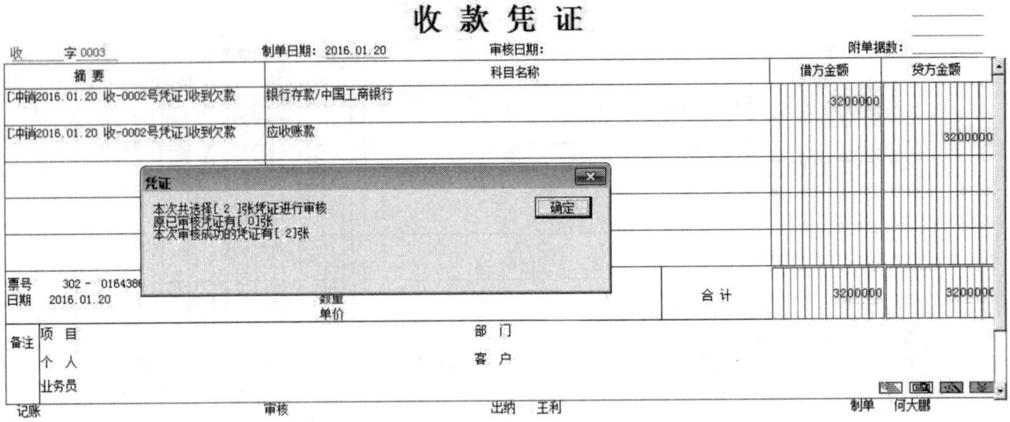

图 4-2-21　审核凭证

（11）以操作员 101 的身份进行主管签字，打开"记账"界面。

（12）单击"确定"按钮，进入"主管签字列表"。

（13）双击打开收 0003 号凭证，单击"批处理"→"成批主管签字"按钮。

（14）以操作员 101 的身份进行记账。

4.2.10　审核记账后删除凭证

【操作步骤】

（1）以 103 号操作员的身份登录企业应用平台，操作日期为 2016 年 1 月 31 日；单击"业务工作"→"财务会计"→"总账"→"期末"→"对账"，进入对账界面，同时按下 Ctrl＋H 组合键，弹出"恢复记账前状态功能已被激活"，如图 4-2-22 所示。

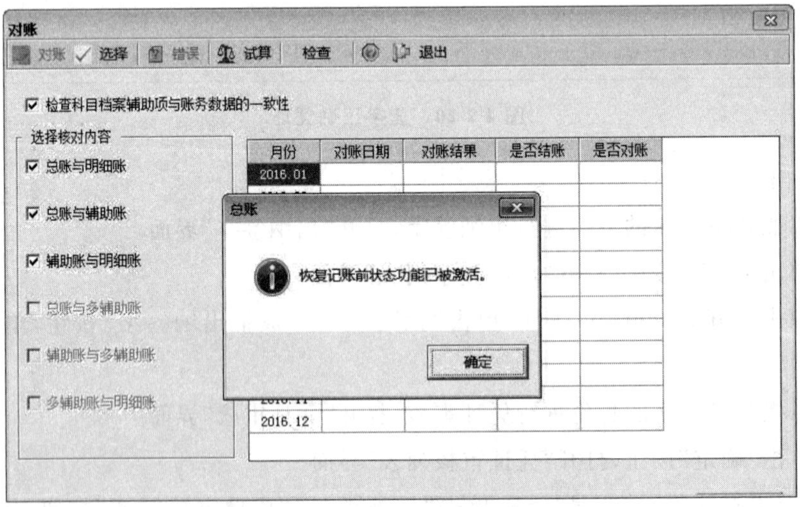

图 4-2-22　激活恢复记账前状态功能

（2）单击"确定"按钮退出，单击"退出"按钮，退出对账界面。

（3）执行"业务工作"→"财务会计"→"总账"→"凭证"→"恢复记账前状态"命令，单击"确定"按钮，输入会计主管密码，系统自动恢复记账，并弹出"恢复记账"对话框，如图 4-2-23 所示。选择"2016 年 01 月初状态"，单击"确定"按钮，退出恢复记账前状态界面。

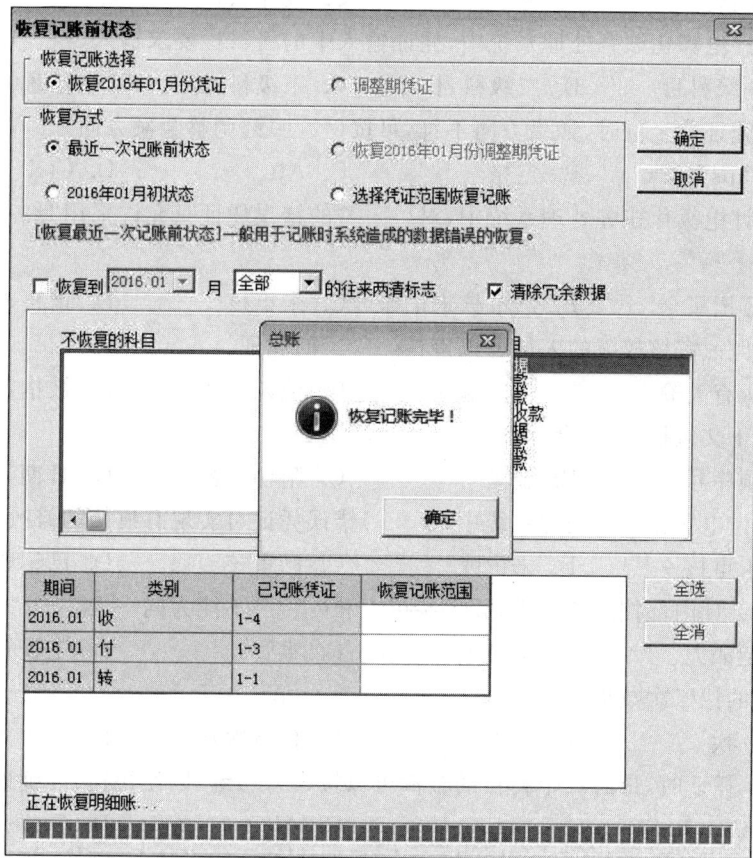

图 4-2-23　恢复记账

（4）以 101 号操作员的身份登录企业应用平台，操作时间为 2016 年 1 月 31 日；取消主管签字。

（5）以 102 号操作员的身份登录企业应用平台，操作时间为 2016 年 1 月 31 日；取消凭证审核。

（6）以 104 号操作员的身份登录企业应用平台，操作时间为 2016 年 1 月 31 日；取消出纳签字。

（7）以 103 号操作员的身份登录企业应用平台，操作时间为 2016 年 1 月 31 日；删除凭证并记账。

【注意】

（1）最近一次记账前状态：这种方式一般用于记账时系统造成的数据错误的恢复。

（2）最近记账月的月初状态：恢复到最近记账月的月初未记账时的状态。

[理论测试 4-2]

一、单项选择题

1. 录入凭证时，金额栏中的红线代表（　　）。

A. 小数点　　　　　B. 分节号　　　　　C. 没什么含义

2. 在会计电算化账务处理系统中，凭证输入中的科目栏要求输入（　　）。

A. 一级科目　　　B. 二级科目　　　C. 末级科目　　　D. 任意级科目

3. 输入凭证的金额时，如果方向不符，可按（　　）键调整金额方向。

A. Caps Lock　　B. 空格　　　　　C. Alt　　　　　D. Ctrl

4. 在会计电算化账务处理系统中，对（　　）的错误凭证只允许采用"红字冲销"进行修改。

A. 已记账　　　　B. 已审核未记账　　C. 未审核　　　　D. 审核未通过

5. 具有凭证审核权限的人员可以审核（　　）的凭证。

A. 所有人输入　　B. 自己输入　　　C. 他人输入　　　D. 被指定日期输入

6. 凭证正文包括摘要、会计分录和（　　）等。

A. 顺序号　　　　B. 金额　　　　　C. 附件张数　　　D. 日期

7. 在会计电算化账务处理系统中，（　　）错误凭证可实现有痕迹的修改。

A. 未审核　　　　B. 未记账　　　　C. 已审核　　　　D. 已记账

8. 根据会计内部控制的要求，凭证制单人和（　　）不能为同一人。

A. 记账人　　　　B. 审核人　　　　C. 主管　　　　　D. 工资管理

9. 每月的记账次数是（　　）。

A. 一次　　　　　B. 三次　　　　　C. 任意次数　　　D. 三十次

10. 录入凭证时，最后一个科目的金额可以按（　　）键，以便快速、准确地写入。

A. Caps Lock　　B. =　　　　　　C. Alt　　　　　D. Ctrl

11. 取消记账的组合键是（　　）。

A. Ctrl＋H　　　B. Ctrl＋F　　　C. Shift＋H　　　D. Alt ＋F

二、多项选择题

1. 凭证一旦保存，（　　）不得再作修改。

A. 凭证科目　　　B. 凭证类别　　　C. 凭证金额　　　D. 凭证编号

2. 在会计电算化账务处理系统中，（　　）状态下的错误凭证可以实现无痕迹修改。

A. 未审核　　　　B. 未记账　　　　C. 已审核、未记账　D. 已记账

3. 下列情况中不能结账的是（　　）。

A. 上月未结账　　B. 本月未记账　　C. 本月已记账　　D. 账账不平

4. 删除凭证必须要经过（　　）。

A. 作废/恢复　　　B. 删除　　　　　C. 整理凭证　　　D. 冲销凭证

5. 在总账系统中，只有经过审核的记账凭证才能作为正式凭证进行记账处理，审核

凭证包括( )工作。

    A. 审核员审核凭证   B. 出纳签字

    C. 主管签字   D. 修改标错凭证

  6. 凭证需要出纳签字必须具备( )条件。

    A. 指定会计科目

    B. 具有出纳权限

    C. 总账系统的"选项"中已经设置了"出纳凭证必须经由签字"

    D. 是账套主管

三、判断题

1. 记账凭证的制单和审核可以是同一个人。   ( )

2. 所谓"红字冲销法",即将错误凭证采用增加一张"蓝字"凭证全额冲出,再增加一张"红字"凭证补充的方法。   ( )

3. 在会计电算化账务处理系统中,具体的记账过程不需要操作人员干预。 ( )

4. 填制记账凭证时,凭证编号只能由系统自动生成。   ( )

5. 出纳对收款凭证和付款凭证签字,对转账凭证不签字。   ( )

6. 修改凭证,审核记账前有痕迹修改,审核记账后无痕迹修改。 ( )

四、思考题

凭证修改方法有哪些?各自的适用范围是什么?

任务4.3 账簿查询及期末业务的操作

[任务单 4-3]

项目4 总账系统处理	学时	14
任务 4.3 账簿查询及期末业务的操作	学时	4
一、学习目标 在用友 ERP-U8 V10.1 软件中操作完成学习任务,完成相应的理论测试。		

二、学习资源
  1. 用友 ERP-U8 V10.1 软件。
  2. 操作视频:(1)查询"原材料——面粉"数量金额账簿并联查凭证;(2)增加车间领用面粉凭证;(3)查询制造费用总账;(4)自定义结转制造费用;(5)生成自定义结转制造费用凭证;(6)自定义销售成本凭证;(7)生成销售成本凭证;(8)设置并生成期间损益结转凭证;(9)自定义并生成计提本月所得税凭证;(10)将所得税费用结转至本年利润;(11)对账;(12)结账。		

4.3.1 查询原材料.mp4　4.3.2 增加车间领用面粉凭证.mp4　4.3.3 查询制造费用总账.mp4　4.3.4 自定义结转制造费用.mp4　4.3.5 生成自定义结转制造费用凭证.mp4

4.3.6 自定义结转销售成本凭证.mp4　4.3.7 生成销售成本凭证.mp4　4.3.8 设置并生成期间损益结转凭证.mp4　4.3.9 自定义并生成计提本月所得税凭证.mp4　4.3.10 将所得税费用结转至本年利润.mp4

4.3.11 对账.mp4　4.3.12 结账.mp4

三、学习方法

1. 认真观看视频并记录重点。

2. 和同学讨论、交流。

四、准备工作

1. 引入"日常业务处理的操作 4-2"账套。

2. 准备一个剩余空间不小于 2GB 的 U 盘。

3. 修改计算系统时间为 2016 年 1 月 31 日。

五、学习任务

1. 查询"原材料——面粉"数量金额账簿，并完成下列业务操作。

(1) 以操作员 101 的身份查询"原材料——面粉"数量金额账簿，期末面粉数量为(　　)公斤，单价为(　　)元/公斤，金额为(　　)元。

(2) 以操作员 101 的身份联查凭证。

(3) 以操作员 103 的身份增加会计凭证：车间领用面粉 2 000 公斤，单价采用全月一次加权平均法计算。

借：制造费用

　　贷：原材料——面粉

(4) 对上述凭证进行如下操作：以操作员 102 的身份审核凭证；以操作员 101 的身份进行主管签字；以操作员 103 的身份记账。

2. 采用自定义转账方式结转制造费用(雪饼和牛奶糖按 1∶1 比例分配)。

(1) 以操作员 101 的身份查询"制造费用"总账，金额为(　　)元。

(2) 以操作员 103 的身份采用自定义方式结转制造费用。

借：生产成本——制造费用——雪饼

　　　　　　　　　　——牛奶糖

　　贷：制造费用

转账序号	转账说明	科目编码	项　目	方向	金额公式
1	结转制造费用	500103	雪饼	借	QM(5101,月)/2
1	结转制造费用	500103	牛奶糖	借	QM(5101,月)/2
1	结转制造费用	5101		贷	JG()

（3）对上述凭证进行如下操作：以操作员 102 的身份审核凭证；以操作员 101 的身份进行主管签字；以操作员 103 的身份记账。

3. 以操作员 103 的身份设置并生成销售成本凭证(凭证生成完毕，要求对凭证以操作员 102 的身份审核凭证；以操作员 101 的身份进行主管签字；以操作员 103 的身份记账)。

借：主营业务成本——雪饼
　　贷：库存商品——雪饼
借：主营业务成本——牛奶糖
　　贷：库存商品——牛奶糖

4. 以操作员 103 的身份设置并生成期间损益结转凭证，分别按收入和支出设置生成 2 张凭证(凭证生成完毕，以操作员 102 的身份审核凭证；以操作员 101 的身份进行主管签字；以操作员 103 的身份记账)。

借：主营业务收入——雪饼
　　　　　　　　——牛奶糖
　　贷：本年利润
借：本年利润
　　贷：主营业务成本——雪饼
　　　　　　　　　　——牛奶糖
　　　　销售费用
　　　　管理费用——差旅费

5. 综合运用：计提并结转本月企业所得税(凭证生成完毕，以操作员 102 的身份审核凭证；以操作员 101 的身份进行主管签字；以操作员 103 的身份记账)。

（1）以操作员 103 的身份按 25% 的比例计提本月所得税。

借：所得税费用
　　贷：应交税费——应交所得税

转账序号	转账说明	科目编码	方向	金额公式
2	计提本月所得税费用	6801	借	(FS(4103,月,贷)－FS(4103,月,借))＊0.25
2	计提本月所得税费用	222105	贷	JG()

要求：采用自定义转账方式生成应交所得税凭证。

（2）以操作员 103 的身份将所得税费用结转至"本年利润"账户。

借：本年利润
　　贷：所得税费用

6. 对账。
以操作员 103 的身份对账。

7. 结账。
以操作员 103 的身份结账。

8. 账套备份。
在 E 盘根目录下建立一个文件夹，文件夹的名字为"216 账套备份"，在该文件中建立一个名为"账簿查询及期末业务的操作 4-3"的文件夹，将账套备份到该文件夹中。

[信息页 4-3]

理论目标：

掌握账簿的主要功能；

掌握期末业务处理的业务及流程。

技能目标：

熟练地查询总账、明细账并联查凭证；

熟练地设置自定义凭证并生成自定义凭证；

熟练地设置期间损益结转凭证并生成期间损益结转凭证；

能对自定义凭证熟练地运用。

4.3.1 账簿查询

账簿查询是会计工作的另一个重要内容。除了现金、银行存款查询输出外，账簿管理还包括基本会计核算账簿的查询输出以及各种辅助账簿的查询输出。

【操作步骤】

（1）以操作员 101 的身份登录企业应用平台，登录日期为 2016 年 1 月 31 日。

（2）依次执行"业务工作"→"财务会计"→"总账"→"账表"→"科目账"→"明细账"命令，进入明细账查询条件界面，如图 4-3-1 所示。

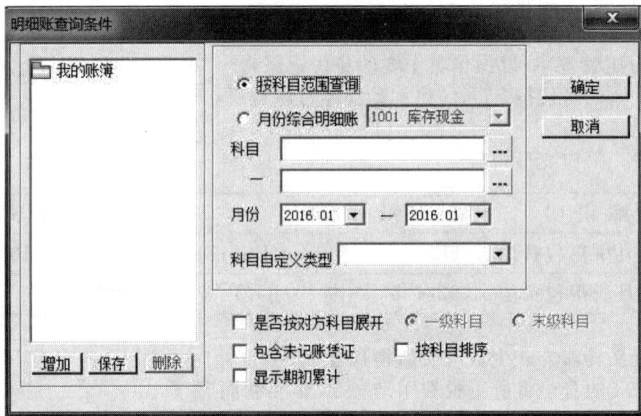

图 4-3-1　明细账查询条件

（3）在科目栏输入"140301 面粉"，单击"确定"按钮，进入原材料明细账，单击右上角倒三角形，选择"数量金额式"，如图 4-3-2 所示，查阅到"原材料——面粉"的期末数量为 9 600 公斤，单价为 5.9 元/公斤，金额为 56 600 元。

（4）单击工具栏中的"凭证"按钮，弹出联查凭证，如图 4-3-3 所示。

（5）单击"凭证"按钮，退出联查凭证界面。

（6）以操作员 103 的身份登录企业应用平台，登录日期为 2016 年 1 月 31 日，填制车间领用面粉凭证，如图 4-3-4 所示。

原材料明细账

数量金额式 ▼

科目 140301 面粉 ▼

数量单位：公斤
月份：2016.01-2016.01

2016年		凭证号数	摘要	单价	借方		贷方		方向	余额		
月	日				数量	金额	数量	金额		数量	单价	金额
			上年结转						借	4600.00	6.00	27,600.00
01	20	付-0003	购买原材料	5.80	5000.00	29,000.00			借	9600.00		56,600.00
01			当前合计		5000.00	29,000.00			借	9600.00	5.90	56,600.00
01			当前累计		5000.00	29,000.00			借	9600.00	5.90	56,600.00
			结转下年		5000.00				借	9600.00	5.90	56,600.00

图 4-3-2 原材料明细账

李伟

付 款 凭 证

付 字 0002   制单日期：2016.01.20   审核日期：2016.01.31   附单据数：

摘要	科目名称	借方金额	贷方金额
购买原材料	原材料/面粉	2900000	
购买原材料	原材料/植物油	10400000	
购买原材料	应交税费/应交增值税/进项税额	2261000	
购买原材料	银行存款/中国工商银行		15561000

票号
日期   数量 5000.00公斤   合计 15561000 / 15561000
单价 5.80

备注：项 目   部 门
个 人   客 户
业务员

记账 何大鹏   审核 胡拼   出纳 王利   制单 何大鹏

图 4-3-3 联查原材料凭证

转 账 凭 证

转 字 0002   制单日期：2016.01.31   审核日期：   附单据数：

摘要	科目名称	借方金额	贷方金额
车间领用面粉	制造费用	1180000	
车间领用面粉	原材料/面粉		1180000

票号
日期   数量   合计 1180000 / 1180000
单价

备注：项 目   部 门
个 人   客 户
业务员

记账   审核   出纳   制单 何大鹏

图 4-3-4 转账凭证

（7）以操作员 102 的身份审核凭证；以操作员 101 的身份进行主管签字；以操作员 103 的身份记账。

【注意】

(1) 科目范围:可输入起止科目范围,为空时,系统认为是所有科目。

(2) 科目自定义类型:可选择自定义的科目类型,选择后系统按所选取内容进行过滤。

(3) 科目级次:在确定科目范围后,可以按该范围内的级次进行查询,如将科目级次输入 1—1,则只查一级科目;如将科目级次输入为 1—3,则只查一级至三级科目。如果需要查所有末级科目,则选择"末级科目"复选框即可。

4.3.2　自定义转账

用户可以自行定义自动转账凭证,来完成每个会计期末的固定转账业务。自定义转账功能可以完成的转账业务主要有:费用分配的结转,如工资分配;费用分摊的结转,如制造费用;税金计算的结转,如增值税;提取各项费用的结转,如提取福利费;部门核算的结转;项目核算的结转;个人核算结转;客户核算的结转;供应商核算的结转。

1. 设置自定义结转凭证

【操作步骤】

(1) 以操作员 101 的身份登录企业应用平台,登录日期为 2016 年 1 月 31 日。

(2) 依次执行"业务工作"→"财务会计"→"总账"→"账表"→"科目账"→"总账"命令,进入总账查询条件界面,如图 4-3-5 所示。

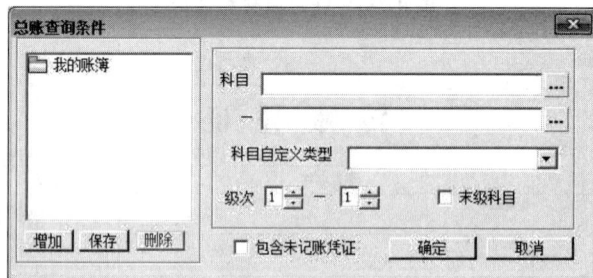

图 4-3-5　总账查询条件

(3) 输入制造费用编码"5101",单击"确定"按钮,进入制造费用总账界面。

(4) 以操作员 103 号的身份登录企业应用平台,登录日期为 2016 年 1 月 31 日。

(5) 依次选择"业务工作"→"财务会计"→"总账"→"期末"→"转账定义"→"自定义转账"命令,进入自定义转账界面。

(6) 单击"增加"按钮,进入转账目录界面,输入转账序号"1"、转账说明"结转制造费用"、凭证类别"转账凭证"。如图 4-3-6 所示。

(7) 单击"确定"按钮,返回自定义转账界面,单击"增行"按钮,科目编码选择"500103";项目选择"雪饼",方向为"借";双击金额公式栏,选择"参照"按钮,进入公式向导窗口,如图 4-3-7 所示。

(8) 选择公式名称"期末余额",单击"下一步"按钮,如图 4-3-8 所示。

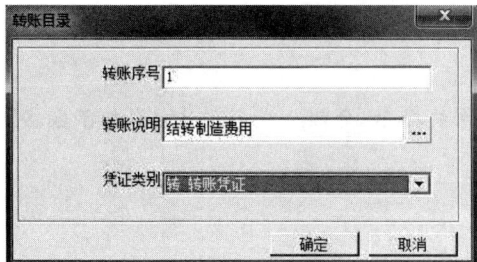

图 4-3-6 转账目录

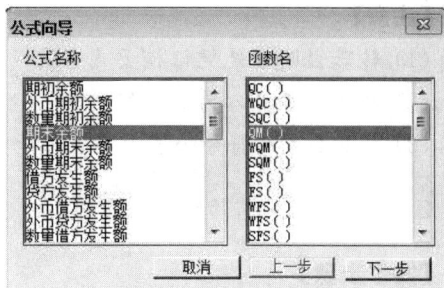

图 4-3-7 公式向导

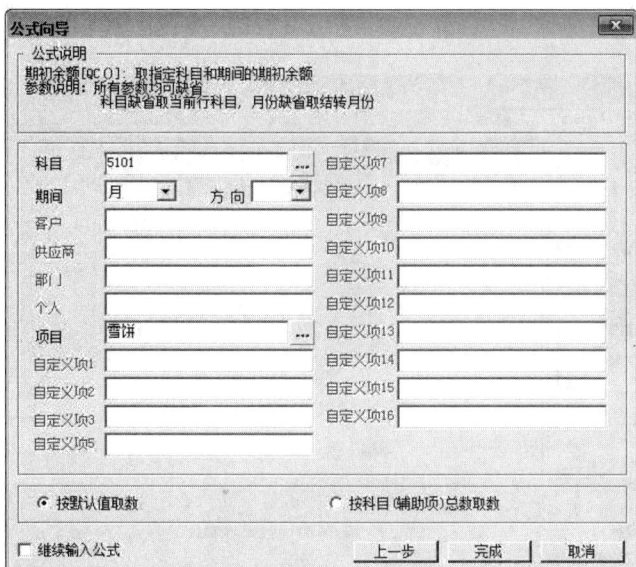

图 4-3-8 选择"期末余额"后"公式向导"界面

（9）选择科目"5101"，其他采用系统默认，单击"完成"按钮，系统自动填写公式"QM（5101，月）"。在金额公式中将光标移到末尾，输入"＊0.5"。单击"增行"按钮，继续输入借方信息，科目编码选择"500103"；项目选择"牛奶糖"，方向为"借"；金额公式栏输入"QM（5101，月）＊0.5"。单击"增行"按钮，继续输入贷信息，科目编码选择"5101"；方向为"贷"；金额公式栏输入"JG（）"，如图 4-3-9 所示。

摘要	科目编码	部门	个人	客户	供应商	项目	方向	金额公式
结转制造费用	500103					雪饼	借	QM（5101,月）*0.5
结转制造费用	500103					牛奶糖	借	QM（5101,月）*0.5
结转制造费用	5101						贷	JG()

图 4-3-9 自定义转账设置

【注意】

（1）转账说明就是凭证摘要内容。

（2）转账科目可以为非末级科目。

（3）计算公式的符号必须为英文符号，否则系统提示"金额公式不合法：未知函数名"。

2. 生成自定义结转凭证

【操作步骤】

（1）依次选择"业务工作"→"财务会计"→"总账"→"期末"→"转账生成"命令，进入转账生成界面，选择"自定义转账"，在编号"0001"后面的空白处双击，出现"Y"，如图 4-3-10 所示。

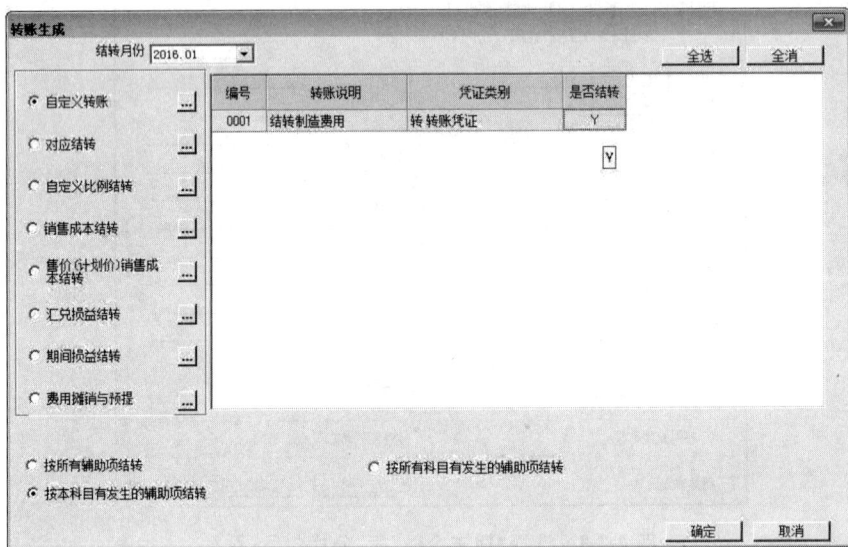

图 4-3-10　生成自定义转账凭证

（2）单击"确定"按钮，生成制造费用分配凭证；单击"保存"按钮，凭证左上方出现"已生成"标志，如图 4-3-11 所示。

（3）单击"退出"按钮，进入转账生成界面，单击"取消"按钮。

（4）以操作员 102 的身份审核凭证；以操作员 101 的身份进行主管签字；以操作员 103 的身份记账。

【注意】　转账科目可以为非末级科目，部门可为空，系统认为是所有部门。

4.3.3　对应结转

当两个或多个上级科目的下级科目及辅助项有一一对应关系时，可将其余额按一定比例系数进行对应结转，可一对一结转，也可一对多结转。本功能只结转期末余额。使用该功能时，只要告知系统转出科目、转入科目及结转比例即可。

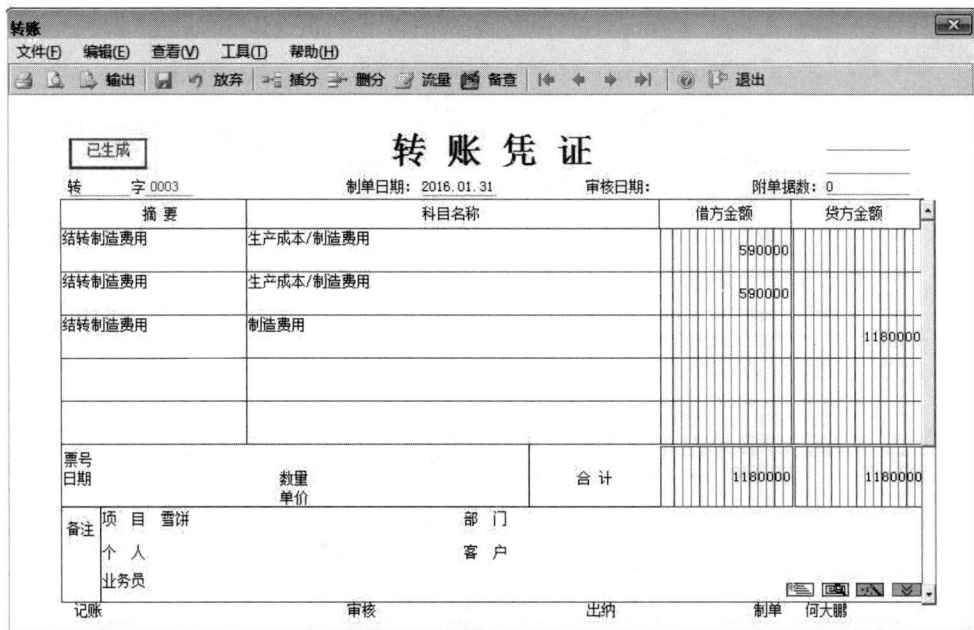

图 4-3-11　生成制造费用分配凭证

（1）转出科目为借方余额时

借：转入科目　　　（转出科目余额×结转比例）

　贷：转出科目　　　（转出科目余额×结转比例）

（2）转出科目为贷方余额时

借：转出科目　　　（转出科目余额×结转比例）

　贷：转入科目　　　（转出科目余额×结转比例）

4.3.4　销售成本结转

销售成本结转是将月末商品（或产成品）销售数量乘以库存商品（或产成品）的平均单价计算各类商品销售成本并进行结转。此功能要求没有启用购销存业务系统，月末按全月一次加权平均法计算库存商品的平均单价，要求库存商品科目、主营业务收入科目、主营业务成本科目及下级科目的结构必须设置成数量辅助核算。

1. 设置销售成本结转

【操作步骤】

（1）以操作员 103 的身份登录企业应用平台，登录日期为 2016 年 1 月 31 日。

（2）依次选择"业务工作"→"财务会计"→"总账"→"期末"→"转账定义"→"销售成本结转"命令，进入销售成本结转设置界面，输入凭证类别"转账凭证"、库存商品科目"1405"、商品销售收入科目"6001"、商品销售成本科目"6401"，如图 4-3-12 所示。单击"确定"按钮。

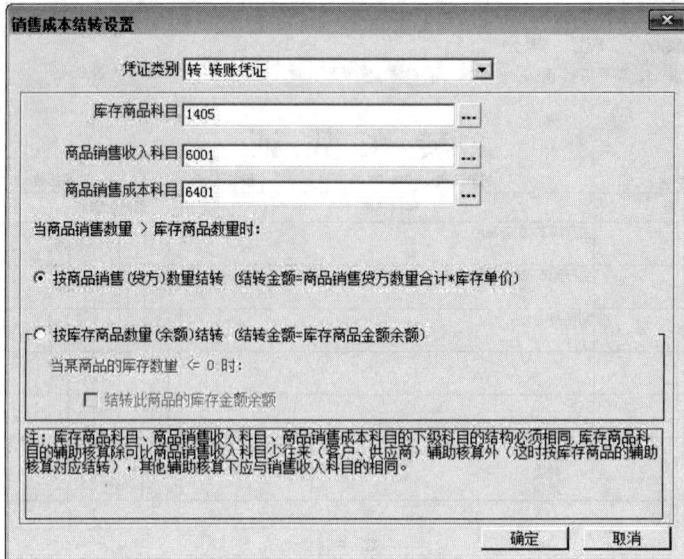

图 4-3-12 销售成本结转设置

2. 生成销售成本结转凭证

【操作步骤】

（1）依次选择"业务工作"→"财务会计"→"总账"→"期末"→"转账生成"命令，进入转账生成界面。单击"销售成本结转"按钮，如图 4-3-13 所示。

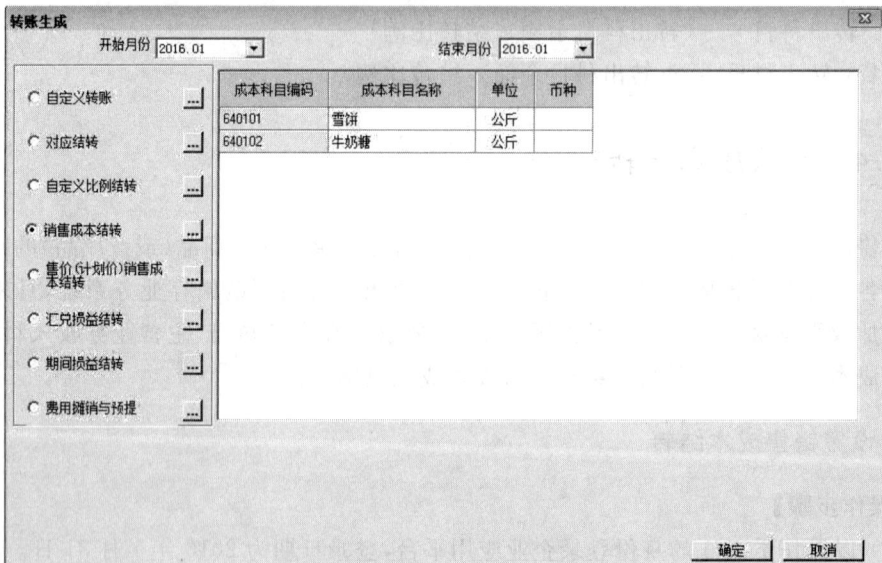

图 4-3-13 销售成本结转

（2）单击"确定"按钮，进入销售成本结转一览表界面，如图 4-3-14 所示。

（3）单击"确定"按钮，生成凭证，单击凭证工具栏中的"保存"按钮，凭证上出现"已生

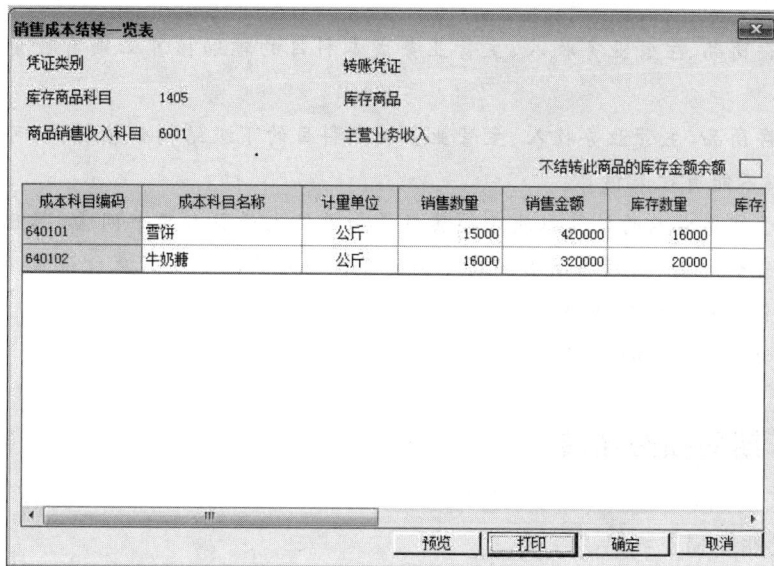

图 4-3-14　销售成本结转一览表

成"的标志,如图 4-3-15 所示。

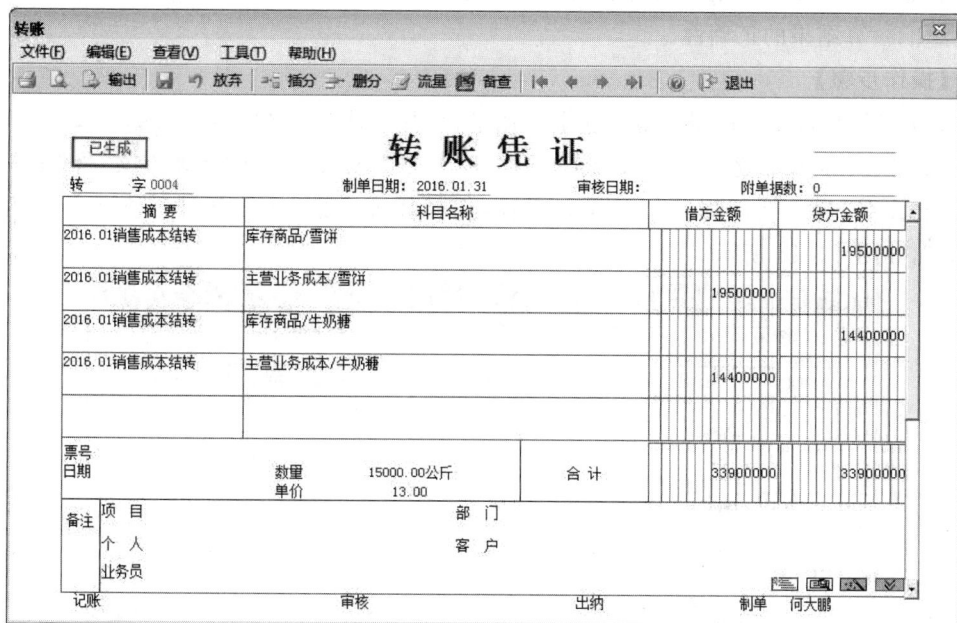

图 4-3-15　生成销售成本结转凭证

(4) 单击凭证工具栏中的"退出"按钮,退出凭证界面。单击"取消"按钮,退出转账生成功能。

(5) 以操作员 102 的身份审核凭证;以操作员 101 的身份进行主管签字;以操作员 103 的身份记账。

【注意】

（1）库存商品、主营业务收入、主营业务成本科目的辅助核算必须有数量核算，且一一对应。

（2）库存商品、主营业务收入、主营业务成本科目的下级结构必须相同，可以有部门、项目核算，但不能有往来核算。

（3）由于销售成本的计算取决于销售数量和单位生产成本两个因素，因此，在生成销售成本结转凭证之前，必须将所有销售业务的凭证以及产品完工入库凭证审核记账，才能生成正确的销售成本结转凭证。

（4）自动转账生产的凭证仍需审核、记账。

4.3.5 期间损益结转

1. 设置期间损益结转

期间损益结转就是将损益类科目的本期余额全部自动转入"本年利润科目"，系统自动生成凭证，用以反映企业在一个会计期间实现的利润或亏损额。结转损益必须是在其他结转业务均完成并登记入账的情况下才可进行，否则，有可能因为损益事项的处理不完整而影响核算结果的正确性。

【操作步骤】

（1）以操作员 103 的身份登录企业应用平台，登录日期为 2016 年 1 月 31 日。

（2）依次选择"业务工作"→"财务会计"→"总账"→"期末"→"转账定义"→"期间损益结转"命令，进入期间损益结转设置界面，选择凭证类别"转账凭证"、本年利润科目"4103"，如图 4-3-16 所示。

图 4-3-16　期间损益结转设置

(3) 单击"确定"按钮。

2. 生成期间损益结转凭证

【操作步骤】

(1) 依次选择"业务工作"→"财务会计"→"总账"→"期末"→"转账生成"→"期间损益结转"命令,进入转账生成界面,类型选择"收入"。单击"全选"按钮,如图 4-3-17 所示。

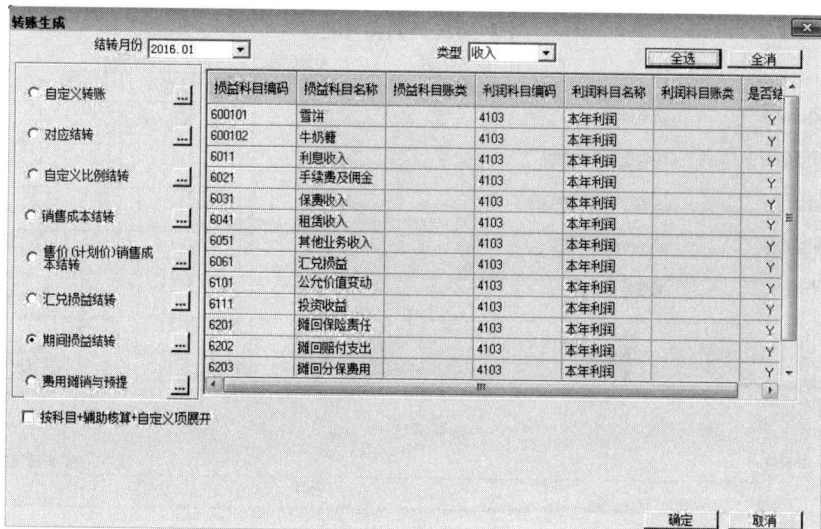

图 4-3-17 转账生成

(2) 单击"确定"按钮,生成凭证,单击凭证工具栏中的"保存"按钮,凭证上出现"已生成"的标志,如图 4-3-18 所示。

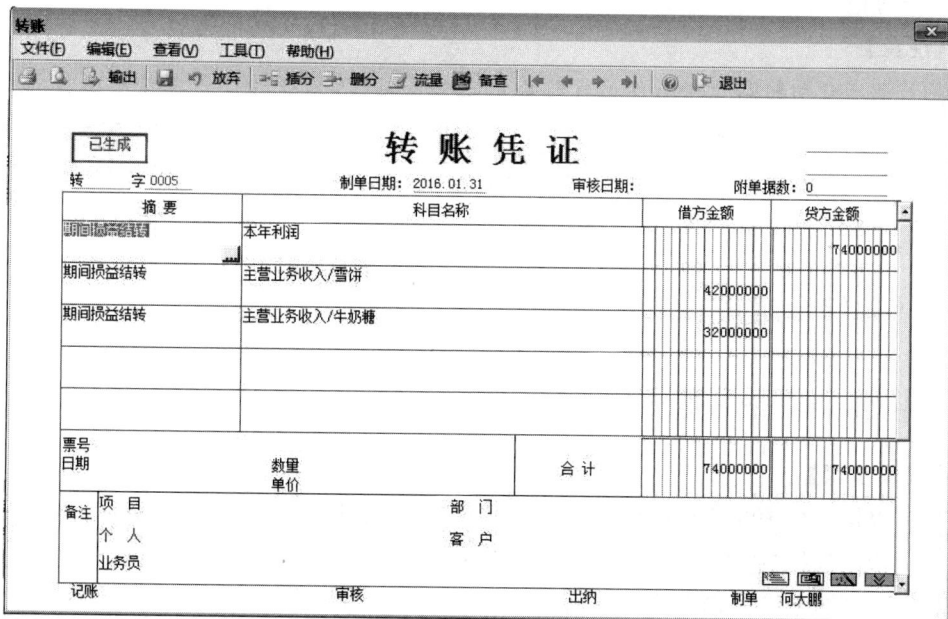

图 4-3-18 生成凭证

（3）单击"退出"按钮，退回转账生成界面，类型选择"支出"。单击"全选"→"确定"按钮。弹出"2016.01 月或之前有未记账凭证，是否继续结转？"界面，单击"是"按钮。生成凭证，单击凭证工具栏中的"保存"按钮，凭证上出现"已生成"的标志，如图 4-3-19 所示。

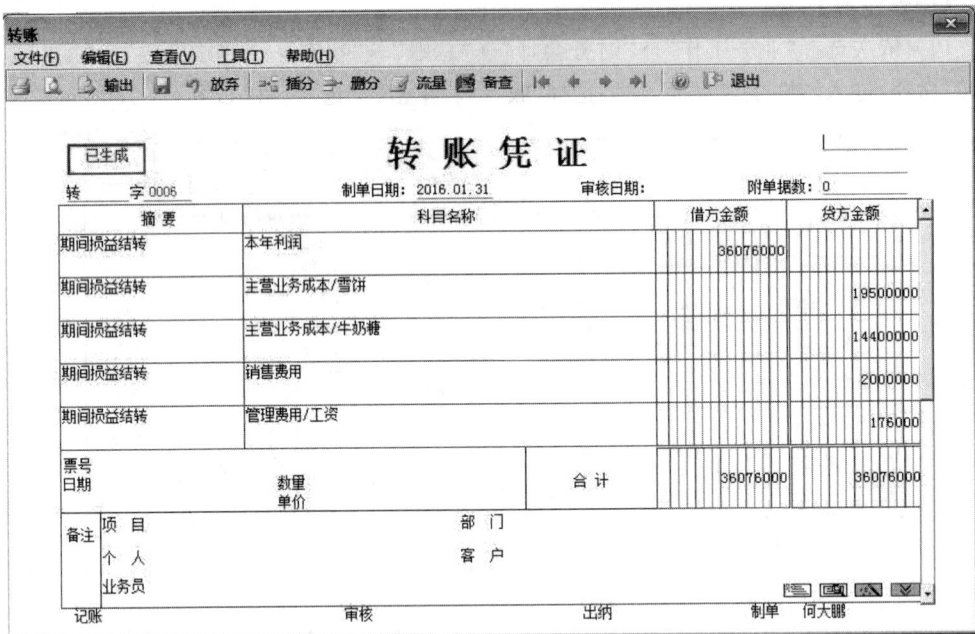

图 4-3-19 选择"支出"后"生成凭证"界面

（4）单击"退出"按钮，退出凭证界面。单击"取消"按钮，退出转账生成功能。

（5）以操作员 102 的身份审核凭证；以操作员 101 的身份进行主管签字；以操作员 103 的身份记账。

【注意】

（1）期末自动转账处理工作是针对已记账业务进行的，在进行月末转账工作之前应将所有未记账的凭证记账。

（2）对生成的转账凭证进行审核和记账。

（3）转账凭证每月只生成一次。

4.3.6 综合运用

1. 按 25% 的比例计提本月所得税

【操作步骤】

（1）以操作员 103 的身份登录企业应用平台，登录日期为 2016 年 1 月 31 日。

（2）依次选择"业务工作"→"财务会计"→"总账"→"期末"→"转账定义"→"自定义转账"命令，进入自定义转账设置界面。

（3）单击"增加"按钮，进入转账目录界面，输入转账序号"0002"、转账说明"计提本月所得税费用"、凭证类别"转账凭证"。

（4）单击"确定"按钮，返回自定义转账设置界面，单击"增行"按钮，科目编码选择"6801"；方向为"借"；双击金额公式栏，选择"参照"按钮，进入公式向导窗口。选择公式名称"贷方发生额"，单击"下一步"按钮，选择科目"4103"，其他采用系统默认；单击"继续输入公式"，选择"运算符－（减）"；单击"下一步"按钮，选择公式名称"借方发生额"；单击"下一步"按钮，选择科目"4103"，其他采用系统默认；单击"继续输入公式"按钮，选择"运算符＊（乘）"；单击"下一步"按钮，选择公式名称"常数"；单击"下一步"按钮，输入"0.25"。单击"完成"按钮。系统自动填写公式"FS（4103，月，贷）－FS（4103，月，借）＊0.25"。在金额公式中将光标移到公式最前面和＊号前，输入"（）"。

（5）单击"增行"按钮，继续输入贷方信息，科目编码选择"222105"；方向为"贷"；金额公式栏输入"JG（）"，如图 4-3-20 所示。执行"保存"→"退出"命令。

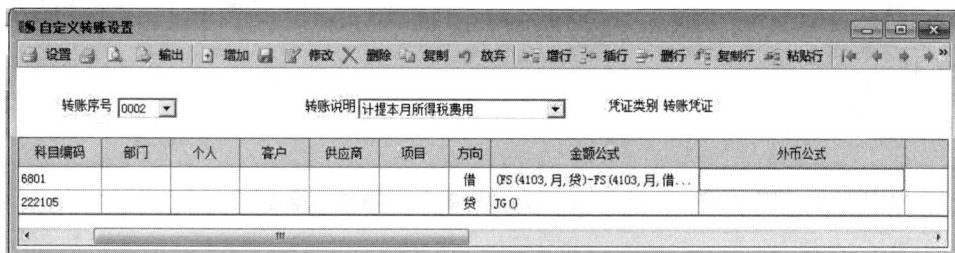

图 4-3-20　自定义转账设置

（6）依次选择"业务工作"→"财务会计"→"总账"→"期末"→"转账生成"命令，进入转账界面，选择"自定义转账"，在编号"0002"后面的空白处双击，出现"Y"。

（7）单击"确定"按钮，生成计提本月所得税费用凭证；单击"保存"按钮，凭证左上方出现"已生成"标志，如图 4-3-21 所示。

（8）单击"退出"按钮，进入转账生成界面，单击"取消"按钮。

（9）以操作员 102 的身份审核凭证；以操作员 101 的身份进行主管签字；以操作员 103 的身份记账。

2. 将所得税费用结转至"本年利润"账户

【操作步骤】

（1）以操作员 103 的身份登录企业应用平台，登陆日期为 2016 年 1 月 31 日。依次选择"业务工作"→"财务会计"→"总账"→"期末"→"转账生成"→"期间损益结转"命令，进入转账生成界面，类型选择"支出"，单击"全选"按钮。

（2）单击"确定"按钮，生成凭证，单击凭证工具栏中的"保存"按钮，凭证上出现"已生成"的标志，如图 4-3-22 所示。

（3）单击"退出"按钮，进入转账生成界面，单击"取消"按钮。

（4）以操作员 102 的身份审核凭证；以操作员 101 的身份进行主管签字；以操作员 103 的身份记账。

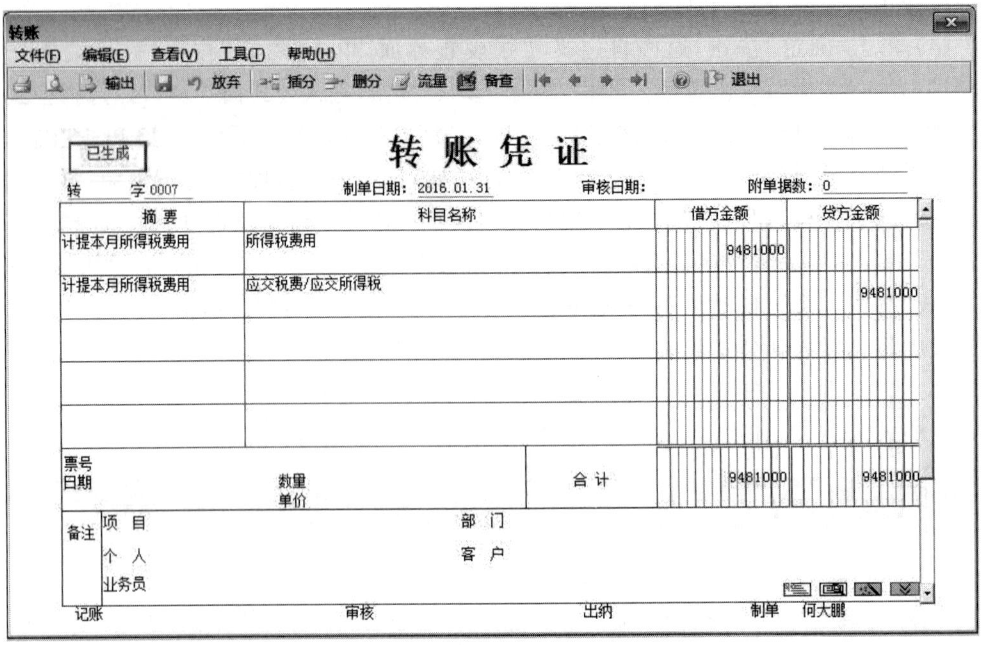

图 4-3-21 "计提本月所得税"转账凭证生成

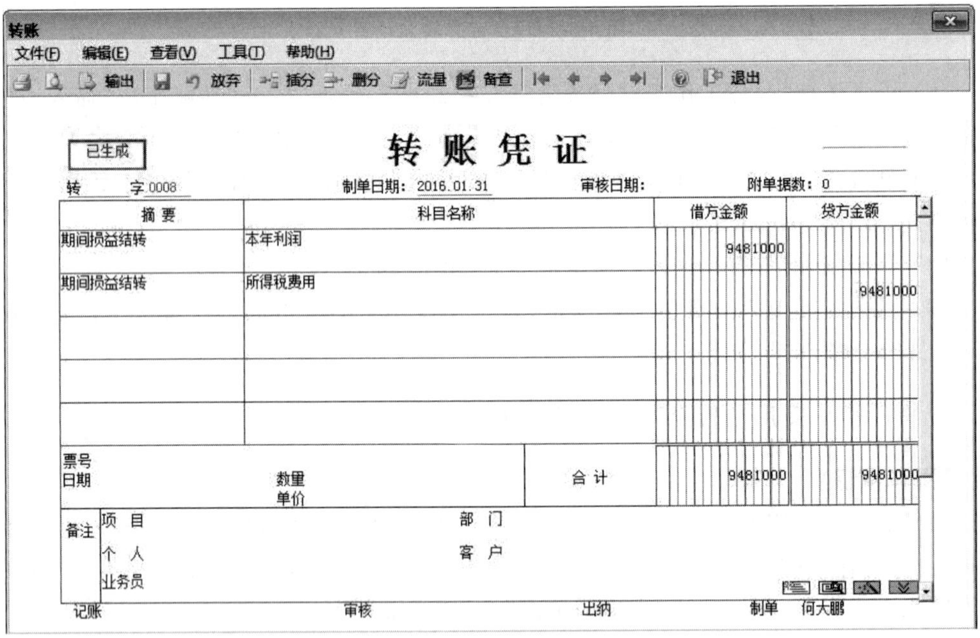

图 4-3-22 "期间损益"转账凭证生成

4.3.7 对账

一般说来,只要记账凭证录入正确,计算机自动记账后各种账簿都应是正确、平衡的,但非法操作、计算机病毒或其他原因有时可能会造成某些数据被破坏,因而引起账账不符。为了保证账证相符、账账相符,用户应经常使用本功能进行对账,至少一个月一次,一般可在月末结账前进行。

【操作步骤】

(1)以操作员 103 的身份登录企业应用平台,登录日期为 2016 年 1 月 31 日。依次选择"业务工作"→"财务会计"→"总账"→"期末"→"对账"命令,进入对账界面。选择"选择"→"对账"命令,系统开始自动对账,并显示对账结果,如图 4-3-23 所示。

图 4-3-23 对账

(2)单击"退出"按钮,退出对账界面。

【注意】 在进行对账之前,请对之前生成的凭证进行审核记账。

4.3.8 结账

手工会计处理方式下,每月月底都需要进行结账处理。结账实际上就是计算和结转各账簿的本期发生额和期末余额,并终止本期的账务处理。每月只能结账一次。在电算账务处理系统中,也设计了本功能。电算化账务处理系统中,结账主要完成如下工作。

(1)停止本月各账户的记账工作。

(2)计算本月各账户发生额合计。

(3)计算本月各账户期末余额,并将余额结转至下月月初。

【操作步骤】

(1)以操作员 103 的身份登录企业应用平台,登录日期为 2016 年 1 月 31 日。

(2)依次选择"业务工作"→"财务会计"→"总账"→"期末"→"结账"命令,进入结账界面,如图 4-3-24 所示。

(3)单击"下一步"按钮,进入核对账簿界面,单击"对账"按钮,系统自动进行对账,如图 4-3-25 所示。

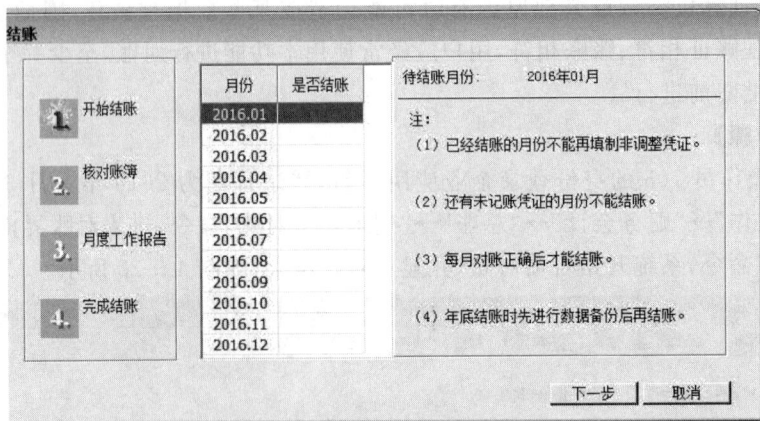

图 4-3-24 结账

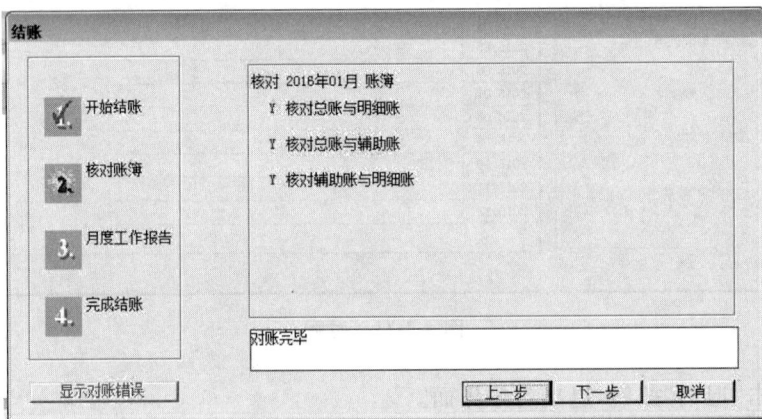

图 4-3-25 开始结账

（4）对账完毕，单击"下一步"按钮，系统进入月度工作报告界面；单击"下一步"按钮，进入完成结账界面。系统提示"2016 年 01 月未通过工作检查，不可以结账!"，如图 4-3-26 所示。

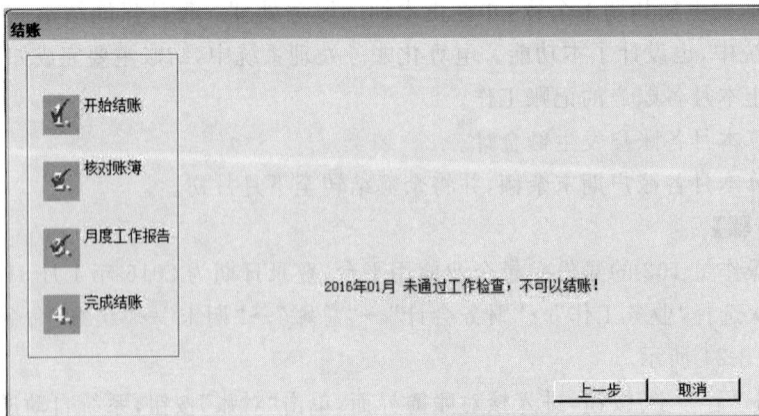

图 4-3-26 结账不通过

（5）单击"上一步"按钮，进入月度工作报告界面，向下拖动"2016 年 01 月工作报告"滚动条，可以看到"6.其他系统结账状态 固定资产系统：本月未结账 薪资管理系统：本月未结账"，如图 4-3-27 所示。

图 4-3-27　结账不通过原因查询

（6）单击"取消"按钮，退出结账界面。

（7）以操作员 103 的身份登录企业应用平台，登录日期为 2016 年 1 月 31 日。

（8）依次选择"基础设置"→"基本信息"→"系统启用"命令，进入系统启用界面。单击"固定资产"前的复选框，系统提示"确实要注销当前系统吗？"，单击"是"按钮，取消对固定资产的启用。同理，取消薪资管理启用，如图 4-3-28 所示。

图 4-3-28　系统启用

（9）重复结账操作，完成结账。

【注意】

（1）结账必须按月连续进行，上月未结账，则本月不能结账，但可以填制、复核凭证。

（2）若总账与明细账对账不符，则不能结账。

（3）若与其他系统联合使用，其他子系统未全部结账，本系统也不能结账。

（4）若结账后发现结账错误，在结账界面按 Ctrl＋Shift＋F6 组合键即可。反结账操作只能由有反结账权的人进行。

（5）结账后产生的账簿和报表才是完整的，结账前产生的账簿和报表不一定能反映该月的全部业务。

（6）结账前应做数据备份。

（7）如本月还有未记账凭证时，则本月不能结账。

（8）已结账月份不能再填制凭证。

（9）结账只能由有结账权的人进行。

［理论测试 4-3］

一、单项选择题

1. 每月结账的次数是（   ）。

    A. 一次   B. 三次   C. 无数次   D. 十次

2. 反结账的组合键是（   ）。

    A. Ctrl＋Shift＋F6   B. Ctrl＋Shift＋F5

    C. Ctrl＋ Alt ＋F6   D. Ctrl＋ Alt ＋F1

3. 期间损益结转就是将损益类科目的本期余额全部自动转入（   ）科目。

    A. 利润分配   B. 实收资本   C. 短期投资   D. 本年利润

二、多项选择题

1. 下列情况中不能结账的是（   ）。

    A. 上月未结账   B. 本月未记账   C. 本月已记账   D. 账账不平

2. 账务处理系统进行期末结账处理时，要注意（   ）。

    A. 各科目的摊、提、结转必须在结账以前完成

    B. 每月输入的记账凭证必须全部记账

    C. 上月未结账的本月无法结账

    D. 每月只能结账一次

3. 自定义转账功能可以完成的转账业务主要有（   ）。

    A. 费用分配的结转，如工资分配；费用分摊的结转，如制造费用

    B. 税金计算的结转，如增值税

    C. 提取各项费用的结转，如提取福利费

    D. 部门核算的结转、项目核算的结转、个人核算的结转、客户核算的结转、供应商核算的结转

4. 使用销售成本结转功能的要求有（   ）。

    A. 没有启用购销存业务系统

    B. 月末按全月一次加权平均法计算库存商品的平均单价

    C. 要求库存商品科目、主营业务收入科目、主营业务成本科目及下级科目的结构
必须设置成数量辅助核算

    D. 月末采用先进先出法

三、判断题

1. 在明细账查询窗口中,可以联查到相应科目的记账凭证。　　　　　　　（　　）

2. 期间损益结转凭证之前,应将所有未记账凭证审核并记账,否则,数据将不正确。

（　　）

3. 自定义和期间损益结转凭证无须进行凭证审核和记账。　　　　　　（　　）

4. 输入计算公式的符号必须为英文符号,否则系统提示"金额公式不合法:未知函
数名"。　　　　　　　　　　　　　　　　　　　　　　　　　　（　　）

四、思考题

1. 在查询"原材料——面粉"明细账时,如何联查总账和凭证?

2. 在查询应收账款总账时,如何联查明细账?

3. 查询余额表时,如何查询未记账凭证数据?

任务4.4　出纳日常业务处理的操作

［任务单 4-4］

项目 4　总账系统处理		学时　　14	
任务 4.4	出纳日常业务处理的操作	学时	2
一、学习目标 　　在用友 ERP-U8 V10.1 软件中操作完成学习任务,完成相应的理论测试。			
二、学习资源 　　1. 用友 ERP-U8 V10.1 软件。 　　2. 操作视频:(1)查询现金日记账和银行存款日记账;(2)填制资金日报表;(3)登记支票登记簿; (4)银行对账期初数据录入;(5)录入银行存款——工商银行对账单;(6)银行对账;(7)输出银行存款——建设银行余额调节表;(8)核销银行账。			
4.4.1 查询现金日记账和银行存款日记账.mp4　　4.4.2 资金日报表.mp4　　4.4.3 登记支票登记簿.mp4　　4.4.4 银行对账期初数据录入.mp4			

| 4.4.5 录入银行存款——工商银行对账单.mp4 | 4.4.6 银行对账.mp4 | 4.4.7 输出银行存款——建设银行余额调节表.mp4 | 4.4.8 核销银行账.mp4 |

三、学习方法

1. 认真观看视频并记录重点。

2. 和同学讨论、交流。

四、准备工作

1. 引入"账簿查询及期末业务处理 4-3"账套。

2. 准备一个剩余空间不小于 2GB 的 U 盘。

3. 修改计算系统时间为 2016 年 1 月 31 日。

五、学习任务

1. 操作员 104 查询日记账

(1) 查询现金日记账,"现金"1 月 31 日余额为(　　)元。

(2) 查询银行日记账,"银行存款——工商银行"1 月 31 日余额为(　　)元。

2. 操作员 104 查询 1 月 2 日的资金日报表(现金日报单和银行存款日报单)

3. 登记支票登记簿

1 月 25 日,采购部张小伟领用转账支票一张,支票号为 01656742,准备用于购买办公用品,限额 5 000 元。

4. 操作员 104 进行银行对账

(1) 银行对账期初数据。

银行对账的启用日期为 2016 年 1 月 1 日。企业日记账(中国工商银行)记账余额为 711 000 元,银行对账期初余额为 731 000 元,有 2015 年 12 月 30 日企业已付银行未付的未达账项 20 000 元。

(2) 录入 2016 年 1 月"银行存款——工商银行"对账单。

日　期	结算方式	票　号	借方金额	贷方金额	余　额
2016.01.02	转账支票	01656740		20 000	711 000
2016.01.20			3 000		714 000
2016.01.20	转账支票	01656741		155 610	558 390
2016.01.25	转账支票	01656742		5 000	553 390

(3) 进行银行对账:按票据日期对账,结算号相同,结算日期相同。

(4) 输出余额调节表:以 Excle 形式输出"银行存款——建设银行"余额调节表,保存在桌面。

(5) 核销银行账。

5. 账套备份

在 E 盘根目录下建立一个文件夹,文件夹的名字为"216 账套备份",在该文件中建立一个名为"出纳日常业务处理的操作 4-4"的文件夹,将账套备份到该文件夹中。

[信息页 4-4]

理论目标:

掌握出纳业务的处理方法;

掌握银行对账的处理方法。

技能目标：

熟练地查询日记账；

熟练地查询资金日报表；

熟练地登记支票登记簿

熟练地录入银行对账单；

熟练地输出银行余额调节表；

熟练地核销银行账。

4.4.1 查询现金日记账

主要用于查询现金日记账，现金科目必须在"会计科目"功能下的"指定科目"中预先指定。

【操作步骤】

（1）以操作员 104 的身份登录企业应用平台，登录日期为 2016 年 1 月 31 日。

（2）依次选择"业务工作"→"财务会计"→"总账"→"出纳"→"现金日记账"命令，进入现金日记账查询条件界面，如图 4-4-1 所示。

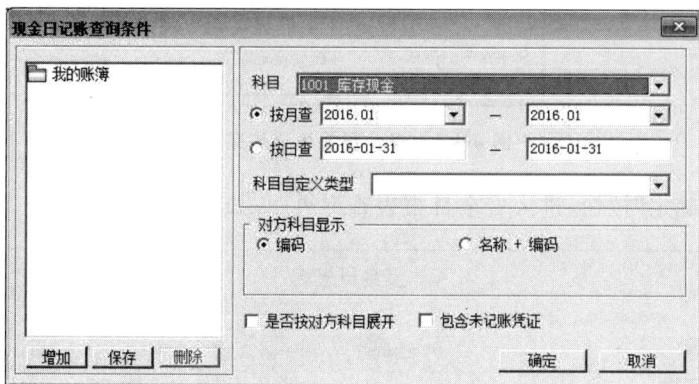

图 4-4-1　现金日记账查询条件

（3）单击"确定"按钮，进入现金日记账界面，如图 4-4-2 所示。

同理查询银行日记账余额。

【注意】 只有在会计科目功能中使用指定科目功能指定"现金总账科目"和"银行总账科目"，才能查询"现金日记账"和"银行日记账"。

4.4.2 查询 1 月 2 日的资金日报表

资金日报表是反映某一日现金、银行存款发生额及余额情况的报表。功能用于查询输出现金、银行存款科目某日的发生额及余额情况。

金额式

现金日记账

科目 1001 库存现金　　　　月份：2016.01-2016.01

2016年 月	2016年 日	凭证号数	摘要	对方科目	借方	贷方	方向	余额
			上年结转				借	3,640.00
01	05	收-0001	报销差旅费	1221	240.00		借	3,880.00
01	05		本日合计		240.00		借	3,880.00
01			本月合计		240.00		借	3,880.00
01			本年累计		240.00		借	3,880.00
			结转下年				借	3,880.00

图 4-4-2　现金日记账

【操作步骤】

(1) 以操作员 104 的身份登录企业应用平台，登录日期为 2016 年 1 月 31 日。

(2) 依次选择“业务工作”→“财务会计”→“总账”→“出纳”→“资金日报”命令，进入资金日报表查询条件界面，如图 4-4-3 所示，输入查询日期“2016-01-02”。

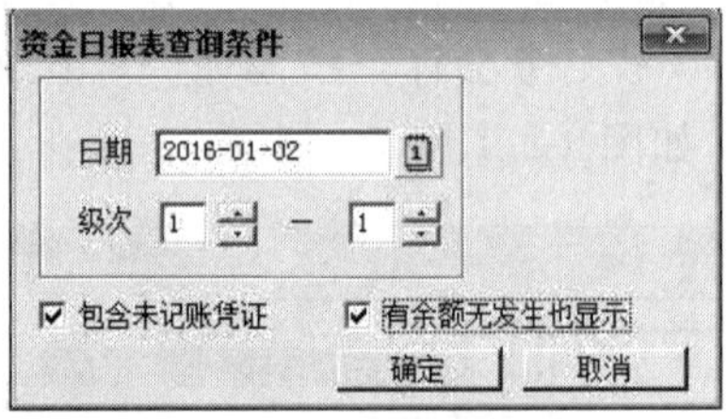

图 4-4-3　资金日报表查询条件

(3) 单击“确定”按钮，进入资金日报表查询界面，如图 4-4-4 所示。

资金日报表

日期：2016.01.02

科目编码	科目名称	币种	今日共借	今日共贷	方向	今日余额	借方笔数	贷方笔数
1001	库存现金				借	3,640.00		
1002	银行存款			20,000.00	借	711,000.00		1
合计				20,000.00	借	714,640.00		1

图 4-4-4　资金日报表

(4) 选中“银行存款”，单击菜单栏中的“日报”按钮，进入银行存款日报单界面，如图 4-4-5 所示。

4.4.3　登记支票登记簿

在手工记账时，银行出纳通常建立支票领用登记簿，用来登记支票领用情况。为此，本系统为出纳员提供了“支票登记簿”功能，以供其详细登记支票领用人、领用日期、支票用途、是否报销等情况。当应收、应付系统或资金系统有支票领用时，自动填写。只有在

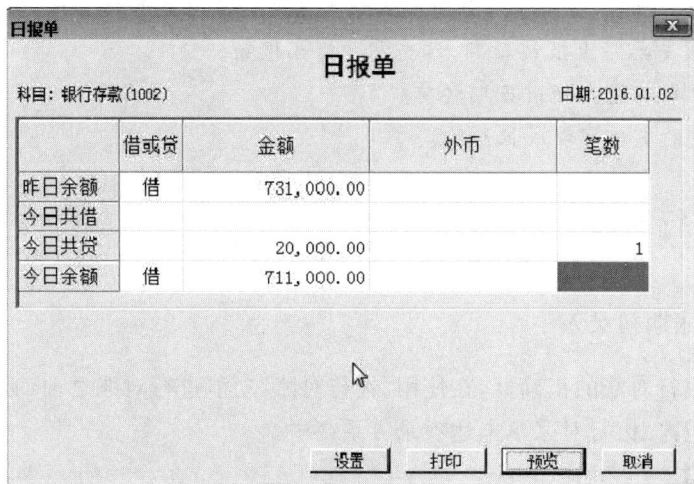

图 4-4-5　银行存款日报单

"会计科目"中设置银行账的科目才能使用支票登记簿。

【操作步骤】

（1）以操作员 104 的身份登录企业应用平台，登录日期为 2016 年 1 月 31 日。

（2）依次选择"业务工作"→"财务会计"→"总账"→"出纳"→"支票登记簿"命令，进入银行科目选择界面，如图 4-4-6 所示，选择银行科目"中国工商银行（100201）"。

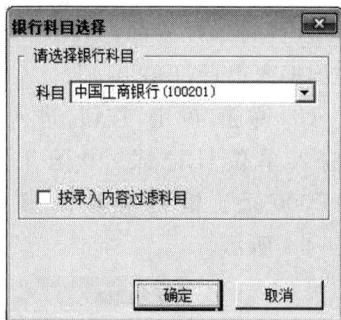

（3）单击"确定"按钮，进入支票登记簿界面，单击"增加"按钮，依次输入领用日期"2016.01.25"、领用部门"采购部"、领用人"张小伟"、支票号"01656742"、预计金额"5 000 元"、用途"购买办公用品"，如图 4-4-7 所示。

图 4-4-6　银行科目选择

图 4-4-7　支票登记簿

【注意】

（1）只有在总账系统的初始设置选项中已选择"支票控制"，并在结算方式设置中已设置"票据结算"标志，在"会计科目"中已指定银行账的科目，才能使用支票登记簿。

（2）支票登记簿中的报销日期为空时，表示该支票未报销；填写报销日期后，系统认为该支票已报销。

（3）当支票支出后，在填制凭证时输入该支票的结算方式和结算号，系统会自动在支票登记簿中将该支票写上报销日期，该支票即为已报销。

（4）报销日期不能在领用日期之前。

（5）已报销的支票可以成批删除。

4.4.4 银行对账

1. 银行对账期初录入

为了保证银行对账的正确性，在使用"银行对账"功能进行对账之前，必须在开始对账的月初先将日记账、银行对账单未达项录入系统中。

【操作步骤】

（1）以操作员104的身份登录企业应用平台，登录日期为2016年1月31日。

（2）依次选择"业务工作"→"财务会计"→"总账"→"出纳"→"银行对账"→"银行对账期初录入"命令，进入银行科目选择界面，如图4-4-8所示，选择银行科目"中国工商银行(100201)"。

（3）单击"确定"按钮，进入银行对账期初界面，依次输入单位日记账（中国工商银行）调整前余额"711 000元"、银行对账调整前余额"731 000"，如图4-4-9所示。

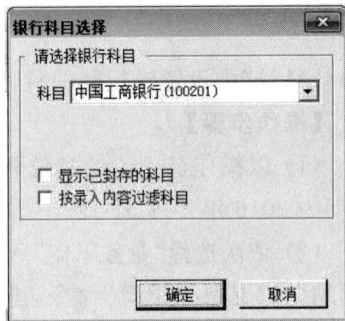

图4-4-8 银行科目选择

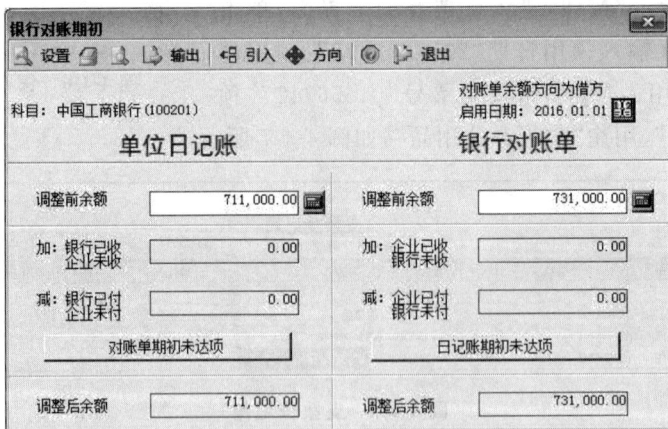

图4-4-9 银行对账期初

（4）单击"日记账期初未达项"按钮，进入企业方期初，单击"增加"按钮，输入凭证日期"2015年12月30日"；贷方金额20 000，如图4-4-10所示。

（5）单击"保存"按钮，如图4-4-11所示。

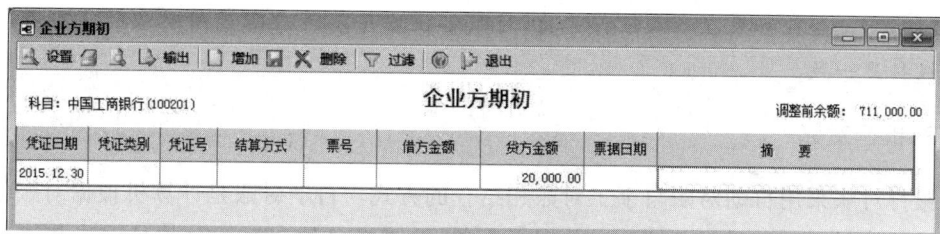

图 4-4-10　企业方期初

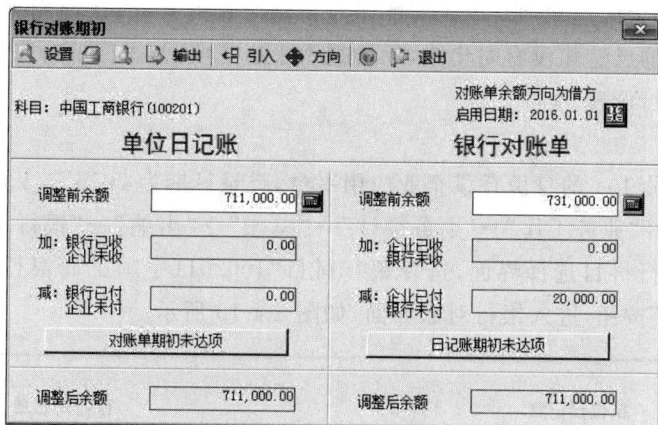

图 4-4-11　录入期初未达账项

2. 银行对账单

本功能用于平时录入、查询和引入银行对账单。在此功能中显示的银行对账单为启用日期之后的对账单。

【操作步骤】

（1）以操作员 104 的身份登录企业应用平台，登录日期为 2016 年 1 月 31 日。

（2）依次选择"业务工作"→"财务会计"→"总账"→"出纳"→"银行对账"→"银行对账单"命令，进入银行科目选择界面，选择银行科目"中国工商银行（100201）"、月份"2016.01"。单击"确定"按钮，进入银行对账单界面，如图 4-4-12 所示。根据任务单 4-4 学习任务中的表录入。

科目：中国工商银行（100201）　　　　　**银行对账单**　　　　对账单账面余额:553,390.00

日期	结算方式	票号	借方金额	贷方金额	余额
2016.01.02	302	01656740		20,000.00	711,000.00
2016.01.20			3,000.00		714,000.00
2016.01.20	302	01656741		155,610.00	558,390.00
2016.01.25	302	01656742		5,000.00	553,390.00

□ 已勾对　□ 未勾对

图 4-4-12　银行对账单

【注意】 企业如果在多家银行开户，对账单位应与其对应账号所对应的银行存款下的末级科目一致。

3. 银行对账

银行对账采用自动对账与手工对账相结合的方式。自动对账是计算机根据对账依据自动进行核对、勾销，对于已核对上的银行业务，系统将自动在银行存款日记账和银行对账单双方写上两清标志、对账序号，并视为已达账项。对于在两清栏未写上两清符号的记录，系统则视其为未达账项。手工对账是对自动对账的补充，在使用完自动对账后，可能还有一些特殊的已达账没有对出来，而被视为未达账项，为了保证对账更彻底、正确，可用手工对账来进行调整。

【操作步骤】

（1）以操作员 104 的身份登录企业应用平台，登录日期为 2016 年 1 月 31 日。

（2）依次选择"业务工作"→"财务会计"→"总账"→"出纳"→"银行对账"→"银行对账"命令，进入银行科目选择界面，选择银行科目"100201（中国工商银行）"、月份"2016.01"。单击"确定"按钮，进入银行对账界面，如图 4-4-13 所示。

科目：100201（中国工商银行）

		单位日记账						银行对账单					
票据日期	结算方式	票号	方向	金额	两清	凭证号数	摘要	日期	结算方式	票号	方向	金额	两清	对账序号
2016.01.20	302	01643864	借	32,000.00		收-0002	收到欠款	2016.01.02	302	01656740	贷	20,000.00	
2016.01.20	302	01643864	借	-32,000.00		收-0003	冲销凭证2016.	2016.01.20			借	3,000.00	
2016.01.20			借	3,000.00		收-0004	修改凭证	2016.01.20	302	01656741	贷	155,610.00	
2016.01.02	302	01656740	贷	20,000.00		付-0001	支付广告费	2016.01.25	302	01656742	贷	5,000.00	
2016.01.20	302	01656741	贷	155,610.00		付-0002	购买原材料						

图 4-4-13　银行对账

（3）单击"对账"按钮，进入自动对账界面，选择"按票据日期对账""结算票号相同""结算方式相同"，如图 4-4-14 所示。

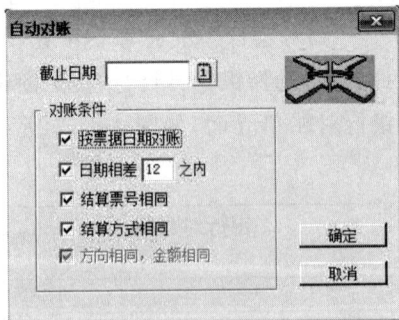

图 4-4-14　自动对账

（4）单击"确定"按钮，进入银行对账界面，如图 4-4-15 所示。

4. 余额调节表查询并输出余额调节表

在对银行账进行两清勾对后，便可调用此功能查询打印《银行存款余额调节表》，以检

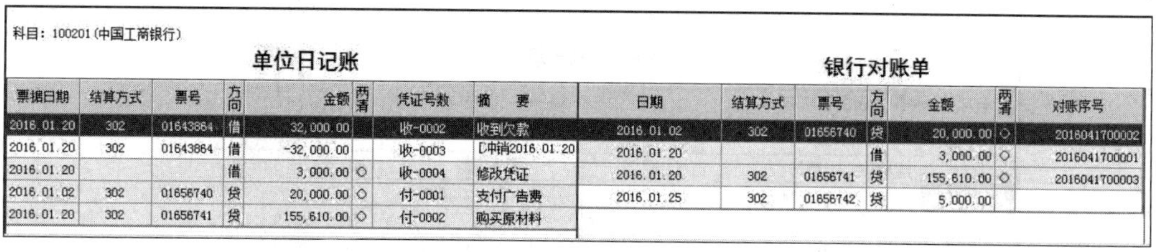

科目: 100201(中国工商银行)

				单位日记账								银行对账单			
票据日期	结算方式	票号	方向	金额	两清	凭证号数	摘 要		日期	结算方式	票号	方向	金额	两清	对账序号
2016.01.20	302	01643864	借	32,000.00		收-0002	收到欠款		2016.01.02	302	01656740	贷	20,000.00	◇	2016041700002
2016.01.20	302	01643864	借	-32,000.00		收-0003	□冲销2016.01.20		2016.01.20			借	3,000.00	◇	2016041700001
2016.01.20			借	3,000.00	◇	收-0004	修改凭证		2016.01.20	302	01656741	贷	155,610.00	◇	2016041700003
2016.01.02	302	01656740	贷	20,000.00	◇	付-0001	支付广告费		2016.01.25	302	01656742	贷	5,000.00		
2016.01.20	302	01656741	贷	155,610.00	◇	付-0002	购买原材料								

图 4-4-15 选择"自动对账"后"银行对账"界面

查对账是否正确。进入此项操作,屏幕显示所有银行科目的账面余额及调整余额。

如要查看某科目的调节表,则将光标移到该科目上,然后用鼠标单击"查看"按钮或双击该行,则可查看该银行账户的银行存款余额调节表。

【操作步骤】

(1) 以操作员 104 的身份登录企业应用平台,登录日期为 2016 年 1 月 31 日。

(2) 依次选择"业务工作"→"财务会计"→"总账"→"出纳"→"银行对账"→"余额调节表查询"命令,进入银行存款余额调节表界面,选择银行账户"中国工商银行(100201)"。单击"查看"按钮,进入银行存款余额调节表界面,如图 4-4-16 所示。

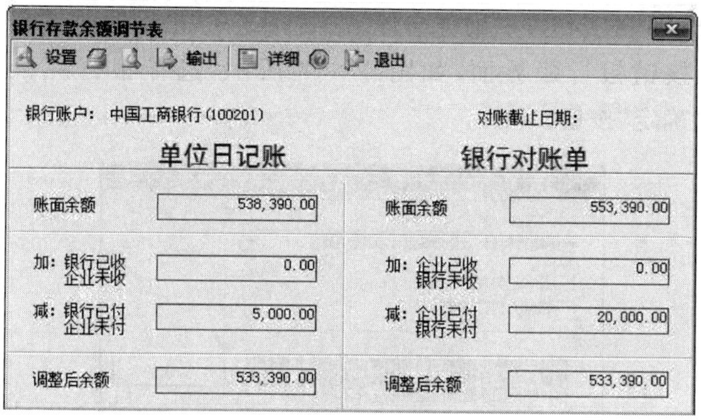

银行存款余额调节表

设置 输出 详细 退出

银行账户: 中国工商银行(100201)   对账截止日期:

	单位日记账		银行对账单
账面余额	538,390.00	账面余额	553,390.00
加: 银行已收企业未收	0.00	加: 企业已收银行未收	0.00
减: 银行已付企业未付	5,000.00	减: 企业已付银行未付	20,000.00
调整后余额	533,390.00	调整后余额	533,390.00

图 4-4-16 银行存款余额调节表

(3) 单击"输出"按钮,找到要保存的位置并输入文件名称。

(4) 单击"详细"按钮,可以查询余额调节表(详细)。

5. 查询对账勾对情况

用于查询单位日记账及银行对账单的对账结果。

【操作步骤】

(1) 以操作员 104 的身份登录企业应用平台,登录日期为 2016 年 1 月 31 日。

(2) 选择"业务工作"→"财务会计"→"总账"→"出纳"→"银行对账"→"查询对账勾对情况"命令,进入银行存款余额调节表界面,选择银行科目"中国工商银行(100201)"。单击"确定"按钮,进入银行对账单界面,如图 4-4-17 所示。

图 4-4-17　查询银行对账单

6. 核销已达银行账

本功能用于将核对正确并确认无误的已达账删除,对于一般用户来说,在银行对账正确后,如果想将已达账删除并只保留未达账时,可使用本功能。

【操作步骤】

(1) 以操作员 104 的身份登录企业应用平台,登录日期为 2016 年 1 月 31 日。

(2) 依次选择"业务工作"→"财务会计"→"总账"→"出纳"→"银行对账"→"核销银行账"命令,进入核销银行账界面,如图 4-4-18 所示,选择银行科目"中国工商银行(100201)",单击"确定"按钮。

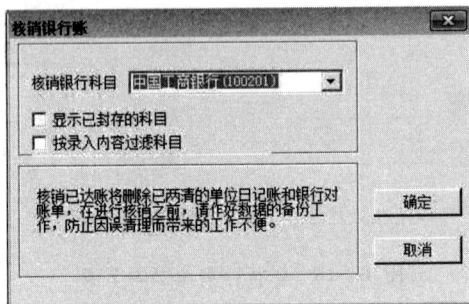

图 4-4-18　核销银行账

［理论测试 4-4］

一、单项选择题

在使用"银行对账"功能进行对账之前,必须在开始对账的月初先将日记账、银行对账单(　　)录入系统中。

A. 未达项　　　　B. 已达项　　　　C. 未达项和已达项

二、多项选择题

银行对账采用(　　)相结合的方式。

A. 自动对账　　　B. 手工对账　　　C. 人工对账　　　D. 电脑对账

三、判断题

1. 查询现金日记账，现金科目必须在"会计科目"功能下的"指定科目"中预先指定。
（　　）

2. 报销日期不能在领用日期之前。
（　　）

四、思考题

1. 使用支票登记簿功能需要哪些条件？
2. 资金日报表和现金、银行存款日记账有什么不同？

报表系统处理

任务 5.1 报表系统概述及利用报表模板生成报表

[任务单 5-1]

项目 5　报表系统处理		学时	8
任务 5.1	报表系统概述及利用报表模板生成报表	学时	4

一、学习目标

通过学习,掌握报表系统中常用的基本概念及操作流程,理解报表系统的功能,利用报表模板生成报表。

二、学习资源

1. 用友 ERP-U8 V10.1 软件。

2. 操作视频:(1)启动报表系统、展示报表功能;(2)调用资产负债表模板生成报表数据;(3)调用利润表生成报表数据;(4)利用现金流量表生成报表数据。

5.1.1 启动报表系统、展示报表功能.mp4	5.1.2 调用资产负债表模板生成报表数据.mp4	5.1.3 调用利润表生成报表数据.mp4	5.1.4 利用现金流量表生成报表数据.mp4

三、学习方法

1. 认真观看视频并记录重点。

2. 四人组成一个学习组讨论、交流。

四、准备工作

1. 准备一个剩余空间不小于 2GB 的 U 盘。

2. 修改计算系统时间为 2016 年 1 月 31 日。

3. 引入"账簿查询及期末业务处理 4-3"账套备份。

五、学习任务

1. 以操作员 101 李伟的身份启用报表，了解报表功能

2. 以操作员 101 李伟的身份调用报表模板生成资产负债表

(1) 调用行业为"2007 年新会计制度科目"，选择财务报表为"资产负债表"模板。

(2) 在数据状态下输入关键字：年 2016，月 1，日 31。

(3) 在格式状态下，双击存货的期初余额计算公式栏，并在弹出的定义公式栏中增加QC("1409"，全年,,,年,,)；双击存货的期末余额计算公式栏，并在弹出的定义公式栏中增加 QM("1409"，全年,,,年,,)。

(4) 将格式状态转化为数据状态，进行全表重算，生成资产负债表数据：资产总计期初数据为(5 715 741.00)，期末数据为(6 537 171.00)；负债及所有者权益期初数据为(5 715 741.00)，期末数据为(6 537 171.00)。

(5) 保存报表。

① 以文件名为资产负债表，Excel 的形式保存到 E:\2016 账套备份文件中。

② 以文件名为资产负债表，.REP 的形式保存到 E:\2016 账套备份文件中。

3. 以操作员 101 李伟的身份调用报表模板生成利润表

(1) 调用行业为"2007 年新会计制度科目"，选择财务报表为"利润表"模板。

(2) 在数据状态下输入关键字：年 2016，月 1。

(3) 生成利润表数据：净利润数据为(718 240.00)。

(4) 保存报表。

① 以文件名为利润表，Excel 的形式保存到 E:\2016 账套备份文件中。

② 以文件名为利润表，.REP 的形式保存到 E:\2016 账套备份文件中。

4. 利用总账的项目核算生成现金流量表

(1) 在设置会计科目界面指定现金流量科目：将 1001 库存现金、100201 中国工商银行、100202 建设银行、1003 存放中央银行款项、1011 存放同业、1012 其他货币资金、1021 结算备付金、1031 存出保证金等科目从待选科目移至已选科目。

(2) 系统在项目目录里已经建立了"现金流量项目"项目大类。

(3) 执行"现金流量表"→"现金流量凭证查询"命令，进入"现金流量查询及修改"窗口，针对每一张现金流量凭证，单击"修改"按钮补充录入现金流量项目，如下表。

摘　要	科目编码	科目名称	项目名称	方向	金　额
报销差旅费	1001	库存现金	收的其他与经营活动有关的现金	借	240
收到货款	100201	中国工商银行	销售商品、提供劳务收到的现金	借	30 000
支付广告费	100201	中国工商银行	支付的与其他经营活动有关的现金	贷	20 000
采购货物	100201	中国工商银行	购买商品、接受劳务支付的现金	贷	155 610

(4) 调用行业为"2007 年新会计制度科目"，选择财务报表为"现金流量表"模板。

(5) 在格式状态下，单击单元格 C6，打开 fx 函数选择用友账务函数对应的"现金流量项目金额"，在"参照"窗口下完善"项目编码"内容，方向为"流入"。同理，完成 C8、C10、C13 单元格公式。

(6) 在数据状态下，输入关键字：年 2016，月 1。

(7) 生成现金流量表数据。

5. 账套备份

在 E 盘根目录下建立一个文件夹，文件夹的名字为"216 账套备份"，在该文件中建立一个名为"报表系统概述及利用报表模板生成报表 5-1"的子文件夹，将账套备份到该子文件夹中。

[信息页 5-1]

理论目标：

掌握报表系统的主要功能；

掌握报表系统的操作流程；

掌握报表系统的基本概念。

技能目标：

熟练地启用报表系统；

熟练地掌握报表模板的使用、修改以及报表生成等操作方法；

熟练地引入、备份账套。

5.1.1 报表系统的功能

利用 UFO 报表系统既能编制对外报表，又可编制各种内部报表。UFO 报表系统的主要功能有提供各行业报表模板、文件管理功能、格式设计功能、公式设计功能、数据处理功能、图表功能、打印功能、二次开发功能。

报表模板、格式管理、数据处理、打印是常用到的最主要功能。可以自行设计报表格式，也可以根据报表系统提供的报表模板自动生成报表格式，还可以将报表结果另存为 Excel，使用 Excel 功能对数据进行加工处理。

1. 文件管理功能

UFO 提供了各类文件管理功能，除能完成一般的文件管理外，UFO 的数据文件还能够转化为不同的文件格式，例如文本文件、MDB 文件、XLS 文件等。此外，通过 UFO 提供的"导入"和"导出"功能，可以实现和其他流行财务软件之间的数据交换。

2. 格式设计功能

UFO 提供的格式设计功能，可以设置报表尺寸、组合单元、画表格线、调整行高列宽、设置字体和颜色、设置显示比例等。同时，UFO 还内置了 11 种套用格式和 33 个行业的标准财务报表模板，包括最新的现金流量表，方便了用户标准报表的制作。对于用户单位内部常用的管理报表，UFO 还提供了自定义模板功能。

3. 公式设计功能

UFO 提供了绝对单元公式和相对单元公式，可以方便、迅速地定义计算公式、审核公式及舍位平衡公式；UFO 还提供了种类丰富的函数，在系统向导的引导下可轻松地从用友账务及其他子系统中提取数据，生成财务报表。

4. 数据处理功能

UFO 的数据处理功能可以固定的格式管理大量数据不同的表页，并在每张表页之间建立有机的联系。此外,还提供了表页的排序、查询、审核、舍位平衡及汇总功能。

5. 图表功能

UFO 可以很方便地对数据进行图形组织和分析,制作包括直方图、立体图、圆饼图、折线图等多种分析图表,并能编辑图表的位置、大小、标题、字体、颜色和打印输出。

6. 打印功能

UFO 提供"所见即所得"和"打印预览"的功能,可以随时观看报表或图形的打印效果。打印报表时,可以打印格式或数据,可以设置表头和表尾,可以在 0.3～3 倍之间缩放打印,可以横向或纵向打印等。

7. 二次开发功能

UFO 提供了批命令和自定义菜单,利用该功能可以开发出适合本企业的专用系统。

5.1.2 报表系统操作流程

(1) 启动报表系统。
(2) 创建报表文件。
(3) 报表格式定义。包括设置表尺寸、画表格线、设置组合单元、输入表样文字、设置关键字位置、定义单元公式。表尺寸是报表的行数和列数。根据表格式定义是报表操作的关键,报表格式定义的关键是报表取数公式的定义。
(4) 报表数据处理。包括打开报表、增加表页、录入关键字值、编制报表、审核报表。
(5) 报表输出。
(6) 报表分析。

5.1.3 报表系统中的基本概念

1. 报表结构

报表按其结构的复杂性,分为简单表和复合表。简单表就是由若干行和列组成的二维表。简单表的格式一般由标题、表头、表体和表尾组成,资产负债表、利润表、现金流量表都是简单表。复合表是由若干张简单表组合而成的。

标题即报表的名称,表头包括编制单位、日期、计量单位、报表栏目等,报表栏目是表头中最重要的内容。表体是报表的主体,由行和列组成。表尾,即表体以下的辅助说明部分。

2. 单元、单元属性、单元风格

单元是报表中由行和列确定的方格,是组成报表的最小单位。如 C2 表是第二行 C

列对应的单元。

单元属性是指单元类型、数字格式、边框的样式。单元类型有数值型、字符型、表样型。

（1）数值单元

用于存放报表的数据，在数据状态下输入。数值单元的内容可以直接输入或由单元中存放的单元公式运算生成。建立一个新表时，所有单元的类型默认为数值型。

（2）字符单元

字符单元也是报表的数据，也在数据状态下输入。字符单元的内容可以直接输入，也可由单元公式生成。

（3）表样单元

表样单元是报表的格式，是定义一个没有数据的空表所需的所有文字、符号或数字。一旦单元被定义为表样，那么在其中输入的内容对所有表页都有效。表样单元只能在格式状态下输入和修改。

单元风格是指单元内容的字体、字号、字形、对应方式、颜色图案等。

3. 组合单元

组合单元由相邻的两个或多个的单元组成，这些单元必须是同一种单元类型（如表样、数值、字符等），UFO在处理报表时将组合单元视为一个单元，组合单元的名称可以用区域的名称或区域中的任何一个单元的名称来表示。

4. 表页

表页是由若干行和列组成的一个二维表。描述某表页某单元格的方法为：列行@页。例如，第2页中的C2单元的表示方法为C2@2。一个UFO报表最多可容纳99 999张表页，一个报表中的所有表页具有相同的格式，但其中的数据不同。

5. 区域

区域是由一张表页上的相邻单元组成，自起点单元至终点单元是一个完整的长方形矩阵。在UFO中，区域是二维的，最大的区域是整个表页，最小的区域是一个单元。例如，A6到C10的长方形区域表示为A6：C10，起点单元与终点单元用"："连接。

6. 固定区和可变区

固定区中组成一个区域的行数和列数是固定的。可变区是指一个区域的行数或列数是不固定的。可变区的最大值在格式设计中设定。许多情况下，报表内的记录数是不固定的，不能确定表的大小。

含有可变区的报表叫可变表，不含有可变区的表叫固定表，一个报表只能设置一个可变区，行可变或列可变。可变区在格式状态下只显示一行或一列，在数据状态下可随需要增减。

7. 关键字

关键字是游离于单元之外的特殊数据单元,可用来在大量表页中快速选择表页。每个表页中可定义多个关键字,关键字一般包括单位名称、单位编号、年、季、月、日,也可以自定义关键字,在取数公式中会使用关键字。关键字的显示位置在格式状态下设置,关键字的值则在数据状态下录入,每个报表可以定义多个关键字。

8. 格式状态和数据状态

UFO 将报表制作分为两大部分来处理,即报表格式、公式设计工作与报表数据处理工作。这两部分的工作是在不同状态下进行的。

（1）格式状态

在报表格式设计状态下进行有关格式设计的操作,例如表尺寸、行高列宽、单元属性、单元风格、组合单元、关键字等,定义报表的单元公式(计算公式)、审核公式及舍位平衡公式。在格式状态下所看到的是报表的格式,报表的数据全部隐藏;在格式状态下所做的操作对本报表所有的表页都发生作用;在格式状态下不能进行数据的录入、计算等操作。

（2）数据状态

在报表的数据状态下管理报表的数据,例如输入数据、增加或删除表页、审核、舍位平衡、制作图形、汇总、合并报表等。在数据状态下不能修改报表的格式,看到的是报表的全部内容,包括格式和数据。

报表工作区的左下角有一个"格式/状态"按钮,单击这个按钮可以在"格式状态"和"数据状态"之间切换。

9. 报表文件

报表文件是存储数据的基本单位,是以 rep 为后缀的一个文件,如 zcfzb.rep。表示某文件某表页某单元格的方法为:"路径＋文件名"→列行@页。例如 d:\zcfzb.rep 文件第 2 页 C2 单元格,表示方法为:"d:\zcfzb.rep"→C2@2。

一个报表文件可以容纳多张报表(表页)。

5.1.4 调用报表模板生成资产负债表

1. 调用资产负债表模板

【操作步骤】

（1）以操作员 101 李伟的身份登录企业应用平台,执行"财务会计"→"UFO 报表"命令,启用 UFO 报表管理系统

（2）在格式状态下,执行"格式"→"报表模板"命令,打开"报表模板"对话框,选择所在的行业为"2007 年新会计制度科目",财务报表为"资产负债表"。

（3）单击"确认"按钮,系统弹出"模板格式将覆盖本表格式! 是否继续?"信息提示对

话框。

（4）单击"确定"按钮，即可打开"资产负债表"模板，如图 5-1-1 所示。

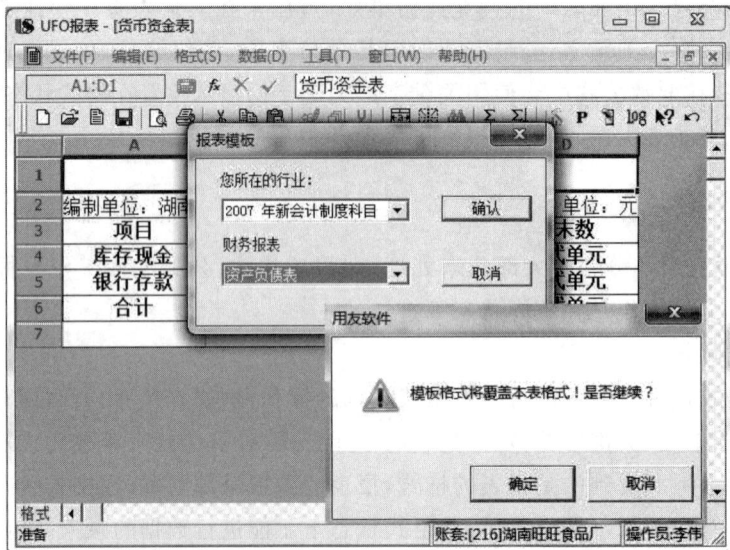

图 5-1-1　调用资产负债表模板

2. 调整报表模板

【操作步骤】

（1）单击"数据/格式"按钮，将"资产负债表"处于格式状态。

（2）根据本单位的实际情况，在格式状态下将存货的期初余额计算公式中增加 QC（"1409"，全年，，，年，，），期末余额计算公式中增加 QM（"1409"，全年，，，年，，）。

（3）保存调整后的报表模板，如图 5-1-2 所示。

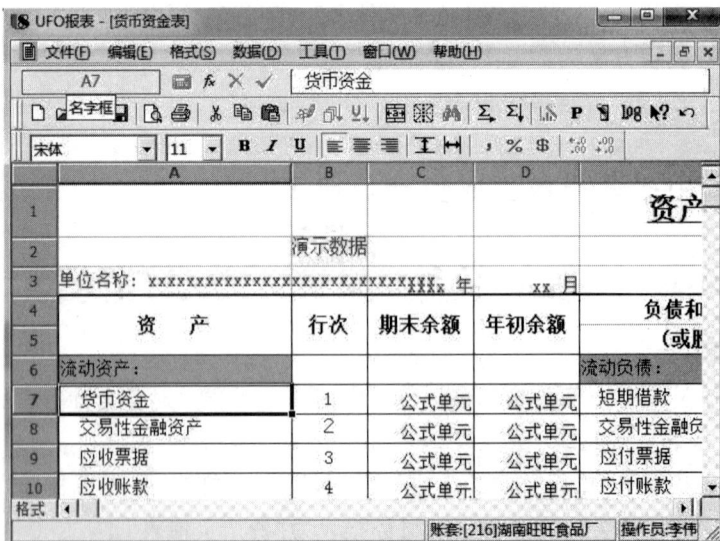

图 5-1-2　调整报表模板

3. 生成资产负债表数据

【操作步骤】

（1）在数据状态下，执行"数据"→"关键字"→"录入"命令，打开"录入关键字"对话框。

（2）输入关键字：年 2016，月 1，日 31。

（3）单击"确认"按钮，系统弹出"是否重算第 1 页？"信息提示对话框。

（4）单击"是"按钮，系统会自动根据单元公式计算 1 月份数据；单击"否"按钮，系统不计算 1 月份数据，以后可利用"表页重算"功能生成 1 月份数据。

（5）单击工具栏中的"保存"按钮，将生成的报表数据保存，如图 5-1-3 所示。

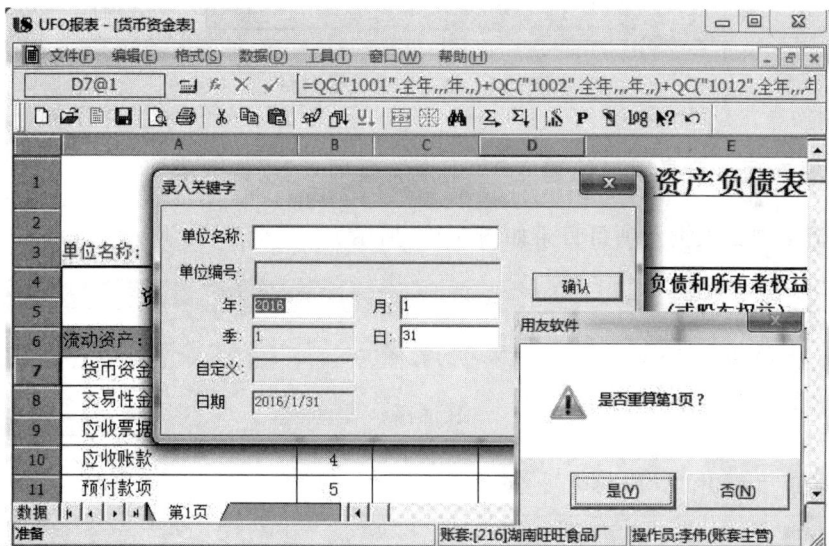

图 5-1-3　生成资产负债表数据

5.1.5　调用报表模板生成利润表

【注意】　以同样的方法，生成 2016 年 1 月份利润表。

5.1.6　利用总账的项目核算生成现金流量表

系统提供了两种生成现金流量表的方法：一是利用现金流量表模板，二是利用总账的项目管理功能和 UFO 报表。下面主要介绍第二种方法。

生成现金流量表之前在总账系统中需要做如下工作。

1. 在设置会计科目界面指定现金流量科目

指定现金流量科目如图 5-1-4 所示。

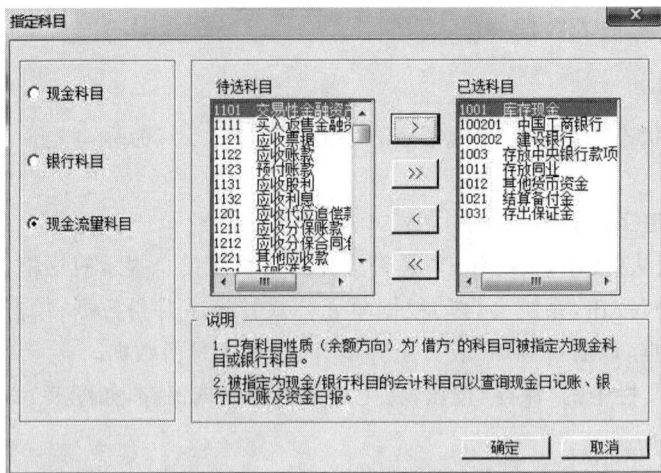

图 5-1-4　指定现金流量科目

2. 系统在项目目录里已经建立了"现金流量项目"项目大类

现金流量项目大类及项目目录如图 5-1-5 所示。

图 5-1-5　现金流量项目大类及项目目录

3. 涉及现金流量科目

在填制凭证时如果涉及现金流量科目可以在填制凭证界面单击"流量"按钮，打开"现金流量表"对话框，指定发生的该笔现金流量的所属项目。如果在填制凭证时未指定现金流量项目,也可以执行"现金流量表"→"现金流量凭证查询"命令,进入"现金流量查询及修改"窗口,针对每一张现金流量凭证,单击"修改"按钮补充录入现金流量项目,如图 5-1-6 所示。

现金流量凭证				现金流量项目					
凭证号	制单日期	摘要	现金流量科目	摘要	科目编码	科目名称	项目名称	方向	金额
收-0001	2016-01-05	报销差旅费	库存现金 (100	采购货物	100201	中国工商银行	购买商品、接受劳务支付	贷	155,610.00
收-0002	2016-01-20	收到货款	中国工商银行						
付-0001	2016-01-02	支付广告费	中国工商银行						
付-0002	2016-01-20	采购货物	中国工商银行						

图 5-1-6 现金流量查询及修改

4. 调用现金流量表模板,在 UFO 报表系统中生成现金流量表

【操作步骤】

(1) 在"格式"状态下,执行"格式"→"报表模板"命令,打开"报表模板"对话框。

(2) 选择您所在的行业为"2007 年新会计制度科目",财务报表为"现金流量表"。

(3) 单击"确认"按钮,系统弹出"模板格式将覆盖本表格式! 是否继续?"信息提示对话框。

(4) 单击"确定"按钮,即可打开"现金流量表"模板,如图 5-1-7 所示。

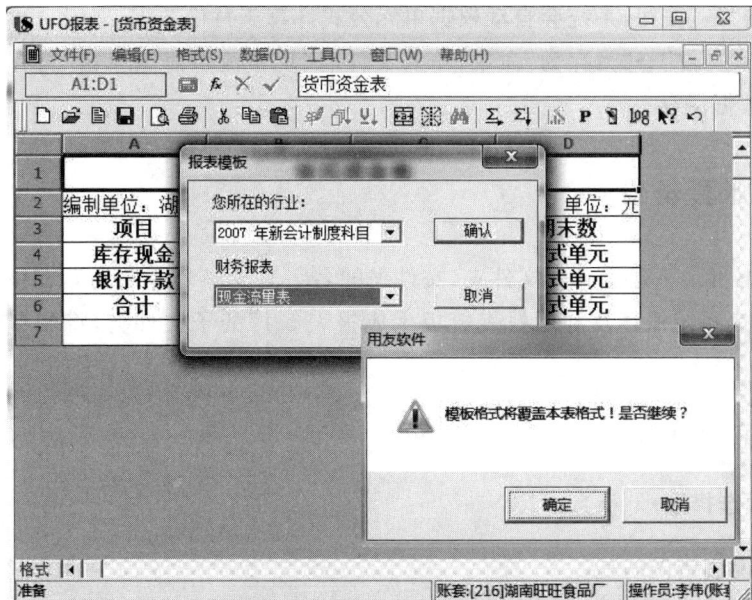

图 5-1-7 调用现金流量模板

5. 调整报表模板

【操作步骤】

（1）单击"数据/格式"按钮，将"现金流量表"处于格式状态。

（2）单击选择 C6 单元格，单击"fx"按钮，打开"定义公式"对话框。单击"函数向导"按钮，打开"函数向导"对话框。

（3）在函数分类列表框中选择"用友账务函数"，在右边的函数名列表中选中"现金流量项目金额（XJLL）"，单击"下一步"按钮，打开"用友账务函数"对话框。

（4）单击"参照"按钮，打开"账务函数"对话框。

（5）单击"项目编码"右边的"参照"按钮，打开"现金流量项目"对话框。

（6）双击选择与 C6 单元格左边相对应的项目，单击"确定"按钮，返回"用友账务函数"对话框。

（7）单击"确定"按钮，返回"定义公式"对话框，单击"确认"按钮。

（8）重复步骤（3）～（8），输入 C8、C10、C13 单元格公式（注意：C6、C8 单元格公式的方向为"流入"，C10、C13 单元格公式的方向为"流出"）。

（9）单击工具栏中的"保存"按钮，保存调整后的报表模板。

6. 生成现金流量表主表数据

【操作步骤】

（1）在数据状态下，执行"数据"→"关键字录入"命令，录入关键字"年 2016，月 1"。

（2）弹出"是否重算第 1 页？"提示框。

（3）单击"是"按钮，系统会自动根据单元公式计算 1 月份数据。

（4）执行"文件"→"另存为"命令，输入文件名"现金流量表"，单击"另存为"按钮，将生成的报表数据保存。

5.1.7 账套备份

在 E 盘根目录下建立一个文件夹，文件夹的名字为"216 账套备份"，在该文件中建立一个名为"报表系统概述及利用报表模板生成报表 5-1"的子文件夹，将账套备份到该子文件夹中。

［理论测试 5-1］

一、单项选择题

1. 下列说法错误的是（　　　）。

    A. 一个报表文件就是一个二维表

    B. 一张表页就是一个二维表

    C. 一个报表文件可由多个表页构成

D. 一个报表中的所有表页具有相同的格式

2. 一个 UFO 报表最多只能管理( )张表页。

    A. 999   B. 9 999   C. 99 999   D. 999 999

3. UFO 报表系统的基本操作步骤是( )。

    A. 格式定义→公式定义→编制报表→报表输出

    B. 公式定义→格式定义→编制报表→报表输出

    C. 公式定义→编制报表→格式定义→报表输出

    D. 格式定义→编制报表→公式定义→报表输出

4. 使用 UFO 报表管理系统建立新表时,报表名默认为( )。

    A. *.rep   B. *.Excel   C. report1.rep   D. *.dbf

5. 由相邻两个不同类型单元组成的区域是( )。

    A. 单元格式   B. 组合区域   C. 单元类型   D. 单元区域

6. 在资产负债表中,表项目的单元取数公式可以选用( )。

    A. 期初期末函数   B. 本期发生额函数

    C. 净发生额函数   D. 累计发生额函数

7. ( )报表项目可以采用本表取数。

    A. 货币资金   B. 主营业务成本

    C. 应付账款   D. 主营业务利润

8. 在资产负债表中,"应收账款"项目的单元取数公式不涉及( )科目。

    A. 应收账款   B. 预收账款

    C. 坏账准备   D. 预付账款

二、多项选择题

1. 报表管理系统的状态可分为( )。

    A. 数据状态   B. 格式状态   C. 计算状态   D. 公式状态

2. 下列单元或单元区域表示方式正确的是( )。

    A. E7:C2   B. 6G   C. H8   D. A3:B5

3. 报表格式的四个基本要素是( )。

    A. 标题   B. 表头   C. 表体   D. 表尾

4. 下列信息可设为关键字的有( )。

    A. 单位名称   B. 单位编号   C. 年   D. 月

5. 单位对外报送的会计报表主要有( )。

    A. 资产负债表   B. 利润表   C. 本报表   D. 现金流量表

    E. 资金预算表

6. 资产负债表中"未分配利润"项目期末数的取数公式可能涉及( )科目。

    A. 利润分配   B. 本年利润   C. 盈余公积   D. 投资收益

7. 报表编制失败的原因一般有( )。

    A. 计算公式语法错误   B. 会计代码不存在

C. 有关库文件不存在　　　　　　　D. 账套代码不存在

8. 会计报表之间的钩稽关系包括（　　　）。

A. 表页内的钩稽关系　　　　　　　B. 本表他页之间的钩稽关系

C. 他表之间的钩稽关系　　　　　　D. 他表本页之间的钩稽关系

三、判断题

1. 在报表格式状态下所做的操作对本报表所有的表页都发生作用。　　　　（　　　）

2. 在报表数据状态下只能看到报表的数据，不能看到报表的格式。　　　　（　　　）

3. 最小的区域是一个单元。　　　　　　　　　　　　　　　　　　　　（　　　）

4. 在一个报表中只能设置一个可变区，是行可变区或列可变区，行可变区是指可变区中的行数是可变的；列可变区是指可变区中的列数是可变的。　　　　　　　　　　（　　　）

5. 数值单元和表样单元是报表的数据，而字符单元是报表的格式。　　　　（　　　）

6. 会计报表是用于综合反映企业单位某一特定日期财务状况和经营成果、现金流量的书面文件，是企业经营活动的缩影。　　　　　　　　　　　　　　　　　　（　　　）

7. 报表管理系统只能编制会计报表，不能分析会计报表。　　　　　　　　（　　　）

8. 用户无须定义报表公式就可直接编制报表，得到一张完整的报表。　　　（　　　）

四、思考题

1. 报表处理系统应具备哪些功能？

2. 简述报表管理系统的状态及其特点，并说明如何进行切换。

3. 什么是关键字？可以设置哪些关键字？资产负债表通常设置什么关键字？

任务5.2　自定义报表格式设计

［任务单 5-2］

项目 5　报表系统处理		学时　　8	
任务 5.2	自定义报表格式设计	学时	2
一、学习目标 　　通过学习，掌握在直观状态下报表格式的定义，掌握 UFO 系统设置获取数据计算公式的方法，会设计资产负债表和利润表。			
二、学习资源 　　1. 用友 ERP-U8 V10.1 软件。 　　2. 操作视频：自定义报表格式设计。 　　　　　　　　　　　　　　　　　　　　　　　　　5.2 自定义报表格式设计.mp4			

三、学习方法

1. 认真观看视频并记录重点。
2. 四人组成一个学习组讨论交流。

四、准备工作

1. 准备一个剩余空间不小于 2GB 的 U 盘。
2. 修改计算系统时间为 2016 年 1 月 31 日。
3. 引入"报表系统处理业务的功能及操作流程 5-1"账套备份。

五、学习任务

自定义一张货币资金表。

货币资金表

编制单位：　　　　　　　　　　　　　　年　月　日　　　　　　　　　　　单位：元

项　目	行　次	期初数	期末数
库存现金	1		
银行存款	2		
合　计	3		

制表人：

1. 报表格式（格式状态下）。

（1）表尺寸

行数：7 行，列数：4 列；定义行高为 7 毫米，列宽为 30 毫米。

（2）表头

将标题"货币资金表"设置为黑体、14 号、居中。

将年、月、日设置为关键字。

（3）表体

将表体中文字设置为宋体、12 号、居中。

（4）表尾

将"制表人"设置为宋体、10 号、右对齐第四栏。

2. 报表公式（格式状态下）。

库存现金期初数：C4＝QC("1001",月)

库存现金期末数：D4＝QM("1001",月)

银行存款期初数：C5＝QC("1002",月)

银行存款期末数：D5＝QM("1002",月)

期初数合计：C6＝C4＋C5

期末数合计：D6＝D4＋D5

3. 录入关键字（数据状态下）：年"2016"，月"1"，日"31"。

4. 定义舍位平衡公式（数据状态下）：舍位表 SW1，舍位范围：C4：C6，舍位位数 3，平衡公式"C6＝C4＋C5，D6＝D4＋D5"。

5. 账套备份。

在 E 盘根目录下建立一个文件夹，文件夹的名字为"216 账套备份"，在该文件中建立一个名为"自定义报表格式设计 5-2"的文件夹，将账套备份到该文件夹中。

[信息页 5-2]

理论目标：

掌握报表格式定义；

掌握报表公式定义；

掌握报表系统的相关函数。

技能目标：

熟练地掌握报表表样设计和公式定义的操作方法；

熟练地引入、备份账套。

5.2.1 报表格式定义

报表的格式设计在格式状态下进行，格式对整个报表都有效，包括以下操作。

（1）设置表尺寸。定义报表的大小，即设定报表的行数和列数。

（2）定义组合单元。即把几个单元作为一个单元使用。

（3）画表格线。

（4）输入报表中的项目。包括表头、表体和表尾（关键字值除外）。在格式状态下定义了单元内容的自动默认为表样型，定义为表样型的单元在数据状态下不允许修改和删除。

（5）定义行高和列宽。

（6）设置单元风格。设置单元的字形、字体、字号、颜色、图案、折行显示等。

（7）设置单元属性。把需要输入数字的单元定为数字单元；把需要输入字符的单元定为字符单元。

（8）确定关键字在表页上的位置，例如单位名称、年、月等。

5.2.2 报表公式定义

公式的定义在格式状态下进行。

（1）计算公式：定义了报表数据之间的运算关系，可以实现报表系统从其他子系统中取数。

（2）审核公式：用于审核报表内或报表之间的钩稽关系是否正确。

（3）舍位平衡公式：用于报表数据进行进位或小数取整时调整数据。例如，将以"元"为单位的报表数据变成以"万元"为单位的报表数据，且表中的平衡关系仍然成立。

报表的计算公式在一般情况下必须设置，审核公式和舍位平衡公式是根据需要设置的。

用友软件的计算公式一般通过函数实现。企业常用的财务报表数据一般源于总账管理系统或报表系统本身，取自于报表的数据又可以分为从本报表取数和从其他报表的表页取数。

1. 自总账取数的函数

自总账取数的公式又可以称为账务函数。

账务函数的基本格式如下：

函数名("科目编码",会计期间,"方向",账套号,会计年度,编码1,编码2)

说明：

（1）科目编码：也可以是科目名称，且必须用双引号括起来。

（2）会计期间：可以是"年""季""月"等变量，也可以是具体表示年、季、月的数字。

（3）方向：即"借"或"贷"，可以省略。

（4）账套号：为数字，默认为999账套。

（5）会计年度：即数据取数的年度，可以省略。

（6）编码1、编码2：与科目编码的核算账类有关，可以取科目的辅助账，如职员编码、项目编码等，如无辅助核算则省略。

账务取数函数主要有以下几种。

总账函数	金额式	数量式	外币式
期初额函数	QC()	sQC()	wQC()
期末额函数	QM()	sQM()	wQM()
发生额函数	FS()	sFS()	wFS()
累计发生额函数	LFS()	sLFS()	wLFS()
条件发生额函数	TFS()	sTFS()	wTFS()
对方科目发生额函数	DFS()	sDFS()	wDFS()
净额函数	JE()	sJE()	wJE()
汇率函数	HL()		

2. 自本表页取数的函数

自本表页取数的函数主要有以下几项。

数据合计	PTOTAL()
平均值	PAVG()
最大值	PMAX()
最小值	PMIN()

3. 自本表其他表页取数的函数

对于取自本表其他表页的数据可以利用某个关键字作为表页定位的依据，或者直接以页标号作为定位依据，指定取某张表页的数据。

可以使用SELECT()函数从本表其他表页取数，例如以下数据。

C1单元取自上个月的C2单元的数据：C1＝SELECT(C2,月@＝月＋1)。

C1单元取自第2张表页的C2单元的数据：C1＝C2@2。

4. 自其他报表取数的函数

对于取自其他报表的数据可以用""报表[.rep]"→单元"格式指定要取数的某张报表的单元。

5.2.3　操作指导

1. 启用 UFO 报表管理系统

【操作步骤】

（1）以操作员李伟的身份登录企业应用平台，执行"财务会计"→"UFO 报表"命令，进入报表管理系统，如图 5-2-1 所示。

图 5-2-1　启用财务报表子系统

（2）执行"文件"→"新建"命令，建立一张空白报表，报表名默认为 report1，如图 5-2-2 所示。

图 5-2-2　设置报表状态

2. 自定义一张货币资金表

【操作步骤】

（1）报表定义

查看空白报表底部左下角的"格式/数据"按钮，使当前状态为"格式状态"，如图 5-2-2 所示。

（2）报表格式定义

① 设置报表尺寸，如图 5-2-3 所示。

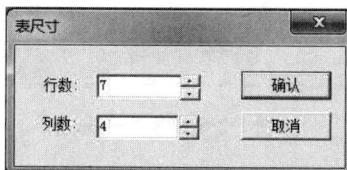

图 5-2-3　设置报表尺寸

a. 执行"格式"→"表尺寸"命令，打开"表尺寸"对话框。

b. 输入行数 7，列数 4，单击"确认"按钮。

② 定义组合单元，如图 5-2-4 所示。

a. 选择需合并的单元区域 A1：D1。

b. 执行"格式"→"组合单元"命令，打开"组合单元"对话框。

c. 选择组合方式为"整体组合"或"按行组合"，该单元即合并成一个单元格。

d. 同理，定义 A2：D2 单元为组合单元。

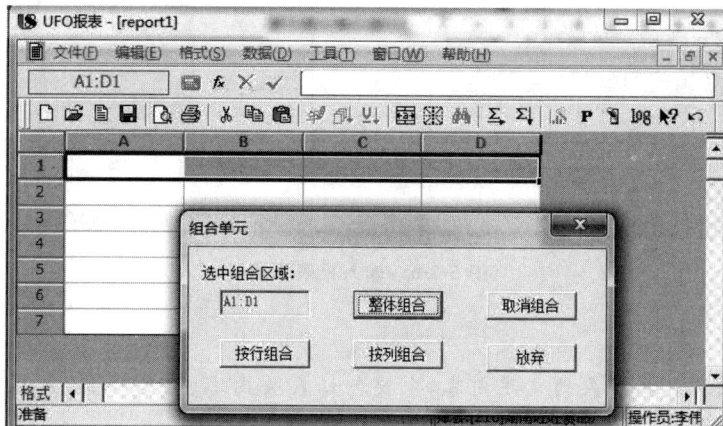

图 5-2-4　定义组合单元

③ 画表格线，如图 5-2-5 所示。

a. 选中报表需要画线的单元区域 A3：D6。

b. 执行"格式"→"区域画线"命令，打开"区域画线"对话框。

c. 选择"网线"单选按钮，单击"确认"按钮，将所选区域画上表格线。

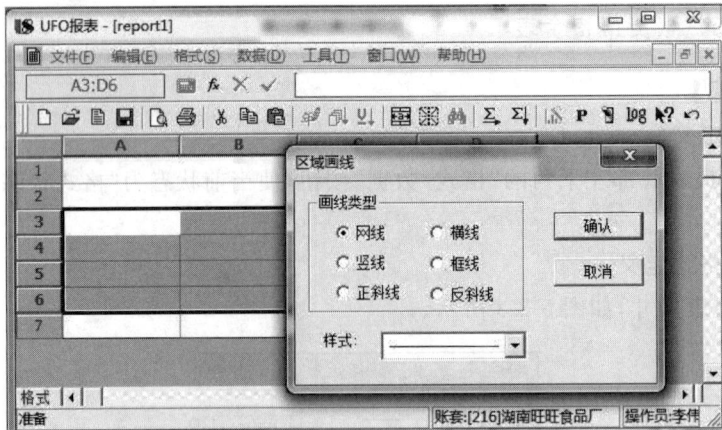

图 5-2-5　画表格线

④ 输入报表项目，如图 5-2-6 所示。

a. 选中需要输入内容的单元或组合单元。

b. 在该单元或组合单元中输入相关文字内容，例如在 A1 组合单元中输入"货币资金表"字样。

c. 根据实训资料，输入其他单元的文字内容。

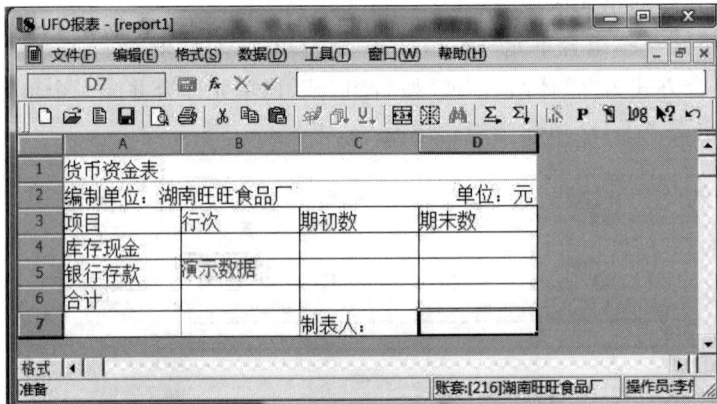

图 5-2-6　输入报表项目

【注意】

a. 报表项目是指报表的文字内容，主要包括表头内容、表体项目、表尾项目等，不包括关键字。

b. 日期一般不作为文字内容输入，而需要设置为关键字。

⑤ 定义报表行高和列宽，如图 5-2-7 和图 5-2-8 所示。

a. 选中需要调整的单元所在行 A1。

b. 执行"格式"→"行高"命令，打开"行高"对话框。

c. 输入行高 7，单击"确认"按钮。

d. 选中需要调整的单元所在列，执行"格式"→"列宽"命令，可设置该列的宽度。

图 5-2-7 定义报表行高

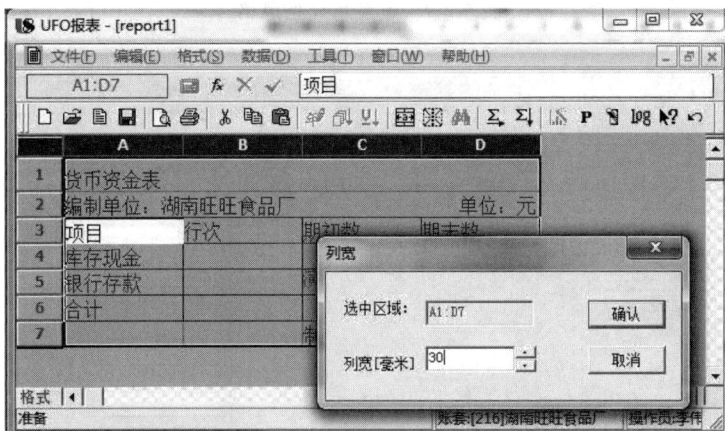

图 5-2-8 定义报表列宽

【注意】 行高、列宽的单位为毫米。

⑥ 设置单元格风格,如图 5-2-9 所示。

a. 选中标题所在组合单元 A1。

b. 执行"格式"→"单元属性"命令,打开"单元格属性"对话框。

c. 单击"字体图案"选项卡,设置字体为"黑体",字号为"14"。

d. 单击"对齐"选项卡,设置对齐方式为"居中",单击"确定"按钮。

同理,设置标题和表尾的单元风格。

⑦ 定义单元格属性,如图 5-2-10 所示。

a. 选定单元格属性 D7。

b. 执行"格式"→"单元格属性"命令,打开"单元格属性"对话框。

c. 单击"单元类型"选项卡,选择"字符"选项,单击"确定"按钮。

【注意】

a. 格式状态下输入内容的单元均默认为表样单元,未输入数据的单元均默认为数值单元,在数据状态下可输入数值。若希望在数据状态下输入字符,应将其定义为字符

图 5-2-9　设置单元格风格

图 5-2-10　设置单元格属性

单元。

　　b. 字符单元和数值单元输入后只对本表页有效，表样单元输入后对所有表页有效。

⑧ 设置关键字，如图 5-2-11 所示。

　　a. 选中需要输入关键字的组合单元 A2。

　　b. 执行"数据"→"关键字"→"设置"命令，打开"设置关键字"对话框。

　　c. 选择"年"单选按钮，单击"确定"按钮。

　　d. 同理，设置"月""日"为关键字。

【注意】

　　a. 每个报表可以同时定义多个关键字。

　　b. 如果要取消关键字，需执行"数据"→"关键字"→"取消"命令。

⑨ 调整关键字位置，如图 5-2-12 所示。

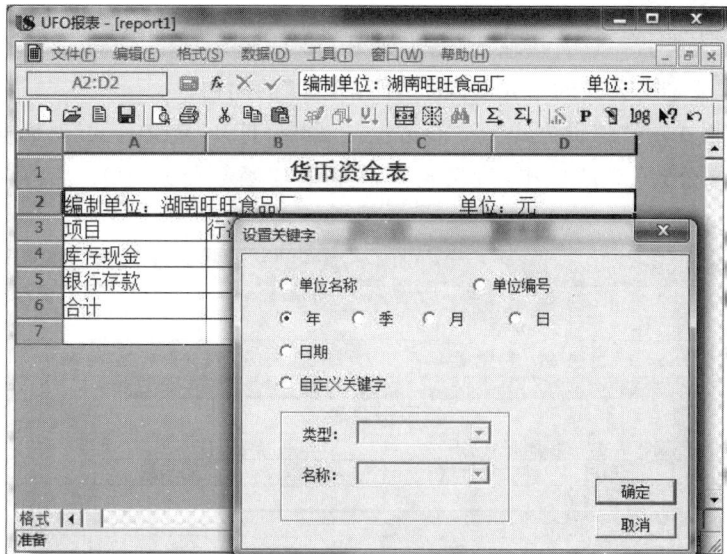

图 5-2-11　设置关键字

a. 执行"数据"→"关键字"→"偏移"命令，打开"定义关键字偏移"对话框。

b. 在需要调整位置的关键字后面输入偏移量，年为"－120"、月为"－90"、日为"－60"。

c. 单击"确定"按钮。

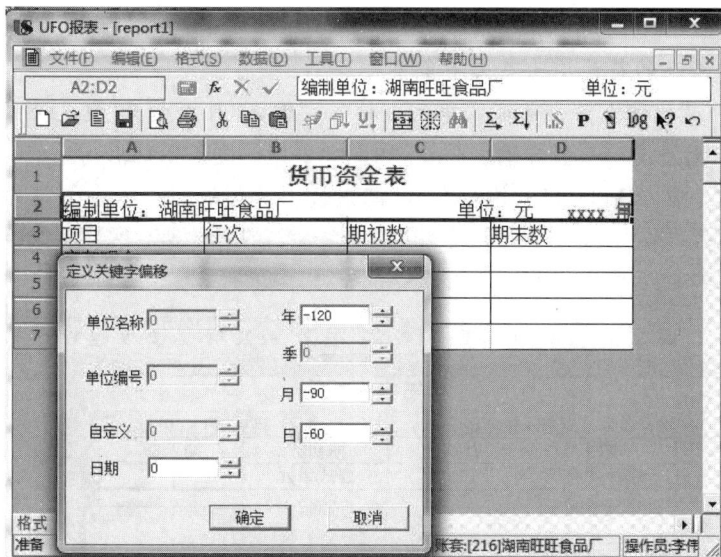

图 5-2-12　调整关键字位置

【注意】

a. 关键字的位置可以用偏移量来表示，负数值表示向左移，正数值表示向右移。在调整时，可以通过输入正或负的数值来调整。

b. 关键字偏移量单位为像素。

（3）报表公式定义

① 定义单元公式——直接输入公式，如图 5-2-13 所示。

a. 选定需要定义公式的单元 C4，即"库存现金"的期初数。

b. 执行"格式"→"编辑公式"→"单元公式"命令，打开"定义公式"对话框。

c. 在"定义公式"对话框中，直接输入总账期初函数公式：QC("1001",月)，单击"确认"按钮。

图 5-2-13　直接输入公式

【注意】

a. 公式中涉及的符号均为英文半角字符。

b. 单击"fx"按钮或双击某公式单元或按"＝"键，都可以打开"定义公式"对话框。

② 定义单元公式——引导输入公式，如图 5-2-14～图 5-2-16 所示。

a. 选定被定义单元 D5，即"银行存款"期末数。

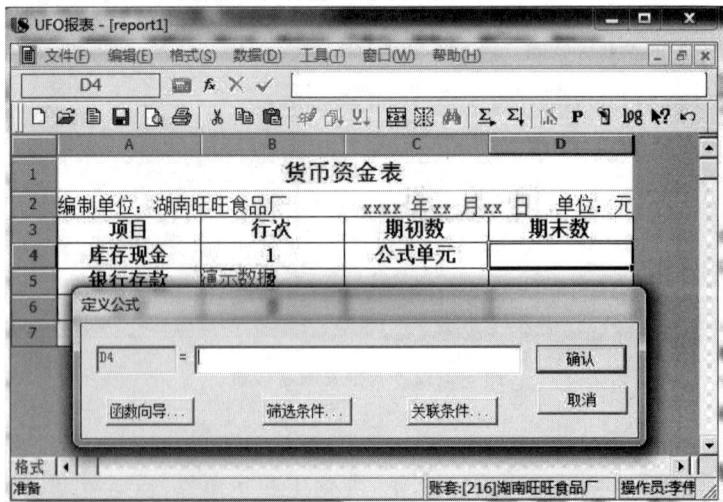

图 5-2-14　引导输入公式——打开"定义公式"对话框

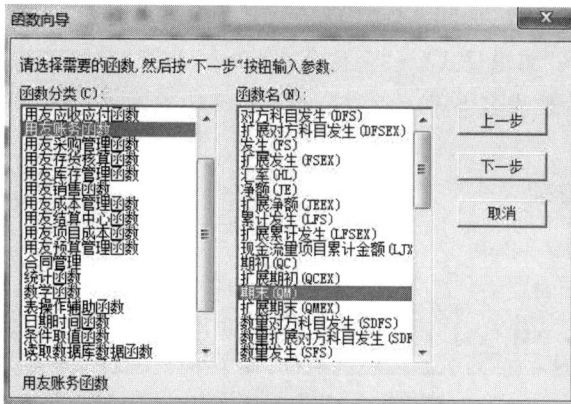

图 5-2-15　引导输入公式——选择函数

b. 单击"fx"按钮,打开"定义公式"对话框。

c. 单击"函数向导"按钮,打开"函数向导"对话框。

d. 在"函数分类"列表框中选择用友"账务函数",在右侧的"函数名"列表框中选择"期末(QM)",单击"下一步"按钮,打开用友"账务函数"对话框。

e. 单击"参照"按钮,打开"账务函数"对话框。

f. 选择科目 1001,其余各项均采用系统默认值,单击"确定"按钮,返回用友"账务函数"对话框。

g. 单击"确定"按钮,返回"定义公式"对话框,单击"确认"按钮。

h. 输入其他单元公式。

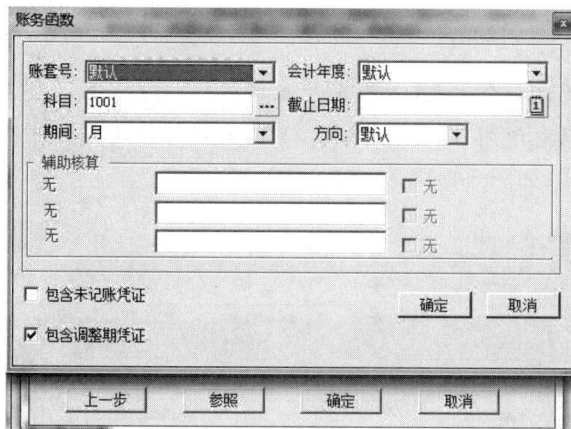

图 5-2-16　引导输入公式——设置参数

【注意】　如果未进行账套初始化,那么账套号和会计年度需要直接输入。

(4) 定义审核公式

审核公式用于审核报表内或报表之间钩稽关系是否正确。例如,"资产负债表"中的"资产合计＝负债合计＋所有者权益合计"。本实验的"货币资金表"中不存在这种钩稽关注。若要定义审核公式,执行"数据"→"编辑公式"→"审核公式"命令即可。

① 定义舍位平衡公式,如图 5-2-17 所示。

a. 执行"数据"→"编辑公式"→"舍位公式"命令,打开"舍位平衡公式"对话框。

b. 确定信息:舍位表名 SW1,舍位范围 C4:D6,舍位位数 3,平衡公式"C6＝C4＋C5,D6＝D4＋D5"。

c. 单击"完成"按钮。

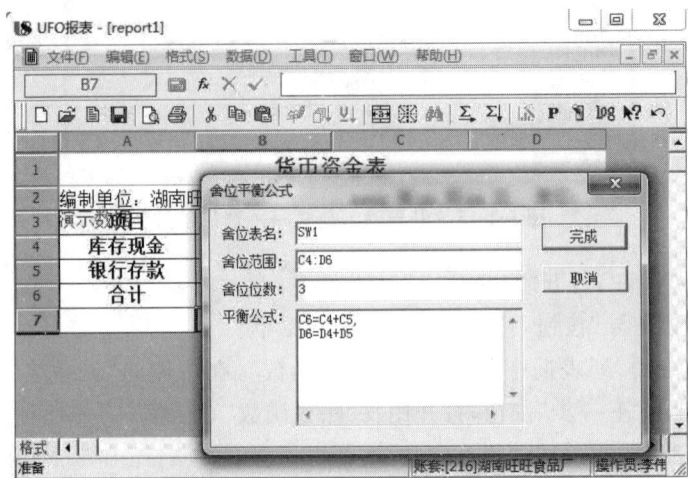

图 5-2-17　定义"舍位平衡公式"

【注意】

a. 舍位平衡公式是指用来重新调整报表数据进位后的小数位平衡关系的公式。

b. 每个公式一行,各公式之间用逗号","(半角)隔开,最后一条公式不用写逗号,否则公式无法执行。

c. 等号左边只能为一个单元(不带页号和表名)。

d. 舍位公式中只能使用"＋""－"符号,不能使用其他运算符及函数。

② 保存报表格式,如图 5-2-18 所示。

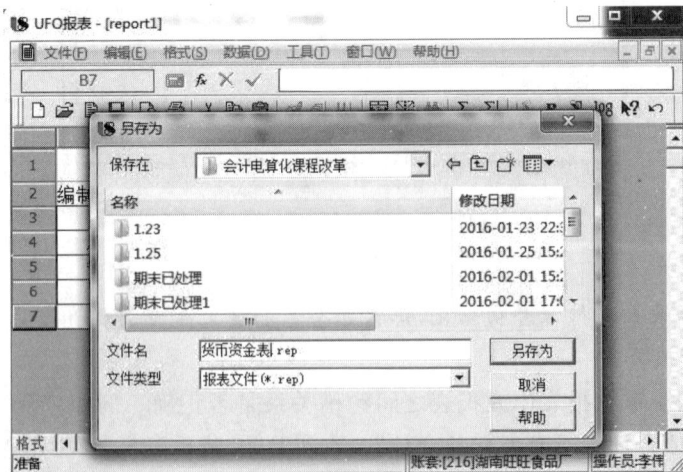

图 5-2-18　保存报表格式

a. 执行"文件"→"保存"命令。如果是第一次保存,则打开"另存为"对话框。

b. 选择保存文件夹的目录,输入报表文件名"货币资金表",选择保存类型＊.rep,单击"保存"按钮。

【注意】

a. 报表格式设置完以后切记要及时将这张报表格式保存下来,以便以后随时调用。

b. 如果没有保存就退出,系统会提示"是否保存报表?"信息,以防止误操作。

c. .rep 为用友报表文件专用扩展名。

[理论测试 5-2]

一、单项选择题

1. 在用友账务函数中,"JE()"表示(　　　)。

A. 年初数　　　　B. 本月数　　　　C. 净额数　　　　D. 上月数

2. 报表管理系统和总账系统联系的桥梁是(　　　)。

A. 数据库取数函数　　　　　　B. 账务取数函数

C. 审核公式　　　　　　　　　D. 表间计算公式

3. 如果本期既有投资收益业务,又有投资损失业务,那么,利润表中"投资收益"本月数的计算公式应选用(　　　)。

A. 净发生额函数　　　　　　　B. 本期发生额函数

C. 累计发生额函数　　　　　　D. 期初函数

4. (　　　)不属于报表格式设计的内容。

A. 画表格线　　　　　　　　　B. 设置单元属性

C. 设置行高和列宽　　　　　　D. 录入关键字

5. 在报表管理系统中,定义(　　　)是自动编报的前提操作。

A. 审核公式　　　B. 汇总公式　　　C. 舍位平衡公式　　D. 计算取数公式

二、多项选择题

1. 报表公式定义包括(　　　)。

A. 计算公式定义　　　　　　　B. 审核公式定义

C. 舍位平衡公式定义　　　　　D. 图形公式定义

2. 用友软件中,报表取数中的 JL 和 DL 分别表示(　　　)。

A. 借方发生额　　　　　　　　B. 贷方发生额

C. 借方累计发生额　　　　　　D. 贷方累计发生额

3. 本表取数函数可实现对表元块进行(　　　)运算。

A. 求和　　　B. 求平均值　　　C. 求最大值　　　D. 求最小值

4. 下列说法正确的是(　　　)。

A. 系统内的报表编号必须是连续的

B. 报表名一旦登记,就不能修改

C. 定义报表计算公式是系统自动编报的前提条件

D. 舍位平衡公式只对编制的数据表有效

5. (   )属于账务取数函数的组成要素。

A. 币种（或数量）代码　　　　　　　B. 会计科目代码

C. 会计期间代码　　　　　　　　　　D. 账套代码

三、判断题

1. 报表公式需在每次填制报表时重新进行定义。　　　　　　　　（　　）

2. SELECT()函数可用于表页数据的统计。　　　　　　　　　　（　　）

3. 用于在大量表页中快速寻找表页的标志的是关键字。　　　　　（　　）

4. 报表在数据状态下，能修改报表的格式。　　　　　　　　　　（　　）

5. 定义的报表格式作为表样，可以反复调用，但不能进行修改。　（　　）

四、思考题

1. 简述自定义报表格式的操作步骤。

2. 输入公式的方式有哪几种？

任务5.3　自定义报表数据处理的操作

［任务单 5-3］

项目5	报表系统处理	学时	8
任务5.3	自定义报表数据处理的操作	学时	2
一、学习目标 　　通过学习，掌握报表数据处理、表页管理及图表功能等操作。			
二、学习资源 　　1. 用友ERP-U8 V10.1软件。 　　2. 操作视频：自定义报表数据处理。			5.3自定义报表数据处理.mp4
三、学习方法 　　1. 认真观看视频并记录重点。 　　2. 四人组成一个学习组讨论、交流。			
四、准备工作 　　1. 准备一个剩余空间不小于2GB的U盘。 　　2. 修改计算系统时间为2016年1月31日。 　　3. 引入"自定义报表格式设计5-2"账套备份。			

五、学习任务

1. 报表数据处理

(1) 打开 UFO 报表系统,执行"文件"→"打开"命令,选择存放报表格式的文件夹中的报表文件"货币资金表.rep",单击"打开"按钮。

(2) 增加表页,表页数为"2"。

(3) 输入关键字:年"2016",月"1",日"31"。

(4) 执行"数据"→"整表重算"命令,生成报表。

(5) 执行"数据"→"舍位平衡"命令。

2. 表页管理

(1) 按第一关键值"年",排序方向"递增";第二关键值"月",排序方向"递增",进行表页排序。

(2) 按查找内容为"表页",确定查找条件"月=1",进行表页查找。

3. 图表功能

(1) 输入追加行数 10,追加图表显示区域。

(2) 插入 X 轴标题为"期间",Y 轴标题为"金额"的资金分析图,图表类型为"成组直方图"。

(3) 编辑图表对象,输入主标题"资金对比分析",设置主标题字体为"隶书",字体字形为"粗体",字号为"12",效果为"加下划线"。

4. 账套备份

在 E 盘根目录下建立一个文件夹,文件夹的名字为"216 账套备份",在该文件中建立一个名为"自定义报表数据处理的操作 5-3"的文件夹,将账套备份到该文件夹中。

[信息页 5-3]

理论目标:

掌握报表数据处理的知识;

掌握表页管理知识;

掌握图表功能知识。

技能目标:

熟练地掌握报表数据处理、表页管理及图表功能等操作方法;

熟练地引入、备份账套。

5.3.1 报表数据处理

1. 打开报表

【操作步骤】

(1) 以操作员李伟的身份登录企业应用平台,执行"财务会计"→"UFO 报表"命令,启用 UFO 报表管理系统。

(2) 执行"文件"→"打开"命令,选择存放报表格式的文件夹中的报表文件"货币资金表.rep",单击"打开"按钮。

(3) 单击报表底部左下角的"格式/数据"按钮,使当前状态为"数据"状态,如图 5-3-1 所示。

【注意】 报表数据处理必须在数据状态下进行。

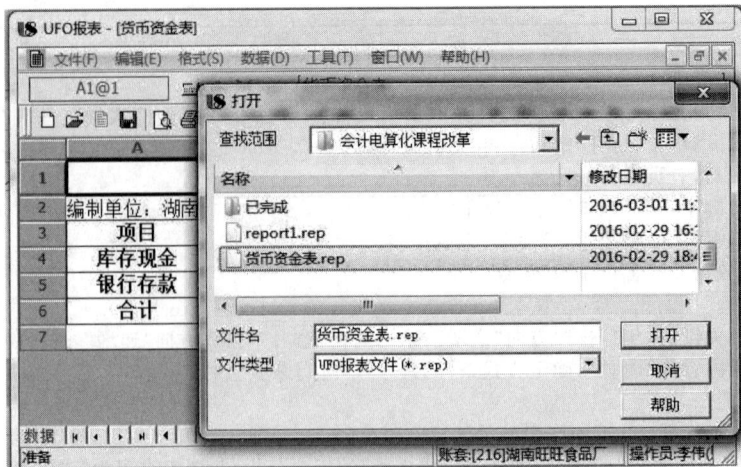

图 5-3-1　打开报表

2. 增加表页

【操作步骤】

（1）执行"编辑"→"追加"→"表页"命令，打开"追加表页"对话框。

（2）输入需要增加的表页数 2，单击"确认"按钮，如图 5-3-2 所示。

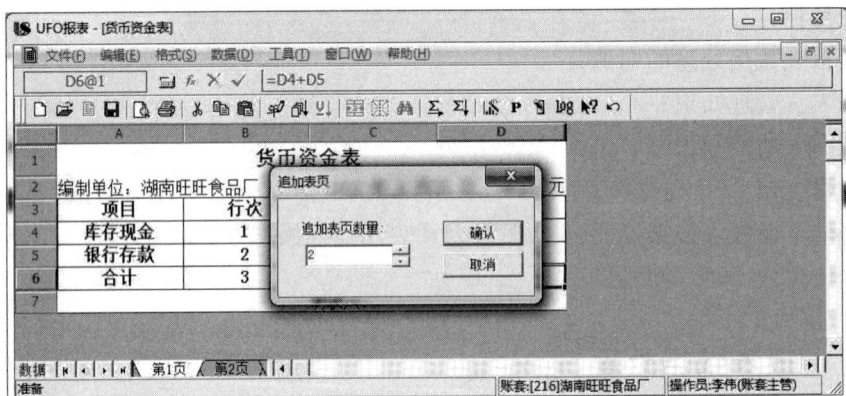

图 5-3-2　增加表页

【注意】

（1）追加表页是在最后一张表页后追加 N 张空表页，插入表页是在当前表页后面插入一张空表页。

（2）一张报表最多只能管理 99 999 张表页，演示版软件系统最多只能管理 4 张表页。

3. 输入关键字

【操作步骤】

（1）执行"数据"→"关键字"→"录入"命令，打开"录入关键字"对话框。

（2）输入关键字：年"2016"，月"1"，日"31"。

（3）单击"确认"按钮，系统弹出"是否重算第 1 页？"信息提示对话框。

（4）单击"是"按钮，系统会自动根据单元公式计算 1 月份数据；单击"否"按钮，系统不计算 1 月份数据，以后可利用"表页重算"功能生成 1 月份数据，如图 5-3-3 所示。

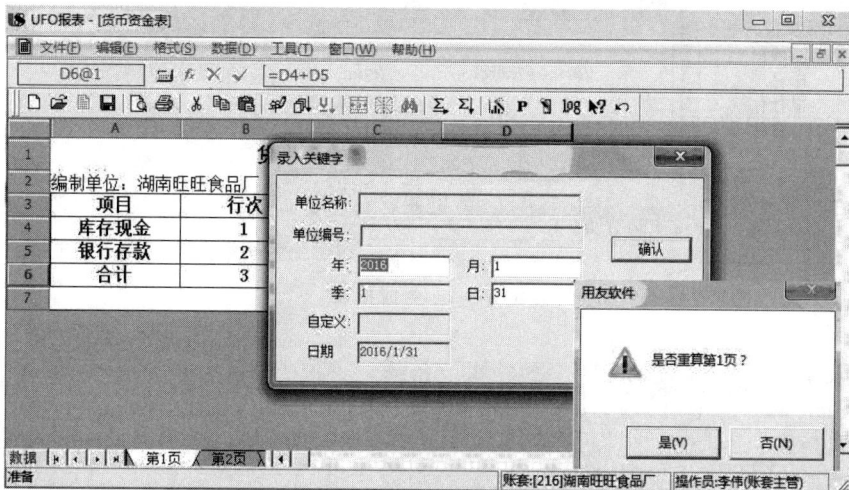

图 5-3-3　输入关键字值

【注意】

（1）每一张表页均对应不同的关键字值，输出时随同单元一起显示。

（2）日期关键字可以确认报表数据取数的时间范围，即确定数据生成的具体日期。

4. 生成报表

【操作步骤】

（1）执行"数据"→"整表重算"命令，系统弹出"是否确定全表重算？"信息提示对话框。

（2）单击"是"按钮，系统会自动在初始的账套和会计年度范围内根据单元公式计算生成数据，如图 5-3-4 所示。

【注意】　可将生成的数据报表保存到指定位置。

5. 报表舍位操作

【操作步骤】

（1）执行"数据"→"舍位平衡"命令。

（2）系统会自动根据前面定义的舍位公式进行舍位操作，并将舍位后的报表保存在 SW1. rep 文件中，如图 5-3-5 所示。

【注意】

（1）舍位操作以后，可以将 SW1. rep 文件打开查阅一下。

（2）如果舍位公式有误，系统状态栏会提示"无效命令或错误参数！"信息。

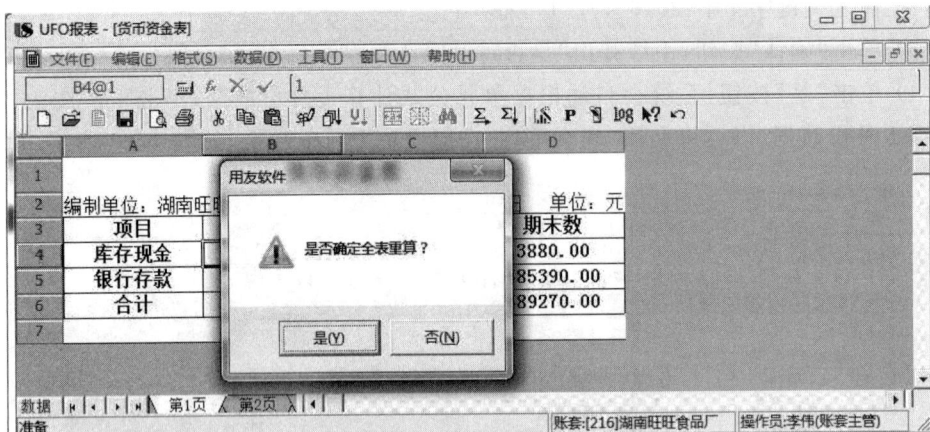

图 5-3-4 生成报表

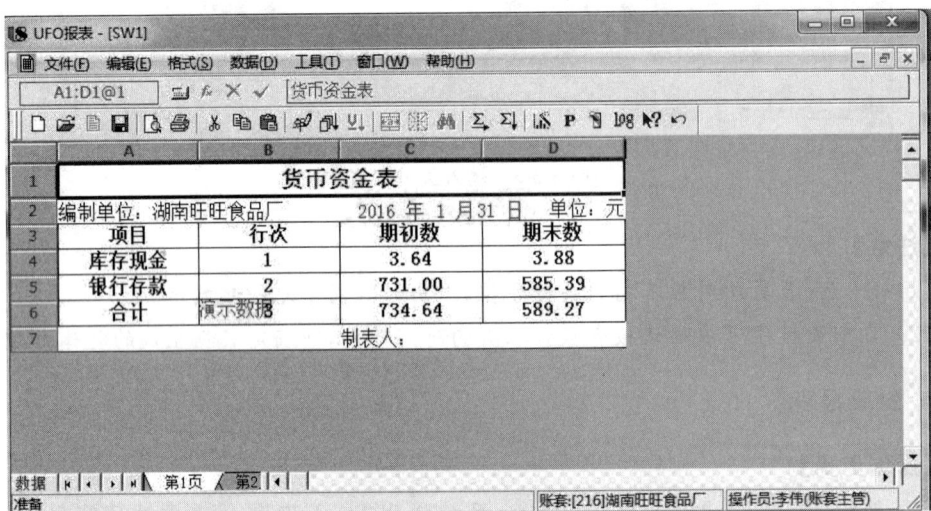

图 5-3-5 报表舍位操作

5.3.2 表页管理

1. 表页排序

【操作步骤】

（1）执行"数据"→"排序"→"表页"命令，打开"表页排序"对话框。

（2）确定信息：选择第一关键值"年"，排序方向"递增"；第二关键值"月"，排序方向"递增"。

（3）单击"确认"按钮，系统将自动把表页按年份递增顺序重新排列，如果年份相同则按月份递增顺序排序，如图 5-3-6 所示。

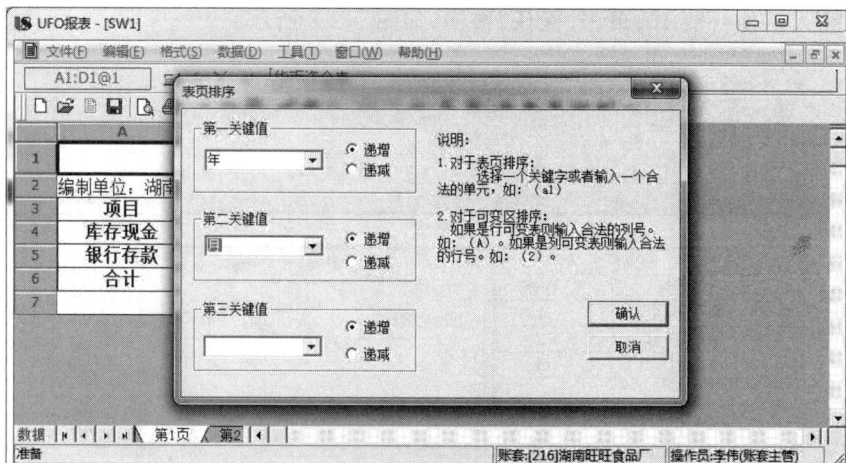

图 5-3-6　表页排序

2. 表页查找

【操作步骤】

（1）执行"编辑"→"查找"命令，打开"查找"对话框。

（2）确定查找内容为"表页"，确定查找条件"月＝1"。

（3）单击"查找"按钮，查找到符合条件的表页作为当前表页，如图 5-3-7 所示。

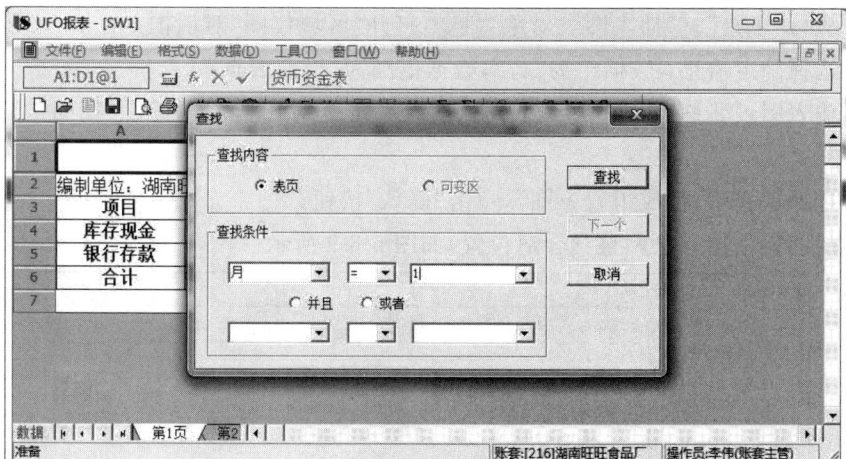

图 5-3-7　表页查找

5.3.3　图表功能

1. 追加图表显示区域

【操作步骤】

（1）在格式状态下，执行"编辑"→"追加"→"行"命令，打开"追加行"对话框。

（2）输入追加行数 10，单击"确认"按钮，如图 5-3-8 所示。

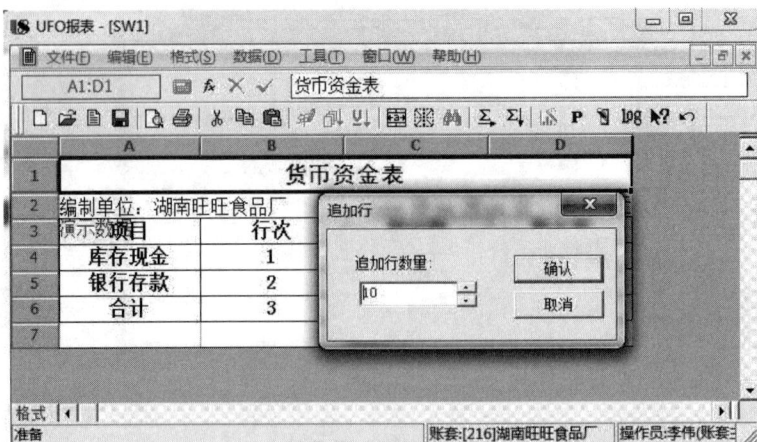

图 5-3-8　追加图表显示区域

【注意】　追加行或列须在格式状态下进行。

2. 插入图表对象

【操作步骤】

（1）在数据状态下，选取数据区域 A3:D6。

（2）执行"工具"→"插入图表对象"命令，打开"区域作图"对话框。

（3）选择确定信息：数据组为"行"，数据范围为"当前表页"。

（4）输入图表名称"资金分析图"，图表标题"资金对比"，X 轴标题"期间"，Y 轴标题"金额"。

（5）选择图表格式"成组直方图"，单击"确认"按钮。

（6）将图表中的对象调整到合适位置，如图 5-3-9 所示。

图 5-3-9　插入图表对象

【注意】

（1）插入的图表对象实际上也属于报表的数据,因此有关图表对象的操作必须在数据状态下进行。

（2）选择图表对象显示区域时,区域不能少于2行×2列,否则会提示出现错误。

3. 编辑图表对象

【操作步骤】

（1）编辑图表主标题

① 双击图表对象的任意位置,选中图表。

② 执行"编辑"→"主标题"命令,打开"编辑标题"对话框。

③ 输入主标题"资金对比分析",单击"确认"按钮,如图5-3-10所示。

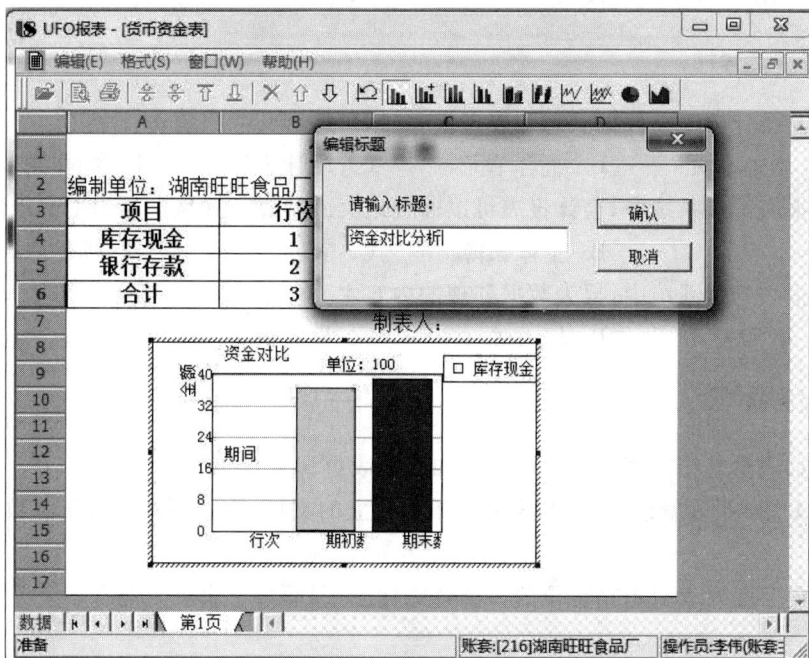

图 5-3-10　编辑图表主标题

（2）编辑图表主标题字样

① 单击选中主标题"资金对比分析"。

② 执行"编辑"→"标题字体"命令,打开"标题字体"对话框。

③ 选择字体"隶书",字体字形"粗体",字号"12",效果"加下划线",单击"确认"按钮。

【注意】

（1）将生成图表的报表保存到原位置。

（2）在调用报表模板生成货币资金表之前,应将货币资金表关闭。

[理论测试 5-3]

一、单项选择题

1. 沟通报表管理系统和账务处理系统的函数是（　　　）。
   A. 本表取数函数　　　　　　　　　B. 账务取数函数
   C. 日期时间函数　　　　　　　　　D. 表间取数函数

2. 用友报表子系统中，输入关键字的值必须在（　　　）状态下进行。
   A. 格式　　　　　B. 数据　　　　　C. 常温　　　　　D. 打开

3. 定义的某报表单元取数函数可以从（　　　）的账套中自动取数。
   A. 总账系统中代码最小　　　　　　B. 总账系统中任意
   C. 总账系统中代码最大　　　　　　D. 初始指定或进入

二、多项选择题

1. 用友会计软件在数据状态下管理报表时，可进行（　　　）操作。
   A. 增加表页　　　B. 组合单元　　　C. 设计表尺寸　　　D. 制作图形

2. 在报表管理系统中，会计报表可以通过定义的计算公式从（　　　）中自动取数。
   A. 本表　　　　　B. 主体账簿　　　C. 表间　　　　　D. 辅助账簿

3. 在报表管理系统中，报表数据处理的内容主要包括（　　　）。
   A. 增加表页　　　B. 输入关键字　　　C. 生成报表　　　D. 报表舍位操作

三、判断题

1. 追加表页是指在当前表页前面增加新的表页。　　　　　　　　　　　（　　　）

2. 在 UFO 报表管理系统中，图表并不是独立的文件，它的存在依附于源数据所在的报表文件。　　　　　　　　　　　　　　　　　　　　　　　　　　　（　　　）

3. 关键字是对表页识别定位的一类特殊标志，因而每个表页只能有一个关键字。
　　　　　　　　　　　　　　　　　　　　　　　　　　　　　　　　（　　　）

四、思考题

简述报表计算公式和报表审核公式的区别。

薪资管理系统处理

任务 6.1 薪资管理系统概述及初始化操作

[任务单 6-1]

项目 6	薪资管理系统处理	学时	12
任务 6.1	薪资管理系统概述及初始化操作	学时	4

一、学习目标

    在用友 ERP-U8 V10.1 软件中操作完成学习任务,完成相应的理论测试。

二、学习资源

    1. 用友 ERP-U8 V10.1 软件。

    2. 操作视频:(1)建立工资账套;(2)薪资管理基础设置(人员附加信息、新增工资项目);(3)工资类别及其人员档案设置;(4)在职人员的工资项目及公式设置;(5)修改、查看选项设置。

6.1.1 建立工资账套.mp4	6.1.2 薪资管理基础设置(人员附加信息、新增工资项目).mp4	6.1.3 工资类别及其人员档案设置.mp4
6.1.4 在职人员的工资项目及公式设置.mp4	6.1.5 修改、查看选项设置.mp4	

三、学习方法
1. 认真观看视频并记录重点。 　2. 和同学讨论、交流。
四、准备工作
1. 引入"总账系统概述及初始设置 4-1"账套。 　2. 准备一个剩余空间不小于 2GB 的 U 盘。 　3. 修改计算系统时间为 2016 年 1 月 31 日。
五、学习任务
1. 以操作员 101 的身份建立工资账套 　以操作员 101 的身份于 2016 年 1 月 1 日登录建立工资账套。 　（1）参数设置：工资类别个数为"多个"；核算币种为"人民币 RMB"。 　（2）扣税设置：自动代扣所得税。 　（3）扣零设置：进行扣零，且扣零至元。 　（4）人员编码：与公共平台的人员编码一致。 　2. 以操作员 101 的身份设置人员附加信息、新增工资项目 　以操作员 101 的身份于 2016 年 1 月 1 日登录，建立薪资管理的基础设置。 　（1）人员附加信息 　增加人员附加信息"性别"（参照档案：男；女）以及"婚否"（参照档案：是；否）。 　（2）新增工资项目

项目名称	类型	长度	小数位数	增减项
基本工资	数字	8	2	增项
岗位工资	数字	8	2	增项
绩效工资	数字	8	2	增项
交补	数字	8	2	增项
养老保险	数字	8	2	减项
医疗保险	数字	8	2	减项
失业保险	数字	8	2	减项
住房公积金	数字	8	2	减项
事假天数	数字	8	2	其他
事假扣款	数字	8	2	减项
代扣税	数字	10	2	减项

　3. 以操作员 101 的身份新建工资类别及其人员档案

（1）新建工资类别

新建工资类别"在职人员"，选定全部部门，工资类别启用日期为 2016 年 1 月 1 日。

新建工资类别"其他"，选定生产部门，工资类别启用日期为 2016 年 1 月 1 日。

（2）设置"在职人员"人员档案

职员编码	职员姓名	性别	婚否	行政部门	人员类别	账号（中国工商银行）
101	李伟	男	是	财务部	管理人员	62220216001
102	胡琳	女	是	财务部	管理人员	62220216002
103	何大鹏	男	是	财务部	管理人员	62220216003
104	王利	女	是	财务部	管理人员	62220216004

职员编码	职员姓名	性别	婚否	行政部门	人员类别	账号(中国工商银行)
105	夏雪	女	是	财务部	管理人员	62220216005
106	郭东	男	是	财务部	管理人员	62220216006
107	张小伟	男	否	采购部	采购人员	62220216007
108	王玲	女	是	人事部	管理人员	62220216008
109	吴清	女	否	销售部	销售人员	62220216009
110	刘敏	女	否	销售部	销售人员	62220216010
111	刘伟	男	是	一车间	生产人员	62220216011
112	罗玲	女	否	二车间	生产人员	62220216012

4. 以操作员101的身份设置"在职人员"的工资项目及其公式

(1) 设置"在职人员"的工资项目

项 目 名 称	类 型	长 度	小数位数	增 减 项
基本工资	数字	8	2	增项
岗位工资	数字	8	2	增项
绩效工资	数字	8	2	增项
交补	数字	8	2	增项
养老保险	数字	8	2	减项
医疗保险	数字	8	2	减项
失业保险	数字	8	2	减项
住房公积金	数字	8	2	减项
事假天数	数字	8	2	其他
事假扣款	数字	8	2	减项
代扣税	数字	10	2	减项
应发合计	数字	10	2	增项
扣款合计	数字	10	2	减项
实发合计	数字	10	2	增项

(2) 设置"在职人员"的工资项目计算公式

工资项目	公 式
事假扣款	事假天数＊50
养老保险	(基本工资＋岗位工资＋绩效工资＋交补)＊0.08
医疗保险	(基本工资＋岗位工资＋绩效工资＋交补)＊0.02
失业保险	(基本工资＋岗位工资＋绩效工资＋交补)＊0.002
住房公积金	(基本工资＋岗位工资＋绩效工资＋交补)＊0.12
交补	iff(人员类别＝"管理人员" OR 人员类别＝"销售人员",250,100)
应发合计	基本工资＋岗位工资＋绩效工资＋交补
扣款合计	代扣税＋养老保险＋医疗保险＋失业保险＋住房公积金＋事假扣款
实发合计	应发合计－扣款合计

续表

> 5. 以操作员 101 的身份修改、查看选项设置
>
> 将扣税设置的扣税基础设置为"应发合计"，查看税率设置，将附加费用修改为 2 800。
>
> 6. 账套备份
>
> 在 E 盘根目录下建立一个文件夹，文件夹的名字为"216 账套备份"，在该文件中建立一个名为"薪资管理系统初始化操作 6-1"的文件夹，将账套备份到该文件夹中。

［信息页 6-1］

理论目标：

掌握薪资管理系统的主要功能；

掌握薪资管理系统初始化的操作流程；

掌握相关的概念、操作要点。

技能目标：

熟练地建立工资账套；

熟练地进行工资模块基础设置；

熟练地添加工资类别并进行相关基础设置；

熟练地进行工资项目及公式设置。

6.1.1 薪资管理系统主要功能

薪资管理系统主要能够实现如下功能。

（1）薪资类别管理。提供处理多个工资类别的功能。若单位按周或一个月多次发放工资，或是单位中存在多种不同类别的人员，他们的工资发放项目不同、计算公式也不同，但需进行工资核算统一管理，则应选择建立多个工资类别。

（2）人员档案管理。可以设置人员的基础信息并对人员变动进行相应调整，同时可添加并编辑人员附加信息。

（3）薪资数据管理。可以根据企业的实际情况设计工资项目及计算公式；管理所有人员的工资数据，并对工资变动进行调整；自动计算个人所得税，结合工资发放形式进行扣零处理或向代发工资的银行传输工资数据；自动计算、汇总工资数据；自动完成工资分摊及计提转账业务。

（4）薪资报表管理。可以多层次、多角度地进行工资数据查询。

6.1.2 薪资管理系统初始化操作

1. 新建工资账套

建账工作是整个薪资管理正确运行的基础。建立一个完整的账套，是系统正常运行的根本保证，可通过系统提供的建账向导，逐步完成整套工资的建账工作。

当启动薪资管理系统时,如所选择账套为首次使用,系统将自动进入建账向导。系统提供的建账向导共分为四步。

【操作步骤】

(1)参数设置

以操作员 101 李伟的身份登录企业应用平台,登录时间为 2016 年 1 月 1 日,执行"人力资源"→"薪资管理"命令,选择本账套处理的工资类别个数"多个",选择币别为"人民币RMB",如图 6-1-1 所示。

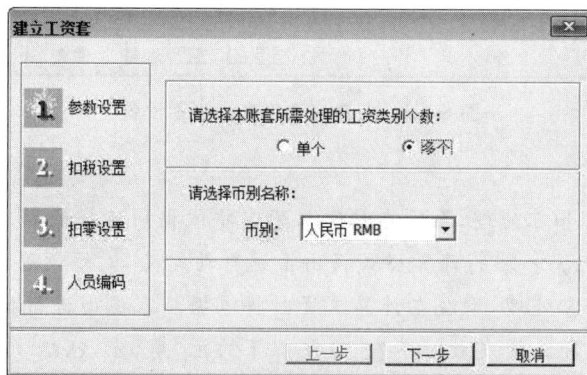

图 6-1-1 新建工资账套—参数设置

如单位按周或一个月发多次工资,或者是单位中有多种不同类别(部门)的人员,工资发放项目不尽相同,计算公式亦不相同,但需进行工资核算统一管理,应选择"多个"工资类别。

如果要对单位中所有人员的工资进行统一管理,而人员的工资项目、工资计算公式全部相同,选择"单个"工资类别,则可提高系统的运行效率。

(2)扣税设置

选择"是否从工资中待扣个人所得税",如图 6-1-2 所示。

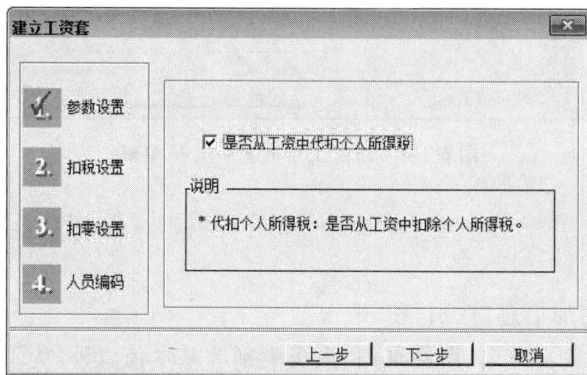

图 6-1-2 新建工资账套—扣税设置

选择此项,工资核算时系统会根据输入的税率自动计算个人所得税额。

(3)扣零设置

勾选"扣零",选择"扣零至元",如图 6-1-3 所示。

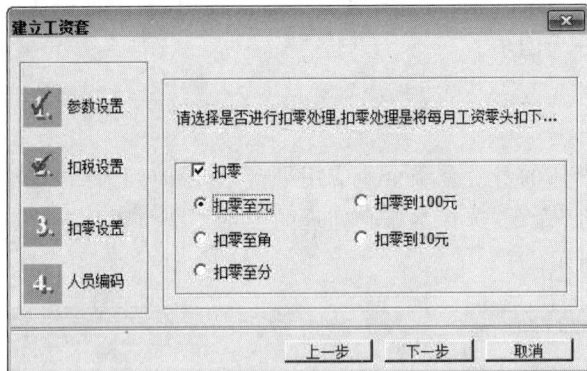

图 6-1-3　新建工资账套—扣零设置

【注意】

（1）若选择进行扣零处理，系统在计算工资时将依据所选择的扣零类型将零头扣下，并在积累成整时补上。扣零的计算公式将由系统自动定义，无须设置。

（2）扣零：即扣零处理，系统在计算工资时将依据扣零类型进行扣零计算。

（3）扣零至元：即工资发放时不发 10 元以下的元、角、分，包括 5 元、2 元、1 元。

（4）人员编码

人员编码与公共平台的人员编码保持一致，无须在本系统设置，如图 6-1-4 所示。

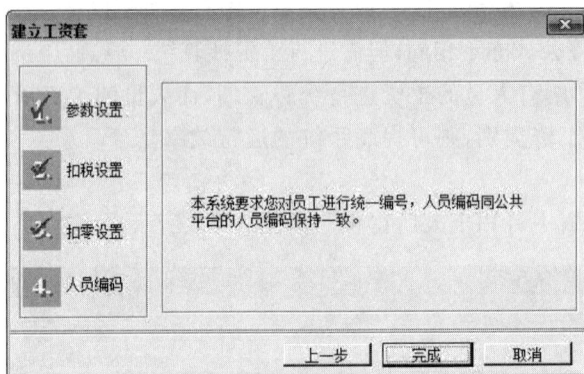

图 6-1-4　新建工资账套—人员编码

2.基础设置

（1）增加人员附加信息"性别"和"婚否"

除了人员编号、人员姓名、所在部门、人员类别等基本信息外，为了管理还需要一些辅助管理信息，人员附加信息的设置就是设置附加信息名称。

本功能可用于增加人员信息，丰富人员档案的内容，便于对人员进行更加有效的管理，例如增加设置人员的性别、民族、婚否等。

【操作步骤】

① 单击"设置"下的"人员附加信息设置"按钮，进入"人员附加信息设置"界面。

② 单击"增加"按钮,可输入附加信息名称或从参照栏中选择系统提供的信息名称。在参照栏内选择"性别",勾选"是否参照",单击"参照档案"按钮,在"参照档案"栏内录入"男";单击"增加"按钮,录入"女";单击"增加"按钮,然后单击"确认"按钮,如图 6-1-5 所示。

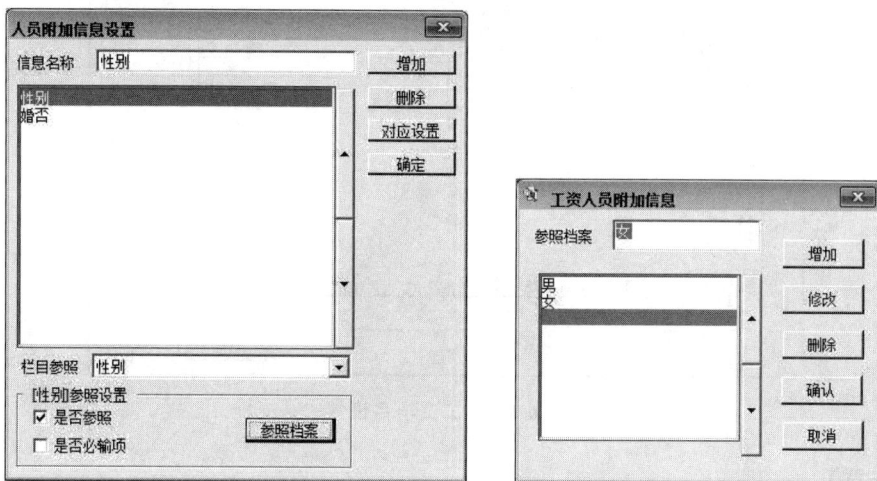

图 6-1-5　人员附加信息设置

③ 再次单击"增加"按钮,保存新增名称并可继续增加,在参照栏中选择"婚否",单击"增加"按钮,勾选"是否参照";单击"参照档案"按钮,录入"是"或"否"。

【注意】

① 确认增加的附加信息是否为必输项,如果为必输项,则在录入人员档案时此附加信息必须输入内容,不能为空。

② 若输入有误,可单击"删除"按钮,删除光标所在行的附加信息。

（2）工资项目设置

工资项目设置即定义工资项目的名称、类型、宽度,可根据需要自由设置工资项目,如基本工资、岗位工资、副食补贴、扣款合计等。

【操作步骤】

① 单击"设置"下的"工资项目设置"按钮,进入"工资项目设置"界面。

② 根据任务单 6-1 学习任务中新增工资项目表进行工资项目设置。单击"增加"按钮,在工资项目列表中增加一空行,可设置工资项目,在"名称参照"中选择"基本工资",按任务单 6-1 学习任务中新增工资项目表设置其类型、长度、小数位数和工资增减项,再单击"增加"按钮。同理,在"名称参照"中选择"岗位工资",再单击"增加"按钮,在工资项目名称栏里录入"绩效工资"。同理,增加其他工资项目。（代扣税、应发合计、扣款合计、实发合计是系统自带的工资项目,不用增加。）

【注意】　可直接输入工资项目或在"名称参照"中选择工资项目名称,并设置新建工资项目的类型、长度、小数位数和工资增减项,增项直接计入应发合计,减项直接计入扣款合计。若工资项目类型为字符型,则小数位不可用,增减项为"其他",比如"事假天数"。

③ 单击"确定"按钮保存设置,若要放弃设置,则可单击"取消"按钮返回。设置完毕,如图 6-1-6 所示。

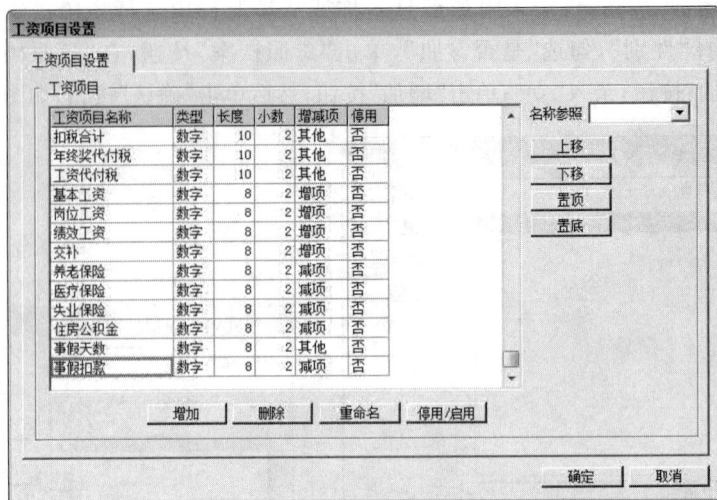

图 6-1-6　工资项目设置

【注意】

① 选择要删除的工资项目，单击"删除"按钮，确认后即可删除。

② 单击界面上的向上、向下移动箭头可调整工资项目的排列顺序。

③ 工资项目一经使用，数据类型不允许修改。

④ 项目名称必须唯一，单击"重命名"按钮，可修改工资项目名称。

⑤ 进行多类别工资管理时，关闭工资类别后，才能新增工资项目。

3. 工资类别及其人员档案设置

新建账套时或在系统选项中选择多个工资类别，可进入此功能。

工资类别是指一套工资账中，根据不同情况而设置的工资数据管理类别。如某企业中将正式职工和临时职工分设为两个工资类别，两个类别同时对应一套账务。

（1）新建工资类别

【操作步骤】

① 单击"新建工资类别"按钮，输入新建工资类别名称"在职人员"，如图 6-1-7 所示。（工资类别名称最长不得超过 15 个汉字或 30 个字符。）

② 单击"下一步"按钮，选择新建工资类别所包含的部门。

选中"选定下级部门"，表示如选中上级部门，则其所属的下级部门也会被全部选中；或者单击"＋"按钮将"部门树形结构"打开，逐个选择工资类别包含的部门，如图 6-1-8 所示。

③ 单击"完成"按钮，以"2016-01-01"为工资类别启用日期，如图 6-1-9 所示。

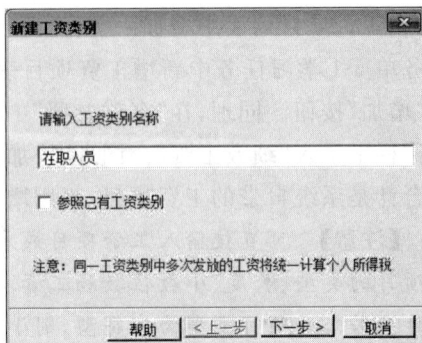

图 6-1-7　新建工资类别（工资类别名称）

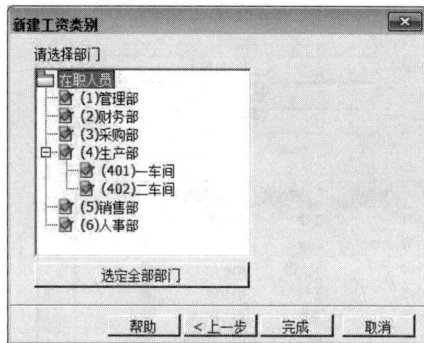

图 6-1-8　新建工资类别(部门)

图 6-1-9　新建工资类别(启用日期)

④ 单击"关闭工资类别"按钮,新建工资类别"其他",部门只选择生产部,单击"完成"按钮。

【注意】

① 如要删除工资类别,可单击"删除工资类别"按钮,选择要删除的工资类别,单击"确认"按钮即可删除。

② 如要打开工资类别,可单击"打开工资类别"按钮,选择要打开的工资类别,单击"确认"按钮即可。

(2) 设置"在职人员"人员档案

人员档案用于登记工资发放人员的姓名、编号、所在部门、类别等信息,处理员工的增减变动等。

【操作步骤】

① 单击"关闭工资类别"按钮,则关闭正在使用的工资类别及所有正在进行的功能操作。

② 单击"打开工资类别"按钮,选择工资类别"在职人员",单击"确认"按钮即可。

③ 单击"设置"菜单下的"人员档案",进入功能界面。

④ 单击"批增"按钮,可以批量增加人员到薪资人员档案中;单击"查询"按钮,单击"确定"按钮,可将所有人员批增到在职人员档案中。左边显示当前工资类别的部门树,若只需导入一部分人员,则核对薪资部门或双击"薪资部门"按钮选择对应人员的部门。

⑤ 单击"确认"按钮即将本次选中人员批量增加为当前工资类别/发放次数中的人员,如图 6-1-10 所示。

⑥ 双击"101 李伟"所在行,打开人员档案明细,选择代发工资银行的名称,录入银行账号,单击"附加信息"按钮,参照录入人员的"性别"及"婚否",如图 6-1-11 所示。

⑦ 编辑完毕后,单击"确认"按钮保存并继续编辑下一位人员的信息,编辑完毕后如图 6-1-12 所示。

【注意】

① 单击"增加"按钮,或选择右键菜单,显示人员档案增加界面,可单独增加人员。

② 在"基本信息"页签中可编辑人员姓名、薪资部门编码、薪资部门名称。只有末级部门才能设置人员。

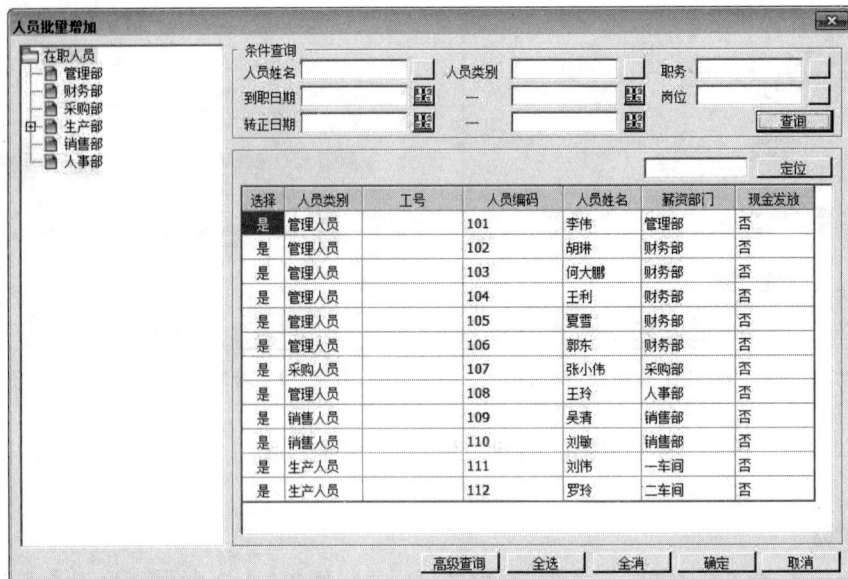

图 6-1-10　批增人员档案

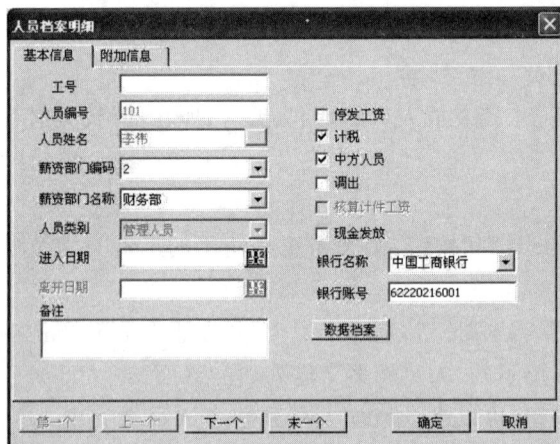

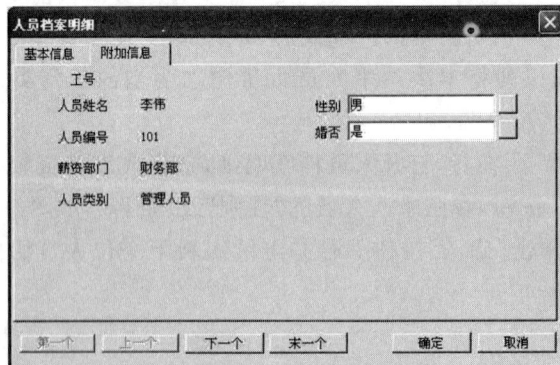

图 6-1-11　人员档案信息修改

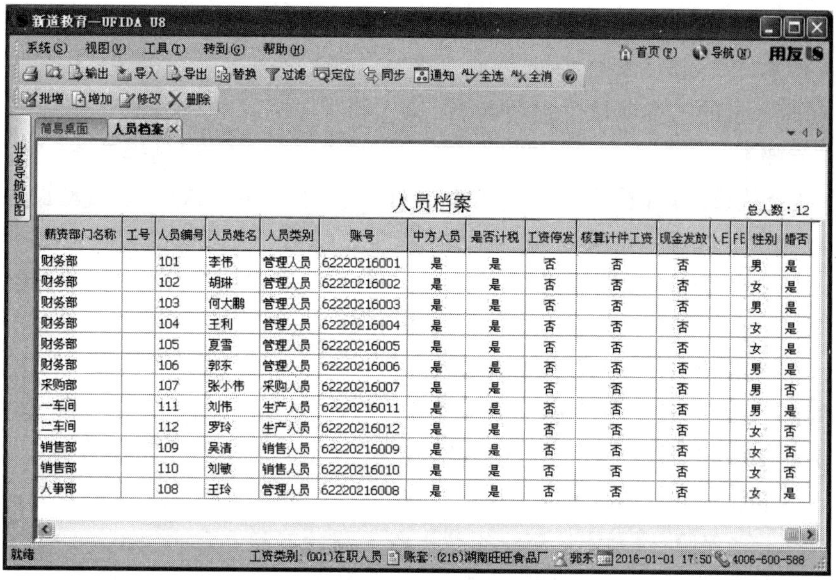

薪资部门名称	工号	人员编号	人员姓名	人员类别	账号	中方人员	是否计税	工资停发	核算计件工资	现金发放	\E	FE	性别	婚否
财务部		101	李伟	管理人员	62220216001	是	是	否	否	否			男	是
财务部		102	胡琳	管理人员	62220216002	是	是	否	否	否			女	是
财务部		103	何大鹏	管理人员	62220216003	是	是	否	否	否			男	是
财务部		104	王利	管理人员	62220216004	是	是	否	否	否			女	是
财务部		105	夏雪	管理人员	62220216005	是	是	否	否	否			女	是
财务部		106	郭东	管理人员	62220216006	是	是	否	否	否			男	是
采购部		107	张小伟	采购人员	62220216007	是	是	否	否	否			男	否
一车间		111	刘伟	生产人员	62220216011	是	是	否	否	否			男	是
二车间		112	罗玲	生产人员	62220216012	是	是	否	否	否			女	否
销售部		109	吴清	销售人员	62220216009	是	是	否	否	否			女	否
销售部		110	刘敏	销售人员	62220216010	是	是	否	否	否			女	否
人事部		108	王玲	管理人员	62220216008	是	是	否	否	否			女	是

图 6-1-12 “人员档案”信息列表

③ 选择是否“计税”，计税人员是否“中方人员”，该人员是否核算计件工资。

④ 选择该人员薪资是否为“现金发放”，如勾选则该人不进行银行代发。

4. 设置“在职人员”的工资项目及其公式

(1) 在职人员的工资项目设置

【操作步骤】

① 打开在职人员工资类别，单击“设置”下的“工资项目设置”按钮，进入工资项目设置界面。

② 单击“增加”按钮，单击名称参照框的下三角按钮，选择对应的工资项目，设置完毕如图 6-1-13 所示。

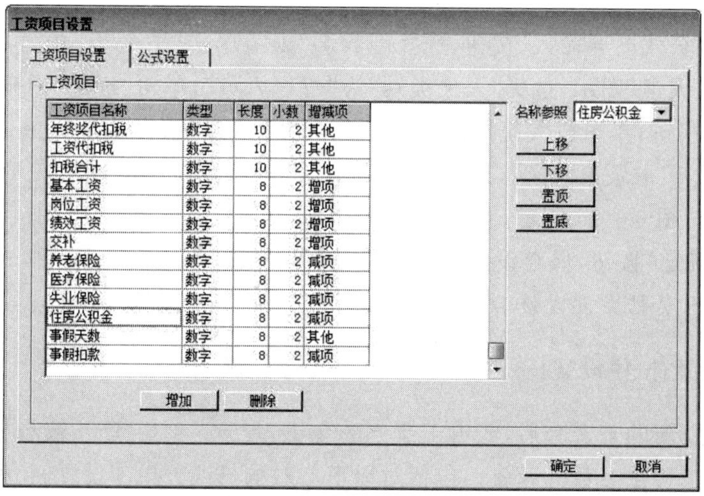

工资项目名称	类型	长度	小数	增减项
年终奖代扣税	数字	10	2	其他
工资代扣税	数字	10	2	其他
扣税合计	数字	10	2	其他
基本工资	数字	8	2	增项
岗位工资	数字	8	2	增项
绩效工资	数字	8	2	增项
交补	数字	8	2	增项
养老保险	数字	8	2	减项
医疗保险	数字	8	2	减项
失业保险	数字	8	2	减项
住房公积金	数字	8	2	减项
事假天数	数字	8	2	其他
事假扣款	数字	8	2	减项

图 6-1-13 在职人员的“工资项目设置”

【注意】 增项直接计入应发合计,减项直接计入扣款合计。若工资项目类型为字符型,则小数位不可用,增减项为"其他",比如事假天数。

(2) 在职人员的工资项目公式设置

【操作步骤】

① 单击公式设置,查看应发合计、扣款合计、实发合计的公式(系统自动设置)。

应发合计=增项之和=基本工资+岗位工资+绩效工资+交补

扣款合计=减项之和=代扣税+养老保险+医疗保险+事业保险

　　　　　+住房公积金+事假扣款

实发合计=应发合计-扣款合计

② 添加公式:单击"增加"按钮,选择"事假扣款",在公式定义栏内录入等式右边的算式"事假天数 * 50",单击"公式确认"按钮,其中,公式所涉及的工资项目可以参照录入。

事假扣款=事假天数 * 50

养老保险=(基本工资+岗位工资+绩效工资+交补) * 0.08

医疗保险=(基本工资+岗位工资+绩效工资+交补) * 0.02

失业保险=(基本工资+岗位工资+绩效工资+交补) * 0.002

住房公积金=(基本工资+岗位工资+绩效工资+交补) * 0.12

【注意】 由职工个人承担的养老保险、医疗保险、失业保险、住房公积金分别按8%、2%、0.2%、12%的比例计算。由公司承担并缴纳的医疗保险、工伤保险、生育保险、住房公积金分别按10%、1%、0.8%、12%的比例计算;养老保险、失业保险分别按20%、1%的比例计算。

③ 运用"函数公式向导输入"录入"交补"的公式。

交补=iff(人员类别="管理人员" OR 人员类别="销售人员",250,100)

iff 函数:条件取值函数;格式:iff(<逻辑表达式>,<算数表达式1>,<算数表达式2>)。

说明:逻辑表达式真时取<算术表达式1>的计算结果,假时取<算术表达式2>的计算结果。交补公式的意义为管理人员或者销售人员的交补为250,其他人员的交补为100。

单击"函数公式向导输入"按钮,选择函数名"iff",单击"下一步"按钮,单击在逻辑表达式栏旁的"放大镜"图示,选择"人员类别"为"管理人员",单击"确定"按钮,按空格键,录入OR,再按空格键,单击放大镜按钮,选择"人员类别"为"销售人员",单击"确定"按钮,在"算数表达式1"中录入"250",在"算数表达式2"中录入"100",单击"完成"按钮,设置步骤如图6-1-14~图6-1-16所示。

④ 单击"确定"按钮,保存设置,若要放弃设置,单击"取消"按钮返回。

【注意】 人员档案设置好后才能设置公式。

5. 选项设置(扣税设置)

系统在建立新的工资套后,或由于业务的变更,发现一些工资参数与核算内容不符,可以在此进行工资账参数的调整。包括对以下参数的修改:扣零设置、扣税设置、参数设置和调整汇率。

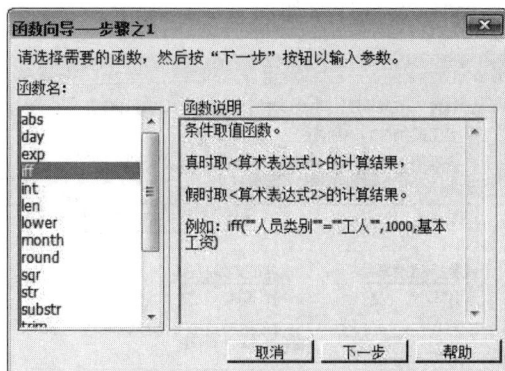

图 6-1-14　交补的 iff 函数设置（步骤之 1）

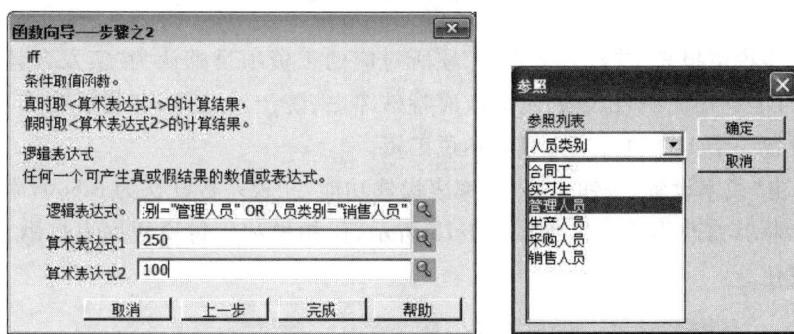

图 6-1-15　交补的 iff 函数设置（步骤之 2）

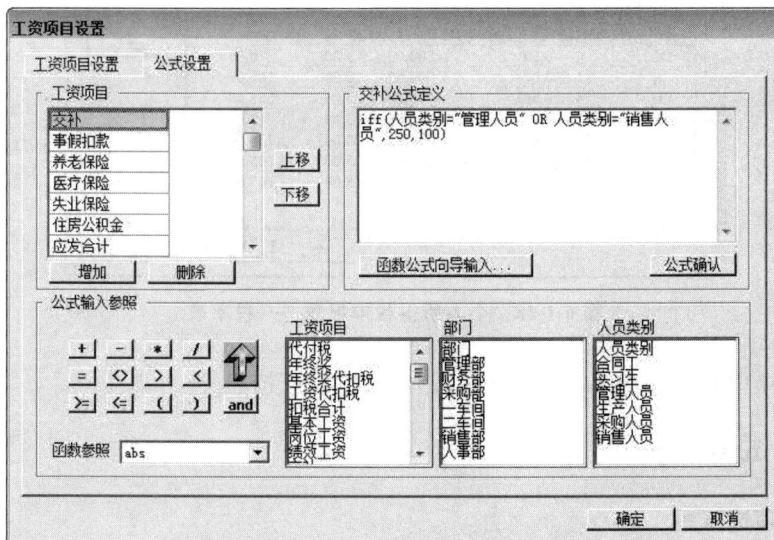

图 6-1-16　在职人员的工资公式设置

【操作步骤】

（1）打开"选项"命令，转到"扣税设置"页签，单击"编辑"按钮。

（2）将扣税基础修改为"应发合计"，如图6-1-17所示。

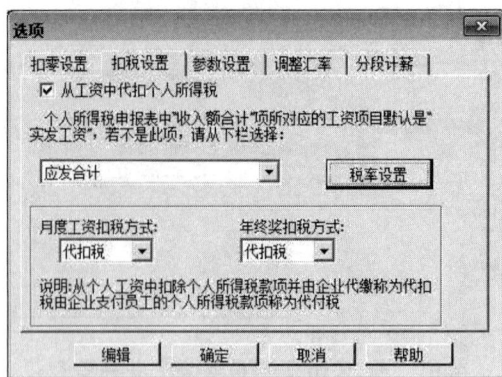

图 6-1-17　扣税设置

个人所得税申报表中"收入额合计"项所对应的工资项目默认为"实发合计"，在实际业务中，因可能存在免税收入项目（如政府特殊津贴、院士津贴等）和税后列支项目，有时需要单独设置一个工资项目来计算应纳税工资。

（3）单击"税率设置"按钮，进入税率表设置功能，扣税基数默认为3 500，附加费用默认为1 300，将其修改为2 800，如图6-1-18所示，代扣税和代付税税率表按默认设置，单击"确定"按钮。

图 6-1-18　个人所得税申报表——税率表

（4）选项中其他设置按系统默认设置，单击"确定"按钮。

［理论测试6-1］

一、单项选择题

1. 下列不属于工资建账内容的是（　　　）。

A. 类别设置　　　　B. 参数设置　　　　C. 扣税设置　　　　D. 扣零设置

E. 汇率设置

2. 由于不同单位的工资结构不同，工资系统必须提供（　　　）的功能，以提高系统的通用性。

    A. 定义工资项目   B. 设置工资类别   C. 设置职工类别   D. 银行代发工资

3. 在工资核算系统中,设置职工个人"银行账号"的主要作用是(　　)。

    A. 交纳个人所得税   B. 将工资交存银行

    C. 银行代发工资   D. 到银行提取现金

二、多项选择题

1. 属于工资核算模块初始化设置的有(　　)。

    A. 工资类别所对应的部门设置   B. 工资项目设置

    C. 工资计算公式定义   D. 客户设置

2. 下列各工资项目增减项目为"减项"的是(　　)。

    A. 养老保险   B. 事假天数   C. 住房公积金   D. 交通补助

三、判断题

1. 工资管理系统主要与账务处理系统和报表管理系统存在数据传递关系。(　　)

2. 一个单位可以建立多个工资类别,不同类别的职工部门、人员、工资项目和计算公式都可以不同。(　　)

3. 工资类别与职工类别是相同的概念。(　　)

四、思考题

1. 工资项目中如果没有出现"代扣税",原因是什么? 该如何解决?

2. 如果应发合计的公式与任务单不一致,原因是什么? 该如何修改?

任务6.2　薪资管理系统日常业务处理的操作

［任务单 6-2］

项目 6　薪资管理系统处理		学时	12
任务 6.2	薪资管理系统日常业务处理的操作	学时	6
一、学习目标 　在用友 ERP-U8 V10.1 软件中操作完成学习任务,完成相应的理论测试。			
二、学习资源 　1. 用友 ERP-U8 V10.1 软件。 　2. 操作视频:(1)期初工资数据录入;(2)工资变动设置;(3)工资分摊设置;(4)工资分摊生成凭证;(5)代扣个人所得税并生成凭证;(6)银行代发及扣缴所得税申报表。			

6.2.1 期初工资数据录入.mp4　　6.2.2 工资变动设置.mp4　　6.2.3 工资分摊设置.mp4

6.2.4 工资分摊生成凭证.mp4　　6.2.5 代扣个人所得税并生成凭证.mp4　　6.2.6 银行代发及扣缴所得税申报表.mp4

三、学习方法
1. 认真观看视频并记录重点。 2. 和同学讨论、交流。

四、准备工作
1. 引入"薪资管理系统初始化操作 6-1"账套。 2. 准备一个剩余空间不小于 2GB 的 U 盘。 3. 修改计算系统时间为 2016 年 1 月 31 日。

五、学习任务

1. 录入期初工资数据

(1) 设置用户"103""106"为"在职人员"类别的工资账套主管。

(2) 以操作员 106 的身份于 2016 年 1 月 1 日登录录入期初工资变动表数据。

人员编号	姓　名	部　门	人员类别	基本工资	岗位工资	绩效工资
101	李伟	财务部	管理人员	5 000	2 000	1 000
102	胡琳	财务部	管理人员	4 000	800	600
103	何大鹏	财务部	管理人员	4 000	800	600
104	王利	财务部	管理人员	3 500	800	600
105	夏雪	财务部	管理人员	3 500	800	600
106	郭东	财务部	管理人员	3 500	800	600
107	张小伟	采购部	采购人员	3 500	800	600
111	刘伟	一车间	生产人员	2 500	650	500
112	罗玲	二车间	生产人员	2 500	650	500
109	吴清	销售部	销售人员	4 500	1 000	1 200
110	刘敏	销售部	销售人员	4 500	1 000	1 200
108	王玲	人事部	管理人员	3 500	800	500

2. 以操作员 106 的身份于 2016 年 1 月 31 日登录录入本月工资变动数据

(1) 录入夏雪事假天数 2 天。

(2) 根据本月销售佳绩,将销售部门人员的绩效工资提高 800 元。

3. 以操作员 106 的身份于 2016 年 1 月 31 日登录进行工资分摊设置

(1) 新增在职人员工资项目"工资总额分摊",增减项为"其他",设置其公式为"基本工资＋岗位工资＋绩效工资＋交补－事假扣款"。

新增计提类型"工资总额分摊",分摊计提比例为"100％"。

工资分摊 部门	工资总额分摊(100％)					
	人员类别	工资项目	借方科目	借方项目大类	借方项目	贷方科目
管理部、财务部、人事部	管理人员	工资总额分摊	660201			221101
采购部	采购人员	工资总额分摊	660201			221101
销售部	销售人员	工资总额分摊	6601			221101
一车间	生产人员	工资总额分摊	500102	生产成本	雪饼	221101
二车间	生产人员	工资总额分摊	500102	生产成本	牛奶糖	221101

(2) 计提类型名称"个人-社会保险",分摊计提比例为"10.2％"。

工资分摊 部门	个人-社会保险(10.2％) (养老保险 8％、医疗保险 2％、失业保险 0.2％)			
	人员类别	工资项目	借方科目	贷方科目
管理部、财务部、人事部	管理人员	应发合计	221101	2241
采购部	采购人员	应发合计	221101	2241
销售部	销售人员	应发合计	221101	2241
一车间、二车间	生产人员	应发合计	221101	2241

(3) 计提类型名称"公司-社会保险",分摊计提比例为"32.8％"。

在会计科目设置界面,增加管理费用明细科目(660206 五险一金),应付职工薪酬明细科目(221103 社会保险)(221104 住房公积金)。

工资分摊 部门	公司-社会保险(32.8％) (养老保险 20％、医疗保险 10％、失业保险 1％、工伤保险 1％、生育保险 0.8％)					
	人员类别	工资项目	借方科目	借方项目大类	借方项目	贷方科目
管理部、财务部、人事部	管理人员	应发合计	660206			221103
采购部	采购人员	应发合计	660206			221103
销售部	销售人员	应发合计	6601			221103
一车间	生产人员	应发合计	500102	生产成本	雪饼	221103
二车间	生产人员	应发合计	500102	生产成本	牛奶糖	221103

(4) 计提类型名称"个人-住房公积金",分摊计提比例为"12％"。

工资分摊 部门	个人-住房公积金(12％)			
	人员类别	工资项目	借方科目	贷方科目
管理部、财务部、人事部	管理人员	应发合计	221101	2241
采购部	采购人员	应发合计	221101	2241
销售部	销售人员	应发合计	221101	2241
一车间、二车间	生产人员	应发合计	221101	2241

（5）计提类型名称为"公司-社会公积金"，分摊计提比例为"12%"。

工资分摊 / 部门	公司-社会公积金（12%）					
	人员类别	工资项目	借方科目	借方项目大类	借方项目	贷方科目
管理部、财务部、人事部	管理人员	应发合计	660206			221104
采购部	采购人员	应发合计	660206			221104
销售部	销售人员	应发合计	6601			221104
一车间	生产人员	应发合计	500102	生产成本	雪饼	221104
二车间	生产人员	应发合计	500102	生产成本	牛奶糖	221104

（6）计提类型名称为"工资发放"，分摊计提比例为"100%"。

工资分摊 / 部门	工资发放（100%）			
	人员类别	工资项目	借方科目	贷方科目
管理部、财务部、人事部	管理人员	实发合计	221101	100201
采购部	采购人员	实发合计	221101	100201
销售部	销售人员	实发合计	221101	100201
一车间、二车间	生产人员	实发合计	221101	100201

4. 以操作员 103 的身份于 2016 年 1 月 31 日登录根据工资分摊生成凭证

（1）根据工资分摊设置计提职工工资及代扣的三险一金，计提公司方承担的五险一金，并根据实发工资为员工发放工资。

（2）在统计分析中查看已生成的凭证，检查是否有误，若有误，请进行修改。

5. 代扣个人所得税并生成凭证

（1）以操作员 106 的身份设置计提类型"代扣个人所得税"，分摊计提比例为"100%"。在会计科目设置界面，增加应交税费明细科目（222106 应交个人所得税）。

工资分摊 / 部门	代扣个人所得税（100%）			
	人员类别	工资项目	借方科目	贷方科目
管理部、财务部、人事部	管理人员	扣税合计	221101	222106
采购部	采购人员	扣税合计	221101	222106
销售部	销售人员	扣税合计	221101	222106
一车间、二车间	生产人员	扣税合计	221101	222106

（2）以操作员 103 的身份生成相应的凭证。

6. 以操作员 103 的身份生成银行代发表及扣缴所得税申报表

生成银行代发一览表及扣缴所得税申报表。

7. 账套备份

在 E 盘根目录下建立一个文件夹，文件夹的名字为"216账套备份"，在该文件中建立一个名为"薪资管理日常业务的操作 6-2"的文件夹，将账套备份到该文件夹中。

［信息页 6-2］

理论目标：

掌握薪资管理系统日常业务处理的操作流程；

掌握相关的概念、操作要点。

技能目标：

熟练地进行工资数据录入；

熟练地进行工资分摊设置；

熟练地在薪资管理系统中生成凭证。

6.2.1　期初工资数据录入

1. 设置用户 103 何大鹏、106 郭东为"在职人员"类别的工资账套主管

【操作步骤】

以操作员 101 李伟的身份于 2016 年 1 月 1 日登录企业应用平台。

执行"系统服务"→"权限"→"数据权限分配"命令，单击用户中的"103 何大鹏"，单击工具栏中的"授权"按钮，修改业务对象为"工资权限"，类别默认为"001 在职人员"，选择"工资类别主管"，单击"保存"按钮；同理将"106 郭东"设为"在职人员"类别的工资账套主管，如图 6-2-1 所示。

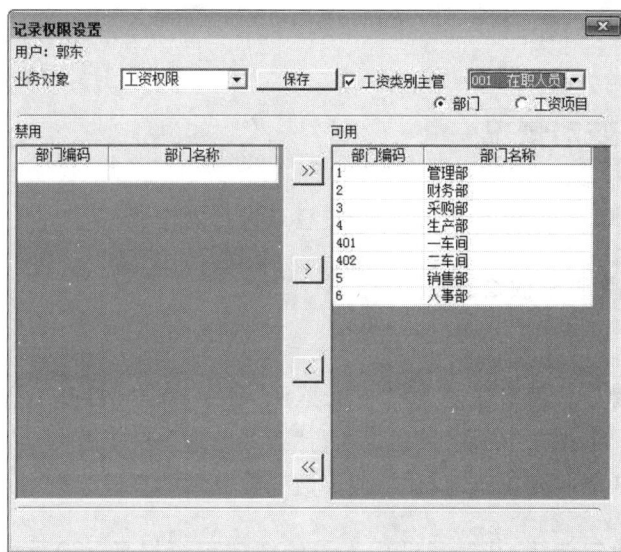

图 6-2-1　工资权限的授权

2. 工资变动表期初数据录入

由操作员 106 郭东于 2016 年 1 月 1 日登录进行工资变动数据期初录入。

【操作步骤】

（1）执行"人力资源"→"薪资管理"→"工资类别"命令，双击"打开工资类别"按钮，选择"在职人员"工资类别，单击"确认"按钮。

（2）执行"业务处理"→"工资变动"命令，进入工资变动表，录入在职人员的基本工

资、岗位工资、绩效工资数据。单击工具栏中的“计算”按钮与“汇总”按钮，交补、养老保险、医疗保险等工资项目数据由公式自动计算汇总，如图 6-2-2 所示。

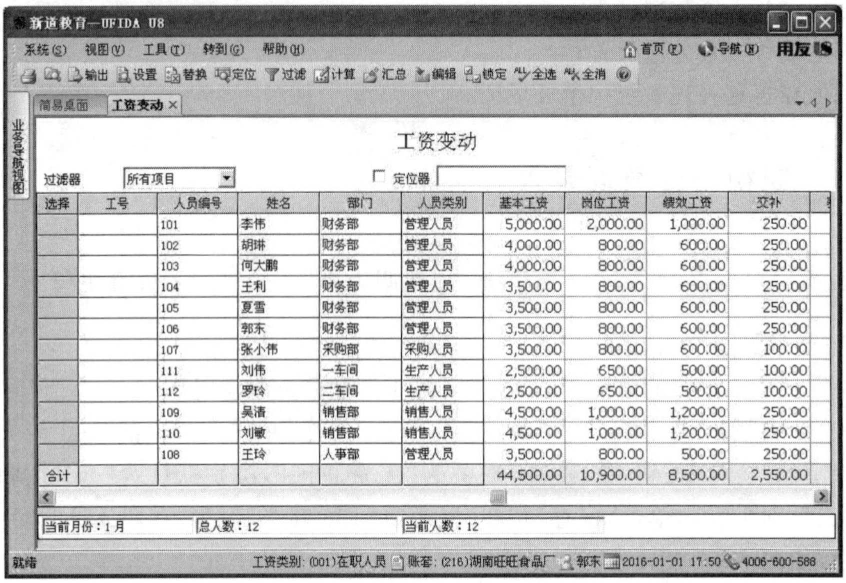

选择	工号	人员编号	姓名	部门	人员类别	基本工资	岗位工资	绩效工资	交补
		101	李伟	财务部	管理人员	5,000.00	2,000.00	1,000.00	250.00
		102	胡琳	财务部	管理人员	4,000.00	800.00	600.00	250.00
		103	何大鹏	财务部	管理人员	4,000.00	800.00	600.00	250.00
		104	王利	财务部	管理人员	3,500.00	800.00	600.00	250.00
		105	夏雪	财务部	管理人员	3,500.00	800.00	600.00	250.00
		106	郭东	财务部	管理人员	3,500.00	800.00	600.00	250.00
		107	张小伟	采购部	采购人员	3,500.00	800.00	600.00	100.00
		111	刘伟	一车间	生产人员	2,500.00	650.00	500.00	100.00
		112	罗玲	二车间	生产人员	2,500.00	650.00	500.00	100.00
		109	吴清	销售部	销售人员	4,500.00	1,000.00	1,200.00	250.00
		110	刘敏	销售部	销售人员	4,500.00	1,000.00	1,200.00	250.00
		108	王玲	人事部	管理人员	3,500.00	800.00	500.00	250.00
合计						44,500.00	10,900.00	8,500.00	2,550.00

图 6-2-2　在职人员期初工资数据录入

6.2.2　工资变动情况

由操作员 106 郭东于 2016 年 1 月 31 日登录进行操作。

1. 考勤情况：夏雪事假 2 天

【操作步骤】

执行“人力资源”→“薪资管理”→“工资类别”命令，双击“打开工资类别”按钮，选择“在职人员”工资类别，单击“确认”按钮。执行“业务处理”→“工资变动”命令，进入工资变动表，在工资变动表中找到工资项目“事假天数”，在夏雪的事假天数中录入“2”。

2. 根据本月销售佳绩，将销售部门人员的绩效工资提高 800 元

【操作步骤】

(1) 执行“业务处理”→“工资变动”命令，进入工资变动表，单击工具栏中的“全选”按钮，勾选所有人员作为替换范围，单击“替换”按钮。

替换：将符合条件的人员的某个工资项目的数据，统一替换成某个数据。

(2) 在“将工资项目”栏内选择被替换项目名称“绩效工资”，在“替换成”栏内输入替换表达式“绩效工资＋800”。

(3) 输入替换条件：部门＝销售部。界面左边“下拉框”提供部门、人员类别、工资项目的参照。界面右边选项窗，可输入选中的项目对应的数据内容（即条件）。部门、人员类

别可参照输入过滤条件。系统提供逻辑运算符选择使用（如＝、＜＞）。单击最左边的逻辑选择框，可进行"且""或"的选择，如图 6-2-3 所示。

图 6-2-3　工资项数据替换

（4）单击"确认"按钮，系统将符合条件人员的相应工资项目内容替换。

（5）系统弹出对话框"数据替换后将不可恢复，是否继续？"，单击"是"按钮。系统接着弹出对话框："2 条记录被替换，是否重新计算？"，单击"是"按钮。

6.2.3　工资分摊设置

由操作员 106 郭东于 2016 年 1 月 31 日登录进行操作。

1. 新增在职人员工资项目"工资总额分摊"，设置其公式为"基本工资+岗位工资+绩效工资+交补-事假扣款"

【操作步骤】

（1）在"工资类别"中双击"关闭工资类别"按钮，在"设置"→"工资项目"中单击"增加"按钮，录入工资项目名称"工资总额分摊"，增减项设置为"其他"，单击"确定"按钮。

（2）双击"打开工资类别"按钮，选择在职人员类别，在"设置"→"工资项目"中单击"增加"按钮，选择名称参照中的"工资总额分摊"。

（3）单击"公式设置"按钮，新增工资总额分摊公式：

工资总额分摊＝基本工资＋岗位工资＋绩效工资＋交补－事假扣款

（4）单击"公式确认"→"确定"按钮。

2. 设置工资分摊"工资总额分摊"

【操作步骤】

（1）执行"业务处理"→"工资分摊"命令，单击"工资分摊设置"按钮，录入计提类型名称"工资总额分摊"，分摊计提比例设为"100％"，单击"下一步"按钮，在分摊构成设置中录入相关内容，单击"完成"按钮。

（2）在分摊计提比例设置中录入借贷方科目时，在科目参照中单击"编辑"按钮，进入会计科目设置界面，增加管理费用明细科目"660206 五险一金"、应付职工薪酬明细科目

"221103 社会保险""221104 住房公积金"。

（3）根据任务单 6-2 学习任务中（2）～（7）中的表设置计提类型"个人-社会保险"（计提比例为 10.2％）、"公司-社会保险"（计提比例为 32.8％）、"个人-住房公积金"（计提比例为 12％）、"公司-住房公积金"（计提比例为 12％）、"发放工资"（计提比例为 100％）。如图 6-2-4～图 6-2-9 所示。

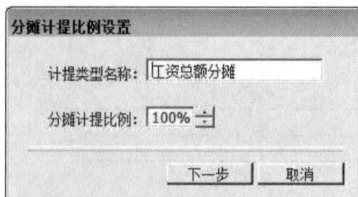

图 6-2-4　"工资总额分摊"设置（1）

部门名称	人员类别	工资项目	借方科目	借方项目大类	借方项目	贷方科目	贷方项目
管理部,财务部,人事部	管理人员	工资总额分摊	660201			221101	
一车间	生产人员	工资总额分摊	500102	生产成本	雪饼	221101	
二车间	生产人员	工资总额分摊	500102	生产成本	牛奶糖	221101	
采购部	采购人员	工资总额分摊	660201			221101	
销售部	销售人员	工资总额分摊	6601			221101	

图 6-2-5　"工资总额分摊"设置（2）

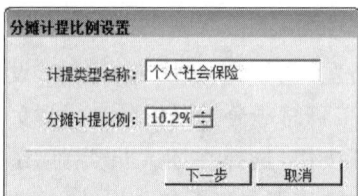

图 6-2-6　"个人-社会保险"分摊设置（1）

部门名称	人员类别	工资项目	借方科目	借方项目大类	借方项目	贷方科目	贷方项目大类
管理部,财务部,人事部	管理人员	应发合计	221101			2241	
采购部	采购人员	应发合计	221101			2241	
销售部	销售人员	应发合计	221101			2241	
一车间,二车间	生产人员	应发合计	221101			2241	

图 6-2-7　"个人-社会保险"分摊设置（2）

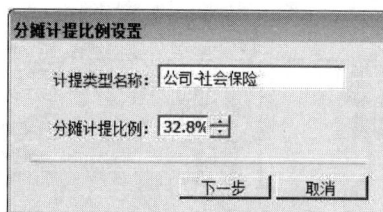

图 6-2-8 "公司-社会保险"分摊设置(1)

图 6-2-9 "公司-社会保险"分摊设置(2)

【注意】 个人承担的三险一金按照应发合计数的一定比例直接从工资中代扣(养老保险8％、医疗保险2％、失业保险0.2％、住房公积金12％),企业承担的五险一金按应发合计的一定比例计提(养老保险20％、医疗保险10％、失业保险1％、工伤保险1％、生育保险0.8％、住房公积金12％),为简化工作,将五险统称为社会保险,一并计提。

6.2.4 工资分摊生成凭证

以操作员103何大鹏的身份于2016年1月31日登录进行操作。

1.进行工资总额分摊制单

【操作步骤】

(1)执行"薪资管理"→"人力资源"→"工资类别"命令,双击"打开工资类别"按钮,选择在职人员类别,执行"业务处理"→"工资分摊"命令,选择计提费用类型为"工资总额分摊",选择核算部门,选择"明细到工资项目""按项目核算",单击"确定"按钮,如图 6-2-10 所示。

(2)选择"合并科目、辅助项相同的分录",单击工具栏中的"制单"按钮,凭证类别选择转账凭证,单击"保存"按钮,如图 6-2-11 和图 6-2-12 所示。

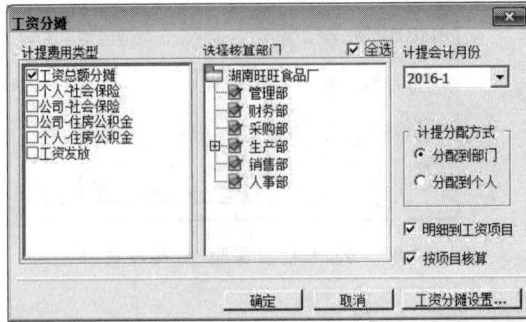

图 6-2-10 "工资总额分摊"制单设置

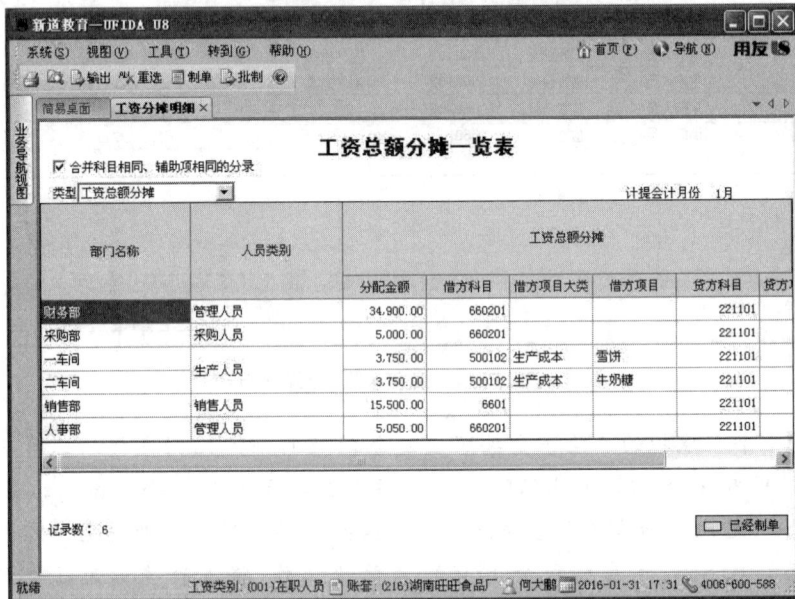

工资总额分摊一览表

☑ 合并科目相同、辅助项相同的分录

类型 工资总额分摊   计提会计月份 1月

部门名称	人员类别	工资总额分摊				
		分配金额	借方科目	借方项目大类	借方项目	货方科目
财务部	管理人员	34,900.00	660201			221101
采购部	采购人员	5,000.00	660201			221101
一车间	生产人员	3,750.00	500102	生产成本	雪饼	221101
二车间	生产人员	3,750.00	500102	生产成本	牛奶糖	221101
销售部	销售人员	15,500.00	6601			221101
人事部	管理人员	5,050.00	660201			221101

记录数: 6   ☐ 已经制单

工资类别: (001)在职人员 账套: (216)湖南旺旺食品厂 何大鹏 2016-01-31 17:31 4006-600-588

图 6-2-11 工资总额分摊一览表

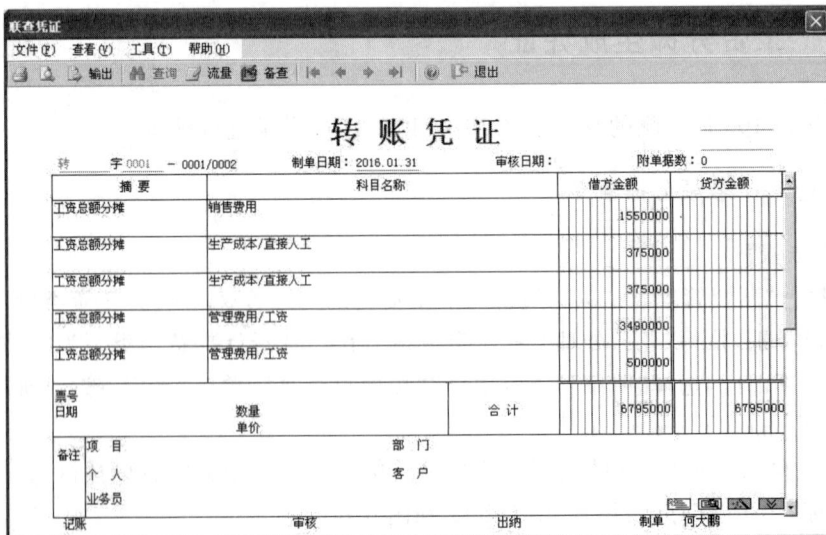

转 账 凭 证

转 字 0001 - 0001/0002   制单日期: 2016.01.31   审核日期: 附单据数: 0

摘 要	科目名称	借方金额	货方金额
工资总额分摊	销售费用	1550000	
工资总额分摊	生产成本/直接人工	375000	
工资总额分摊	生产成本/直接人工	375000	
工资总额分摊	管理费用/工资	3490000	
工资总额分摊	管理费用/工资	500000	
合 计		6795000	6795000

票号
日期   数量
单价

备注 项 目   部 门
个 人   客 户
业务员

记账   审核   出纳   制单 何大鹏

图 6-2-12 工资总额转账凭证

2.进行五险一金的计提

【操作步骤】

（1）单击工具栏中的"重选"按钮,勾选计提费用类型"个人-社会保险""公司-社会保险""个人-住房公积金""公司-社会公积金"。选择核算部门,选择"明细到工资项目、按项目核算",单击"确定"按钮,如图 6-2-13 所示。

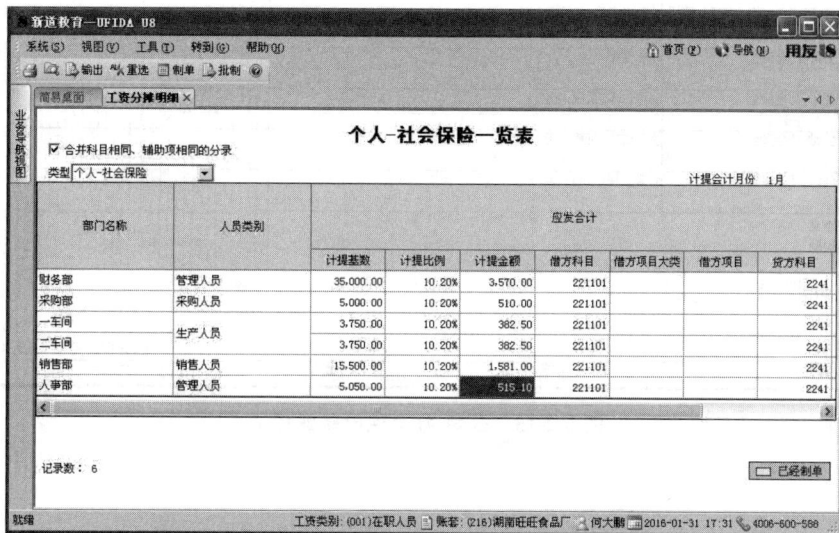

图 6-2-13 个人-社会保险一览表

（2）在类型中选择四种计提类型,依次执行"合并科目"→"辅助项相同的分录"命令,单击工具栏中的"批制"按钮,修改凭证类别为转账凭证,单击"保存"按钮,单击工具栏中的"下张凭证"按钮,修改凭证类别,单击"保存"按钮,共生成四张转账凭证,如图 6-2-14～图 6-2-17 所示。

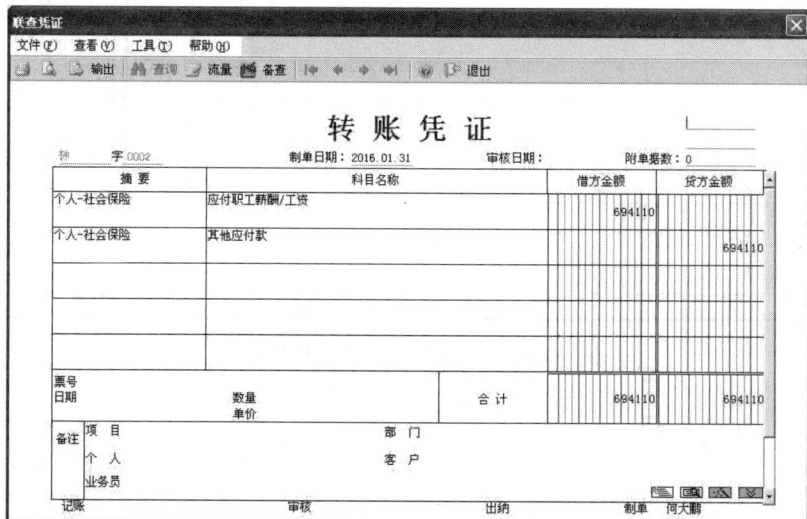

图 6-2-14 个人-社会保险转账凭证

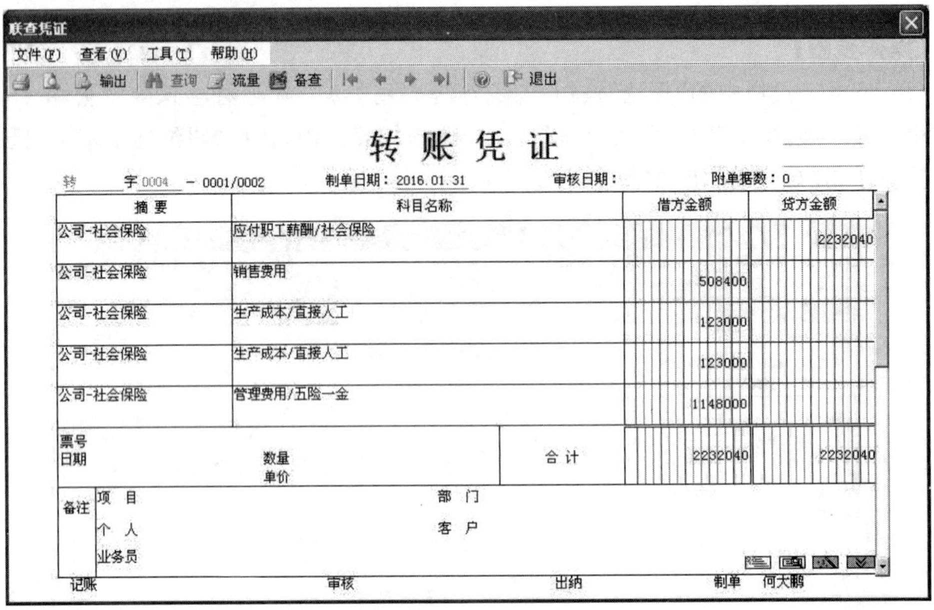

图 6-2-15　公司-社会保险转账凭证

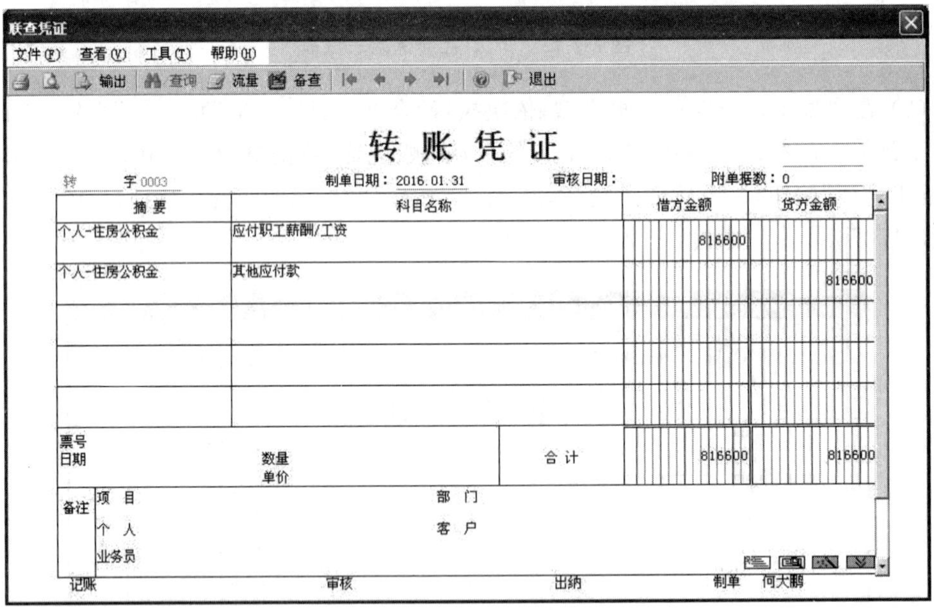

图 6-2-16　个人-住房公积金转账凭证

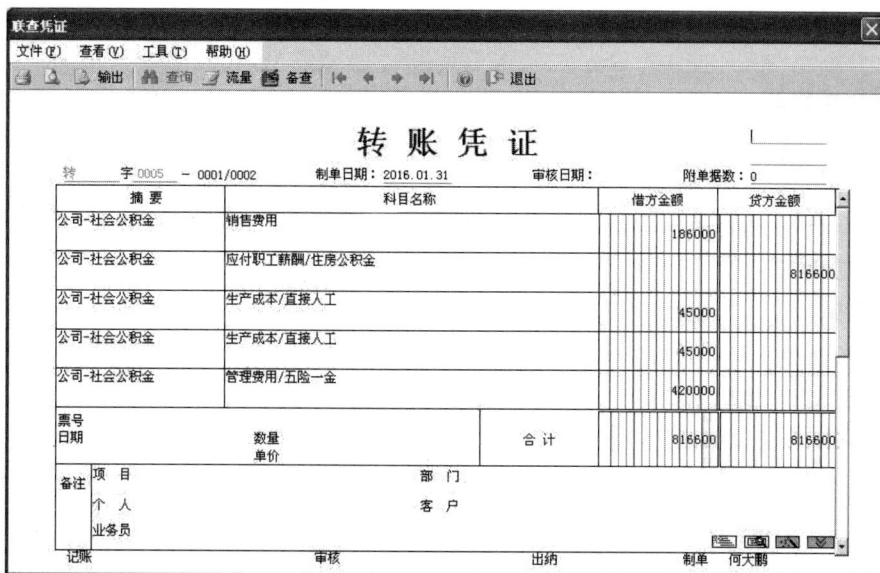

图 6-2-17　公司-社会公积金转账凭证

3. 进行工资的发放

【操作步骤】

单击工具栏中的"重选"按钮,勾选计提费用类型"工资发放",选择核算部门,选择"明细到工资项目、按项目核算",单击"确定"按钮。选择"合并科目、辅助项相同的分录",单击工具栏中的"制单"按钮,凭证类别选择"付款凭证",单击"保存"按钮,如图 6-2-18 所示。

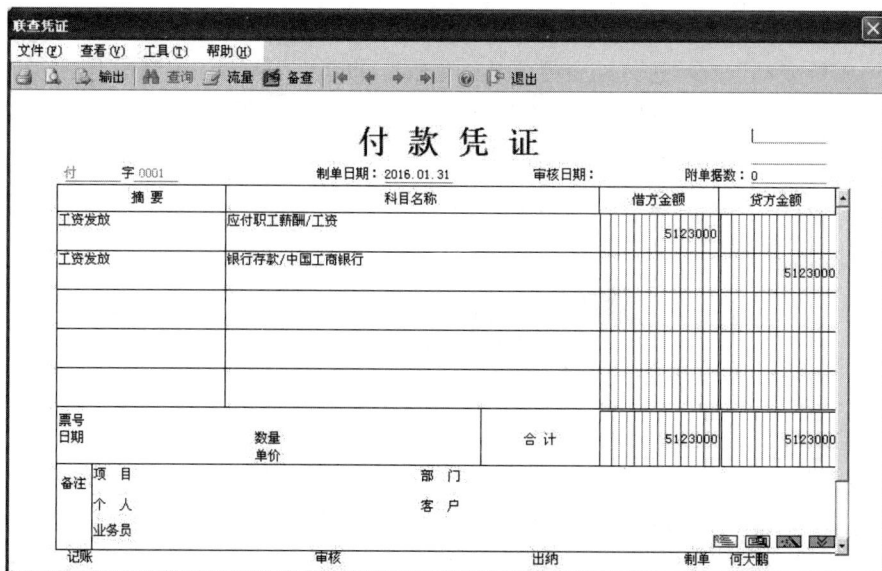

图 6-2-18　工资发放付款凭证

4.查看已生成的凭证，检查是否有误，若有误则修改凭证

【操作步骤】

（1）依次执行"人力资源"→"薪资管理"→"统计分析"→"凭证查询"命令，打开凭证列表界。

（2）单击第一张凭证，单击工具栏中的"凭证"按钮，打开凭证进行查看，检查是否有误，单击"退出"按钮。

【注意】

（1）在进行凭证修改时，如果有误，单击凭证列表中错误的凭证，单击工具栏中的"修改"按钮，对凭证进行修改。

（2）在进行凭证删除时，如果是因为工资分摊设置错误而导致凭证错误，请先将凭证删除（单击凭证列表中错误的凭证，单击工具栏中的"删除"按钮），再对工资分摊设置进行修改，进而生成正确的凭证。

6.2.5　代扣个人所得税并生成凭证

设置计提类型名称"代扣个人所得税"，分摊计提比例为"100％"，并生成相应的凭证。

1.设置工资分摊"代扣个人所得税"

以操作员106郭东的身份于2016年1月31日登录进行操作。

【操作步骤】

（1）在工资变动表中计算与汇总。依次执行"人力资源"→"薪资管理"→"工资类别"命令，双击"打开工资类别"按钮，选择"在职人员"工资类别，单击"确认"按钮。执行"业务处理"→"工资变动"命令，进入工资变动表，单击工具栏中的"计算"按钮与"汇总"按钮。

（2）执行"业务处理"→"工资分摊"命令，单击"工资分摊设置"按钮，录入计提类型名称"代扣个人所得税"，分摊计提比例设为"100％"，单击"下一步"按钮，在分摊构成设置中录入相关内容见任务单6-2学习任务代扣个人所得税并生成凭证中的表，单击"完成"按钮，如图6-2-19和图6-2-20所示。

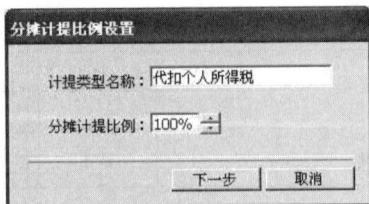

图6-2-19　代扣个人所得税-分摊计提比例设置

【注意】　在录入贷方科目时，可在科目参照中单击"编辑"按钮，进入"会计科目设置"界面，增加应交税费明细科目（222106应交个人所得税）。

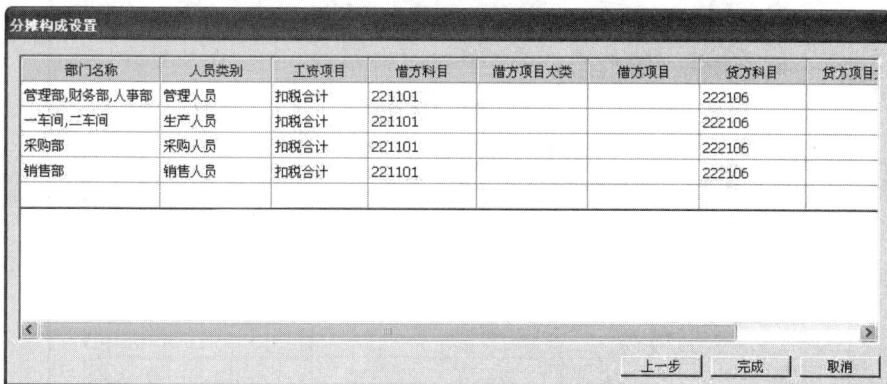

图 6-2-20　代扣个人所得税-分摊构成设置

2. 生成代扣个人所得税的转账凭证

以操作员 103 何大鹏的身份于 2016 年 1 月 31 日登录进行操作。

【操作步骤】

（1）依次执行"薪资管理"→"人力资源"→"工资类别"命令，双击"打开工资类别"，选择在职人员类别，执行"业务处理"→"工资分摊"命令，选择计提费用类型为"代扣个人所得税"，选择核算部门，选择"明细到工资项目""按项目核算"，单击"确定"按钮。

（2）选择"合并科目、辅助项相同的分录"，单击工具栏中的"制单"按钮，凭证类别选择转账凭证，单击"保存"按钮，如图 6-2-21 和图 6-2-22 所示。

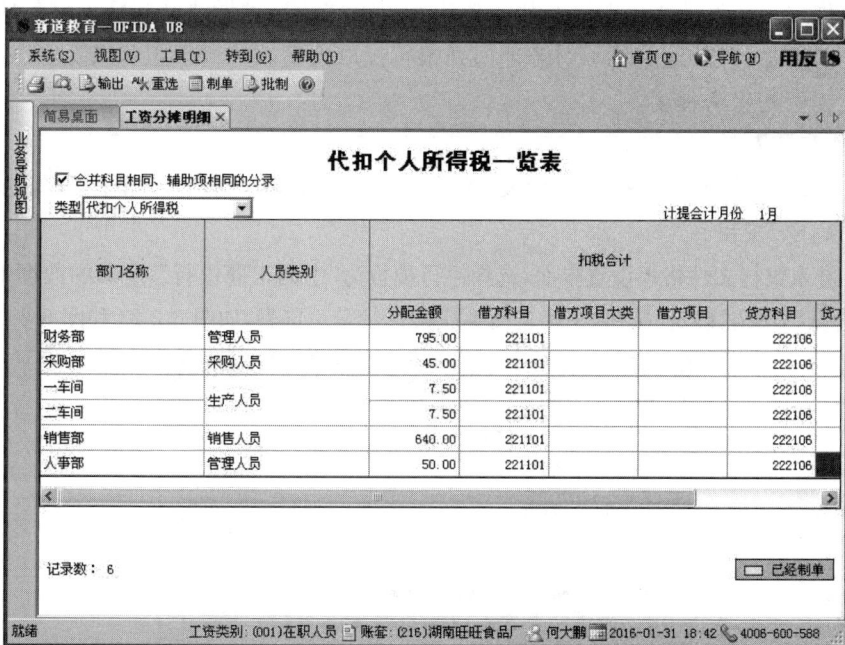

图 6-2-21　代扣个人所得税一览表

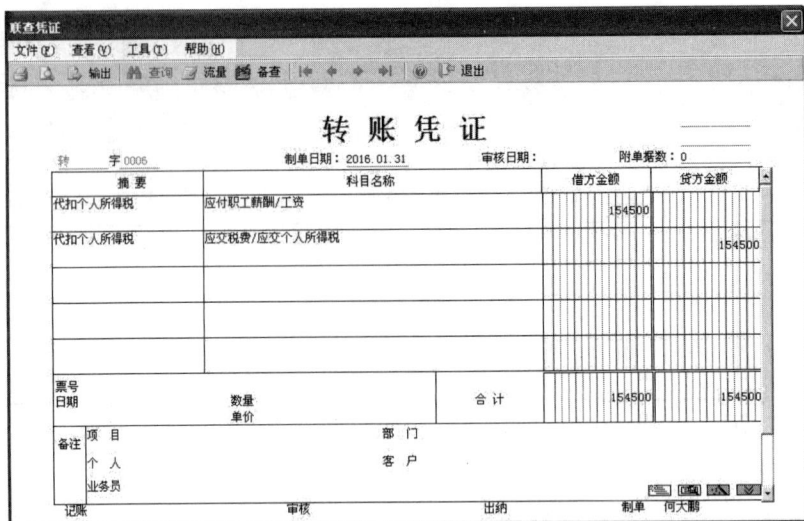

图 6-2-22　代扣个人所得税转账凭证

6.2.6　银行代发及扣缴个人所得税

以操作员 103 何大鹏的身份于 2016 年 1 月 31 日登录进行操作。

1. 银行代发即由银行发放企业职工个人工资

目前许多单位发放工资时都采用工资银行卡方式。这种做法既减轻了财务部门发放工资工作的繁重,有效地避免了财务部门到银行提取大笔款项所承担的风险,又提高了对员工个人工资的保密程度。

【操作步骤】

（1）执行"业务工作"→"银行代发"命令,弹出窗口"请选择部门范围",勾选所有部门,单击"确定"按钮。

（2）进入银行文件格式设置界面,选择银行模板为"中国工商银行",金额的数据来源默认为"实发合计",单击"确定"按钮,系统自动生成银行代发一览表,如图 6-2-23 和图 6-2-24 所示。

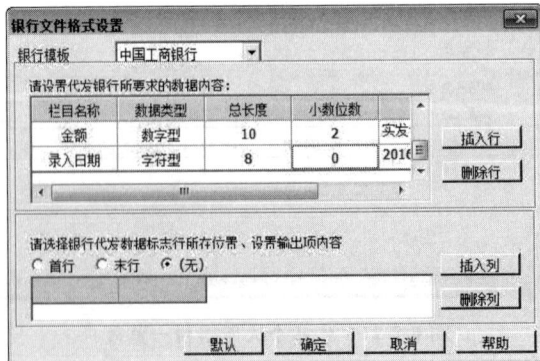

图 6-2-23　银行文件格式设置

图 6-2-24　银行代发一览表

2. 查看"扣缴个人所得税报表"

【操作步骤】

执行"业务处理"→"扣缴所得税"命令,打开"个人所得税申报模板",选择"扣缴个人所得税报表",单击"打开"按钮,系统自动弹出"系统扣缴个人所得税报表",如图 6-2-25 所示。

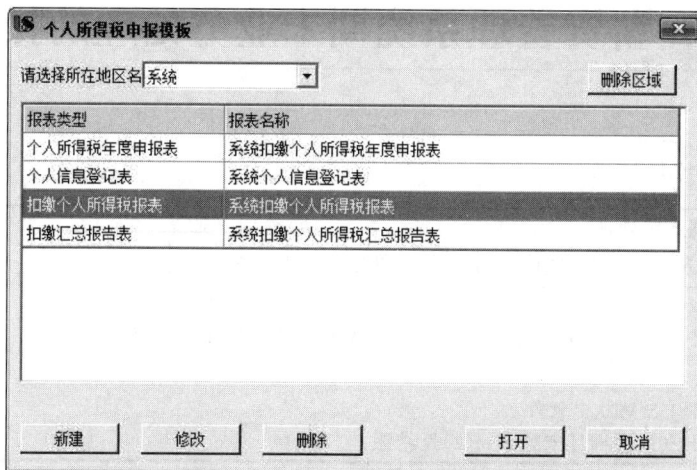

图 6-2-25　个人所得税申报模板

[理论测试 6-2]

一、单项选择题

1. 在工资系统中设置银行档案的主要目的是（　　　）。

    A. 银行借款 　　　　B. 银行代发工资 　　　C. 银行贷款 　　　　　D. 银行对账

2. 假设岗位工资的计算公式定义为 iff(人员类别＝"企业管理人员",700,iff(人员类别＝"车间管理人员",650,400))，试问其他的岗位工资是（　　　）元。

    A. 0 　　　　　　　　B. 400 　　　　　　　C. 650 　　　　　　　D. 700

3. 工资系统自动生成的记账凭证如果有错，只能在（　　　）中修改或删除。

    A. 账务处理系统 　　B. 报表系统 　　　　C. 成本核算系统 　　D. 工资核算系统

二、多项选择题

（　　　）是由工资系统自动计算汇总的工资项目。

    A. 应发合计 　　　　B. 基本工资 　　　　C. 扣款合计 　　　　D. 实发合计

三、判断题

1. 设置工资项目计算公式是指企业根据其财务制度，设置某一工资类别下的工资计算公式。 　　　　　　　　　　　　　　　　　　　　　　　　　　　（　　　）

2. 应发合计的公式由系统默认为增项之和。 　　　　　　　　　　　　　　（　　　）

四、思考题

若发现已生成的工资分摊凭证有错误，该如何修改？

任务 6.3　薪资管理系统期末业务处理的操作

[任务单 6-3]

项目 6　薪资管理系统处理		学时　　12	
任务 6.3	薪资管理系统期末业务处理的操作	学时	1
一、学习目标 　　在用友 ERP-U8 V10.1 软件中操作完成学习任务，完成相应的理论测试。			
二、学习资源 　　1. 用友 ERP-U8 V10.1 软件。 　　2. 操作视频：(1)进行月末处理；(2)反结账。			

6.3.1 进行月末处理.mp4　　　　6.3.2 反结账.mp4

三、学习方法
　　1. 认真观看视频并记录重点。
　　2. 和同学讨论、交流。

四、准备工作
　　1. 引入"薪资管理日常业务的操作 6-3"账套。
　　2. 准备一个剩余空间不小于 2GB 的 U 盘。
　　3. 修改计算系统时间为 2016 年 1 月 31 日。

五、学习任务
　　1. 以操作员 106 的身份于 2016 年 1 月 31 日登录进行月末处理
　　对在职人员类别进行月末处理，对事假天数进行清零。
　　2. 以操作员 106 的身份于 2016 年 1 月 31 日登录反结账
　　对在职人员类别进行反结账。
　　3. 账套备份
　　在 E 盘根目录下建立一个文件夹，文件夹的名字为"216 账套备份"，在该文件中建立一个名为
"薪资管理期末处理的操作 6-3"的文件夹，将账套备份到该文件夹中。

［信息页 6-3］

　　理论目标：

　　掌握薪资管理系统月处理的操作流程；

　　掌握相关的概念、操作要点。

　　技能目标：

　　熟练地进行月末处理；

　　熟练地进行反结账。

6.3.1　进行月末处理

　　对"在职人员"类别进行月末处理。

　　以操作员 106 郭东的身份于 2016 年 1 月 31 日登录企业应用平台。

　　【操作步骤】

　　（1）依次执行"人力资源"→"薪资管理"→"工资类别"命令，双击"打开工资类别"按
钮，选择在职人员工资类别，执行"业务处理"→"月末处理"命令，系统弹出月末处理窗口，
提示"请在月末处理前确认已经进行数据汇总，以确保工资明细与汇总数据吻合。"，单击
"确定"按钮。

（2）系统弹出提示框"月末处理之后，本月工资将不允许变动！继续月末处理吗？"，单击"是"按钮，系统弹出提示框"是否选择清零项？"，单击"是"按钮，选择"事假天数"，单击向右的单箭头，单击"确定"按钮，系统提示"月末处理完毕"，单击"确定"按钮，如图 6-3-1 和图 6-3-2 所示。

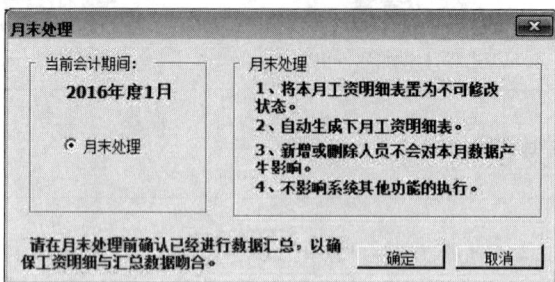

图 6-3-1　月末处理

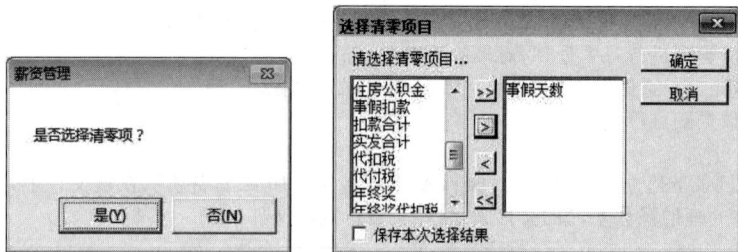

图 6-3-2　月末处理选择清零项目

6.3.2　反结账

对在职人员类别进行反结账。只有关闭工资类别后才可以进行反结账。

以操作员 106 郭东的身份于 2016 年 1 月 31 日登录企业应用平台。

【操作步骤】

单击"工资类别"按钮，双击"关闭工资类别"按钮，执行"业务处理"→"反结账"命令，选择在职人员工资类别，单击"确定"按钮，系统弹出提示框，单击"确定"按钮，系统提示"反结账已成功完成"，单击"确定"按钮，如图 6-3-3 和图 6-3-4 所示。

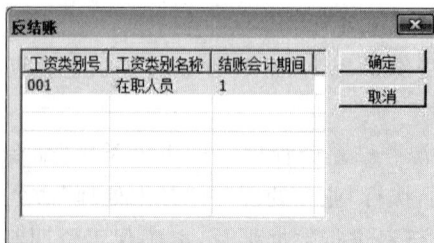

图 6-3-3　反结账

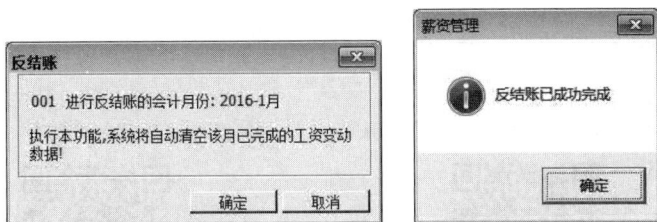

图 6-3-4 "反结账"提示框

[理论测试 6-3]

一、单项选择题

月末结转时将要生成新月份的工资数据表,在该表中需要清零的是(　　)。

    A. 变动数据项　　　　B. 固定数据项　　　　C. 字符数据项　　　　D. 数值数据项

二、多项选择题

进行月末处理后,以下说法正确的有(　　)。

    A. 将本月工资明细表置为不可修改状态

    B. 自动生成下月工资明细表

    C. 新增或删除人员不会对本月数据产生影响

    D. 不影响系统其他功能的执行

三、判断题

1. 只有关闭工资类别后才可以进行反结账。　　　　　　　　　　　　　　(　　)

2. 月末处理之后,本月工资将不允许变动。　　　　　　　　　　　　　　(　　)

四、思考题

如果完成月末处理后发现日常业务处理错误,应该先进行什么操作?

任务6.4　薪资管理系统工资数据账表查询及维护

[任务单 6-4]

项目6　薪资管理系统处理		学时　12	
任务 6.4	薪资管理系统工资数据账表查询及维护	学时	1
一、学习目标 　在用友 ERP-U8 V10.1 软件中操作完成学习任务,完成相应的理论测试。			

二、学习资源

    1. 用友 ERP-U8 V10.1 软件。

    2. 操作视频：(1)薪资管理系统工资数据账表查询；(2)薪资管理系统的维护。

    6.4.1薪资管理工资数据账表查询.mp4   6.4.2薪资管理系统的维护

三、学习方法

    1. 认真观看视频并记录重点。

    2. 和同学讨论、交流。

四、准备工作

    1. 引入"薪资管理系统期末处理的操作 6-3"账套。

    2. 准备一个剩余空间不小于 2GB 的 U 盘。

    3. 修改计算系统时间为 2016 年 1 月 31 日。

五、学习任务

    1. 薪资管理系统工资数据账表查询

    (1) 查询生产部在职人员的"部门工资汇总表"。

    (2) 查询所有部门的"部门工资项目分析表"，分析"应发合计、实发合计、扣款合计"三个工资项目。

    (3) 查询生产部在职人员的工资发放条。

    2. 薪资管理系统的维护

    双击"人员调动"及"人员信息复制"进行查看。

    3. 账套备份

    在 E 盘根目录下建立一个文件夹,文件夹的名字为"216账套备份",在该文件中建立一个名为"薪资管理系统期末处理的操作 6-4"的文件夹,将账套备份到该文件夹中。

[信息页 6-4]

理论目标:

掌握薪资管理系统工资数据账表查询及维护的操作流程;

掌握相关的概念、操作要点。

技能目标:

熟练地进行工资数据账表的查询;

了解管理系统的维护功能。

6.4.1　薪资管理系统工资数据账表查询

1. 查询生产部在职人员的"部门工资汇总表"

以操作员 106 郭东的身份于 2016 年 1 月 31 日登录企业应用平台。

【操作步骤】

依次执行"薪资管理"→"统计分析"→"账表"→"我的账表"命令,选择"在职人员"类别,双击"工资表"中的"部门工资汇总表"按钮,勾选"生产部",单击"确定"按钮,选择部门范围按默认设置,单击"确定"按钮,如图 6-4-1 所示。

部门工资汇总表

2016 年 1 月

会计月份 一月

部门	人数	应发合计	扣款合计	实发合计	本月扣零	上月扣零	代扣税	计件工资	代付税	年终
生产部	2	7,500.00	1,680.00	5,820.00			15.00			
一车间	1	3,750.00	840.00	2,910.00			7.50			
二车间	1	3,750.00	840.00	2,910.00			7.50			
合计	2	7,500.00	1,680.00	5,820.00			15.00			

制表　　　　审核　　　　　复核:

图 6-4-1　生产部在职人员的"部门工资汇总表"

2. 查询所有部门的"部门工资项目分析表",分析"应发合计、实发合计、扣款合计"三个工资项目

【操作步骤】

双击"工资分析表"中的"部门工资项目构成分析表",选择分析区间为 2016 年 1 月,勾选所有部门,单击"确定"按钮。单击向右的单箭头,选择"应发合计、扣款合计、实发合计"三个工资项目作为分析对象,单击"确定"按钮,如图 6-4-2 和图 6-4-3 所示。

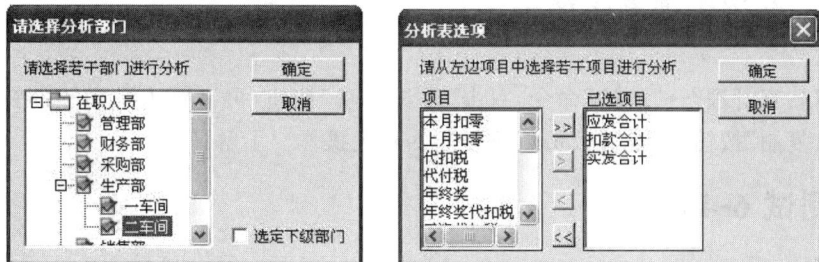

图 6-4-2　部门工资项目构成分析表(1)

3. 查询生产部在职人员的工资发放条

【操作步骤】

双击"工资表"中的"工资发放条",勾选生产部,单击"确定"按钮,选择部门范围按默

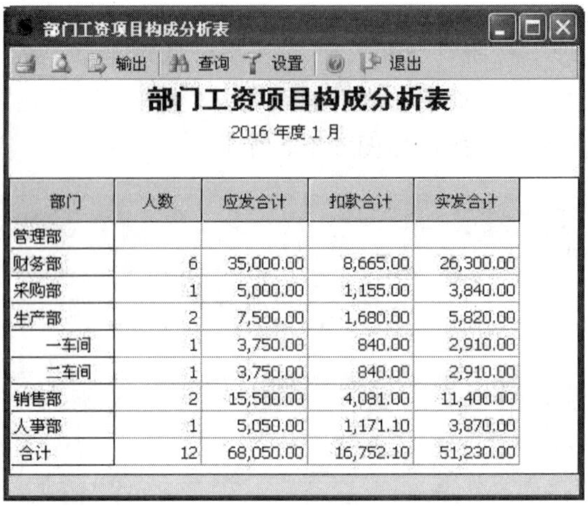

图 6-4-3　部门工资项目构成分析表(2)

认设置,单击"确定"按钮,如图 6-4-4 所示。

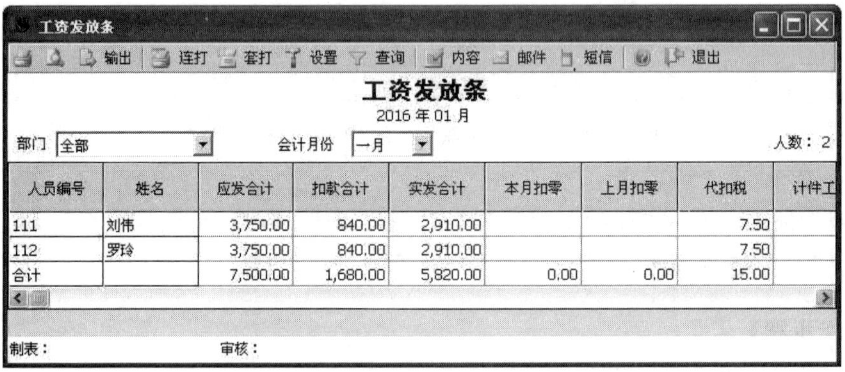

图 6-4-4　生产部在职人员的"工资发放条"

6.4.2　薪资管理系统的维护

执行"薪资管理"→"维护"命令,双击"人员调动"按钮,可进行人员调动的操作;双击"人员信息复制"按钮,可进行人员信息复制的相关操作。了解即可。

[理论测试 6-4]

一、单项选择题

工资表主要用于本月工资的发放和统计,但其中不包括( )。

　　A. 工资发放签名表　　　　　　　　　　B. 工资发放条

　　C. 工资项目构成分析表　　　　　　　　D. 部门工资汇总表

二、多项选择题

工资分析表是通过对工资各项资料的分析得来的,其中包括(　　)。

　A. 工资发放签名表 　　　　　　B. 部门工资构成分析表

　C. 分类统计表 　　　　　　　　D. 工资项目分析表

三、判断题

通过工资发放条可以对各部门的工资项目进行分析。　　　　　　　　(　　)

四、思考题

如何获得 Excel 格式的工资发放条?

固定资产管理系统处理

任务 7.1 固定资产管理系统概述及初始化操作

[任务单 7-1]

项目 7 固定资产管理系统处理	学时	8
任务 7.1 固定资产管理系统概述及初始化操作	学时	2
一、学习目标 　　在用友 ERP-U8 V10.1 软件中操作完成学习任务,完成相应的理论测试。		
二、学习资源 　　1. 用友 ERP-U8 V10.1 软件。 　　2. 操作视频:(1)建立固定资产账套;(2)固定资产选项设置;(3)设置部门对应折旧科目;(4)设置固定资产类别;(5)设置固定资产增减方式对应入账科目;(6)录入固定资产原始卡片;(7)期初对账。		

7.1.1 建立固定资产账套.mp4

7.1.2 固定资产选项设置.mp4　　　7.1.3 设置部门对应折旧科目.mp4　　　7.1.4 设置固定资产类别.mp4

7.1.5 设置固定资产增减方式
对应入账科目.mp4　　　7.1.6 录入固定资产原始卡片.mp4　　　7.1.7 期初对账.mp4

三、学习方法

    1. 认真观看视频并记录重点。

    2. 和同学讨论、交流。

四、准备工作

    1. 准备一个剩余空间不小于2GB的U盘。

    2. 修改计算系统时间为2016年1月1日。

    3. 引入"总账系统概述及初始设置4-1"账套。

五、学习任务

    1. 了解固定资产系统基本概述

    2. 建立固定资产账套

    固定资产系统的参数。

    固定资产账套的启用月份为"2016年1月",本账套计提折旧,固定资产采用"平均年限法(一)"计提折旧,折旧汇总分配周期为一个月;当(月初已计提月份＝可使用月份－1)时将剩余折旧全部提足。固定资产编码方式为"2-1-1-2";固定资产编码方式采用自动编码方式,编码方式为"类别编号＋序号";序号长度为"5"。要求固定资产系统与总账进行对账;固定资产对账科目为"1601,固定资产";累计折旧对账科目为"1602,累计折旧";对账不平衡的情况下允许固定资产月末结账。

    3. 固定资产选项设置

    修改主要折旧方法为"平均年限法(二)"。

    设置与财务系统的接口:"固定资产缺省"入账科目(1601,固定资产)

                         "累计折旧缺省"入账科目(1602,累计折旧)

                         "减值准备"缺省入账科目(1603,固定资产减值准备)

                         "增值税进项税额"缺省入账科目(22210101,进项税额)

                         固定资产清理缺省入账科目(1606,固定资产清理)

    业务发生后立即制单。

    4. 设置部门对应折旧科目

部 门 名 称	对应折旧科目
管理部	管理费用——折旧费
生产部——一车间 ——二车间	制造费用
销售部	销售费用
采购部	管理费用——折旧费
财务部	管理费用——折旧费
人事部	管理费用——折旧费

    5. 设置固定资产类别

类别编码	类别名称	使用年限/年	净残值率/%	计提属性	折旧方法	卡片样式
01	房屋及建筑物	30	2	正常计提	平均年限法(二)	通用样式
011	办公楼	30	2	正常计提	平均年限法(二)	通用样式
012	厂房	30	2	正常计提	平均年限法(二)	通用样式
02	机器设备		3	正常计提	平均年限法(二)	含税卡片样式
021	生产设备	15	3	正常计提	平均年限法(二)	含税卡片样式
022	办公设备	5	3	正常计提	平均年限法(二)	含税卡片样式
023	运输设备	10	3	正常计提	平均年限法(二)	含税卡片样式

6. 设置固定资产增减方式对应入账科目

增　减　方　式	对应入账科目
增加方式	
直接购入	100201,中国工商银行
投资者投入	4001,实收资本
捐赠	6301,营业外收入
盘盈	6901,以前年度损益调整
在建工程转入	1604,在建工程
减少方式	
出售	1606,固定资产清理
盘亏	1901,待处理财产损益
投资转出	1606,固定资产清理
捐赠转出	1606,固定资产清理
报废	1606,固定资产清理

7. 录入固定资产原始卡片

卡片编号	00001	00002	00003	00004	00005	00006	00007
固定资产编号	01100001	01200001	02100001	02100002	02100003	02300001	02200002
固定资产名称	1号办公楼	厂房	1号生产线	2号生产线	多层烤箱	小轿车	电脑
资产类别编码	011	012	021	021	021	023	022
资产类别名称	办公楼	厂房	生产设备	生产设备	生产设备	运输设备	办公设备
使用部门名称	管理部50%,财务部50%	一车间、二车间各占50%	一车间	二车间	一车间	管理部	管理部
增加方式	在建工程转入	在建工程转入	直接购入	投资者投入	直接购入	直接购入	直接购入
使用状况	在用	在用	在用	在用	在用	在用	在用
使用年限/年	30	30	15	15	15	10	5
折旧方法	平均年限法2	平均年限法2	平均年限法2	平均年限法2	平均年限法2	平均年限法2	平均年限法2
开始使用日期	2010-12-10	2010-12-15	2010-12-20	2010-12-20	2010-12-20	2010-12-25	2013-6-25
币种	人民币	人民币	人民币	人民币	人民币	人民币	人民币
原值	1 000 000	2 200 000	252 000	420 000	28 000	256 000	4 000
净残值率/%	2	2	3	3	3	3	3

净残值	20 000	44 000	7 560	12 600	840	7 680	120
累计折旧	163 333	359 333	81 480	135 800	9 053	124 160	1 940
月折旧率	0.002 7	0.002 7	0.005 4	0.005 4	0.000 54	0.008 1	0.016 17
本月计提折旧额	2 722.22	5 988.89	1 358	2 263.33	150.89	2 069.33	64.67
净值	836 667	1 840 667	170 520	284 200	18 947	131 840	2 060
对应折旧科目	管理费用——折旧费	制造费用	制造费用	制造费用	制造费用	管理费用——折旧费	管理费用——折旧费

8. 期初对账

对固定资产期初进行对账。

9. 账套备份

在 E 盘根目录下找到文件夹的名字为"216 账套备份"的文件夹,在该文件中建立一个名为"固定资产管理系统初始化操作 7-1"的文件夹,将账套备份到该文件夹中。

[信息页 7-1]

理论目标:

了解固定资产管理系统概述;

掌握固定资产管理系统的初始设置;

掌握固定资产系统的基础设置;

掌握相关的概念、操作要点。

技能目标:

熟悉固定资产管理系统概述;

熟练地建立固定资产账套;

熟练地进行固定资产基础设置;

熟练地录入原始卡片。

7.1.1 固定资产管理系统概述

固定资产是指为生产商品、提供劳务、出租或经营管理而持有的,使用寿命超过 1 年的有形资产,如房屋、机器、建筑物等。固定资产管理系统是核算企事业单位固定资产的子系统,它的主要任务是正确反映固定资产的分类、计价以及增减变动等情况,编制固定资产增减明细表,正确计提固定资产折旧,编制固定资产折旧报告,保护单位资产的安全和完整。固定资产系统主要包括以下基本功能。

1. 固定资产系统初始化设置

启动固定资产子系统，首先要进行初始设置，其目的的主要是有利于以后的核算与管理，包括设置参数、部门对应折旧科目、资产类别、增减方式、使用状况、折旧方法、与其他子系统参数接口等。

2. 固定资产卡片的操作

固定资产通过卡片操作可以实现卡片的项目和样式设置，原始卡片录入、资产增加、资产减少，固定资产原值增加及减少、部门转移、使用状况变化、折旧方法、使用年限等固定资产变动，固定资产批量变动，固定资产评估变动，固定资产盘点及固定资产盘盈盘亏等进行操作，实现固定资产的资料管理。

3. 固定资产业务处理

固定资产业务处理包括工作量输入、计提本月折旧、折旧清单、折旧分配表、批量制单、凭证查询、月末结账、恢复月末结账前状态等内容的操作。

4. 固定资产账表

固定资产账表包括固定资产分析表、减值准备表、统计表、账簿、折旧表等各项账表的查询与打印操作。

5. 固定资产维护

固定资产维护包括数据接口管理与重新初始化账套的处理。

7.1.2 固定资产管理系统操作流程

1. 建立固定资产账套

【操作步骤】

（1）以105号操作员夏雪的身份，选择2016年1月1日的日期，选择"216 湖南旺旺食品厂"账套，登录企业应用平台，初始化固定资产账套：在用友应用平台中，依次执行"业务工作"→双击"财务会计"→双击"固定资产"命令，系统弹出对话框，如图7-1-1所示。

（2）单击"是"按钮，打开"初始化账套向导"对话框，选中"我同意"单选按钮，如图7-1-2所示。

（3）单击"下一步"按钮，系统默认账套启用月份为"2016.01"，如图7-1-3所示。

【注意】 固定资产账套中的启用月份只能查看，不能修改。启用日期确定后，在该日期前的所有固定资产都将作为期初数据录入本系统，在启用月份开始计提折旧。

（4）单击"下一步"按钮，勾选"本账套计提折旧"，选择主要折旧方法为"平均年限法

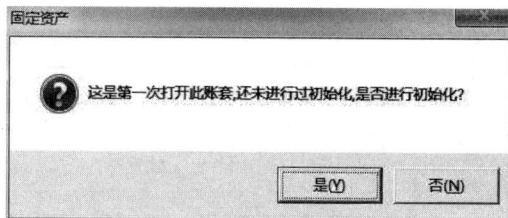

图 7-1-1　固定资产系统初始化提示

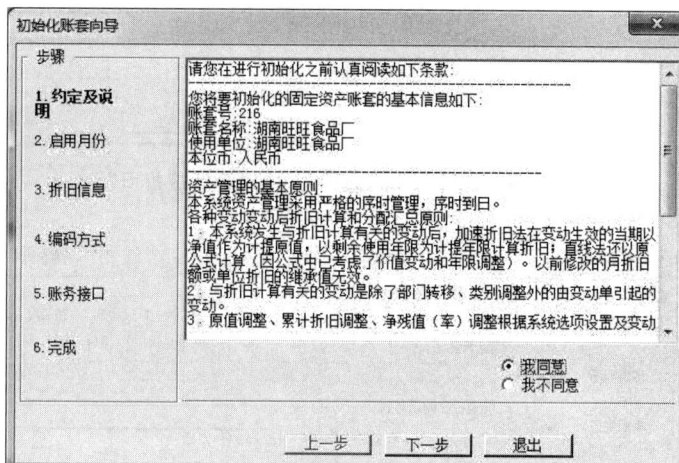

图 7-1-2　初始化账套向导—"我同意"

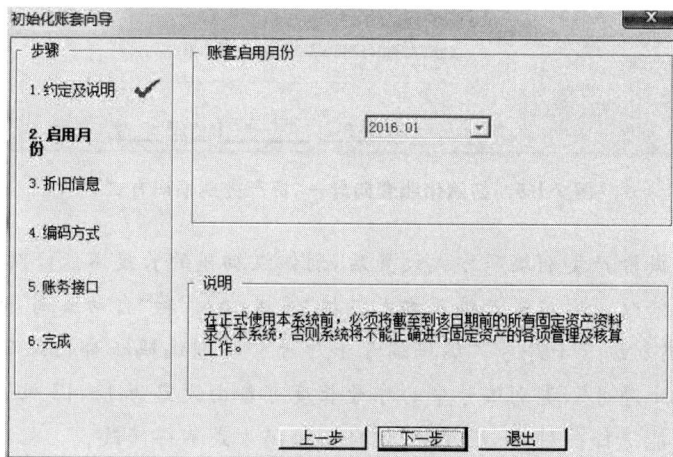

图 7-1-3　初始化账套向导—"账套启用月份"

（一）"，折旧汇总分配周期为"1 个月"；勾选当(月初已计提月份＝可使用月份－1)时将剩余折旧全部提足(工作量法除外)，如图 7-1-4 所示。

（5）单击"下一步"按钮，设置固定资产编码方式为"2-1-1-2"；在固定资产编码方式中，单击"自动编码"单选按钮，编码方式选为"类别编号＋序号"，序号长度设置为"5"，如图 7-1-5 所示。

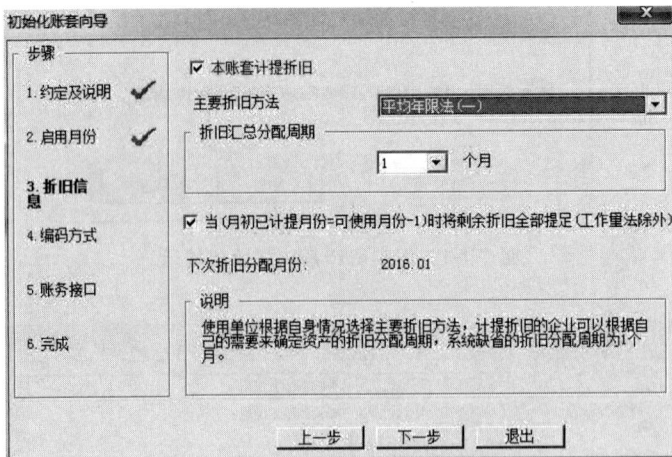

图 7-1-4　初始化账套向导—"本账套计提折旧"

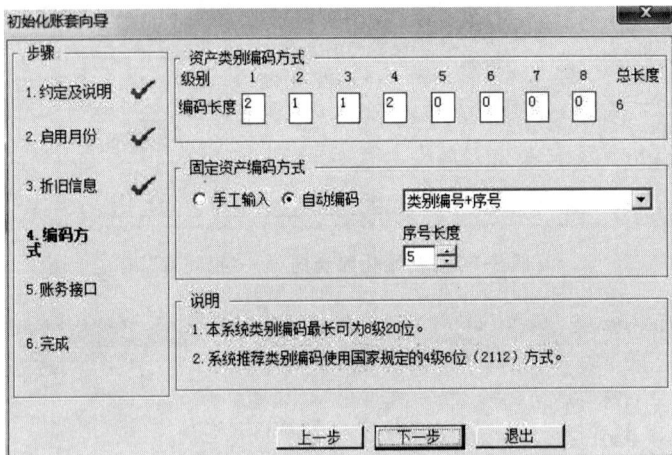

图 7-1-5　初始化账套向导—"资产类别编码方式"

　　【注意】　完成资产类别编码方式设置后，则该级编码的长度不能修改，未使用过的各级编码长度可以修改。固定资产编码方式包括"手工输入"和"自动编码"两种方式。自动编码方式包括"类别编号＋序号""编码编号＋序号""类别编码＋部门编码＋序号""部门编码＋类别编码＋序号"，类别编号中的序号长度可自由设定为 1～15 位。每一个账套的自动编码方式只能选择一种，一经设定，该自动编码方式不得修改。

　　（6）单击"下一步"按钮，勾选"与账务系统进行对账"；在对账科目中，固定资产对账科目输入"1601，固定资产"；累计折旧对账科目为输入"1602，累计折旧"；勾选"在对账不平情况下允许固定资产月末结账"，如图 7-1-6 所示。允许固定资产月末结账，是指固定资产系统在月末结账前与对应的账务账套自动对账一次，如果不平，说明存在误差，应予以调整。

　　【注意】　固定资产对账科目和累计折旧对账科目应与账务系统对应科目一致。在对账不平情况下允许固定资产月末结账，是指固定资产系统在月末结账前与对应的账务账

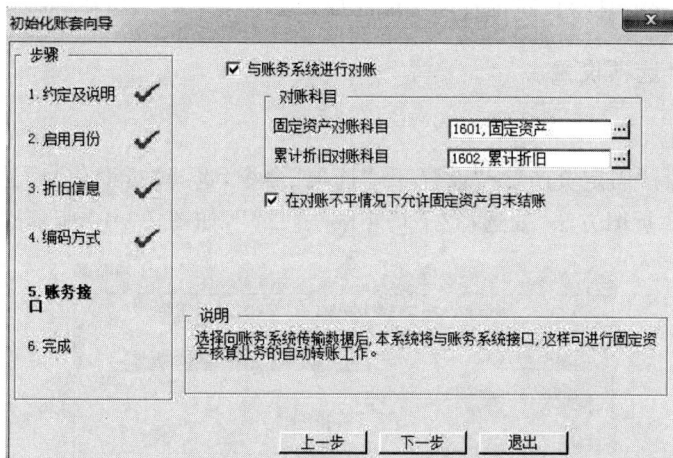

图 7-1-6　初始化账套向导—"与账务系统进行对账"

套自动对账一次,如果不平,说明存在误差,应与以调整。

(7) 单击"下一步"按钮,如图 7-1-7 所示。

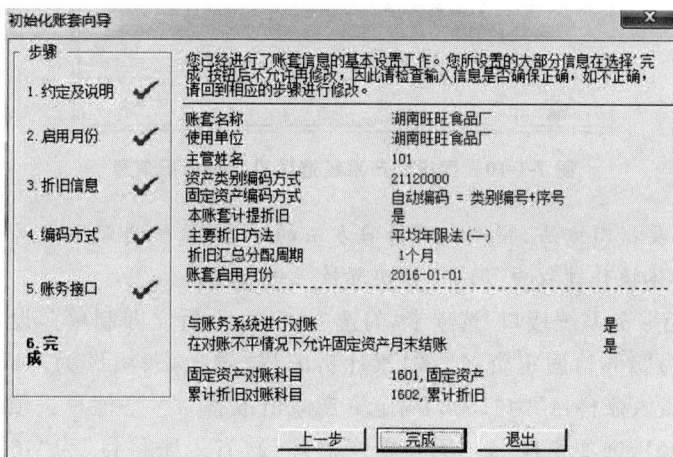

图 7-1-7　初始化账套向导

(8) 单击"完成",弹出固定资产设置完成提示对话框,如图 7-1-8 所示。

(9) 单击"是"按钮,如图 7-1-9 所示。

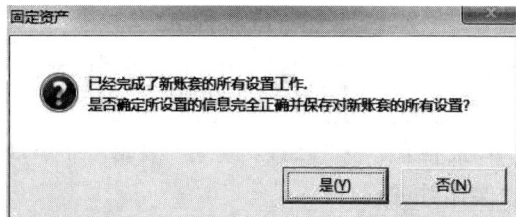

图 7-1-8　固定资产系统新账套设置完成提示

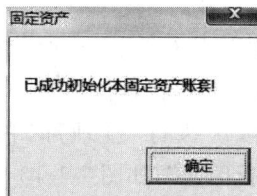

图 7-1-9　固定资产账套初始化完成提示

（10）单击"确定"按钮，固定资产建账完成。

2. 固定资产选项设置

【操作步骤】

（1）依次执行"固定资产"→"设置"→"选项"命令，选择"折旧信息"选项卡，单击"编辑"按钮，在"主要折旧方法"处选择"平均年限法（二）"，如图 7-1-10 所示。

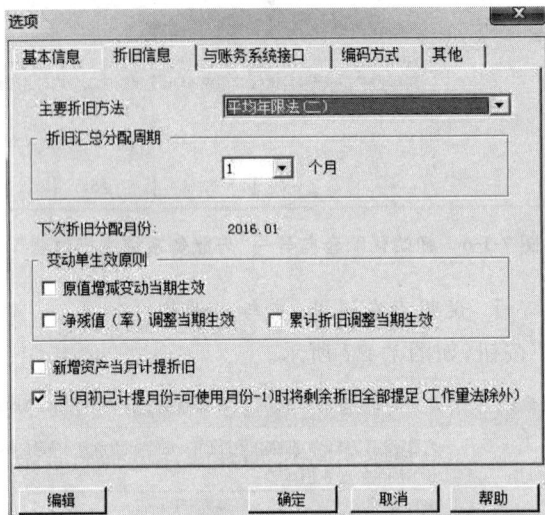

图 7-1-10 固定资产系统选项设置—折旧信息

【注意】 主要折旧方法，指当出现折旧方法的地方，系统自动默认为主要折旧方法。各项固定资产具体操作过程中可以根据实际情况进行更改。

（2）选择"与账务系统接口"选项卡，勾选"业务发生后立即制单"，设置"'固定资产'缺省入账科目"为"1601，固定资产"，"'累计折旧'缺省入账科目"为"1602，累计折旧"，"'减值准备'缺省入账科目"为"1603，固定资产减值准备"，"'增值税进项税额'缺省入账科目"为"22210101，进项税额"，"'固定资产清理'缺省入账科目"为"1606，固定资产清理"，如图 7-1-11 所示。

（3）单击"确定"按钮，设置完成。

3. 设置部门对应折旧科目

【操作步骤】

（1）依次执行"固定资产"→"设置"→"部门对应折旧科目"命令，进入"部门对应折旧科目-列表试图"窗口，如图 7-1-12 所示。

（2）依次执行"管理部"所在行→"单张视图"→"修改"或者"编辑"命令，输入"660203，折旧费"，如图 7-1-13 所示，单击"保存"按钮。

（3）执行"列表视图"→"生产部"所在行→"单张视图"→"修改"或者"编辑"命令，输入"5101，制造费用"，单击"保存"按钮，弹出对话框，如图 7-1-14 所示。

（4）单击"是"按钮。以此方法继续录入财务部、采购部、销售部、人事部各部门对应

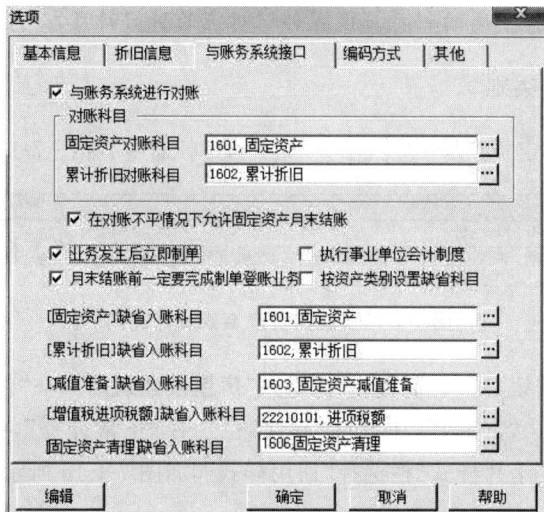

图 7-1-11　固定资产系统选项设置—与账务系统接口

图 7-1-12　固定资产系统部门对应折旧科目

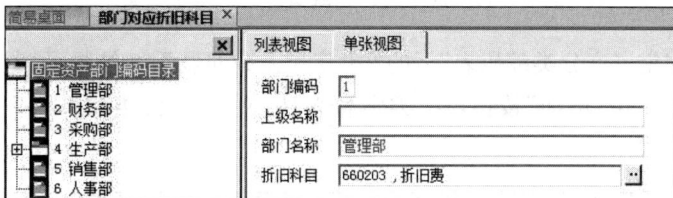

图 7-1-13　固定资产系统单张视图

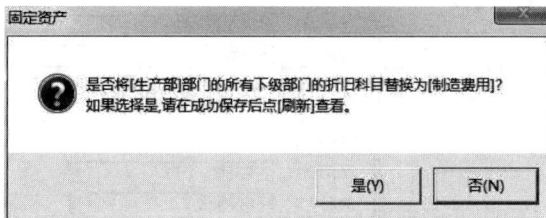

图 7-1-14　固定资产系统提示对话框

的折旧科目。

　　【注意】　录入固定资产系统卡片时,只能选择末级部门,所以设置折旧科目也需对应末级部门。如果某一非末级部门设置了对应的折旧科目,则所属的下级部门可以继承上级部门的设置,也可以选择不同的科目。设置部门对应的折旧科目,必须选择末级会计科目。

4. 设置固定资产类别

(1) 依次执行"固定资产"→"设置"→"资产类别"命令,如图 7-1-15 所示。

图 7-1-15　固定资产系统资产类别

(2) 单击"增加"按钮,在"类别名称"栏输入"房屋及建筑物",在"使用年限"栏录入"30"年,在"净残值率"栏录入"2(%)",在"计提属性"栏选择"正常计提",在"折旧方法"栏选择"平均年限法(二)",在"卡片样式"栏选择"通用样式",如图 7-1-16 所示,单击"保存"按钮。

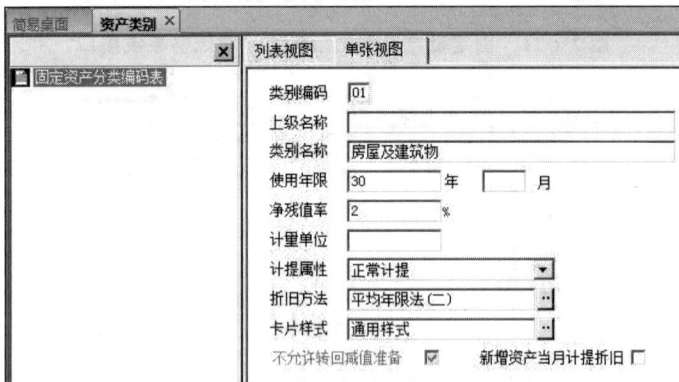

图 7-1-16　固定资产系统资产类别单张视图

(3) 单击"固定资产分类编码表"下的"01 房屋及建筑物",系统提示"是否保存数据?",单击"否"按钮,再单击"增加"按钮,在"类别名称"栏录入"办公楼",如图 7-1-17 所示,单击"保存"按钮。

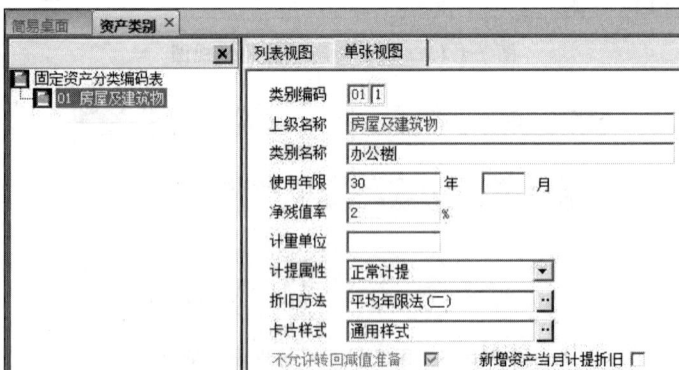

图 7-1-17　"房屋及建筑物"固定资产系统资产类别单张视图

(4) 以此方法继续录入其他资产类别。

【注意】

（1）应先增加上级固定资产类别，再增加下级类别。下级类别的使用年限、净残值率默认与上级一致。如果下级相同，则不需要修改；不一致，可以修改。

（2）使用过的类别的计提属性不能修改。

（3）系统已使用的类别不允许增加下级和删除。

（4）增加一级分类编码时，请选择在"固定资产分类编码表"下增加；增加二级分类编码时，应选择在相应的一级分类编码下增加。

5. 设置固定资产增减方式对应入账科目

【操作步骤】

（1）依次执行"固定资产"→"设置"→"增减方式"命令，打开"增减方式"窗口，如图 7-1-18 所示。

图 7-1-18　固定资产系统增减方式列表视图

（2）在增减方式目录表中，选中"直接购入"→"单张视图"→"修改"命令，在"对应入账科目"栏录入"100201，中国工商银行"，如图 7-1-19 示，单击"保存"按钮。

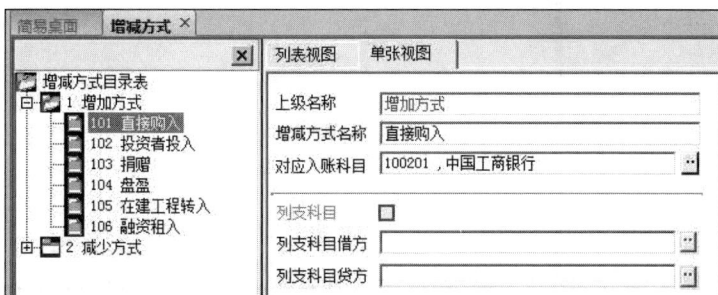

图 7-1-19　固定资产系统增减方式单张视图

（3）以此方法继续录入其他增减方式对应入账科目，如图 7-1-20 所示。

图 7-1-20　固定资产系统增减方式列表

【注意】

（1）在资产增减方式中设置的对应入账科目是为了产生凭证时自动默认。

（2）已使用的增减方式不能删除。

（3）产生凭证时，如果入账科目发生了变化，可以即时修改。

6. 录入固定资产原始卡片

【操作步骤】

（1）依次执行"固定资产"→"卡片"→"录入原始卡片"命令，打开"固定资产类别档案"对话框，勾选"011　办公楼"，如图 7-1-21 所示，单击"确定"按钮。

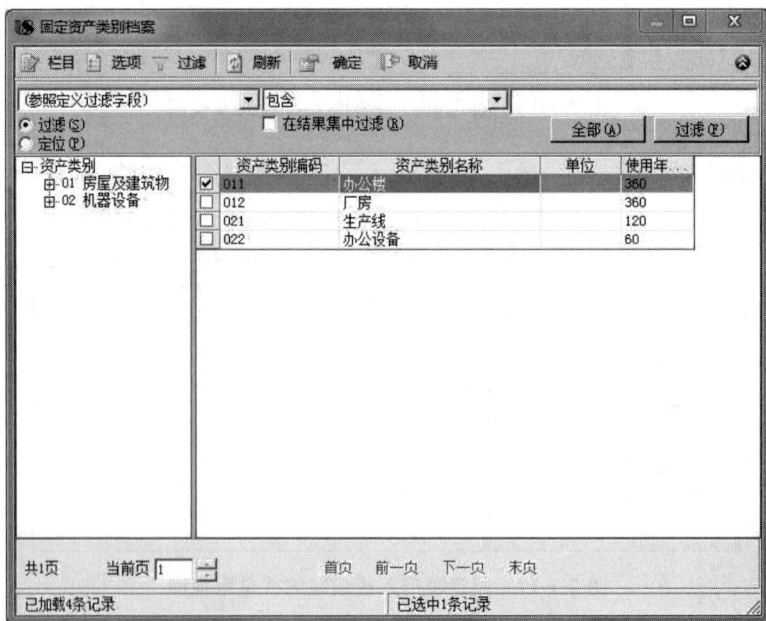

图 7-1-21　"固定资产类别档案"对话框

（2）在固定资产名称处录入"1号办公楼"

（3）单击"使用部门"栏，再单击"使用部门"按钮，选择"多部门使用"，如图 7-1-22 所示。

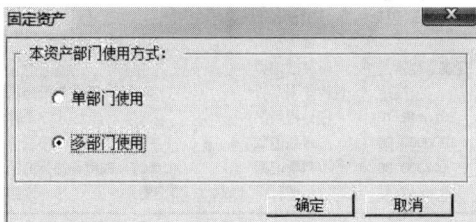

图 7-1-22　固定资产系统使用方式对话框

（4）单击"确定"按钮，单击"增加"按钮，选择录入"管理部 50％，财务部 50％"，如图 7-1-23 所示，单击"确定"按钮。

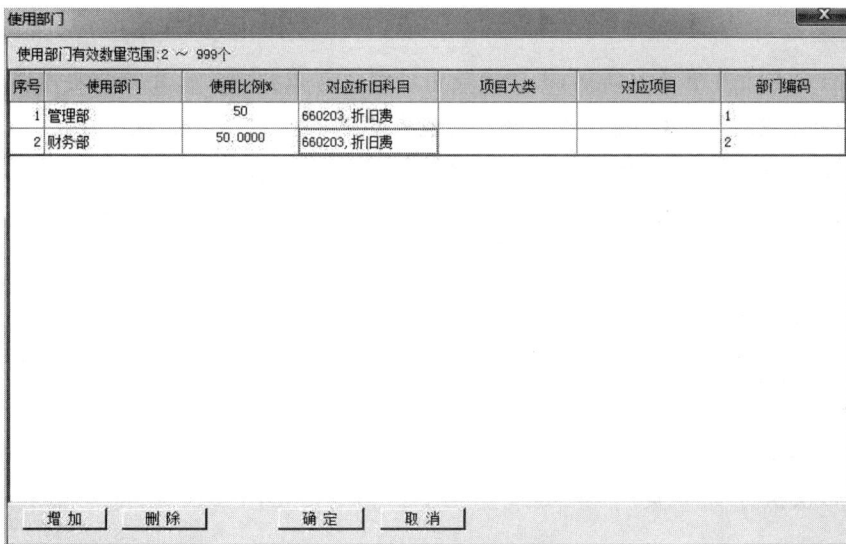

图 7-1-23　固定资产使用部门

（5）单击"增加方式"栏，再单击"增加方式"按钮，打开"固定资产增加方式参照"对话框，选择"在建工程转入"，单击"确定"按钮。

（6）单击"使用状况"栏，再双击"使用状况"按钮，打开"使用方式参照"对话框，选择"在用"，单击"确定"按钮。

（7）在"开始使用"栏录入"2010-12-10"，"原值"栏录入"1 000 000"，"累计折旧"栏录入"163 333"，如图 7-1-24 所示。

（8）单击"保存"按钮，系统提示"数据成功保存！"，单击"确定"按钮。以此方法继续录入固定资产卡片。

【注意】

（1）在原始卡片上录入开始使用日期后，已提折旧月份会自动计算出来，不需要录入；录入固定资产原值及累计折旧后，固定资产净值由系统自动计算出来，不需要

图 7-1-24 固定资产卡片

录入。

（2）设置了部门对应折旧，录入卡片的折旧对应科目系统根据使用部门自动选择，不用手工设置。

（3）当发现卡片有录入错误，或资产使用过程中有必要修改卡片的一些内容时，可以通过卡片管理找到卡片后，通过卡片修改功能来实现，这种修改为无痕迹修改。

（4）原始卡片的原值、使用部门、工作总量、使用状况、累计折旧、净残值（率）、折旧方法、使用年限、资产类别在没有做变动单或评估单的情况下，在录入当月可以无痕迹修改；如果做过变动单，只有删除变动单才能进行无痕迹修改；若各项目做过一次月末结账，只能通过变动单或评估单调整，不能通过卡片修改功能改变。

7. 期初对账

【操作步骤】

（1）依次执行"固定资产"→"处理"→"对账"命令，如图 7-1-25 所示。

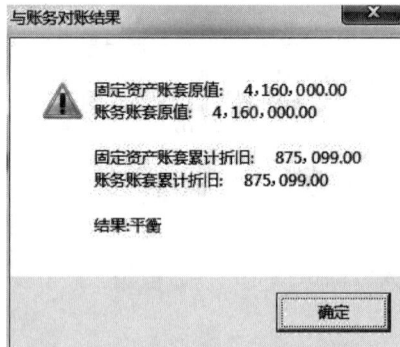

图 7-1-25 固定资产系统与账务对账结果

（2）单击"确定"按钮返回。

【注意】 只有设置账套参数时选择了"与账务系统进行对账"，本功能才能操作。

206

[理论测试 7-1]

一、单项选择题

1. 固定资产账套中启用月份（　　）。

 A. 能查看，能修改　　　　　　　　　B. 只能查看，不能修改

 C. 不能查看，只能修改　　　　　　　D. 不能查看，不能修改

2. 在初始化账套向导中，设置"与账务系统进行对账"后，在对账科目中，固定资产对账科目可输入（　　）；累计折旧对账科目可输入（　　）。

 A. "1602 累计折旧""1601 固定资产"

 B. "1601 固定资产""1601 固定资产"

 C. "1601 固定资产""1602 累计折旧"

 D. "1601 固定资产""1603 固定资产减值准备"

3. 设置固定资产类别时，应（　　）。

 A. 先设末级，再设上一级　　　　　　B. 先设上级，再设下一级

 C. 可以先从中间级设置开始　　　　　D. 都可以

4. 系统已使用的类别（　　）。

 A. 允许增加下级和删除　　　　　　　B. 允许增加下级，但是不能删除

 C. 不允许增加下级和删除　　　　　　D. 都可以

二、多项选择题

1. 固定资产编码方式有（　　）两种。

 A. 随机编号　　　　B. 自动编码　　　　C. 手工输入　　　　D. 系统编码

2. 在录入固定资产原始卡片时，一项资产使用方式可以（　　）。

 A. 单部门使用　　　　　　　　　　　B. 多部门使用

 C. 只能单部门使用　　　　　　　　　D. 可以不录入使用部门

3. 部门对应折旧科目，可以是（　　）。

 A. 管理费用　　　　B. 制造费用　　　　C. 销售费用　　　　D. 财务费用

4. 在定义固定资产类别时，（　　）项目不能为空。

 A. 计提属性　　　　B. 类别编码　　　　C. 计量单位　　　　D. 名称

5. 在固定资产管理系统初始化时，发现主要折旧方法选择有误，可以（　　）的方式进行更改。

 A. 以后对各具体固定资产类别时再定义

 B. 初始化完成前，使用上一步到折旧信息中修改

 C. 初始化完成后，在"设置""选项"中重新设置

 D. 初始化完成后，使用上一步到折旧信息中修改

6. 关于固定资产类别的设置，下列说法正确的是（　　）。

 A. 增加一种类别，要选中上级，再单击"增加"按钮

B. 增加一种类别，要选中本级，再单击"增加"按钮

C. 减少一种类别，要选中上级，再单击"删除"按钮

D. 减少一种类别，要选中本级，再单击"删除"按钮

三、判断题

1. 固定资产账套中启用月份只能查看，不能修改。 （　　）

2. 固定资产账套中折旧周期只能是 1 个月。 （　　）

3. 上下级部门的折旧科目可以相同，也可以不同。 （　　）

4. 设置部门对应的折旧科目，必须选择末级会计科目。 （　　）

5. 固定资产类别中，上级类别与下级类别的使用年限、净残值率必须一致。 （　　）

6. 在录入固定资产原始卡片时，一项资产只能单部门使用。 （　　）

7. 当初次启动固定资产系统时，参数设置中选择了"与账务系统进行对账"参数，才可使用本系统的对账功能。 （　　）

四、思考题

1. 固定资产类别一级和二级设置的区别是什么？

2. 原始卡片录入重复，怎样删除？

任务 7.2　固定资产管理系统日常业务处理的操作

［任务单 7-2］

项目 7　固定资产管理系统处理		学时	8
任务 7.2	固定资产管理系统日常业务处理的操作	学时	4
一、学习目标 　在用友 ERP-U8 V10.1 软件中操作完成学习任务，完成相应的理论测试。			
二、学习资源 　1. 用友 ERP-U8 V10.1 软件。 　2. 操作视频：(1)采购需要安装的生产设备；(2)固定资产增加并填制凭证；(3)固定资产变动处理；(4)新增固定资产卡片修改；(5)固定资产折旧处理并填制凭证；(6)固定资产报废并填制凭证。			

7.2.1 采购需要安装的生产设备.mp4

7.2.2 固定资产增加并填制凭证.mp4

7.2.3 固定资产变动处理.mp4

7.2.4 新增固定资产卡片修改.mp4	7.2.5 固定资产折旧处理并填制凭证.mp4	7.2.6 固定资产报废并填制凭证.mp4

三、学习方法

    1. 认真观看视频并记录重点。

    2. 和同学讨论、交流。

四、准备工作

    1. 准备一个剩余空间不小于 2GB 的 U 盘。

    2. 修改计算系统时间为 2016 年 1 月 31 日。

    3. 引入"固定资产管理系统初始化操作 7-1"的账套。

五、学习任务

    1. 采购需要安装的生产设备

    1 月 5 日,因大幅提高生产需要,一车间采用工行存款转账支票(票号：54578586)购入一台需要安装的搅拌机,不含税单价 22 600 元,增值税进项税额为 3 842 元。

    1 月 6 日,现金支付搅拌机安装费用 400 元。

    2. 固定资产增加并填制凭证

业务发生日期	2016-01-10	2016-01-15	2016-01-18
固定资产名称	打字复印一体机	3 号生产线	搅拌机
类别编号	022	021	021
类别名称	办公设备	生产设备	生产设备
使用部门	财务部	一车间	一车间
增加方式	直接购入	投资者投入	在建工程转入
使用状况	在用	在用	在用
使用年限/年	5	10	8
折旧方法	平均年限法(二)	平均年限法(一)	平均年限法(二)
开始使用日期	2016-01-10	2016-01-16	2016-01-18
币种	人民币	人民币	人民币
原值	8 000	900 000	23 000
增值税	1 360	153 000	0
净残值率/%	4	3	3

    3. 固定资产变动处理

    (1) 原值变动并填制凭证

    1 月 19 日,以现金购买电脑内存条,电脑因增加内存条,原值增加 300 元。

    (2) 部门转移

    1 月 29 日,1 号办公楼由原管理部和财务部平均使用变成管理部使用 20%、财务部使用 20%、采购部使用 20%、销售部使用 20%、人事部使用 20%。变动原因：各部门使用情况已经划分。

    (3) 使用状况变动

    1 月 29 日,1 号生产线使用状况变动为"大修理停用",变动原因为"修理停用"。

（4）进行计提减值准备并填制凭证

1月30日,2号生产线进行减值测试,测试其可收回金额为254 200元,其净值为284 200元,故应提减值准备30 000元,变动原因为：资产减值。

4. 新增固定资产卡片修改

（1）1月31日,将新增打字复印一体机的折旧方法修改为"年数总和法"。

（2）1月31日,新增搅拌机折旧方法变动为"工作量法",工作总量为"5 000 000小时",工作计量单位为"小时"。

5. 进行固定资产折旧处理并填制记账凭证

1月31日,计提本月固定资产折旧并填制记账凭证。

6. 固定资产报废并填制记账凭证

1月31日,一车间使用的1号生产线因性能不能满足生产需要,将其报废。清理取得收入得现金800元。报废的固定资产具体资料如下：

卡片编号	00005	折旧方法	平均年限法（二）
资产编号	2100003	开始使用日期	2010-12-20
资产名称	多层烤箱	原值	28 000
类别编号	21	净残值率	3%
类别名称	生产设备	净残值	840
部门名称	一车间	累计折旧	9 203.89
减少方式	报废	净值	18 796.11
使用年限/年	8		

7. 账套备份

在E盘根目录下找到文件夹的名字为"216账套备份"的文件夹,在该文件中建立一个名为"固定资产管理系统日常业务处理的操作7-2"的文件夹,将账套备份到该文件夹中。

［信息页 7-2］

理论目标：

掌握固定资产管理系统的日常卡片操作；

掌握固定资产管理系统的日常处理操作；

掌握相关的概念、操作要点。

技能目标：

熟练地进行资产增加、资产减少等操作；

熟练地进行固定资产原值增加及减少、部门转移、使用状况变化、折旧方法变动、使用年限变动等固定资产变动操作；

熟练地进行工作量输入、计提本月折旧、折旧清单、折旧分配表等固定资产日常业务操作。

7.2.1 采购需要安装的生产设备

【操作步骤】

（1）以103号操作员何大鹏的身份,于2016年1月6日,选择"216湖南旺旺食品厂"

账套,登录企业应用平台,在总账系统录入增加在建工程的会计凭证:"总账"→"凭证"→"填制凭证",打开"凭证"对话框。

(2)单击"增加"按钮,凭证字为"付款凭证",制单日期为"2016.01.05",录入购入需要安装的固定资产的会计凭证,结算方式选择"转账支票",票号为"302-54578586",按要求登记支票登记簿,单击"保存"按钮,提示保存成功,如图7-2-1所示。

付 款 凭 证

付　字 0001	制单日期: 2016.01.05	审核日期:			附单据数:	
摘　要		科目名称		借方金额	贷方金额	
购入需要安装的固定资产		在建工程		22600000		
购入需要安装的固定资产		应交税费/应交增值税/进项税额		3842000		
购入需要安装的固定资产		银行存款/中国工商银行			26442000	
票号　302 - 54578586		数量		合计	26442000	26442000
日期　2016.01.05		单价				
备注	项　目		部　门			
	个　人		客　户			
	业务员					
记账		审核		出纳	制单 何大鹏	

图 7-2-1　2016.01.05"付款凭证"窗口

(3)单击"增加"按钮,凭证字为"付款凭证",制单日期为"2016.01.06",录入支付购入固定资产安装费的会计凭证,单击"保存"按钮,提示保存成功,如图7-2-2所示。

付 款 凭 证

付　字 0002	制单日期: 2016.01.06	审核日期:			附单据数:	
摘　要		科目名称		借方金额	贷方金额	
支付搅拌机安装费		在建工程		40000	000	
支付搅拌机安装费		库存现金			40000	
票号		数量		合计	40000	40000
日期		单价				
备注	项　目		部　门			
	个　人		客　户			
	业务员					
记账		审核		出纳	制单 何大鹏	

图 7-2-2　2016.01.06"付款凭证"窗口

7.2.2　固定资产增加

【操作步骤】

(1)以105号操作员夏雪的身份,于2016年1月8日,选择"216湖南旺旺食品厂"账套,登录企业应用平台,依次执行"固定资产"→"卡片"→"资产增加"命令,勾选"办公设备",单击"确定"按钮。

(2)在"固定资产名称"栏录入"打字复印一体机",使用部门选择"财务部",增加方式

选择"直接购入"，使用状况选择"在用"，使用年限录入"5"，开始使用日期为"2016-01-
10"，折旧方法为"平均年限法（二）"，原值为"8 000"，净残值率为"4%"，进项税额为
"1 360"，如图 7-2-3 所示。

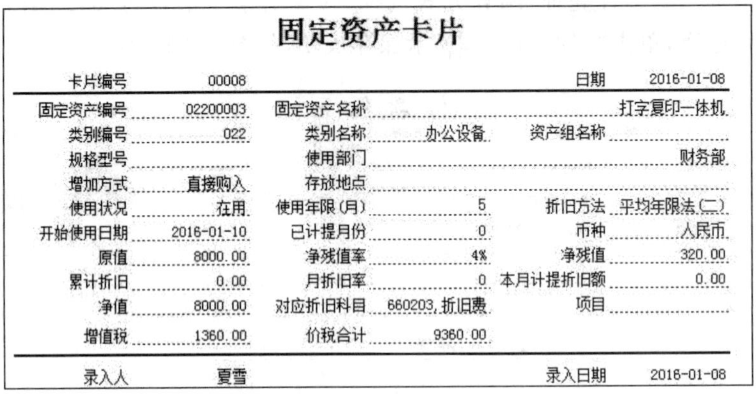

图 7-2-3 编号"00008"固定资产卡片

（3）单击"保存"按钮，系统提示"数据成功保存！"；单击"确定"按钮，弹出一张会计
凭证，修改凭证字为"付款凭证"；单击"银行存款"科目所在行，鼠标放在票号的辅助核
算区域，出现"光标笔"后双击，调出"辅助项"对话框，结算方式选择"301-现金支票"，
票号"25121012"，单击"确定"按钮，单击"保存"按钮，凭证保存成功，如图 7-2-4
所示。

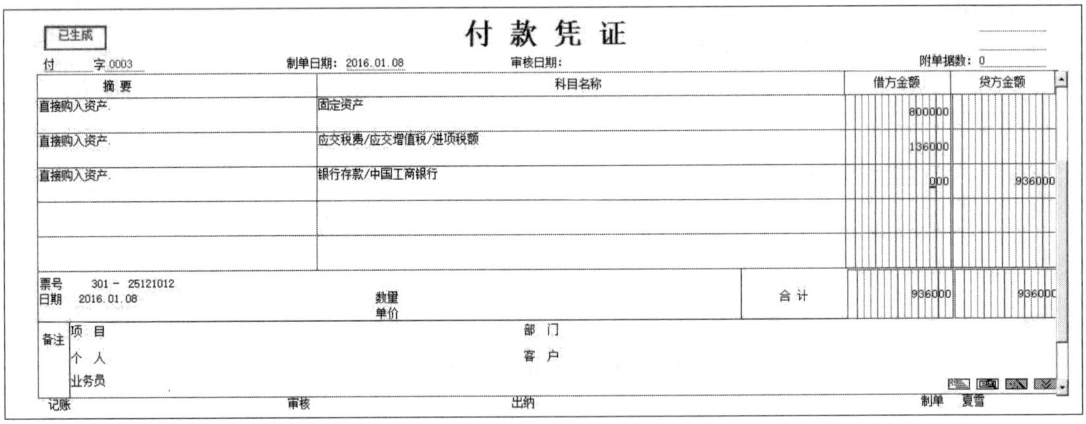

图 7-2-4 2016.01.08"付款凭证"窗口

（4）以 105 号操作员夏雪的身份，于 2016 年 1 月 15 日，选择"216 湖南旺旺食品厂"
账套，登录企业应用平台，依次执行"固定资产"→"卡片"→"资产增加"命令，勾选"生产设
备"，单击"确定"按钮，依次录入"3 号生产线"卡片相关内容，如图 7-2-5 所示，生成凭证如
图 7-2-6 所示。

（5）以 105 号操作员夏雪的身份，于 2016 年 1 月 18 日，选择"216 湖南旺旺食品厂"
账套，登录企业应用平台，依次录入"搅拌机"卡片相关内容如图 7-2-7 所示，生成凭证如

固定资产卡片

卡片编号 00009　　日期 2016-01-15

固定资产编号	02100004	固定资产名称	3号生产线		
类别编号	021	类别名称	生产设备	资产组名称	
规格型号		使用部门	一车间		
增加方式	投资者投入	存放地点			
使用状况	在用	使用年限(月)	10	折旧方法	平均年限法(一)
开始使用日期	2016-01-16	已计提月份	0	币种	人民币
原值	900000.00	净残值率	3%	净残值	27000.00
累计折旧	0.00	月折旧率	0	本月计提折旧额	0.00
净值	900000.00	对应折旧科目	5101,制造费用	项目	
增值税	153000.00	价税合计	1053000.00		

录入人 夏雪　　录入日期 2016-01-15

图 7-2-5　编号“00009”固定资产卡片

转 账 凭 证

已生成

转 字 0001　　制单日期：2016.01.15　　审核日期：　　附单据数：0

摘要	科目名称	借方金额	贷方金额
投资者投入资产	固定资产	90000000	
投资者投入资产	应交税费/应交增值税/进项税额	15300000	
投资者投入资产	实收资本		105300000
票号 日期	数量 单价　　合计	105300000	105300000

备注　项目　　部门
个人　　客户
业务员

记账　审核　出纳　制单 夏雪

图 7-2-6　2016.01.15“转账凭证”窗口

固定资产卡片

卡片编号 00010　　日期 2016-01-18

固定资产编号	02100005	固定资产名称	搅拌机		
类别编号	021	类别名称	生产设备	资产组名称	
规格型号		使用部门	一车间		
增加方式	在建工程转入	存放地点			
使用状况	在用	使用年限(月)	96	折旧方法	平均年限法(二)
开始使用日期	2016-01-18	已计提月份	0	币种	人民币
原值	23000.00	净残值率	3%	净残值	690.00
累计折旧	0.00	月折旧率	0	本月计提折旧额	0.00
净值	23000.00	对应折旧科目	5101,制造费用	项目	
增值税	0.00	价税合计	23000.00		

录入人 夏雪　　录入日期 2016-01-18

图 7-2-7　编号“00010”固定资产卡片

图 7-2-8 所示。

【注意】

(1) 新卡片录入的第一个月不提折旧,折旧额为空或为零。

(2) 如果录入的累计折旧、累计工作量大于零,说明是旧资产,该累计折旧或累计工作量是进入本单位前的值,已计提月份必须严格按照该资产在其他单位已经计提或估计

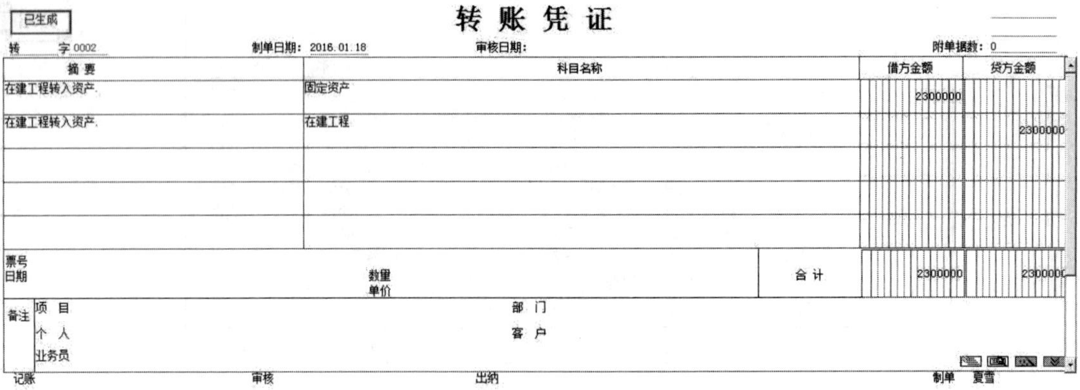

图 7-2-8　2016.01.18"转账凭证"窗口

已计提的月份数核算，不包括使用期间停用等不计提折旧的月份。

（3）通过资产增加录入系统的卡片，如果在没有做变动单或评估单，没有制作凭证的情况下，在录入当月可以无痕迹修改；如果做过变动单，只有删除变动单才能无痕迹修改；如果已制作凭证，要修改原值或累计折旧，必须删除凭证后，才能做无痕迹修改，卡片上其他项目，任何时候均可以无痕迹修改。

（4）非本月录入的卡片，不能删除。

（5）卡片做过一次月末结账后不能删除。

7.2.3　固定资产变动处理

1. 原值变动

【操作步骤】

（1）以105号操作员夏雪的身份，于2016年1月19日，选择"216湖南旺旺食品厂"账套，登录企业应用平台，依次执行"固定资产"→"卡片"→"变动单"→"原值增加"命令，单击"卡片编号"按钮，打开"固定资产卡片档案"对话框，选择"电脑"，单击"确定"按钮。

（2）在"增加金额"栏录入"300"；在"变动原因"栏录入"增加内存条"，如图7-2-9所示。

（3）单击"保存"按钮，系统提示"数据成功保存！"，单击"确定"按钮，弹出一张会计凭证，修改凭证字为"付款凭证"，在贷方录入"1001，库存现金"科目，单击"保存"按钮，凭证保存成功，如图7-2-10所示。

2. 部门转移

【操作步骤】

（1）以105号操作员夏雪的身份，于2016年1月29日，选择"216湖南旺旺食品厂"账套，登录企业应用平台，依次执行"固定资产"→"卡片"→"变动单"→"部门转移"命令，单击"卡片编号"按钮，打开"固定资产卡片档案"对话框，选择"1号办公楼"，单击"确定"

图 7-2-9　编号"00001"固定资产变动单

图 7-2-10　2016.01.19"付款凭证"窗口

按钮。

（2）单击"变动后部门"按钮，选择"多部门使用"，录入各部门使用情况：管理部使用
20%，财务部使用 20%，采购部使用 20%，销售部使用 20%，人事部使用 20%。在"变动
原因"栏，录入变动原因"各部门使用情况已经划分"后，单击"保存"按钮，如图 7-2-11
所示。

图 7-2-11　编号"00002"固定资产变动单

（3）弹出"数据成功保存！"，单击"确定"按钮。

3.使用状况变动

【操作步骤】

（1）依次执行"固定资产"→"卡片"→"变动单"→"使用状况调整"命令，单击"卡片编号"栏，再双击"卡片编号"按钮，打开"固定资产卡片档案"对话框。

（2）选择"1 号生产线"，单击"确定"按钮。

（3）单击"变动后使用状况"按钮，选择"大修理停用"。在"变动原因"栏，录入变动原因"修理停用"后，单击"保存"按钮。如图 7-2-12 所示。

固定资产变动单

— 使用状况调整 —

变动单编号	00003		变动日期	2016-01-29
卡片编号	00003	资产编号 02100001	开始使用日期	2010-12-20
资产名称		1号生产线	规格型号	
变动前使用状况		在用 变动后使用状况		大修理停用
变动原因				修理停用
			经手人	夏雪

图 7-2-12　编号"00003"固定资产变动单

4.计提资产减值准备

【操作步骤】

（1）以 105 号操作员夏雪的身份，于 2016 年 1 月 30 日，选择"216 湖南旺旺食品厂"账套，登录企业应用平台，依次执行"固定资产"→"卡片"→"变动单"→"计提减值准备"命令，单击"卡片编号"按钮，打开"固定资产卡片档案"对话框，选择"2 号生产线"，单击"确定"按钮。

（2）在"减值准备金额"栏录入"30 000"，在"变动原因"栏，录入变动原因"资产减值"后，单击"保存"按钮，如图 7-2-13 所示。

固定资产变动单

—计提减值准备—

变动单编号	00004		变动日期	2016-01-30
卡片编号	00004	资产编号 02100002	开始使用日期	2010-12-20
资产名称		2号生产线	规格型号	
减值准备金额	30000.00	币种 人民币	汇率	1
原值	420000.00	累计折旧		135800.00
累计减值准备金额	30000.00	累计转回准备金额		0.00
可回收市值	254200.00			
变动原因				资产减值
			经手人	夏雪

图 7-2-13　编号"00004"固定资产变动单

（3）单击"保存"按钮，系统提示"数据成功保存！"，单击"确定"按钮，弹出一张记账凭证，修改凭证字为"转账凭证"，在借方录入"6701，资产减值损失"科目，单击"保存"按钮，凭证保存成功，如图 7-2-14 所示。

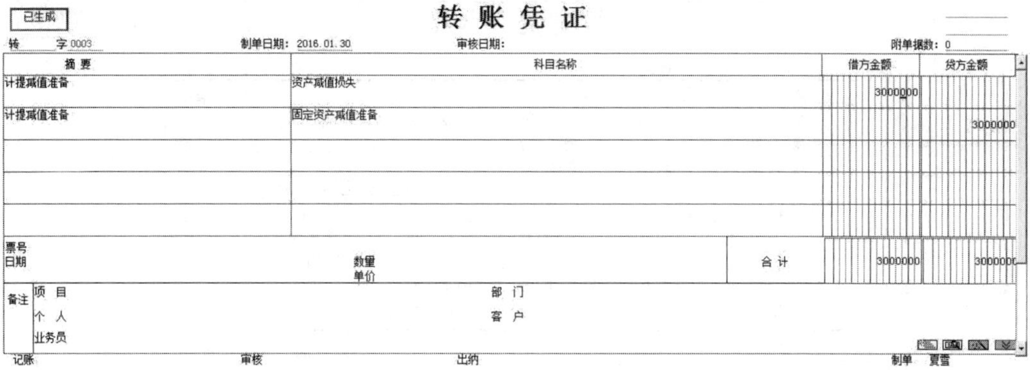

图 7-2-14　2016.01.30"转账凭证"窗口

【注意】　变动单只能删除，不能修改。

7.2.4　新增固定资产卡片修改

1. 将新增打字复印一体机的折旧方法修改为"年数总和法"

【操作步骤】

（1）以 105 号操作员夏雪的身份，于 2016 年 1 月 31 日选择"216 湖南旺旺食品厂"账套，登录企业应用平台，依次执行"固定资产"→"卡片"→"卡片管理"命令，弹出"查询条件选择-卡片管理"对话框，如图 7-2-15 所示。

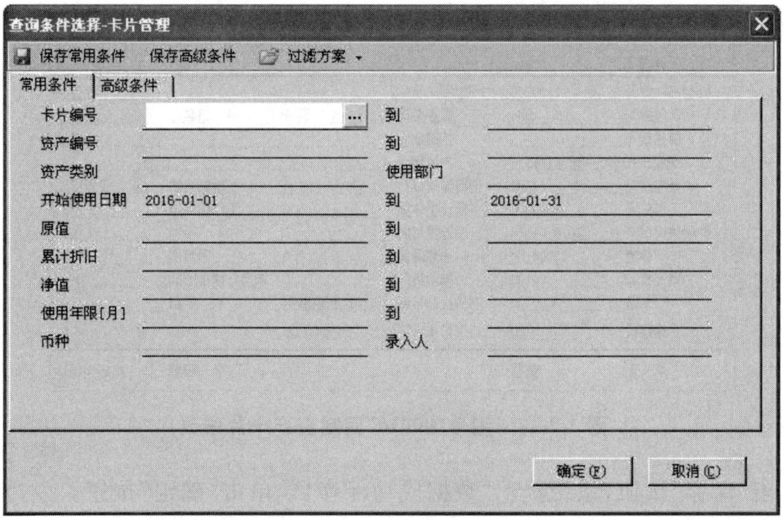

图 7-2-15　固定资产"查询条件选择-卡片管理"对话框

【注意】　开始使用日期选择需要查询的固定资产的开始使用日期之前或者当日。

（2）单击"确定"按钮，选择需要修改的固定资产"00008　打字复印一体机"，单击"修改"按钮,单击"折旧方法"按钮,选择"年数总和法",如图 7-2-16 所示。

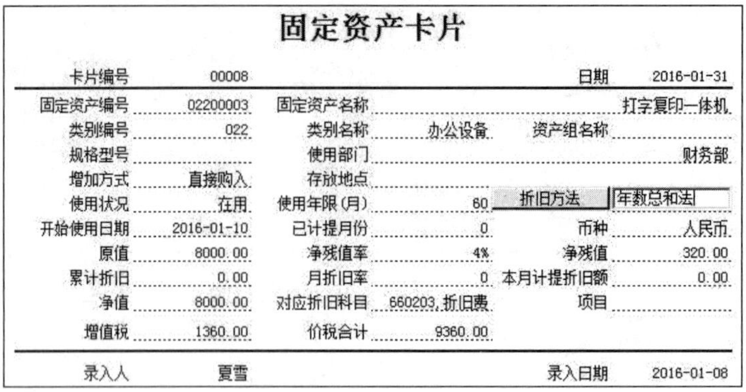

图 7-2-16　编号"00008"固定资产卡片修改

（3）单击"保存"按钮,系统提示"数据成功保存!",单击"确定"按钮。

2. 1 月 31 日,新增搅拌机折旧方法变动为"工作量法",工作总量为"5 000 000 小时",工作计量单位为"小时"

【操作步骤】

（1）依次执行"固定资产"→"卡片"→"卡片管理"命令,弹出"查询条件选择－卡片管理"对话框,单击"确定"按钮,选择需要修改的固定资产"00010　搅拌机"。

（2）单击"修改"按钮,单击"折旧方法"按钮,选择"工作量法"。

（3）在"工作总量"栏录入"5 000 000",在"工作量单位"栏录入"小时",如图 7-2-17 所示。

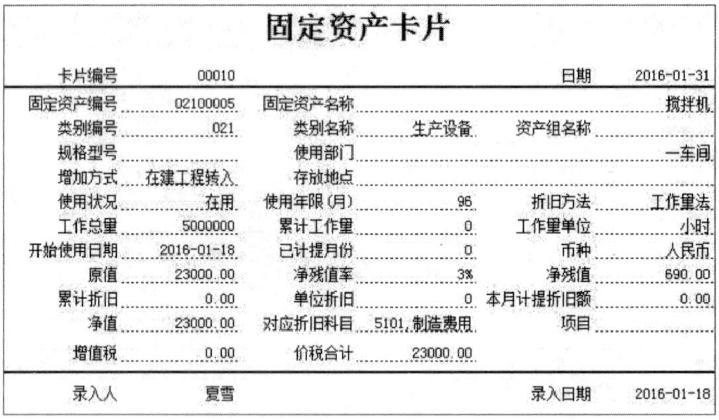

图 7-2-17　编号"00010"固定资产卡片修改

（4）单击"保存"按钮,系统提示"数据成功保存!",单击"确定"按钮。

【注意】　卡片查询时,注意开始使用时间。如果查询所有卡片,开始使用时间可以为空。

7.2.5 固定资产折旧处理

计提本月固定资产折旧。

【操作步骤】

（1）依次执行"固定资产"→"处理"→"计提本月折旧"命令，弹出"固定资产"对话框，如图 7-2-18 所示。

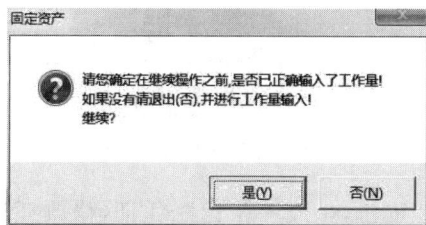

图 7-2-18 "固定资产"对话框

（2）单击"是"按钮，弹出"是否查看折旧清单？"。

（3）单击"是"按钮，弹出提示框，如图 7-2-19 所示。

图 7-2-19 "固定资产"提示框—计提本月折旧

（4）单击"是"按钮，弹出对话框，如图 7-2-20 所示。

图 7-2-20 固定资产折旧清单

（5）单击"退出"按钮，弹出提示框，如图 7-2-21 所示。

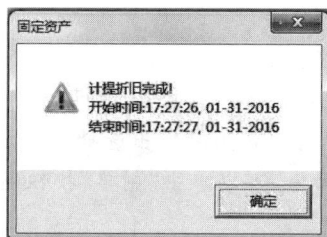

图 7-2-21 "固定资产"提示框—计提折旧完成

(6) 单击“确定”按钮，系统弹出折旧分配表，如图 7-2-22 所示。

简易桌面 | 折旧分配表

◉ 按部门分配　○ 按类别分配　部门分配条件...

01 (2016.01-->2016.01)

部门编号	部门名称	项目编号	项目名称	科目编号	科目名称	折旧额
1	管理部			660203	折旧费	2,678.44
2	财务部			660203	折旧费	544.44
3	采购部			660203	折旧费	544.44
401	一车间			5101	制造费用	4,503.34
402	二车间			5101	制造费用	5,257.77
5	销售部			6601	销售费用	544.44
6	人事部			660203	折旧费	544.46
合计						14,617.33

图 7-2-22　固定资产“折旧分配表”

(7) 单击左上方“凭证”按钮，生成一张记账凭证，修改凭证字为“转账凭证”。单击“保存”按钮，凭证保存成功，如图 7-2-23 所示。

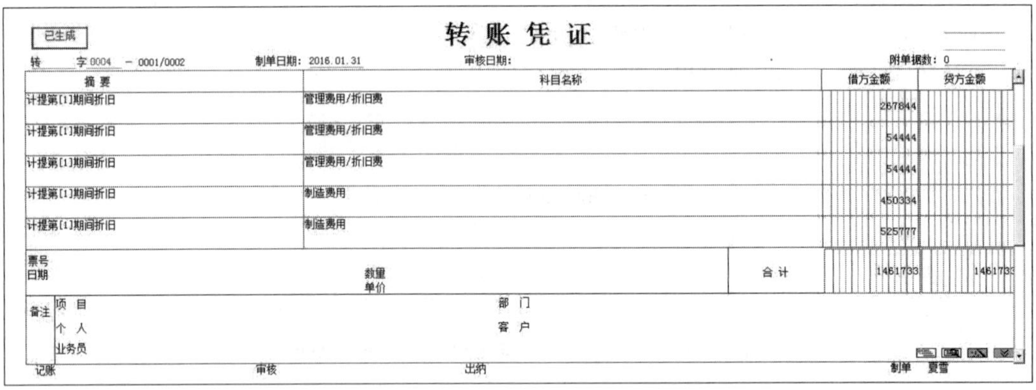

转账凭证

已生成

转　字 0004 - 0001/0002　制单日期：2016.01.31　审核日期：　附单据数：0

摘要	科目名称	借方金额	贷方金额
计提第[1]期间折旧	管理费用/折旧费	267844	
计提第[1]期间折旧	管理费用/折旧费	54444	
计提第[1]期间折旧	管理费用/折旧费	54444	
计提第[1]期间折旧	制造费用	450334	
计提第[1]期间折旧	制造费用	525777	
票号 日期	数量 单价　合计	1461733	1461733

备注　项目　部门

个人　客户

业务员

记账　审核　出纳　制单　夏雪

图 7-2-23　2016.01.31“转账凭证”窗口

【注意】

(1) 计提折旧功能对各项资产每期计提一次折旧，并自动生产折旧分配表，然后生成记账凭证，将本期的折旧费用自动登账。

(2) 部门转移和类别调整的资产当月计提的折旧分配到变动后的部门和类别。

(3) 在一个期间内可以多次计提折旧，每次计提折旧后，只是将计提的折旧累加到月初的累计折旧上，不会重复累计。

(4) 若上次计提折旧已制单并已传递到总账系统，则必须删除该凭证才能重新计提折旧。计提折旧后又对账套进行了影响折旧计算或分配的操作，必须重新计提折旧，否则系统不允许结账。

(5) 资产的使用部门和资产折旧要汇总的部门可能不同，为了加强资产管理，使用部门必须是明细部门，而折旧分配部门不一定分配到明细部门。不同的单位处理方法可以不同，因此要在计提折旧后分配折旧费用时做出选择。

(6) 在折旧费用分配表界面中，可以单击“制单”按钮制单，也可以在“批量制单”功能中进行制单。

7.2.6 固定资产报废

【操作步骤】

（1）依次执行"固定资产"→"卡片"→"资产减少"命令，单击卡片编号后的参照按钮，选择"00005 多层烤箱"，单击"确定"按钮，单击右边"增加"按钮。

（2）在减少方式列录入"报废"，清理收入列录入"800"，清理原因录入"资产报废"。如图 7-2-24 所示。

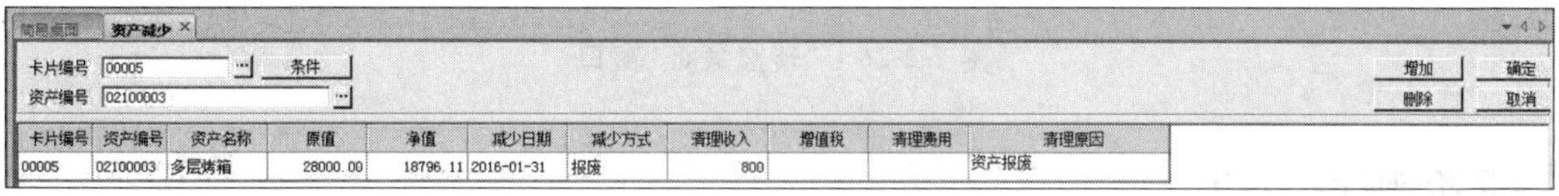

卡片编号	资产编号	资产名称	原值	净值	减少日期	减少方式	清理收入	增值税	清理费用	清理原因
00005	02100003	多层烤箱	28000.00	18796.11	2016-01-31	报废	800			资产报废

图 7-2-24 "资产减少"窗口

（3）单击"确定"按钮，系统提示"所选卡片已经减少成功！"。

（4）单击"确定"按钮，系统弹出一张记账凭证，修改凭证类别为"收款凭证"，在"科目名称"空白处录入或选择"1001，库存现金"科目，单击"保存"按钮，凭证保存成功。如图 7-2-25 所示。

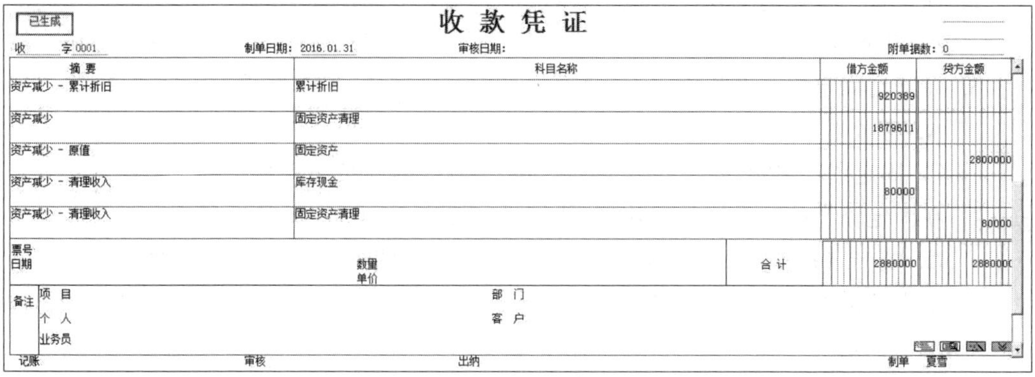

收 款 凭 证

收 字 0001　　　制单日期: 2016.01.31　　　审核日期:　　　　　　　　　　附单据数: 0

摘 要	科目名称	借方金额	贷方金额
资产减少 - 累计折旧	累计折旧	920389	
资产减少	固定资产清理	1879611	
资产减少 - 原值	固定资产		2800000
资产减少 - 清理收入	库存现金	80000	
资产减少 - 清理收入	固定资产清理		80000
	合 计	2880000	2880000

记账　　　　审核　　　　　　出纳　　　　　　　　制单 夏雪

图 7-2-25 "收款凭证"窗口

（5）更换操作员为"103 何大鹏"，日期为 2016 年 1 月 31 日，在总账系统，依次执行"总账"→"凭证"→"填制凭证"命令，打开"凭证"对话框

（6）单击"增加"按钮，凭证类别为"转账凭证"，摘要为"结转固定资产清理"，根据"固定资产净值－清理收入＝固定资产清理结转值"，即"18 796.11－800＝17 996.11"，录入结转固定资产清理的会计凭证。

（7）单击"保存"按钮，凭证保存成功，如图 7-2-26 所示。

【注意】 只有当资产开始计提折旧后才可以使用资产减少功能，否则，减少资产只有通过删除卡片来完成。

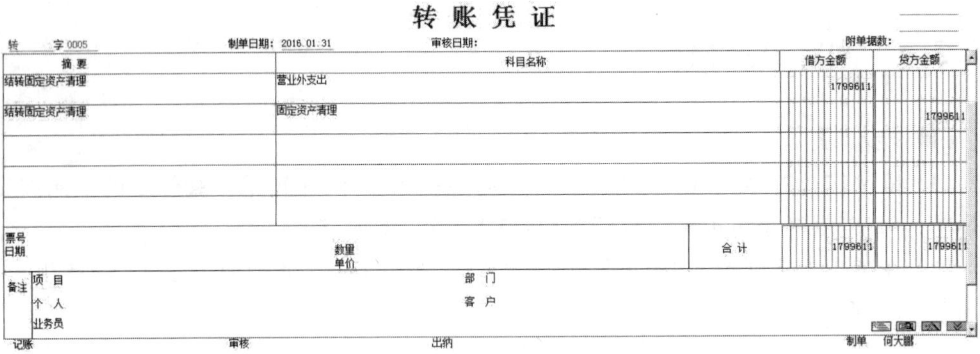

转 账 凭 证

转　字 0005　　　制单日期：2016.01.31　　　审核日期：　　　　　　　　　　　附单据数：

摘　要	科目名称	借方金额	贷方金额
结转固定资产清理	营业外支出	1799611	
结转固定资产清理	固定资产清理		1799611

票号　日期　数量　单价　　　合　计　1799611　1799611

备注　项　目　　　　部　门
个　人　　　　客　户
业务员

记账　　　审核　　　出纳　　　制单　何大娜

图 7-2-26　"转账凭证"窗口

[理论测试 7-2]

一、单项选择题

1. 启用固定资产核算系统之后的日常处理主要包括（　　　）。
   A. 增减变动处理与计提折旧　　　　　B. 凭证的输入、审核与记账
   C. 计提折旧与成本核算　　　　　　　D. 设备采购与应付款管理

2. 固定资产核算的主要任务包括计算、汇总和分配固定资产的（　　　）。
   A. 生产成本　　　　B. 工作时间　　　　C. 原值　　　　D. 折旧费用

3. 在新增固定资产卡片中，（　　　）项目是自动给出的，不能修改。
   A. 存放地点　　　　　　　　　　　　B. 录入人
   C. 固定资产名称　　　　　　　　　　D. 对应折旧科目

4. 在固定资产核算系统的卡片中，能够唯一确定每项资产的数据项是（　　　）。
   A. 资产名称　　　　B. 资产编号　　　　C. 类别编号　　　　D. 规格型号

5. 工作量录入可执行（　　　）操作。
   A. "固定资产"→"变动"→"工作量输入"
   B. "固定资产"→"设置"→"工作量输入"
   C. "固定资产"→"处理"→"工作量输入"
   D. "固定资产"→"应用"→"工作量输入"

二、多项选择题

1. 固定资产变动包括（　　　）。
   A. 部门转移　　　　B. 净残值调整　　　　C. 工作量调整　　　　D. 折旧方法变更

2. 企业的一辆汽车，本月发现原值过低，要制作一张变动单以调整原值，可用（　　　）方法。
   A. 执行"卡片"→"变动单"→"原值增加"操作，进入"固定资产变动单"窗口
   B. 执行"卡片"→"卡片管理"操作，在固定资产列表中选中小汽车，单击鼠标右键，在下拉列表中选择变动单，进入"固定资产变动单"窗口，并在右上角下拉

　　框中选中"原值增加"
　　C. 执行"卡片变动单"→"变动单管理"操作,进入"固定资产变动单"窗口
　　D. 执行"卡片"→"资产增加"操作,进入"固定资产变动单"窗口

三、判断题

1. 通过"资产增加"功能录入新增固定资产时,卡片中"开始使用日期"不能修改。
（　　）

2. 新卡片录入的第一个月不计提折旧,折旧额为空。（　　）

3. 只有当资产开始计提折旧后才可以使用资产减少功能,否则,减少资产只有通过删除卡片来完成。（　　）

4. 电算化后,根据固定资产卡片中的有关信息和规定选用折旧方法,可自动计算折旧,而不需要人工计算和填列。（　　）

5. 计提折旧功能对各项资产每期只能计提一次折旧。（　　）

四、思考题

1. 如何删除录入重复且已经制单的本月新增固定资产？
2. 固定资产减少业务如何操作？

任务7.3　固定资产管理系统期末业务处理的操作及账表查询

[任务单 7-3]

项目7 　固定资产管理系统处理	学时	8	
任务7.3	固定资产管理系统期末业务处理的操作及账表查询	学时	2
一、学习目标 　在用友 ERP-U8 V10.1 软件中操作完成学习任务,完成相应的理论测试。			
二、学习资源 　1. 用友 ERP-U8 V10.1 软件。 　2. 操作视频:(1)查找、修改、删除固定资产并生成凭证;(2)查询固定资产原值一览表、价值结构分析表、(部门)折旧计提汇总表;(3)对账、月末结账1;(4)对账、月末结账2。			

7.3.1 查找、修改、删除固定　　　　7.3.2 查询固定资产原值一览表、价值结构
资产并生成凭证.mp4　　　　　　分析表、(部门)折旧计提汇总表.mp4

7.3.3 对账、月末结账 1.mp4   7.3.4 对账、月末结账 2.mp4

三、学习方法
1. 认真观看视频并记录重点。
2. 和同学讨论、交流。

四、准备工作
1. 准备一个剩余空间不小于 2GB 的 U 盘。
2. 修改计算系统时间为 2016 年 1 月 31 日。
3. 引入"固定资产管理系统日常业务处理的操作 7-2"账套。

五、学习任务
1. 查找、修改、删除已生成的固定资产凭证及卡片
经查询相关评估资料，3 号生产线的原值为 700 000 元，增值税为 119 000 元，请查找新增 3 号生产线的凭证，修改其入账金额。
2. 查询固定资产原值一览表、价值结构分析表、(部门)折旧计提汇总表
3. 月末对账、月末结账
4. 账套备份
在 E 盘根目录下建立一个文件夹，文件夹的名字为"216 账套备份"，在该文件中建立一个名为"固定资产期末处理的操作及账表查询 7-3"的文件夹，将账套备份到该文件夹中。

[信息页 7-3]

理论目标：

掌握固定资产管理系统的期末处理的操作；

掌握固定资产系统的账表查询；

掌握相关的概念、操作要点。

技能目标：

熟练地进行固定资产期末处理的操作；

熟练地进行固定资产账表查询；

熟练地对账、结账。

7.3.1 查找、修改、删除已生成的固定资产凭证及卡片

【操作步骤】

(1) 以 105 号操作员夏雪的身份，于 2016 年 1 月 31 日，选择"216 湖南旺旺食品厂"账套，登录企业应用平台，单击"业务工作"→双击"财务会计"→双击"固定资产"→双击"卡片"→双击"卡片管理"，系统弹出对话框，如图 7-3-1 所示。

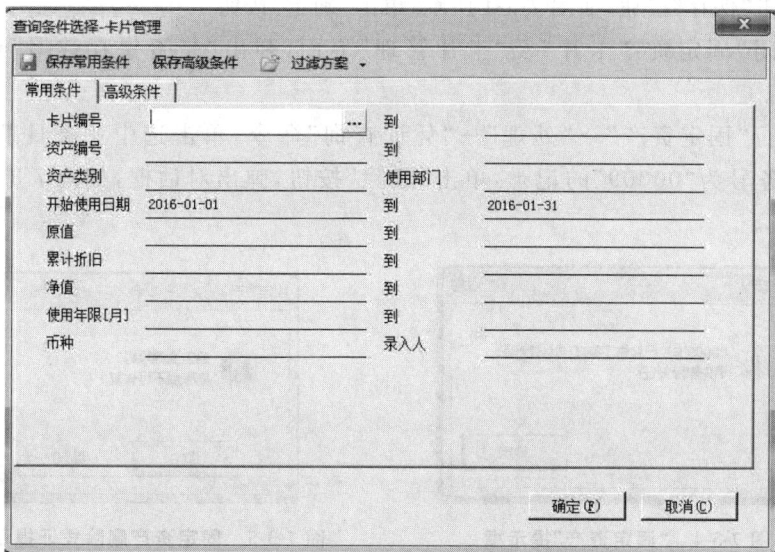

图 7-3-1　固定资产"查询条件选择-卡片管理"

（2）开始使用日期选择"2016-01-01"到"2016-01-31"，单击"确定"按钮，系统弹出卡片列表，如图 7-3-2 所示。

图 7-3-2　卡片管理

（3）双击"00009 卡片"需要制单的记录，单击"修改"按钮，修改原值为"700 000"，增值税为"11 900"，如图 7-3-3 所示。

图 7-3-3　编号"00009"固定资产卡片

（4）单击"保存"按钮，如图7-3-4所示，单击"确定"按钮。

（5）关闭"固定资产卡片"及"卡片管理"界面，弹出"是否保存数据"对话框，单击"否"按钮。

（6）执行"固定资产"→"处理"→"凭证查询"命令，单击选中业务日期为"2016-01-15"、业务号为"00009"的记录，单击"删除"按钮，弹出对话框，如图7-3-5所示，单击"是"按钮。

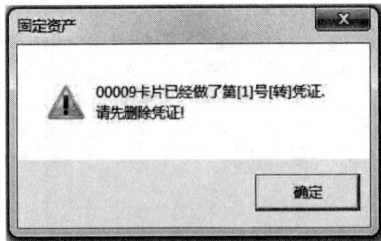

图 7-3-4 "固定资产"提示框   图 7-3-5 固定资产删除凭证提示框

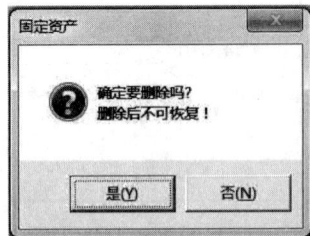

（7）更换操作员为"101 李伟"，执行"总账"→"凭证"→"填制凭证"操作，单击"整理凭证"按钮，整理掉"3号生产线"新增的记账凭证。

（8）更换操作员为"105 夏雪"，执行"固定资产"→"卡片管理"操作，选择"2016-01-01"到"2016-01-31"，单击"确定"按钮，双击"00009 卡片"需要制单的记录，单击"修改"按钮，修改原值为"700 000"，增值税为"11 900"，单击"保存"按钮，弹出"数据成功保存"对话框，单击"确定"按钮，弹出一张会计凭证，修改凭证字为"转款凭证"，单击"保存"按钮，凭证保存成功，如图7-3-6所示。

转 账 凭 证

已生成		制单日期: 2016.01.31	审核日期:		附单据数: 0
摘 要		科目名称		借方金额	贷方金额
投资者投入资产.		固定资产		70000000	
投资者投入资产.		应交税费/应交增值税/进项税额		11900000	
投资者投入资产.		实收资本			81900000
		合 计		81900000	81900000

记账   审核   出纳   制单 夏雪

图 7-3-6 2016.01.31"转账凭证"窗口

【注意】 通过资产增加录入系统的卡片，如果在没有做变动单或评估单，没有制作凭证的情况下，在录入当月可以进行无痕迹修改；如果做过变动单，只有删除变动单才能进行无痕迹修改；如果已制作凭证，要修改原值或累计折旧，必须删除凭证后，才能无痕迹修改，卡片上其他项目，任何时候均可以无痕迹修改。

7.3.2 查询固定资产原值一览表、价值结构分析表、(部门)折旧计提汇总表

1. 查询固定资产原值一览表

【操作步骤】

(1) 单击“业务工作”→双击“财务会计”→双击“固定资产”→双击“账表”→双击“我的账表”,系统弹出对话框,如图 7-3-7 所示。

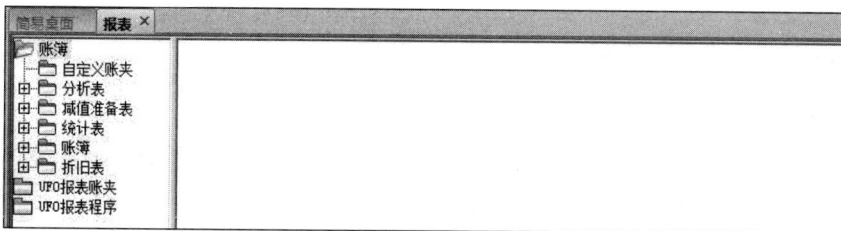

图 7-3-7 固定资产报表

(2) 双击“统计表”,双击“条件-(固定资产原值)一览表”,弹出对话框,如图 7-3-8 所示。

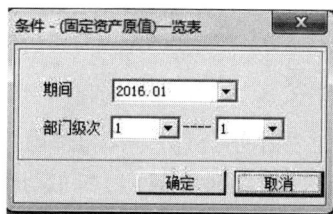

图 7-3-8 条件-(固定资产原值)一览表

(3) 单击“确定”按钮,弹出“(固定资产原值)一览表”,如图 7-3-9 所示。

(固定资产原值)一览表

使用单位:湖南旺旺食品厂　　期间:2016.01

部门级次1--1

部门名称	合计				房屋及建筑物					
	原值	累计折旧	减值准备	净值	原值	累计折旧	减值准备	净值	原值	累
管理部(1)	460,300.00	161,445.04		298,854.96	200,000.00	33,211.04		166,788.96	260,300.00	
财务部(2)	208,000.00	33,211.04		174,788.96	200,000.00	33,211.04		166,788.96	8,000.00	
采购部(3)	200,000.00	33,211.04		166,788.96	200,000.00	33,211.04		166,788.96		
生产部(4)	3,595,000.00	586,223.22	30,000.00	2,978,776.78	2,200,000.00	365,321.89		1,834,678.11	1,395,000.00	
销售部(5)	200,000.00	33,211.04		166,788.96	200,000.00	33,211.04		166,788.96		
人事部(6)	200,000.00	33,211.06		166,788.94	200,000.00	33,211.06		166,788.94		
合计	4,863,300.00	880,512.44	30,000.00	3,952,787.56	3,200,000.00	531,377.11		2,668,622.89	1,663,300.00	

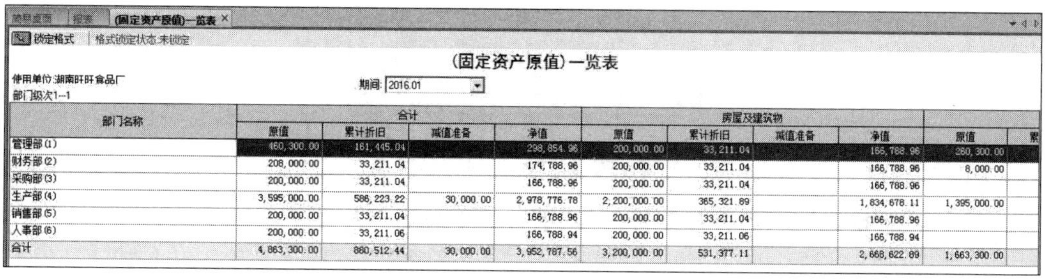

图 7-3-9 (固定资产原值)一览表

2. 查询价值结构分析表

【操作步骤】

(1) 单击“业务工作”→双击“财务会计”→双击“固定资产”→双击“账表”→双击“我

的账表"→双击"分析表"→双击"价值结构分析表"，系统弹出对话框，如图 7-3-10 所示。

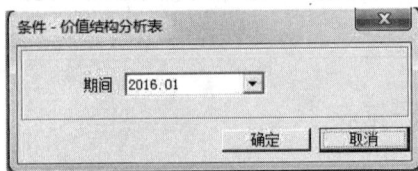

图 7-3-10　条件-价值结构分析表

（2）单击"确定"按钮，弹出"价值结构分析表"，如图 7-3-11 所示。

资产类别	数量	计量单位	期末原值	期末累计折旧	期末减值准备	期末净值	累计折旧占原值百分比%	减值准备原值百分比%	净值率%
房屋及建筑物 (01)	2		3,200,000.00	531,377.11		2,668,622.89	16.61		83.39
办公楼 (011)	1		1,000,000.00	166,055.22		833,944.78	16.61		83.39
厂房 (012)	1		2,200,000.00	365,321.89		1,834,678.11	16.61		83.39
机器设备 (02)	7		1,663,300.00	349,135.33	30,000.00	1,284,164.67	20.99	1.80	77.21
生产设备 (021)	4		1,395,000.00	220,901.33	30,000.00	1,144,098.67	15.84	2.15	82.01
办公设备 (022)	3		268,300.00	128,234.00		140,066.00	47.80		52.20
合计	9		4,863,300.00	880,512.44	30,000.00	3,952,787.56	18.11	0.62	81.28

图 7-3-11　价值结构分析表

3. 查询(部门)折旧计提汇总表

（1）单击"业务工作"→双击"财务会计"→双击"固定资产"→双击"账表"→双击"我的账表"→双击"折旧表"→双击"条件-(部门)折旧计提汇总表"，系统弹出对话框，如图 7-3-12 所示。

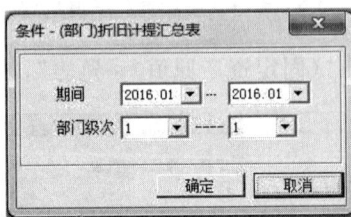

图 7-3-12　条件-(部门)折旧计提汇总表

（2）单击"确定"按钮，弹出"(部门)折旧计提汇总表"，如图 7-3-13 所示。

7.3.3　对账、月末结账

1. 对账

【操作步骤】

（1）单击"业务工作"→双击"财务会计"→双击"固定资产"→双击"处理"→双击"对

图 7-3-13　（部门）折旧计提汇总表

账",系统弹出提示框,如图 7-3-14 所示。

（2）单击"确定"按钮,对账结果不平衡,进一步查找不平衡的原因。

（3）以 104 号操作员王利的身份,于 2016 年 1 月 31 日,选择"216 湖南旺旺食品厂"账套,登录企业应用平台,进入总账系统,对固定资产系统生成的记账凭证进行出纳签字。

（4）以 102 号操作员胡琳的身份,于 2016 年 1 月 31 日,选择"216 湖南旺旺食品厂"账套,登录企业应用平台,进入总账系统,审核固定资产系统生成的记账凭证。

（5）以 103 号操作员何大鹏的身份,于 2016 年 1 月 31 日,选择"216 湖南旺旺食品厂"账套,登录企业应用平台,进入总账系统,对固定资产相关凭证记账。

（6）以 105 号操作员夏雪的身份,于 2016 年 1 月 31 日,选择"216 湖南旺旺食品厂"账套,登录企业应用平台,进入固定资产系统,重新进行对账,如图 7-3-15 所示。

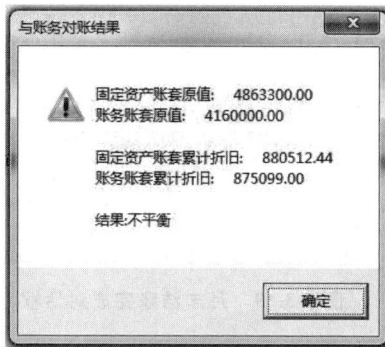

图 7-3-14　与账务对账结果—不平衡

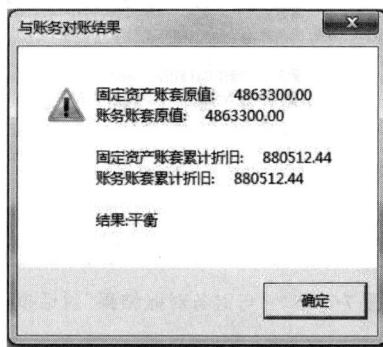

图 7-3-15　与账务对账结果—平衡

（7）单击"确定"按钮,完成对账。

【注意】　在固定资产系统中新增的卡片和计提折旧已经记账,但尚未在总账系统中记账,因此出现了金额不平衡。

2. 结账

【操作步骤】

（1）单击"业务工作"→双击"财务会计"→双击"固定资产"→双击"处理"→双击"月

229

末结账"，系统弹出对话框，如图7-3-16所示。

（2）单击"开始结账"按钮，弹出对话框，如图7-3-17和图7-3-18所示。

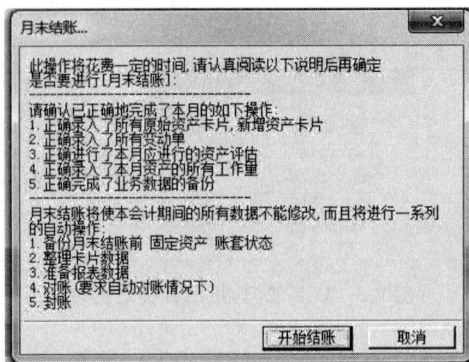

图7-3-16　"月末结账"对话框

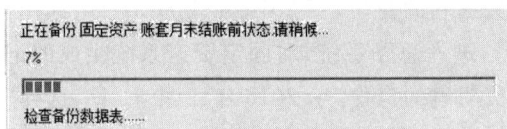

图7-3-17　月末结账备份对话框

（3）单击"确定"按钮，弹出对话框，如图7-3-19所示。

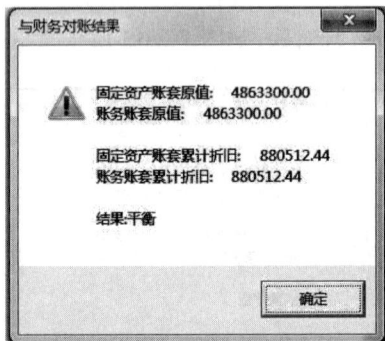

图7-3-18　"与财务对账结果"对话框

图7-3-19　月末结账完成对话框

（4）单击"确定"按钮，弹出对话框，如图7-3-20所示。

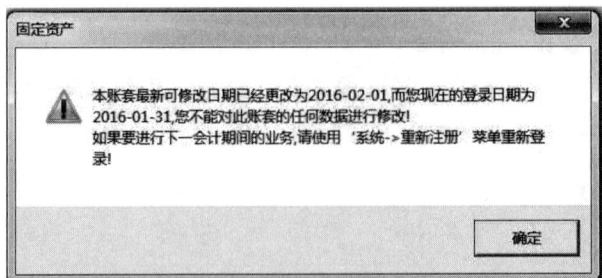

图7-3-20　最新可修改日期已更改完成对话框

（5）单击"确定"按钮，完成月末结账。

［理论测试 7-3］

一、单项选择题

1. 在固定资产核算系统中，执行（   ）操作后，才能开始处理下一个月的业务。

    A. 生成凭证   B. 账簿输出   C. 结账   D. 对账

2. 月末结账，每月进行（   ）次。

    A. 一次   B. 二次   C. 无数次   D. 零次

3. 批量制单的路径是（   ）。

    A. 处理→批量制单→制单选择   B. 凭证→批量制单→制单选择

    C. 制单→批量制单→制单选择   D. 卡片→批量制单→制单选择

二、多项选择题

1. 在固定资产系统中，能进行（   ）。

    A. 相关凭证制单   B. 相关凭证审核   C. 相关凭证记账   D. 相关凭证修改

2. 对账不平衡的原因有（   ）。

    A. 期初固定资产原值录入错误

    B. 期初固定资产累计折旧录入错误

    C. 在固定资产系统中已经计提了折旧，但尚未在总账系统中记账

    D. 未计提折旧

3. 固定资产折旧的凭证可以通过（   ）生成。

    A. 对账   B. 结账

    C. 业务发生时制单   D. 批量制单

三、判断题

1. 在固定资产系统下，固定资产卡片输入完成后，可以立即制单，也可以月末批量制单。 （   ）

2. 只有总账系统将固定资产传递过去的凭证记账完毕，固定资产系统才能和总账系统对账正确。 （   ）

3. 月末结账可以结几次，但凭证生成可以无数次。 （   ）

4. 固定资产系统生成的凭证可以在总账系统中修改。 （   ）

四、思考题

1. 计提固定资产折旧可以通过哪两种途径制单？

2. 如果对账不平衡，可能存在什么情况？应该如何查找？

应收款管理系统处理

任务 8.1　应收款管理系统概述及初始化操作

[任务单 8-1]

项目 8　应收款管理系统处理		学时	10
任务 8.1	应收款管理系统概述及初始化操作	学时	4

一、学习目标

　　在用友 ERP-U8 V10.1 软件中操作完成学习任务,完成相应的理论测试。

二、学习资源

　　1. 用友 ERP-U8 V10.1 软件。

　　2. 操作视频:(1)应收款管理系统的启用与系统选项的设置;(2)存货计量单位组和计量单位设置;(3)设置存货分类和存货档案;(4)单据编号设置;(5)开户银行设置;(6)收发类别、销售类型设置;(7)基本科目设置;(8)坏账准备设置;(9)期初余额录入并对账。

8.1.1 应收款管理系统启用并设系统控制参数.mp4	8.1.2 存货计量单位组和计量单位设置.mp4	8.1.3 设置存货分类和存货档案.mp4
8.1.4 单据编号设置.mp4	8.1.5 开户银行设置.mp4	8.1.6 启用销售管理、设置收发类别与销售类型.mp4

8.1.7 基本科目设置.mp4　　8.1.8 设置坏账准备.mp4　　8.1.9 设置期初余额并对账.mp4

三、学习方法

1. 认真观看视频并记录重点。

2. 和同学讨论交流。

四、准备工作

1. 引入"总账系统概述及初始设置 4-1"账套。

2. 修改计算机系统时间为 2016 年 1 月 1 日。

五、学习任务

以账套主管 101 的身份完成如下操作。

1. 启用应收管理系统，设置应收管理系统控制参数

坏账处理方式为"应收余额百分比法"，受控科目制单方式为"明细到单据"，不启用"控制操作员权限"，其他均采用系统默认值。

2. 设置存货计量单位组和计量单位

计量单位组	计量单位
基本计量单位（01 无换算率）	公斤（01）
	箱（02）

3. 设置存货分类和存货档案

存货分类编码	存货分类名称
1	糖果
2	饼干

存货编码	存货名称	计量单位组	税率	主计量单位	所属分类码	属　性
01	牛奶糖	01	17%	公斤	1	自制、内销、外销
02	雪饼	01	17%	公斤	2	自制、内销、外销

4. 单据编号设置

本单位"销售专用发票""其他应收单""收款单"的编号设置为"手工改动，重号时自动重取"。

5. 本单位开户银行

本单位开户银行为中国工商银行长沙市开福区三一大道办事处，所属银行编码为"01"，账号为"567856785678"。

6. 设置收发类别、销售类型

收发类别编码	收发类别名称	收发标志
1	入库	收
2	出库	发

销售类型编码	销售类型名称	出库类别	是否默认值
01	正常销售	出库	是

7. 设置应收款管理系统的会计科目

（1）基本科目设置：应收科目为应收账款"1122"，预收科目为预收账款"2203"，商业承兑科目和银行承兑科目均为应收票据"1121"，票据利息科目和票据费用科目均为财务费用"6603"。

（2）控制科目设置：应收科目均为应收账款"1122"，预收科目均为预收账款"2203"。

（3）产品科目设置：销售收入科目和销售退回科目均为主营业务收入"6001"，应交增值税科目均为应交税费——应交增值税——销项税额"22210102"，税率均为17％。

（4）结算方式科目设置：现金结算方式科目为库存现金"1001"，托收承付、现金支票、转账支票结算方式均为银行存款——中国工商银行"100201"。

8. 设置坏账准备

坏账准备的提取比例0.5％，坏账准备期初余额为0，坏账准备科目为坏账准备"1231"，其对方科目为资产减值损失"6701"。

9. 录入应收款管理系统期初余额

（1）2015年10月16日，凭证号为"45"，向长沙家润多股份有限公司销售牛奶糖1 340公斤，单价20元/公斤，价税合计31 356元，代垫运费644元，款项尚未收到。增值税专用发票号为89456321。

（2）2015年10月28日，以凭证号"89"向罗记食品有限公司销售牛奶糖10 800公斤，单价20元/公斤，价税合计252 720元，代垫运费1 280元，款项尚未收到。增值税专用发票号为89456345。

10. 账套备份

在E盘根目录下建立一个文件夹，文件夹的名字为"216账套备份"，在该文件中建立一个名为"应收款管理系统初始化8-1"的文件夹，将账套备份到该文件夹中。

［信息页 8-1］

理论目标：

了解应收款管理系统的基本功能；

了解应收款管理系统不同应用方案的特点；

熟悉应收款管理系统参数设置的主要内容；

掌握应收款管理系统期初余额的录入方法。

技能目标：

熟练掌握应收款管理系统初始化的主要内容与基本方法，能熟练进行应收款期初余额的录入。

8.1.1 应收款管理系统的基本功能

应收款管理系统，通过发票、其他应收单、收款单等单据的录入，对企业的往来账款进行综合管理，及时、准确地提供客户的往来账款余额资料，提供各种分析报表，如账龄分析表，周转分析、欠款分析、坏账分析、回款分析等，通过各种分析报表，帮助企业合理地进行资金的调配，提高资金的利用效率。

根据对客户往来款项核算和管理的程度不同，系统提供了两种核算模型，即"详细核算"和"简单核算"两种应用方案供用户选择。

会计电算化（第二版）——用友ERP-U8 V10.1版

如果企业的销售业务以及应收款核算与管理业务比较复杂,或者企业需要追踪每一笔业务的应收款、收款等情况,或者企业需要将应收款核算到产品一级,那么企业可以选择详细核算应用方案。该方案能够帮助企业了解每一客户每笔业务详细的应收情况、收款情况及余额情况,并进行账龄分析,加强对客户及往来款项的管理,使企业能够依据每一客户的具体情况,实施不同的收款策略。

如果企业的销售以及应收款业务比较简单,或者现销业务很多,则可以选择简单核算方案,该方案着重于对客户的往来款项进行查询和分析。

企业可以通过在应收款管理系统中设置"应收账款核算模型"来决定具体选择哪一种方案。

8.1.2 应收款管理系统初始化设置

由于初次使用应收款管理系统,因此需要先启用该系统,然后对该系统进行初始化设置,确定使用哪些单据处理应收业务,确定各个业务类型的凭证科目,将正式启用账套前的所有应收业务数据录入到系统中,便于日后进行日常业务处理。

1. 应收款管理系统的启用与系统选项的设置

在运行本系统前,应先启用本系统,并设置系统运行所需要的账套参数,以便系统根据所设定的选项进行相应的处理。

【操作步骤】

(1)以账套主管的身份注册用友 ERP-U8 V10.1 企业应用平台,打开"基础设置"选项卡,执行"基本信息"→"系统启用"命令,打开"系统启用"对话框,单击应收款管理系统对应的"系统编码"前的方框,弹出"日历"对话框,修改时间为 2016 年 1 月 1 日,然后单击"确定"按钮,弹出"确实要启用当前系统"对话框,单击"是"按钮,完成应收款管理系统的启用,如图 8-1-1 所示。

图 8-1-1 应收款管理系统启用

（2）打开"业务工作"选项卡，执行"财务会计"→"应收款管理"→"设置"→"选项"命令，打开"账套参数设置"对话框。

（3）单击"编辑"按钮，系统提示"选项修改需要重新登录才能生效"，单击"确定"按钮，在"常规"选项卡下单击"坏账处理方式"栏的倒三角形按钮，选择"应收余额百分比法"，如图 8-1-2 所示。

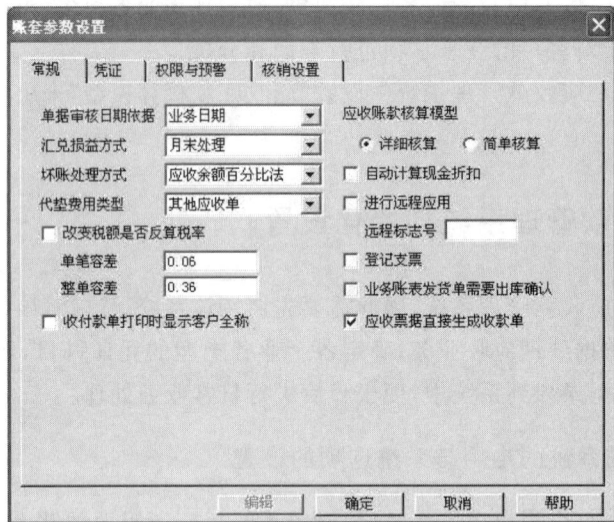

图 8-1-2　选择坏账处理方式

（4）单击"凭证"选项卡，将"受控科目制单方式"改为"明细到单据"，如图 8-1-3 所示。

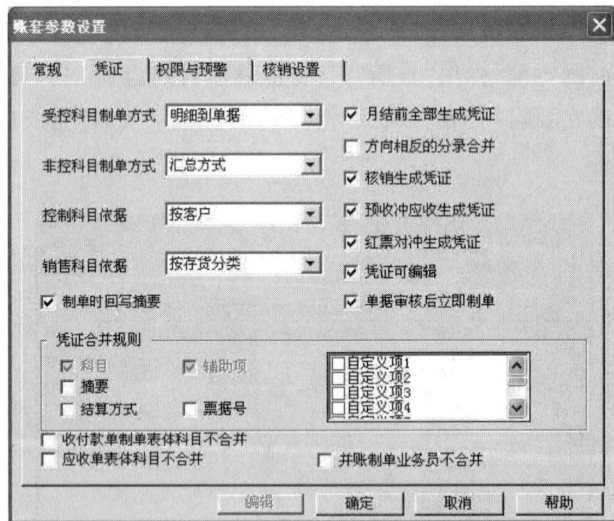

图 8-1-3　设置受控科目制单方式

（5）单击"权限与预警"选项卡，不启用"控制操作员权限"，如图 8-1-4 所示。

【注意】

（1）受控科目制单方式有两种：明细到客户和明细到单据。受控科目在合并分录时

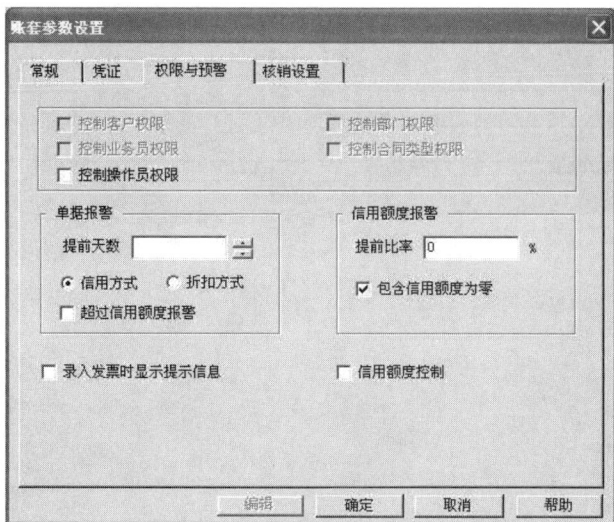

图 8-1-4　设置是否启用控制操作员权限

若自动取出的科目相同,辅助项为空,则不予合并成一条分录。在账套使用过程中,可以随时修改该参数的设置。

(2)应收账款余额百分比法以应收账款余额为基础,估计可能发生的坏账损失。在账套使用过程中,如果当年已经计提过坏账准备,则此参数不可以修改,只能在下一年度修改。

2.设置计量单位组和计量单位

本功能主要用于设置对存货的计量单位组和计量单位信息。首先在该档案中设置好计量单位组,再在组下增加具体的计量单位信息。

【操作步骤】

(1)在企业应用平台,打开"基础设置"选项卡,执行"基础档案"→"存货"→"计量单位"命令,打开"计量单位"对话框。然后单击"分组"按钮,打开"计量单位组"对话框。

(2)单击"增加"按钮,录入计量单位组编码"01",录入计量单位组名称"基本计量单位",单击"计量单位组类别"栏的倒三角按钮,选择"无换算率",如图 8-1-5 所示。

(3)单击"保存"按钮,再单击"退出"按钮。

(4)单击"单位"按钮,打开"计量单位设置"对话框。

(5)单击"增加"按钮,录入计量单位编码"01",计量单位名称"公斤",单击"保存"按钮,如图 8-1-6 所示。

(6)继续录入其他的计量单位内容,录入完成所有的计量单位之后单击"退出"按钮。

【注意】

(1)必须先增加计量单位组,然后再在该组下增加具体的计量单位内容。

(2)计量单位组分无换算率、浮动换算率、固定换算率三种类别,每个计量单位组中有一个主计量单位、多个辅助计量单位,可以设置主辅计量单位之间的换算率。

(3)在设置存货档案之前,必须先设置计量单位,否则,存货档案中没有被选的计量单位,存货档案不能保存。

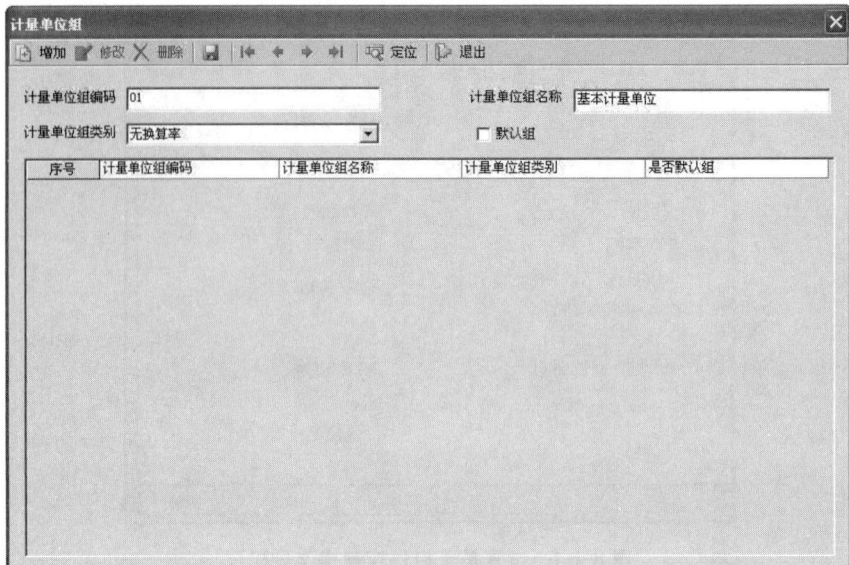

图 8-1-5　设置计量单位组

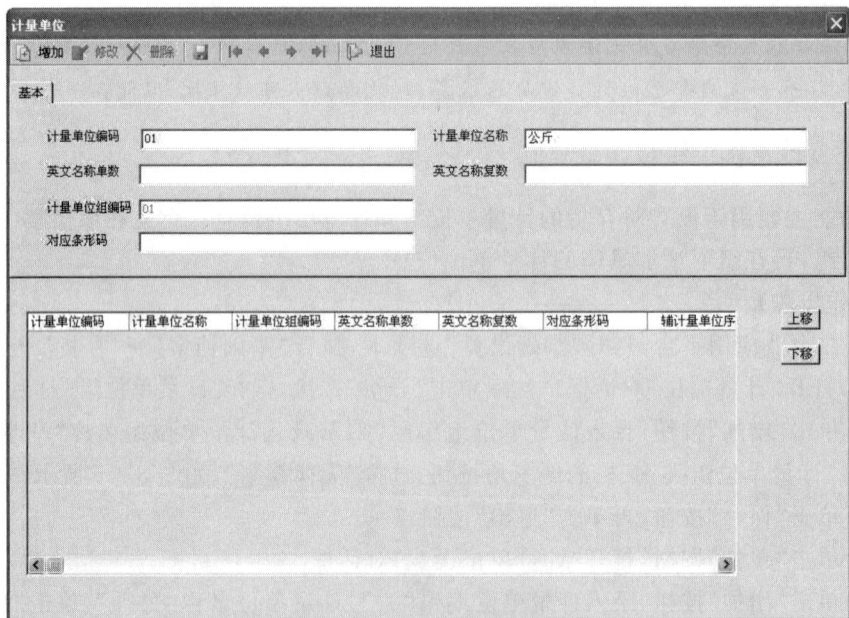

图 8-1-6　设置计量单位

（4）计量单位可以根据需要随时增加。

3. 设置存货分类和存货档案

存货档案是企业在生产经营中使用到的各种存货信息，以便于对这些存货进行资料管理、实物管理和业务数据的统计与分析。随同发货单或发票一起开具的应税劳务等也应设置在存货档案中。企业可以根据对存货的管理要求对存货进行分类管理，以便于对业务数据进行统计与分析。

【操作步骤】

（1）在企业应用平台，打开"基础设置"选项卡，执行"基础档案"→"存货"→"存货分类"命令，打开"存货分类"窗口，单击"增加"按钮，按要求输入相关信息（见图 8-1-7）并保存。然后继续输入其他存货分类信息。

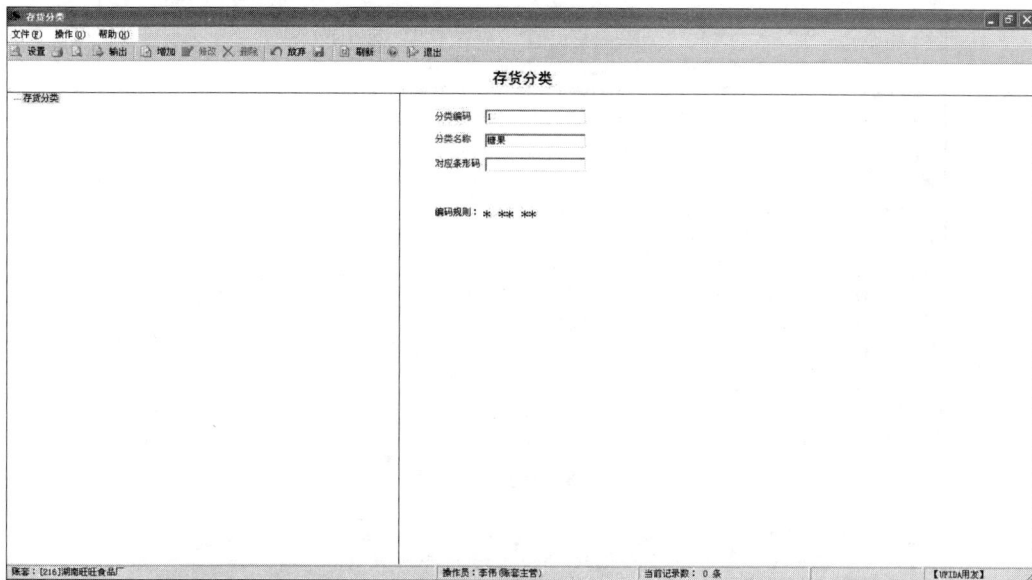

图 8-1-7　存货分类设置

（2）执行"基础档案"→"存货"→"存货档案"命令，打开"存货档案"窗口，单击"增加"按钮，按要求输入相关信息（见图 8-1-8）并保存。然后继续输入其他存货档案。

4. 单据编号设置

根据企业业务中使用的各种单据的不同需求，由企业自己设置各种单据的编码生成原则。

【操作步骤】

（1）在企业应用平台中，执行"基础设置"→"单据设置"→"单据编号设置"命令，打开"单据编号设置"对话框。

（2）在左侧"单据类型"对话框中执行"销售管理"→"销售专用发票"命令，打开"单据编号设置-销售专用发票"对话框，然后单击"修改"按钮，选中"手工改动，重号时自动重取"前的复选框，如图 8-1-9 所示。

（3）单击"保存"按钮，然后单击"退出"按钮。

（4）同理，设置"应收款管理"中的"其他应收单"和"收款单"，其编号允许手工修改。

5. 开户银行设置

此功能用于维护及查询使用单位的开户银行信息。开户银行一旦被引用，便不能进

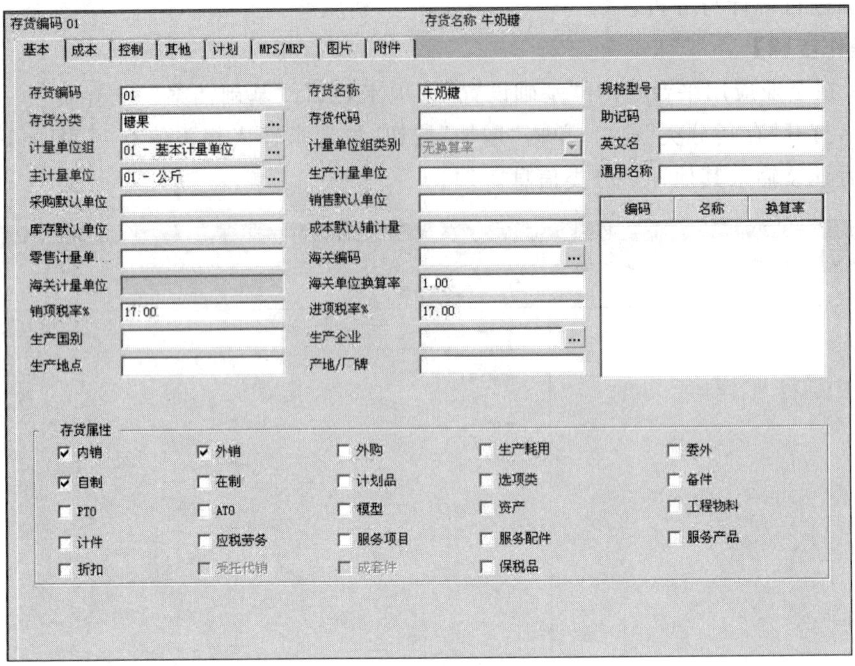

图 8-1-8　存货档案设置

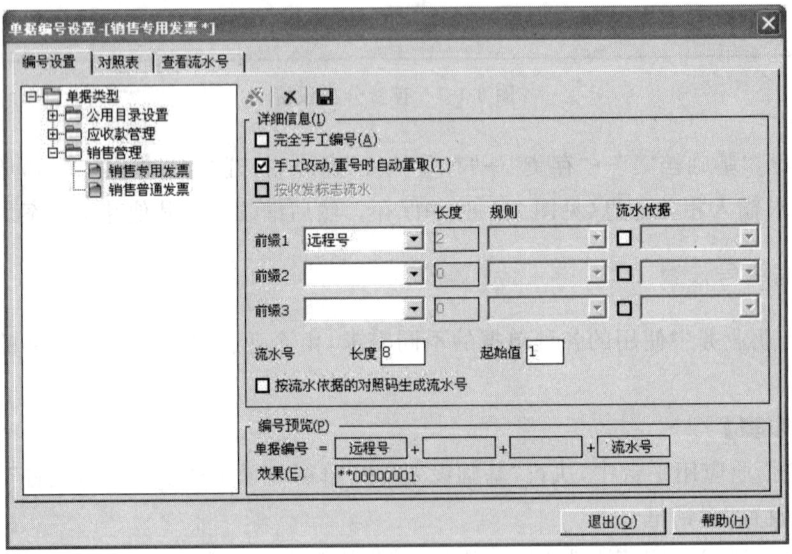

图 8-1-9　单据编号设置

行修改和删除的操作。

【操作步骤】

（1）在企业应用平台中，打开"基础设置"选项卡，执行"基础档案"→"收付结算"→"本单位开户银行"命令，打开"本单位开户银行"窗口。

（2）单击"增加"按钮，打开"增加本单位开户银行"对话框，按要求输入相关信息，如图 8-1-10 所示。

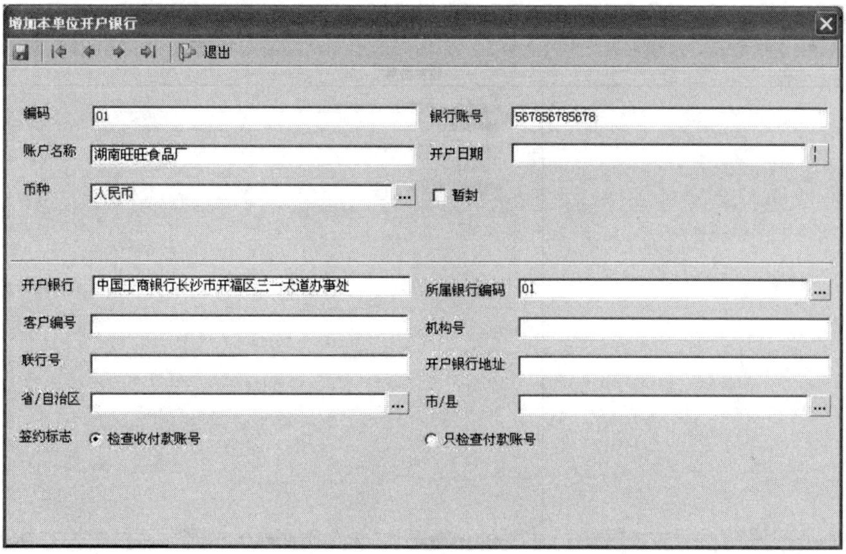

图 8-1-10　设置开户银行

6. 设置收发类别、销售类型

收发类别,是企业为了对材料的出入库情况进行分类汇总统计而设置的,表示材料的出入库类型,企业可根据单位的实际需要自由、灵活地进行设置。同时,企业在处理销售业务时,为了按销售类型对销售业务数据进行统计和分析,可以根据自身的实际情况自定义销售类型。

【操作步骤】

(1) 首先启用"销售管理"模块,然后在企业应用平台中,打开"基础设置"选项卡,执行"基础档案"→"业务"→"收发类别"命令,打开"收发类别"对话框,按要求输入相关信息,如图 8-1-11 所示。

(2) 执行"基础档案"→"业务"→"销售类型"命令,打开"销售类型"对话框,按要求输入相关信息,如图 8-1-12 所示。

(3) 停用"销售管理模块"。

7. 设置凭证科目

由于应收款管理系统业务类型较固定,生成的凭证类型也较固定,因此为了简化凭证生成操作,可以在此处将各业务类型凭证中的常用科目预先设置好,系统将依据制单规则在生成凭证时自动带入。

基本科目设置:用户可以在此定义应收系统凭证制单所需要的基本科目,如应收科目、预收科目、销售收入科目、税金科目等。若用户未在单据中指定科目,且控制科目设置与产品科目设置中没有明细科目的设置,则系统制单依据制单规则取基本科目设置中的科目设置。

控制科目设置:进行应收科目、预收科目的设置。依据用户在系统初始中的控制科

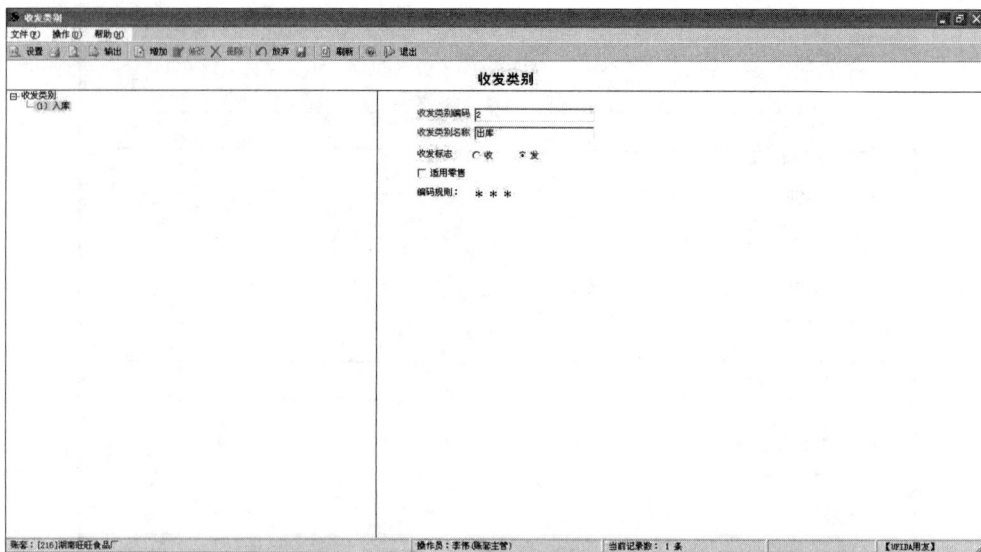

图 8-1-11　设置收发类别

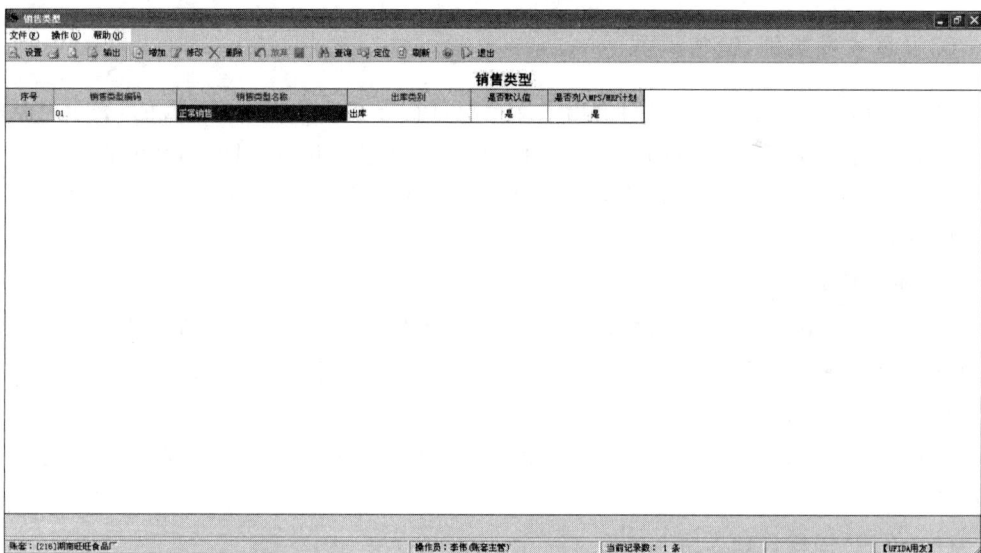

图 8-1-12　设置销售类型

目依据而显示设置依据。应收控制科目指所有带有客户往来辅助核算并受控于应收系统的科目。

　　产品科目设置：进行销售收入科目、应交增值税科目、销售退回科目的设置。依据用户在系统初始中的销售科目依据选项而显示设置依据。

　　结算方式科目设置：进行结算方式、币种、科目的设置。对于现结的发票、收付款单，系统依据单据上的结算方式查找对应的结算科目，系统制单时自动带出。

【操作步骤】

（1）在企业应用平台打开"业务工作"选项卡，执行"财务会计"→"应收款管理"→"设置"→"初始设置"命令,打开"初始设置"对话框。

（2）单击"基本科目设置",再单击"增加"按钮,按要求进行相关设置,如图 8-1-13 所示。

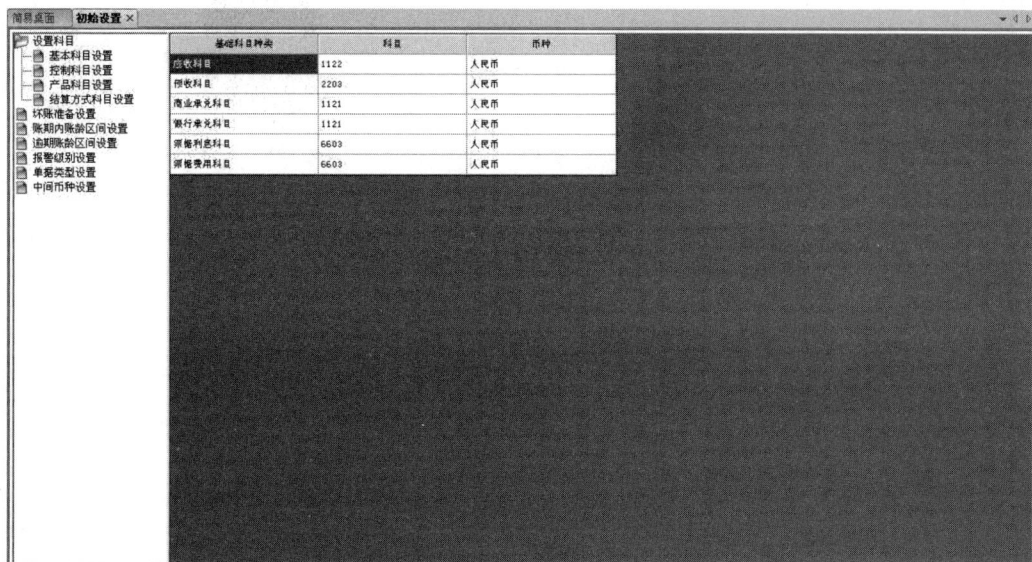

图 8-1-13 基本科目设置

（3）单击"控制科目设置",按要求进行相关设置,如图 8-1-14 所示。

图 8-1-14 控制科目设置

（4）单击"产品科目设置",按要求进行相关设置,如图 8-1-15 所示。

【注意】

（1）进行基本科目设置时,输入的科目必须是总账系统中的末级科目。

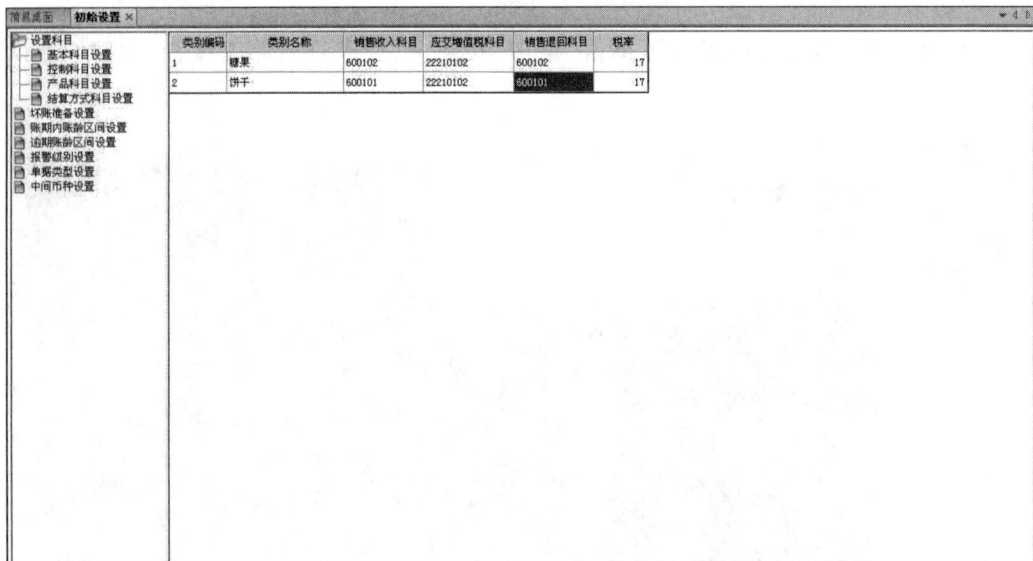

图 8-1-15　产品科目设置

（2）只有在这里设置了基本科目，在生成凭证时才能直接生成凭证中的会计科目，否则凭证中将没有会计科目，相应的会计科目只能手工录入。

（3）如果应收科目、预收科目按不同的客户或客户分类分别设置，可以在"控制科目设置"中设置。

（4）如果针对不同的存货分别设置销售收入核算科目，可以在"产品科目设置"中设置。

（5）如果在此不设置结算方式科目，则在收款或付款时只能手工录入不同结算方式所对应的会计科目。

8. 设置坏账准备

坏账初始设置是指用户定义本系统内计提坏账准备的比率和设置坏账准备的期初余额，它的作用是系统根据用户的应收账款进行计提坏账准备。企业应于期末针对不包含应收票据的应收款项计提坏账准备。

【操作步骤】

（1）在应收款管理系统的"初始设置"对话框中，单击"坏账准备设置"，打开"坏账准备设置"对话框，输入提取比率"0.5"，坏账准备期初余额"0"，坏账准备科目坏账准备"1231"，坏账准备对方科目资产减值损失"6701"，如图 8-1-16 所示。

（2）单击"确定"按钮，弹出"储存完毕"信息提示对话框，再单击"确定"按钮。

【注意】

（1）如果在选项中没有选中坏账处理的方式为"应收余额百分比法"，则在此处就不需要录入"应收余额百分比法"所需要的初始设置，即此处的初始设置是与选项中所选择的坏账处理方式相对应的。

（2）坏账准备期初余额设置后，只要进行了坏账准备的日常业务处理就不允许再修

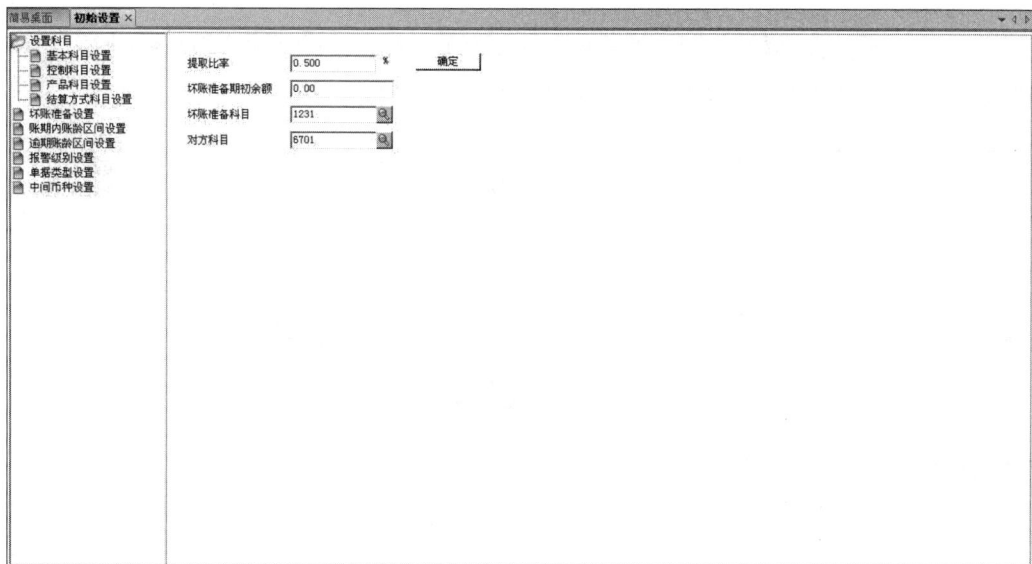

图 8-1-16　坏账准备设置

改。下一年度使用本系统时，可以修改提取比率、区间和科目。

（3）如果在系统选项中默认坏账处理方式为直接转销法，则不用进行坏账准备的设置。

9.录入期初余额

通过期初余额功能，用户可将正式启用账套前的所有应收业务数据录入到系统中，作为期初建账的数据，系统即可对其进行管理，这样既保证了数据的连续性；又保证了数据的完整性。

当初次使用本系统时，要将上期未处理完全的单据都录入到本系统，以便于以后账务处理。当用户进入第二年度处理时，系统自动将上年度未处理完全的单据转成为下一年度的期初余额。在下一年度的第一个会计期间里，用户可以进行期初余额的调整。

在期初余额主界面，列出的是所有客户、所有科目、所有合同结算单的期初余额，可以通过过滤功能，查看某个客户、某份合同或者某个科目的期初余额。

录入期初余额，包括未结算完的发票和应收单、预收款单据、未结算完的应收票据以及未结算完毕的合同金额。这些期初数据必须是账套启用会计期间前的数据。期初余额录入后，可与总账系统对账。

【操作步骤】

（1）在应收款管理系统中，执行"设置"→"期初余额"命令，打开"期初余额—查询"对话框，单击"确定"按钮，打开"期初余额明细表"窗口。

（2）在"期初余额明细表"窗口单击"增加"按钮，打开"单据类别"对话框，选择单据名称为"销售发票"，单据类型为"销售专用发票"，然后单击"确定"按钮，打开"销售专用发票"对话框。

（3）单击"增加"按钮，按实验资料输入相关信息，如图 8-1-17 所示，再单击"保存"按钮，以同样的方法继续录入第 2 张销售专用发票。

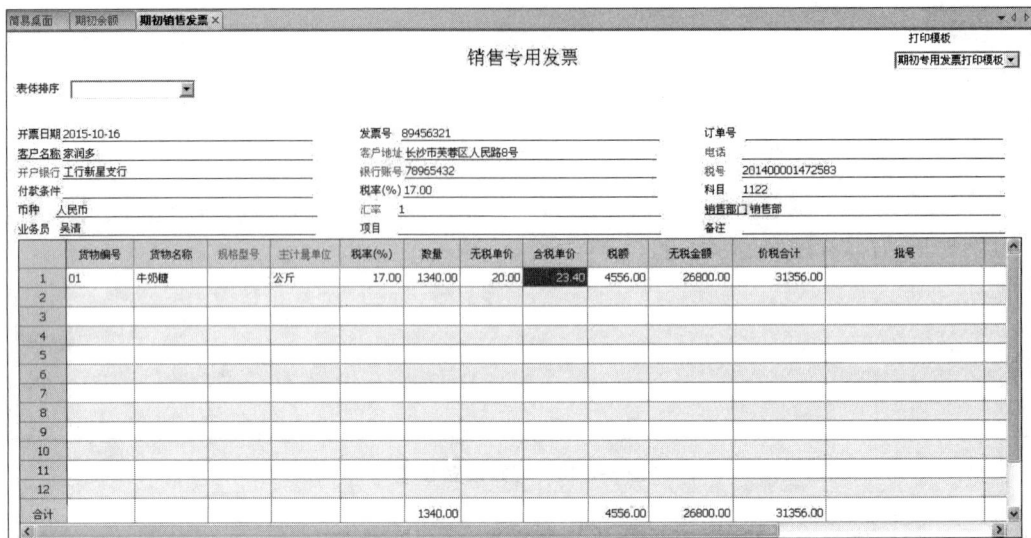

图 8-1-17　期初销售专用发票

（4）在"期初余额明细表"窗口，再次单击"增加"按钮，打开"单据类别"对话框，然后单击"单据名称"栏的倒三角按钮，选择"应收单"，其他默认，如图 8-1-18 所示。

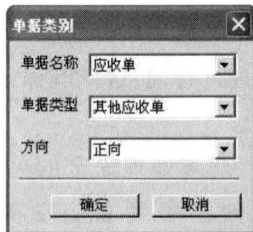

图 8-1-18　选择"应收单"单据类别

（5）单击"确定"按钮，打开"应收单"对话框，按实验资料输入相关信息，如图 8-1-19所示，再单击"保存"按钮，以同样的方法继续录入第 2 张应收单（代垫运费）。

【注意】

（1）如果退出了录入期初余额的单据，在"期初余额明细表"窗口中没有看到新录入的期初余额，应单击"刷新"按钮，就可以列示所有的期初余额的内容。

（2）录入预收款的单据类型仍然是"收款单"，但是款项类型为"预收款"。

（3）期初余额所录入的票据保存后自动审核。

（4）在录入期初余额时要注意期初余额的会计科目。应收款管理系统的期初余额要与总账系统进行对账，如果科目错误会导致对账错误。

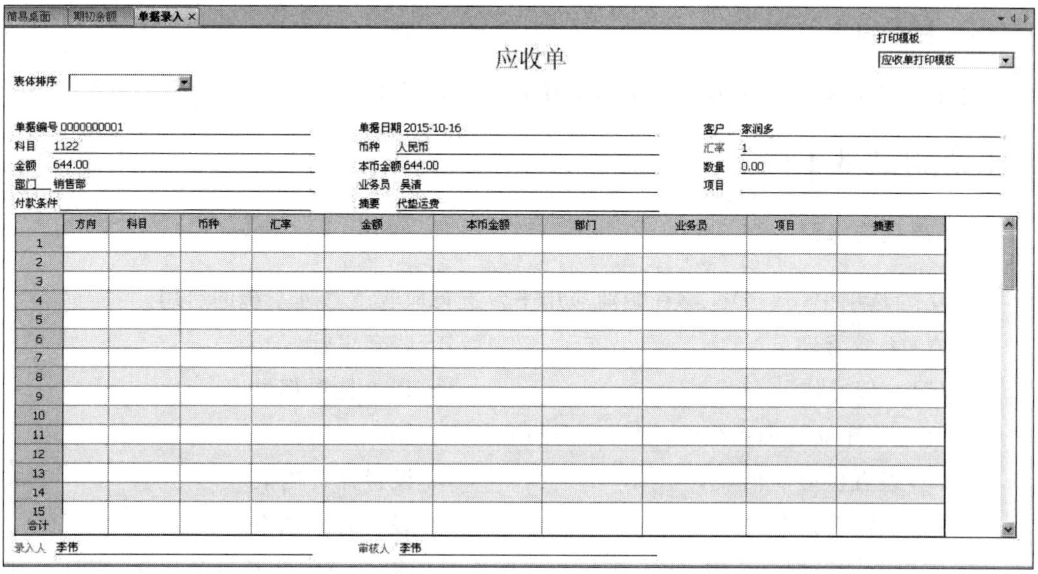

图 8-1-19　期初应收单

10. 应收款管理系统与总账系统对账

【操作步骤】

（1）在“期初余额明细表”窗口中，单击“对账”按钮，打开“期初对账”对话框，如图 8-1-20 所示。

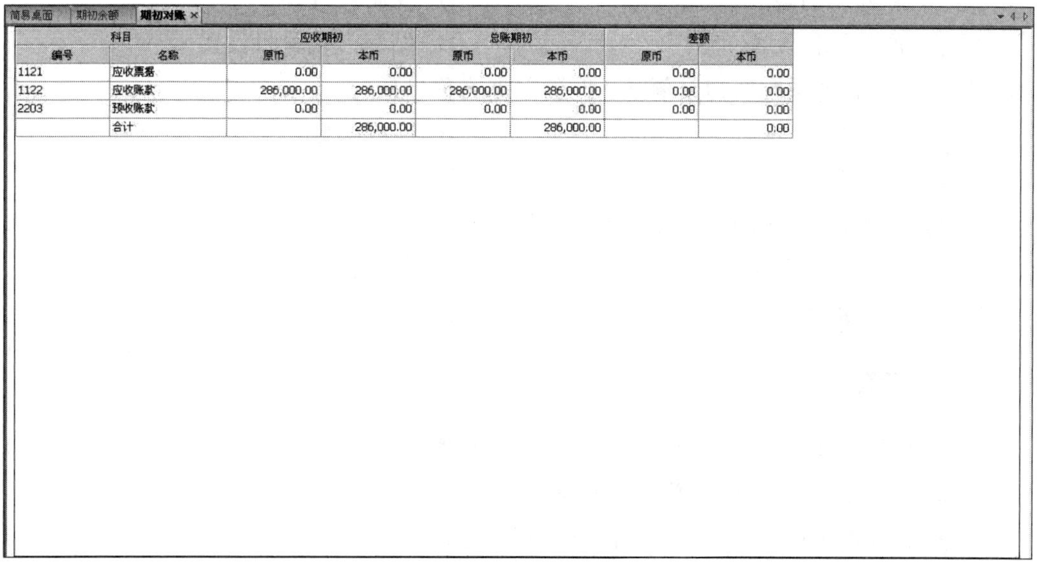

科目		应收期初		总账期初		差额	
编号	名称	原币	本币	原币	本币	原币	本币
1121	应收票据	0.00	0.00	0.00	0.00	0.00	0.00
1122	应收账款	286,000.00	286,000.00	286,000.00	286,000.00	0.00	0.00
2203	预收账款	0.00	0.00	0.00	0.00	0.00	0.00
	合计		286,000.00		286,000.00		0.00

图 8-1-20　期初对账

（2）单击“退出”按钮。

11. 账套备份

将账套输出到文件夹"应收款管理系统初始化 8-1"中。

[理论测试 8-1]

一、单项选择题

1. 下列选项中（   ）能够在企业应用平台进行应收款管理系统的启用。

    A. 系统管理员　　　　　　　　　　B. 账套主管

    C. 一般操作员　　　　　　　　　　D. 以上选项都可以

2. 在应收账款管理系统中，期初数据的准备不包括（   ）。

    A. 设置供应商档案　　　　　　　　B. 设置存货档案

    C. 设置结算方式　　　　　　　　　D. 设置客户档案

3. 在应收款管理系统中，坏账准备的计提方法如果是应收余额百分比法，则计提比率可以在（   ）修改。

    A. 坏账计提后　　　　　　　　　　B. 坏账发生后

    C. 坏账收回后　　　　　　　　　　D. 初始设置

二、多项选择题

1. 应收款管理系统的科目设置包括（   ）。

    A. 基本科目设置　　　　　　　　　B. 控制科目设置

    C. 产品科目设置　　　　　　　　　D. 结算方式科目设置

2. 应收款管理系统期初余额录入时的单据名称包括（   ）。

    A. 销售发票　　　　　　　　　　　B. 应收票据

    C. 应收单　　　　　　　　　　　　D. 应付单

3. 应收款管理系统的业务控制参数包括（   ）。

    A. 应收款核销方式　　　　　　　　B. 制单方式

    C. 汇兑损益方式　　　　　　　　　D. 销售方式

三、判断题

1. 应收款管理系统代垫费用的类型只能是其他应收单。　　　　　　　（   ）

2. 期初余额录入后，可与总账系统对账。　　　　　　　　　　　　　（   ）

3. 结算方式科目设置时所使用的科目不一定是最明细科目。　　　　　（   ）

四、思考题

1. 应收款管理系统的初始化包括哪些内容？

2. 应收款管理系统期初余额与总账对账不一致的原因可能有哪些？

任务 8.2 应收款管理系统日常业务处理的操作

[任务单 8-2]

项目 8	应收款管理系统处理		学时	10
任务 8.2	应收款管理系统日常业务处理的操作		学时	4
一、学习目标 　　在用友 ERP-U8 V10.1 软件中操作完成学习任务，完成相应的理论测试。				
二、学习资源 　　1. 用友 ERP-U8 V10.1 软件。 　　2. 操作视频：(1)赊销业务：销售专用发票和代垫运费单据录入；(2)赊销业务：销售专用发票和代垫运费单据审核；(3)赊销业务：单据核销；(4)收到前欠货款业务：收款单据的录入、审核和制单；(5)汇票业务：银行承兑汇票的录入；(6)汇票业务：收款单的审核、制单及核销；(7)预收账款业务；(8)计提坏账准备业务。				

<table>
<tr>
<td align="center">8.2.1 赊销业务：销售专用发票和代垫
运费单据录入.mp4</td>
<td align="center">8.2.2 赊销业务：销售专用发票和代垫
运费单据审核并制单.mp4</td>
<td align="center">8.2.3 赊销业务：单据
核销.mp4</td>
</tr>
<tr>
<td align="center">8.2.4 收到前欠货款业务：收款
单据的录入、审核和制单.mp4</td>
<td align="center">8.2.5 汇票业务：银行承兑汇
票的录入.mp4</td>
<td align="center">8.2.6 汇票业务：收款单的审核、
制单及核销.mp4</td>
</tr>
<tr>
<td align="center" colspan="2">8.2.7 预收账款业务.mp4</td>
<td align="center">8.2.8 计提坏账准备业务.mp4</td>
</tr>
</table>

三、学习方法 　　1. 认真观看视频并记录重点。 　　2. 和同学讨论交流。
四、准备工作 　　1. 引入"应收款管理系统初始化 8-1"账套。 　　2. 修改计算系统时间为 2016 年 1 月 31 日。

续表

五、学习任务

以操作员 102 的身份注册用友 ERP-U8 V10.1 企业应用平台，完成如下操作。

1. 赊销业务

2016 年 1 月 5 日，向长沙家润多股份有限公司销售雪饼 3 000 公斤，无税单价 28 元/公斤，用现金代垫运费 480 元，货已发出，并开具销售专用发票，发票号为 89457833，但款项尚未收到（制单方式：集中制单）。具体要求：（1）录入销售专用发票；（2）录入其他应收单；（3）审核销售专用发票和应收单；（4）将销售专用发票和其他应收单制单。

2. 收到前欠货款业务

2016 年 1 月 8 日，收到罗记食品有限公司转账支票一张，票号 35624488，金额 254 000 元用于支付 2015 年 10 月 28 日的购货款及垫付运费，款项结清（制单方式：立即制单）。具体要求：（1）填写收款单；（2）审核收款单并制单；（3）单据核销。

3. 汇票业务

2016 年 1 月 10 日，收到长沙家润多股份有限公司当日签发的三个月到期的银行承兑汇票一张，票号为 77893321，用以支付本月 5 日的购货款及垫付运费 98 760 元（制单方式：集中制单）。具体要求：（1）录入银行承兑汇票；（2）审核银行承兑汇票生成的收款单；（3）将收款单制单；（4）单据核销。

4. 预收账款业务

2016 年 1 月 20 日，收到罗记食品有限公司转账支票一张，金额 20 000 元，支票号为 77484599，用途为采购牛奶糖的定金（制单方式：立即制单）。具体要求：（1）填写收款单；（2）审核收款单并制单。

5. 计提坏账准备业务

2016 年 1 月 31 日，计提本月坏账准备（制单方式：集中制单）。具体要求：（1）计提坏账准备；（2）制单。

6. 账套备份

在 E 盘根目录下建立一个文件夹，文件夹的名字为"216 账套备份"，在该文件中建立一个名为"应收款管理系统日常业务处理 8-2"的文件夹，将账套备份到该文件夹中。

［信息页 8-2］

理论目标：

掌握应收单据和收款单据的录入与处理方法；

掌握票据业务、坏账业务的处理方法。

技能目标：

熟练掌握应收款管理系统日常业务处理的基本方法，并能熟练进行操作。

8.2.1　赊销业务

【操作步骤】

（1）录入销售专用发票。在应收款管理系统中，执行"应收单据处理"→"应收单据录入"命令，打开"单据类别"对话框，系统默认单据名称"销售发票"，单据类型为"销售专用发票"，方向为"正向"，单击"确定"按钮，打开"销售专用发票"窗口，再单击"增加"按钮，录入发票相关信息，如图 8-2-1 所示，然后保存。

（2）录入其他应收单。执行"应收单据处理"→"应收单据录入"命令，打开"单据类别"对话框，选择单据名称为"应收单"，单据类型为"其他应收单"，方向为"正向"，单击"确

图 8-2-1　销售专用发票

定"按钮,打开"应收单"窗口,再单击"增加"按钮,录入应收单相关信息,如图 8-2-2
所示。

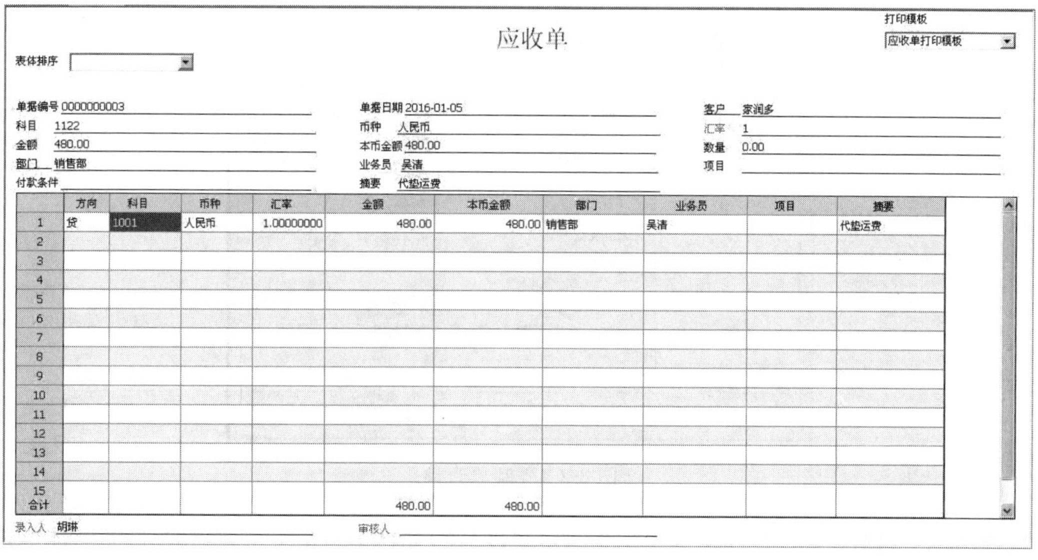

图 8-2-2　应收单—代垫运费

　　(3) 审核销售专用发票和应收单。执行"应收单据处理"→"应收单据审核"命令,打
开"应收单查询条件"对话框,单击"确定"按钮,打开"应收单据列表"窗口,选中需要审核
的销售专用发票和应收单,单击"审核"按钮,结果如图 8-2-3 所示。
　　(4) 将销售专用发票和其他应收单制单。执行"制单处理"命令,打开"制单查询"对
话框,选中"发票制单"和"应收单制单",如图 8-2-4 所示,然后单击"确定"按钮,进入"应
收制单"窗口,单击"全选"按钮,再单击"制单"按钮,将由销售专用发票生成的凭证改为

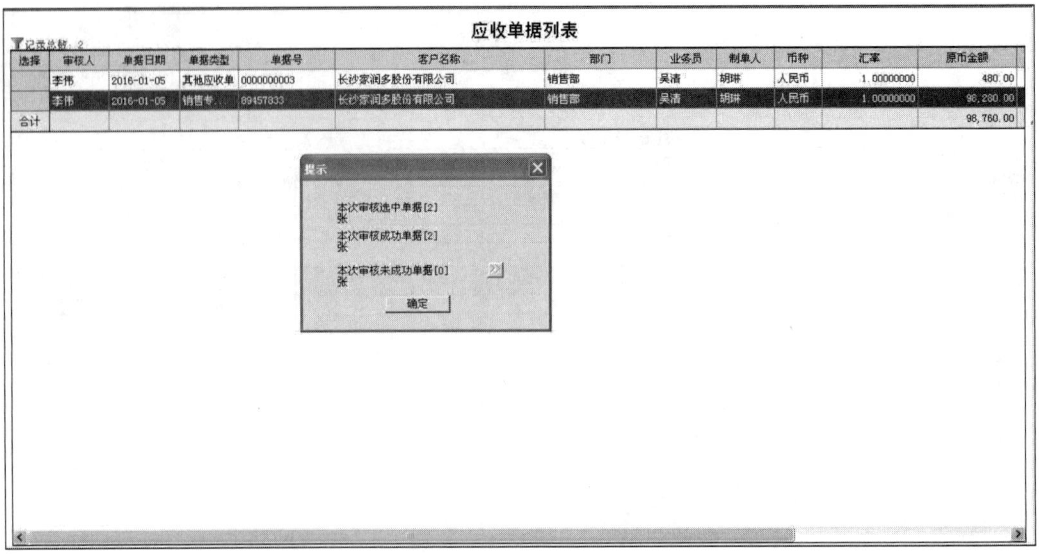
应收单据列表
记录总数：2
选择 审核人 单据日期 单据类型 单据号 客户名称 部门 业务员 制单人 币种 汇率 原币金额
李伟 2016-01-05 其他应收单 0000000003 长沙家润多股份有限公司 销售部 吴清 胡琳 人民币 1.00000000 480.00
李伟 2016-01-05 销售专... 89457833 长沙家润多股份有限公司 销售部 吴清 胡琳 人民币 1.00000000 98,280.00
合计 98,760.00
提示
本次审核选中单据[2]张
本次审核成功单据[2]张
本次审核未成功单据[0]张
确定

图 8-2-3　审核销售专用发票和应收单

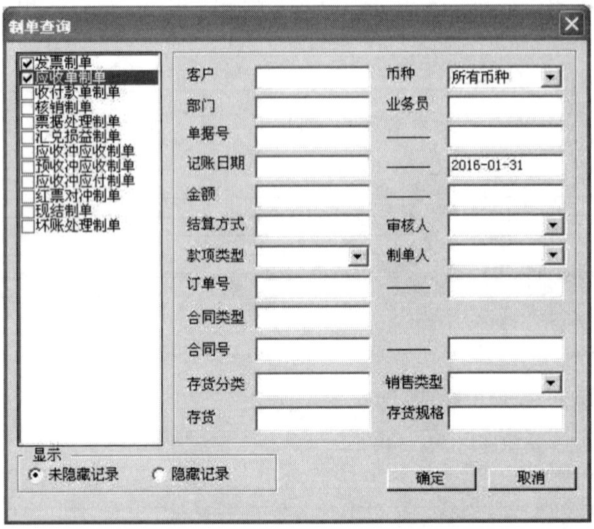
制单查询
发票制单
应收单制单
收付款单制单
核销制单
票据处理制单
汇兑损益制单
应收冲应收制单
预收冲应收制单
应收冲应付制单
红票对冲制单
现结制单
坏账处理制单
客户
币种
所有币种
部门
业务员
单据号
记账日期
2016-01-31
金额
结算方式
审核人
款项类型
制单人
订单号
合同类型
合同号
存货分类
销售类型
存货
存货规格
显示
未隐藏记录
隐藏记录
确定
取消

图 8-2-4　制单查询

“转账凭证”，修改凭证的日期为“2016-01-05”，保存，如图 8-2-5 所示；单击“下张凭证”按钮，将由其他应收单生成的凭证改为“付款凭证”，修改凭证的日期为“2016-01-05”，保存，如图 8-2-6 所示。

【注意】

(1) 销售发票与应收单是应收款管理系统日常核算的单据。如果应收款系统与销售系统集成使用，销售发票和代垫费用在销售管理系统中录入，在应收系统中可以对这些单据进行查询、核销、制单等操作。此时，应收系统需要录入的只限于应收单。

(2) 如果没有使用销售系统，则所有发票和应收单均需在应收系统中录入。

(3) 在不启用供应链的情况下，在应收款系统中只能对销售业务的资金流进行会计

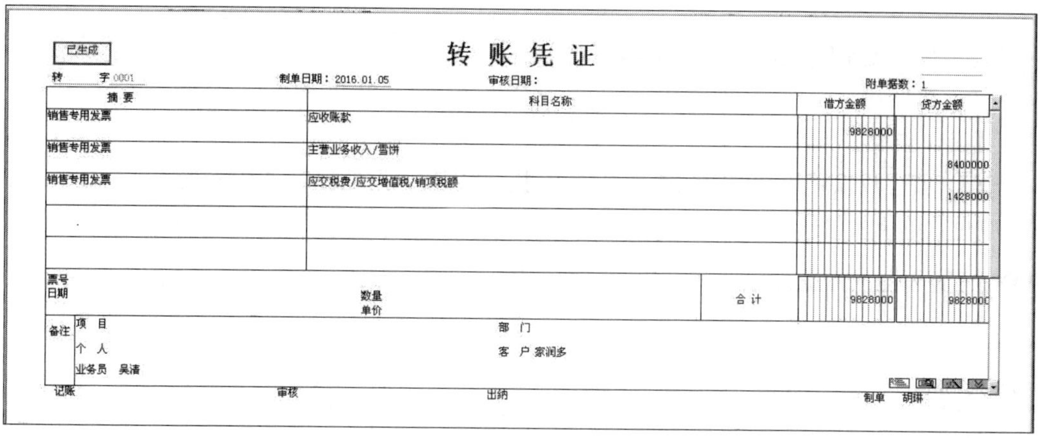

图 8-2-5　销售专用发票生成凭证

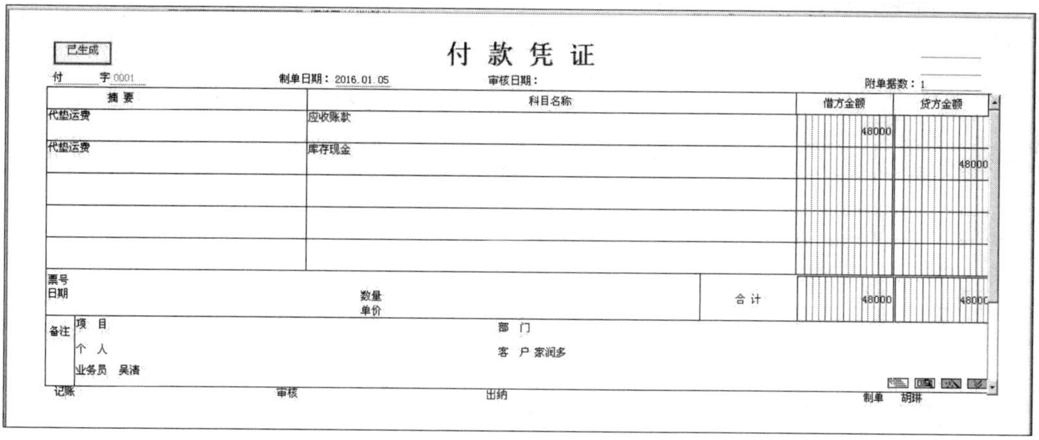

图 8-2-6　其他应收单(代垫运费)生成凭证

核算,即可以进行应收款、已收款以及收入实现情况的核算;而物流的核算,即存货出库成本的核算还需要在总账系统中手工进行结转。

(4) 已审核的单据不能修改或删除,已生成凭证或进行过核销的单据在单据界面不再显示。

(5) 在录入销售发票后可以直接进行审核,在直接审核后系统会提示"是否立即制单?",此时可以直接制单。如果录入销售发票后不直接审核,可以在审核功能中审核,再到制单功能中制单。

(6) 已审核的单据在进行其他处理之前需取消审核后再进行修改。

(7) 在填制应收单时,只需要录入表头部分的内容,表体部分的内容除对方科目外均由系统自动生成。表体部分的对方科目如果不录入可以在生成凭证后再手工输入。

(8) 应收单和销售发票一样可以在保存后直接审核,如果在审核功能中审核则只能到制单功能中制单。

(9) 如果同时使用销售系统,在应收系统中只能录入应收单而不能录入销售发票。

8.2.2 收到前欠货款业务

【操作步骤】

（1）填写收款单。在应收款管理系统中，执行"收款单据处理"→"收款单据录入"命令，打开"收付款单录入"窗口，单击"增加"按钮，录入收款单相关信息，如图 8-2-7 所示，然后保存。

图 8-2-7　录入收款单

（2）审核收款单并制单。单击"审核"按钮，系统提示"是否立即制单?"，单击"是"按钮，修改凭证日期为"2016-01-08"，保存，如图 8-2-8 所示。

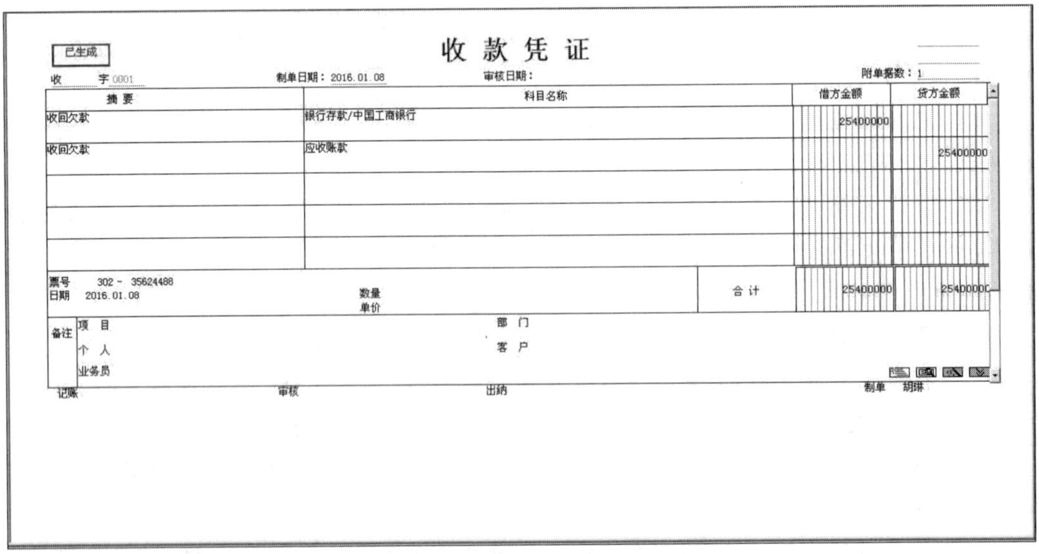

图 8-2-8　收款单生成凭证

(3) 单据核销。执行“核销处理”→“手工核销”命令，打开“核销条件”对话框，单击“客户”栏旁边的参照按钮，选择“02-罗记食品有限公司”，如图 8-2-9 所示。再单击“确定”按钮，打开“单据核销”窗口，在下半部分的“其他应收单”对应的“本次结算”栏输入“1 280.00”，“销售专用发票”对应的“本次结算”栏输入“252 720.00”(见图 8-2-10)，然后单击“保存”按钮。

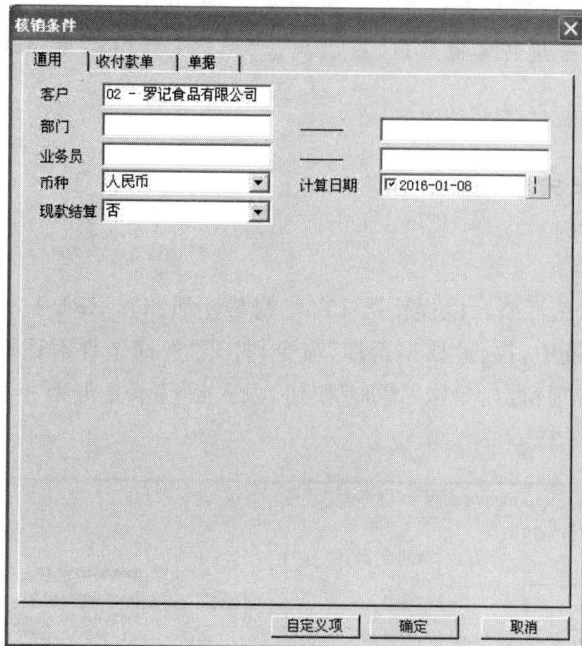

图 8-2-9 “核销条件”对话框

单据日期	单据类型	单据编号	客户	款项类型	结算方式	币种	汇率	原币金额	原币余额	本次结算金额	订单号
2016-01-08	收款单	0000000001	罗记食品	应收款	转账支票	人民币	1.00000000	254,000.00	254,000.00	254,000.00	
合计								254,000.00	254,000.00	254,000.00	

单据日期	单据类型	单据编号	到期日	客户	币种	原币金额	原币余额	可享受折扣	本次折扣	本次结算	订单号
2015-10-28	其他应收单	0000000002	2015-10-28	罗记食品	人民币	1,280.00	1,280.00	0.00	0.00	1,280.00	
2015-10-28	销售专用发票	89456345	2015-10-28	罗记食品	人民币	252,720.00	252,720.00	0.00	0.00	252,720.00	
合计						254,000.00	254,000.00	0.00		254,000.00	

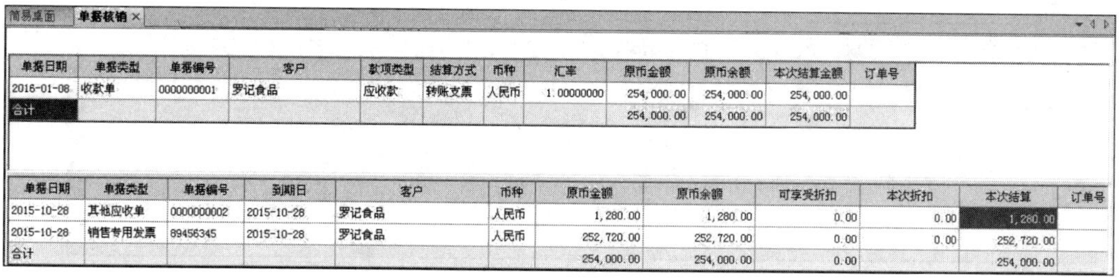

图 8-2-10 收到前欠货款业务“单据核销”窗口

【注意】

(1) 单击收款单的“保存”按钮后，系统会自动生成收款单表体的内容。

(2) 表体中的款项类型系统默认为“应收款”，单击旁边的下拉按钮，可根据需要修改为“预收款”和“其他费用”。

(3) 在填制收款单后，可以直接单击“核销”按钮进行单据核销操作。

(4) 如果是退款给客户，则可以单击“切换”按钮，填制红字收款单。

(5) 核销时，结算单列表中款项类型为应收款的记录默认本次结算金额为该记录上的原币金额；款项类型为预收款的记录默认的本次结算金额为空。核销时可以修改本次结算金额，但是不能大于该记录的原币金额。

（6）在保存核销的内容后，“单据核销”窗口中将不再显示已被核销的内容。

（7）一次只能对一种结算单类型进行核销，即手工核销的情况下需要将收款单和付款单分开核销。

（8）手工核销保存时，若结算单列表的本次结算金额大于或小于被核销单据列表的本次结算金额合计，系统将提示结算金额不相等，不能保存。

（9）如果核销后未进行其他处理，可以执行“其他处理”→“取消操作”命令取消核销操作。

8.2.3 汇票业务

【操作步骤】

（1）录入银行承兑汇票。以操作员 102 的身份注册用友 ERP-U8 V10.1 企业应用平台，在应收款管理系统中，执行“票据管理”命令，打开“查询条件对话框”对话框，单击“确定”按钮，进入票据管理窗口，单击“增加”按钮，录入银行承兑汇票相关信息，如图 8-2-11 所示，然后保存。

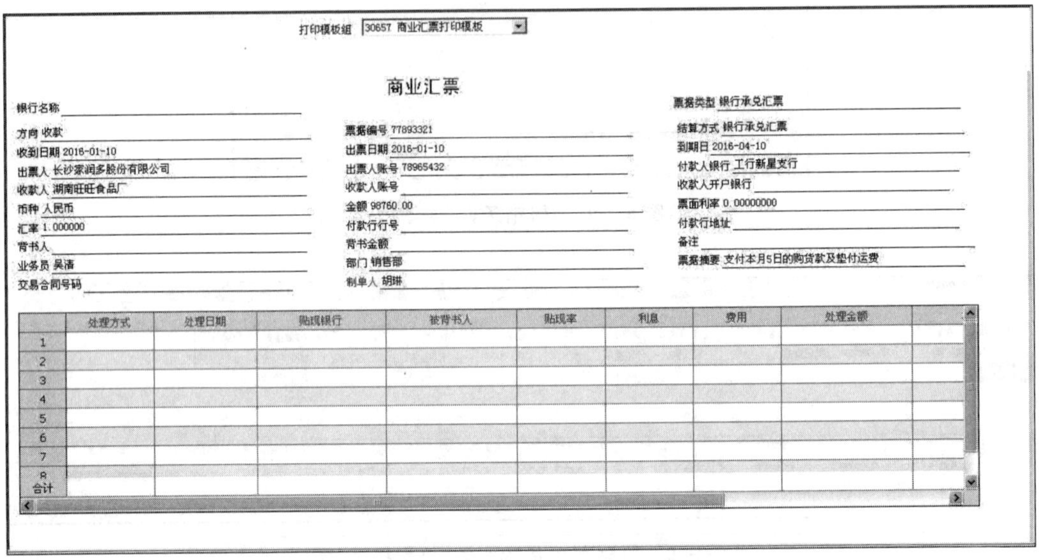
打印模板组 30657 商业汇票打印模板

商业汇票

银行名称
方向 收款
收到日期 2016-01-10
出票人 长沙家润多股份有限公司
收款人 湖南旺旺食品厂
币种 人民币
汇率 1.000000
背书人
业务员 吴清
交易合同号码

票据编号 77893321
出票日期 2016-01-10
出票人账号 78965432
收款人账号
金额 98760.00
付款行行号
背书金额
部门 销售部
制单人 胡琳

票据类型 银行承兑汇票
结算方式 银行承兑汇票
到期日 2016-04-10
付款人银行 工行新星支行
收款人开户银行
票面利率 0.00000000
付款行地址
备注
票据摘要 支付本月5日的购货款及垫付运费

	处理方式	处理日期	贴现银行	被背书人	贴现率	利息	费用	处理金额
1								
2								
3								
4								
5								
6								
7								
8								
合计								

图 8-2-11　录入银行承兑汇票

（2）审核银行承兑汇票生成的收款单。关闭“票据管理”窗口，执行“收款单据处理”→“收款单据审核”命令，打开“收款单查询条件”对话框后单击“确定”按钮，可以看到在“收付款单列表”窗口根据录入的银行承兑汇票生成了一张收款单，如图 8-2-12 所示。选择该收款单，并对它进行审核。

收付款单列表

记录总数：1

选择	审核人	单据日期	单据类型	单据编号	客户名称	部门	业务员	结算方式	票据号	币种	汇率	原币金额
		2016-01-10	收款单	0000000002	长沙家润多股份有限公司	销售部	吴清	银行承...	7789...	人民币	1.00000000	98,760
合计												98,760

图 8-2-12　银行承兑汇票自动生成的收款单

(3) 生成凭证。执行“制单处理”命令，在打开的“制单查询”对话框中选择“收付款单制单”，单击“确定”按钮，将由银行承兑汇票自动生成的收款单制单，修改凭证类型为“转账凭证”，凭证日期为“2016.01.10”，然后保存，如图 8-2-13 所示。

已生成

转 账 凭 证

转 字 0002　　制单日期：2016.01.10　　审核日期：　　附单据数：1

摘 要	科目名称	借方金额	贷方金额
支付本月5日的购货款及垫付运费	应收票据	9876000	
支付本月5日的购货款及垫付运费	应收账款		9876000
票号 77893321 日期 2016.01.10	数量 单价	合 计 9876000	9876000

备注　项 目　　部 门
个 人　　客 户 家润多
业务员 吴清

记账　审核　出纳　制单 胡琳

图 8-2-13　收到银行承兑汇票业务生成凭证

(4) 执行“核销处理”→“手工核销”命令，打开“核销条件”对话框，单击“客户”栏旁边的参照按钮，选择“01-长沙家润多股份有限公司”，再单击“确定”按钮，打开“单据核销”窗口，在下半部分的“其他应收单”对应的“本次结算”栏输入“480.00”，“销售专用发票”对应的“本次结算”栏输入“98 280.00”，如图 8-2-14 所示，然后单击“保存”按钮。

简易桌面　单据核销 ×

单据日期	单据类型	单据编号	客户	款项类型	结算方式	币种	汇率	原币金额	原币余额	本次结算金额	订单号
2016-01-10	收款单	0000000002	家润多	应收款	银行承...	人民币	1.00000000	98,760.00	98,760.00	98,760.00	
合计								98,760.00	98,760.00	98,760.00	

单据日期	单据类型	单据编号	到期日	客户	币种	原币金额	原币余额	可享受折扣	本次折扣	本次结算	订单号
2015-10-16	其他应收单	0000000001	2015-10-16	家润多	人民币	644.00	644.00	0.00			
2016-01-05	其他应收单	0000000003	2016-01-05	家润多	人民币	480.00	480.00	0.00	0.00	480.00	
2015-10-16	销售专...	89456321	2015-10-16	家润多	人民币	31,356.00	31,356.00	0.00			
2016-01-05	销售专...	89457833	2016-01-05	家润多	人民币	98,280.00	98,280.00	0.00	0.00	98,280.00	
合计						130,760.00	130,760.00	0.00		98,760.00	

图 8-2-14　汇票业务“单据核销”窗口

【注意】

(1) 保存一张商业票据之后，系统会自动生成一张收款单，该收款单必须经过审核后才能生成记账凭证。

(2) 由票据生成的收款单不能修改。

(3) 票据管理功能用来记录票据的详细信息和处理情况，包括票据的取得、结算、贴现、背书、转出、计息等，并可以查询应收票据信息。

(4) 商业承兑汇票不能有承兑银行，银行承兑汇票必须有承兑银行。

8.2.4 预收账款业务

【操作步骤】

（1）填写收款单。以操作员 102 的身份注册用友 ERP-U8 V10.1 企业应用平台，在应收款管理系统中，执行"收款单据处理"→"收款单据录入"命令，打开"收付款单录入"窗口，单击"增加"按钮，录入收款单相关信息，如图 8-2-15 所示，然后保存。这里要特别注意的是：表体中的款项类型必须改为预收款。

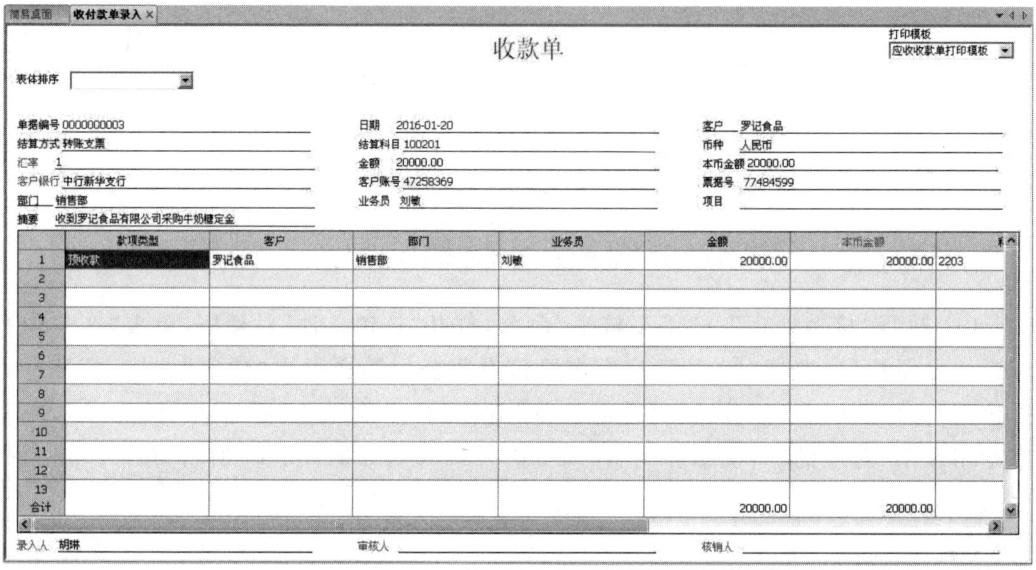

图 8-2-15　收款单

（2）审核收款单并生成凭证。在"收付款单录入"窗口，单击"审核"按钮，弹出"是否立即制单？"对话框，单击"是"按钮生成凭证，修改凭证类型为"收款凭证"，修改凭证日期为"2016.01.20"，然后保存，如图 8-2-16 所示。

图 8-2-16　收到定金生成凭证

8.2.5 计提坏账准备业务

【操作步骤】

(1) 计提坏账准备。以操作员102的身份注册用友ERP-U8 V10.1企业应用平台，在应收款管理系统中，执行“坏账处理”→“计提坏账准备”命令，打开“应收账款百分比法”窗口，如图8-2-17所示；单击“OK”按钮，系统提示“是否立即制单?”，单击“否”按钮，然后退出。

简易桌面 | 应收账款百分比法 ×

应收账款...	计提比率	坏账准备	坏账准备余额	本次计提
12,000.00	0.500%	60.00	0.00	60.00

图8-2-17 应收账款百分比窗口

(2) 生成凭证。执行“制单处理”命令，在打开的“制单查询”对话框中选择“坏账处理制单”；单击“确定”按钮，打开“坏账制单”窗口，选择单据类型为“计提坏账”，然后单击“制单”按钮生成凭证，修改凭证类型为“转账凭证”，凭证日期为“2016.01.31”，然后保存，如图8-2-18所示。

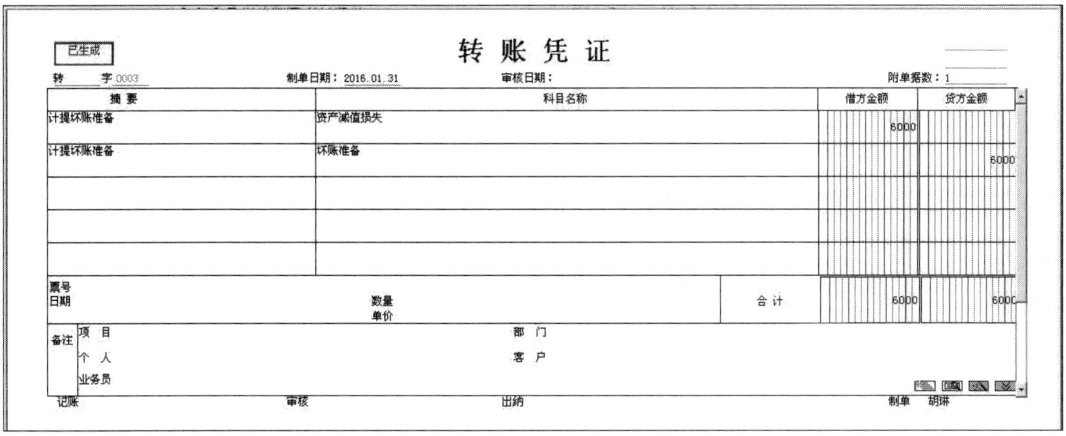
已生成
转账凭证
转 字 0003　制单日期：2016.01.31　审核日期：　附单据数：1

摘要	科目名称	借方金额	贷方金额
计提坏账准备	资产减值损失	6000	
计提坏账准备	坏账准备		6000
票号 日期 数量 单价	合计	6000	6000

备注 项目　部门
个人　客户
业务员
记账　审核　出纳　制单 胡琳

图8-2-18 计提坏账准备凭证

8.2.6 账套备份

将账套输出到文件夹“应收款管理系统日常业务处理8-2”中。

[理论测试8-2]

一、单项选择题

1. 在其他条件相同的情况下，预收销售货款填制的收款单与收到欠款填制的收款单的不同之处是(　　)。

A. 单据编号 B. 结算科目
C. 款项类型 D. 结算方式

2. 如果在应收账款管理系统中核算客户往来款项,则所有的客户往来凭证全部由( )生成,其他系统不能生成此类凭证。
A. 账务处理系统 B. 应付款管理系统
C. 销售管理系统 D. 应收款管理系统

3. 在应收款管理系统中,"坏账处理"功能不包括( )。
A. 计提坏账准备 B. 坏账发生
C. 坏账收回 D. 坏账准备科目设置

4. 在应收款管理系统中,代客户垫付的运费需要填制的单据类型是( )。
A. 销售专用发票 B. 销售普通发票
C. 其他应收单 D. 其他应付单

二、多项选择题

1. 在票据管理中,可以对票据进行( )等处理。
A. 计息 B. 贴现 C. 转出 D. 结算
E. 背书

2. 应收款管理系统中的"转账"功能包括( )。
A. 应收冲应收 B. 预收冲应收
C. 应付冲应收 D. 应收冲应付
E. 红票对冲

3. 在应收款管理系统的下列业务中,需要填制记账凭证的有( )。
A. 收款 B. 退款
C. 应收冲应付 D. 票据背书
E. 票据审核

三、判断题

1. 如果要进行票据科目的管理,必须将应收票据科目设置为应收受控科目。( )

2. 单据核销的作用是解决收回客商款项核销该客商应收款的处理,建立收款与应收款的核销记录,监督应收款及时核销,加强往来款项的管理。 ( )

3. 一旦进行了汇兑损益处理,则不能恢复处理前状态。 ( )

四、思考题

1. 在应收款管理系统中,如果一张销售专用发票已制单,后来发现发票的数量与单价有误,应如何修改?

2. 简述客户在折扣期内付款业务的操作步骤。

任务8.3 应收款管理系统期末业务处理的操作及账表查询

[任务单 8-3]

项目 8	应收款管理系统处理	学时	10
任务 8.3	应收款管理系统期末业务处理的操作及账表查询	学时	2

一、学习目标

在用友 ERP-U8 V10.1 软件中操作完成学习任务,完成相应的理论测试。

二、学习资源

1. 用友 ERP-U8 V10.1 软件。

2. 操作视频:(1)查询 1 月份填制的销售专用发票;(2)查询 1 月份填制的收款单;(3)查询本公司所有客户的欠款情况;(4)查询 1 月份填制的凭证;(5)月末结账。

8.3.1 查询 1 月份填制的销售
专用发票.mp4

8.3.2 查询 1 月份填制的收款
单.mp4

8.3.3 查询本公司所有客户的欠
款情况.mp4

8.3.4 查询 1 月份填制的凭证.mp4

8.3.5 月末结账.mp4

三、学习方法

1. 认真观看视频并记录重点。

2. 和同学讨论交流。

四、准备工作

1. 引入"应收款管理系统日常业务处理 8-2"账套。

2. 修改计算系统时间为 2016 年 1 月 31 日。

五、学习任务

以账套主管 101 的身份注册用友 ERP-U8 V10.1 企业应用平台,完成如下操作。

1. 查询 1 月份填制的销售专用发票。

2. 查询 1 月份填制的收款单。

3. 查询本公司所有客户的欠款情况。

4. 查询 1 月份填制的凭证。

5. 月末结账。

续表

> 6. 账套备份。
> 在 E 盘根目录下建立一个文件夹,文件夹的名字为"216 账套备份",在该文件中建立一个名为"应收款管理系统期末业务处理 8-3"的文件夹,将账套备份到该文件夹中。

［信息页 8-3］

理论目标：

掌握应收款管理系统账表查询的作用和操作方法；

掌握应收款管理系统期末处理的作用和操作方法。

技能目标：

能熟练查询账表,及时提供往来核算与管理所需数据信息；能熟练进行应收款管理系统的期末处理。

8.3.1　应收款管理系统账表查询功能

对一个往来款项管理严密的企业来说,向客户定期发送对账单,了解各个客户应收周转天数、周转率,及时分析客户的信用情况,是企业信用管理和资金管理的重要内容。

在应收款管理系统中,对往来账款的查询分析主要包括对自定义报表的查询、业务账表查询、科目账查询以及统计分析等。通过"我的报表"功能,进行新建账夹、自定义报表等；通过"业务账表"查询功能,进行业务总账表、业务余额表、业务明细账、对账单的查询,并与总账对账；通过"统计分析"功能,进行应收账龄和收款账龄分析、欠款分析、收款预测等。

8.3.2　应收款管理系统月末结账

在应收款管理系统中,如果确认本月的各项处理已经结束,那么可以选择执行月末结账功能。当执行了月末结账功能后,该月将不能再进行任何处理。只有进行月末结账后,才可以开始下月工作。应收款管理系统月末结账规则如下：

（1）应收款管理系统与销售管理系统集成使用时,应在销售管理系统结账后,才能对应收款管理系统进行结账处理。

（2）当选项中设置审核日期为单据日期时,本月的单据（发票和应收单）在结账前应该全部审核；当选项中设置审核日期为业务日期时,截至本月末还有未审核单据（发票和应收单）,照样可以进行月结处理；如果还有合同结算单未审核,仍然可以进行月结处理；如果本月的收款单还有未审核的,不能结账。

（3）当选项中设置月结时必须将当月单据以及处理业务全部制单,则月结时若检查当月有未制单的记录时不能进行月结处理；当选项中设置月结时不用检查是否全部制单,则无论当月有无未制单的记录,均可以进行月结处理。

（4）如果是本年度最后一个期间结账,建议将本年度进行的所有核销、坏账、转账等处理全部制单,并将本年度外币余额为 0 的单据的本币余额结转为 0。

1.查询 1 月份填制的销售专用发票

【操作步骤】

在应收款管理系统中,执行"单据查询"→"发票查询"命令,打开"查询条件选择-发票查询"对话框,如图 8-3-1 所示。然后单击"发票类型"旁边的对话框按钮,选择"销售专用发票",单击"包含余额＝0"旁边的对话框,选择"是",然后单击"确定"按钮,打开"发票查询"窗口,如图 8-3-2 所示。

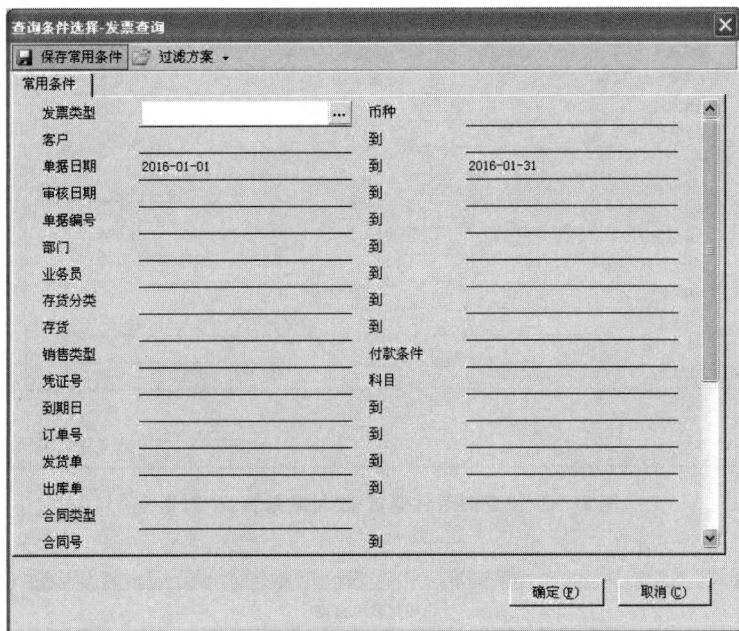

图 8-3-1　"查询条件选择-发票查询"对话框

图 8-3-2　1 月份发票查询结果

【注意】　在查询结果界面,可以单击"查询"按钮,重新输入查询条件;单击"单据"按钮,可以查看当前的发票,并且原始单据界面中提供打印、预览功能;单击"详细"按钮,查看当前的发票的详细结算情况;单击"栏目"按钮,可以设置当前查询列表的显示栏目、栏目顺序、栏目名称、排序方式,且可以保存当前设置的内容。

2. 查询 1 月份填制的收款单

【操作步骤】

在应收款管理系统中，执行"单据查询"→"收付款单查询"命令，打开"查询条件选择-收付款单查询"对话框，如图 8-3-3 所示；然后单击"单据类型"旁边的按钮，选择"收款单"；单击"包含余额＝0"旁边的对话框，选择"是"；然后再单击"确定"按钮，打开"收付款单查询"窗口，如图 8-3-4 所示。

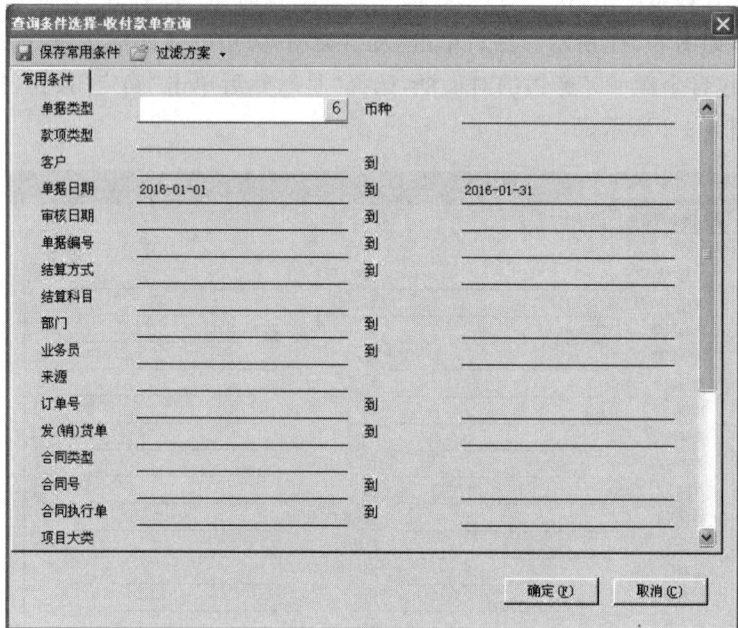

图 8-3-3 "查询条件选择-收付款单查询"对话框

	选择打印	单据日期	单据类型	单据编号	客户	币种	汇率	原币金额	原币余额	本币金额	本币余额	打印次数
		2016-01-08	收款单	0000000001	罗记食品有限公司	人民币	1.00000000	254,000.00	0.00	254,000.00	0.00	0
		2016-01-10	收款单	0000000002	长沙家润多股份有限公司	人民币	1.00000000	98,760.00	0.00	98,760.00	0.00	0
		2016-01-20	收款单	0000000004	罗记食品有限公司	人民币	1.00000000	20,000.00	20,000.00	20,000.00	20,000.00	0
	合计							372,760.00	20,000.00	372,760.00	20,000.00	

图 8-3-4 1 月份收款单查询结果

【注意】

（1）在查询结果界面，同样可以单击"查询""单据""详细""栏目""凭证"等按钮查询相应的内容。

（2）下拉选择"打印模板"，可以将选中的收付款单按选中的打印模板进行打印。

3. 查询本公司所有客户的欠款情况

【操作步骤】

在应收款管理系统中，执行"账表管理"→"统计分析"→"欠款分析"命令，打开"欠款分析"对话框,如图 8-3-5 所示;单击"确定"按钮,打开"欠款分析"窗口,如图 8-3-6 所示。

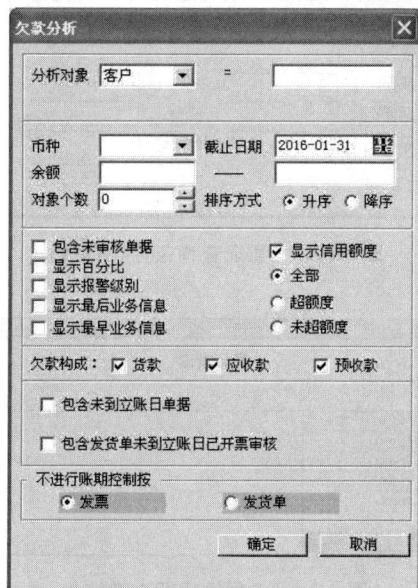

图 8-3-5 "欠款分析"对话框

图 8-3-6 1 月末欠款分析结果

【注意】

（1）可以在此分析截至某一日期,客户、部门或业务员的欠款金额,以及欠款组成情况。

（2）欠款总计＝货款＋其他应收款－预收款。其中货款＝到截止日期仍未结算完的发票（正向－负向）之和;其他应收款＝到截止日期仍未结算完的应收单（正向－负向）之和;预收款＝到截止日期预收款余额。

（3）在查询结果显示界面,可对账表进行相关操作。

（4）单击"比率"按钮,可以查看到比率的信息;再次单击该按钮,隐去比率信息。

4. 查询 1 月份填制的凭证

【操作步骤】

在应收款管理系统中,执行"单据查询"→"凭证查询"命令,打开"凭证查询条件"对话框,如图 8-3-7 所示;单击"确定"按钮,打开"凭证查询"窗口,如图 8-3-8 所示。

【注意】

（1）可以通过"凭证查询"功能来查看、修改、删除、冲销应收款管理系统传到总账系

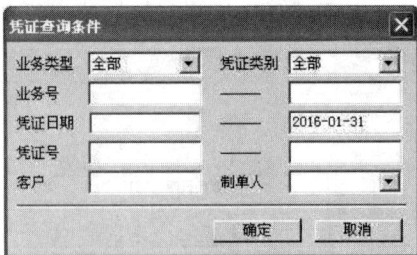

图 8-3-7 “凭证查询条件”对话框

简易桌面 凭证查询

凭证查询

凭证总数：6 张

业务日期	业务类型	业务号	制单人	凭证日期	凭证号	标志
2016-1-31	其他应收单	0000000003	胡琳	2016-1-5	付-0001	
2016-1-8	收款单	0000000001	胡琳	2016-1-8	收-0001	
2016-1-20	收款单	0000000003	胡琳	2016-1-20	收-0002	
2016-1-31	销售专...	89457833	胡琳	2016-1-5	转-0001	
2016-1-10	收款单	0000000002	胡琳	2016-1-10	转-0002	
2016-1-31	计提坏账	HZAR000...	胡琳	2016-1-31	转-0003	

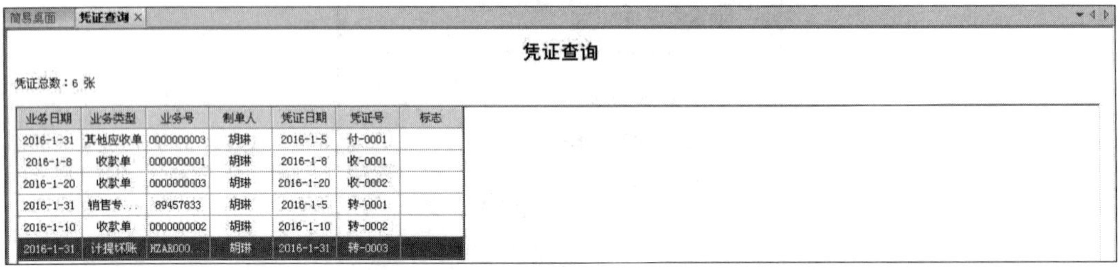

图 8-3-8 1 月份凭证查询结果

统中的凭证。

（2）如果要对一张凭证进行修改删除操作，该凭证的凭证日期不能在本系统的已结账月内。例如，本系统生成一张 2 月 27 日的凭证后，2 月份执行了月末结账；那么在查询该张凭证时，就不能修改删除该张凭证。一张凭证被删除后，它所对应的原始单据及操作可以重新制单。例如，一张发票所生成的凭证被删除后，可以重新对发票生成凭证。

（3）用户在进行凭证查询时，若启用客户、部门、操作员数据权限控制时，则用户在查询凭证时只能查询有权限的凭证。

（4）只有未审核、未经出纳签字、主管签字的凭证才能修改删除。

（5）对于进行修改、删除或冲销操作的凭证，对于其是否具有总账系统增加的即时核销状态进行判断。如果总账系统没有对凭证即时核销，该凭证支持修改、删除和冲销操作；如果总账系统对凭证增加了即时核销状态，则该凭证不支持修改、删除和冲销操作。

5. 月末结账

【操作步骤】

在应收款管理系统中，执行“期末处理”→“月末结账”命令，打开“月末处理”对话框，双击一月份“结账标志”栏，如图 8-3-9 所示；单击“下一步”按钮，打开“月末处理-处理情况”窗口，如图 8-3-10 所示。单击“完成”按钮，系统弹出“1 月份结账成功”提示框，如图 8-3-11 所示。

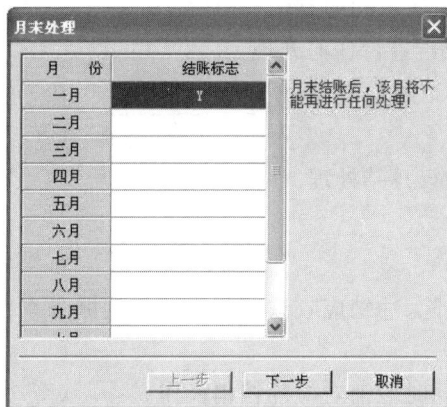

图 8-3-9 "月末处理"对话框

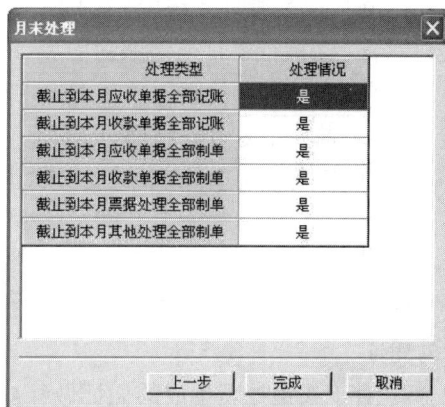

图 8-3-10 "月末处理-处理情况"对话框

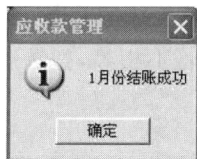

图 8-3-11 "1月份结账成功"提示框

【注意】

（1）如果这个月的前一个月没有结账，则本月不能结账。

（2）一次只能选择一个月进行结账。

（3）如果结账过程不顺利，那么在月末结账的检查结果列示对话框，可以单击其中任意一项，以检查其详细信息。单击"取消"按钮，则取消此次操作。

（4）在执行了月末结账功能后，发现该月还需要处理有关业务，或者发现以前的操作过程有错误，那么可以对应收款管理系统取消结账。

（5）如果当月总账系统已经结账，则不能在应收款管理系统中执行取消结账功能。

6. 账套备份

将账套输出到文件夹"应收款管理系统期末业务处理8-3"中。

［理论测试 8-3］

一、多项选择题

1. 应收款管理系统的"统计分析"功能包括（   ）。
   A. 应收账龄分析　　　　　　B. 收款账龄分析
   C. 欠款分析　　　　　　　　D. 收款预测
2. 应收款管理系统中可查询的单据包括（   ）。
   A. 销售专用发票　B. 收款单　　C. 付款单　　D. 其他应收单

3. 在应收款管理系统中,关于期末结账下列说法正确的有(　　)。

  A. 当执行了月末结账功能后,该月将不能再进行任何处理

  B. 如果本月的收款单还有未审核的,不能结账

  C. 前一个月没有结账,则本月不能结账

  D. 只要当月有未制单的记录,均不可以进行月结处理

二、判断题

1. 可以通过"凭证查询"功能来查看、修改、删除、冲销应收款管理系统传到账务系统中的凭证。（　　）

2. 对于核销处理生成的凭证做红冲时,不能同时取消对应的核销操作。（　　）

3. 如果收款单在核销后已经制单,要恢复收款单的核销前状态,则应先删除其对应的凭证,再进行恢复。（　　）

4. 应收款管理系统提供了本系统生成的业务账与总账系统中的科目账核对的功能,检查两个系统中的往来账是否相等;若不相等,查看造成不等的原因。（　　）

三、思考题

期末不能结账的原因有哪些?

应付款管理系统处理

任务 9.1　应付款管理系统概述及初始化操作

[任务单 9-1]

项目 9　应付款管理系统处理		学时	10
任务 9.1	应付款管理系统概述及初始化操作	学时	4

一、学习目标

　　在用友 ERP-U8 V10.1 软件中操作完成学习任务，完成相应的理论测试。

二、学习资源

　　1. 用友 ERP-U8 V10.1 软件。

　　2. 操作视频：(1)启用应付款管理系统；(2)设置应付款管理系统控制参数；(3)设置存货分类、增加存货档案；(4)单据编号设置；(5)基本科目设置；(6)控制科目设置、产品科目设置、结算方式科目设置；(7)录入应付款管理系统期初余额并对账。

9.1.1 启用应付款管理系统.mp4

9.1.2 设置应付款管理系统控制参数.mp4

9.1.3 设置存货分类、增加存货档案.mp4

9.1.4 单据编号设置.mp4

9.1.5 基本科目设置.mp4

9.1.6 控制科目、产品科目、结算方式科目设置.mp4   9.1.7 录入应付款管理系统期初余额并对账.mp4

三、学习方法

1. 认真观看视频并记录重点。

2. 和同学讨论交流。

四、准备工作

1. 引入"应收款系统初始化(8-1)"账套,修改计算系统时间为 2016 年 1 月 1 日。

2. 准备一个可用空间不小于 2GB 的 U 盘。

五、学习任务

以账套主管 101 的身份完成如下操作。

1. 启用应付款管理系统,设置应付款管理系统控制参数

应付款核销方式为"按单据",单据审核日期依据为"业务日期",应付款核算模型为"详细核算",受控科目制单依据为"明细到供应商",非受控科目制单方式为"汇总方式"。

2. 增加设置存货分类和存货档案

存货分类

存货分类编码	存货分类名称
3	原材料

存货档案

存货编码	存货名称	计量单位组	税率	主计量单位	所属分类码	属　　性
03	面粉	01	17%	公斤	3	外购、生产耗用
04	植物油	01	17%	公斤	3	外购、生产耗用
05	蔗糖	01	17%	公斤	3	外购、生产耗用

3. 单据编号设置

本单位"采购专用发票""其他应付单""付款单"的编号设置为"手工改动,重号时自动重取"。

4. 设置应付款管理系统的会计科目

(1) 基本科目设置:应付科目为应付账款"2202",预付科目为预付账款"1123",采购科目为在途物资"1402",税金科目为应交税费——应交增值税——进项税额"22210101",商业承兑科目和银行承兑科目均为应付票据"2201",票据利息科目和票据费用科目均为财务费用"6603",现金折扣科目为财务费用"6603"。

(2) 控制科目设置:应付科目均为应付账款"2202",预付科目均为预付账款"1123"。

(3) 产品科目设置:采购科目均为在途物资"1402",产品采购税金科目均为应交税费——应交增值税——进项税额"22210101",税率均为 17%。

(4) 结算方式科目设置:现金结算方式科目为现金"1001",托收承付、现金支票、转账支票结算方式均为银行存款——中国工商银行"100201"。

5. 录入应付款管理系统期初余额

单据类型为采购专用发票,方向为正向,存货税率均为 17%。

(1) 2015 年 10 月 16 日,凭证号为"20",向北方贸易有限公司购入植物油 2 150 公斤,价税合计 64 000 元,款项尚未付出。增值税专用发票号为 89456321。

（2）2015 年 10 月 26 日，凭证号为"75"，向陈克明面粉厂购入面粉 5 100 公斤，价税合计 36 000 元，款项尚未付出。增值税专用发票号为 89456345。

录入采购专用发票时，只要输入数量和金额，单价自动弹出。

6. 应付款系统与总账系统对账

7. 账套备份

在 E 盘根目录下建立一个文件夹，文件夹的名字为"216 账套备份"，在该文件中建立一个名为"应付款系统初始化 9-1"的文件夹，将账套备份到该文件夹中。

［信息页 9-1］

理论目标：

了解应付款管理系统的基本功能；

了解应付款管理系统不同应用方案的特点；

熟悉应付款管理系统参数设置的主要内容；

掌握应付款管理系统期初余额的录入方法。

技能目标：

熟练掌握应付款管理系统初始化的主要内容与基本方法，能熟练进行应付款期初余额的录入。

9.1.1 应付款管理系统的基本功能

应付款管理系统，通过发票、其他应付单、付款单等单据的录入，对企业的往来账款进行综合管理，及时、准确地提供供应商的往来账款余额资料，提供各种分析报表，实现对应付款的管理。

根据对供应商往来款项核算和管理的程度不同，系统提供了两种应用方案。

1. 在总账管理系统核算供应商往来款项

如果企业应付款业务比较简单，或者现销业务多，则选择在总账管理系统通过辅助核算完成供应商往来核算。

2. 在应付款管理系统核算供应商往来款项

如果企业的应付款核算管理内容比较复杂，或者需要追踪每一笔业务的应付款、付款等情况；或者需要将应付款核算到产品一级，那么可以选择此方案。该方案下，录入形成应付和付款结算原始单据，所有供应商往来凭证全部由应付款管理系统根据原始单据生产，其他系统不再生成这类凭证。

应付款管理系统的主要功能包括：根据输入的单据或采购系统传递过来的单据，记录应付款项的形成；处理应付项目的收款及转账业务；对应付票据进行记录和管理；在应付项目的处理过程中生成凭证，并向总账管理系统进行传递；提供各种查询及分析。

应付管理系统主要提供设置、日常处理、单据查询、账表管理、其他处理等功能。

单据处理功能：可进行单据录入、单据管理、增删该单据和查询、审核单据等工作。

单据核销功能：可进行手工核销、自动核销。

应付转账功能：进行应付冲应付、预付冲应付、应付冲应收、红票对冲等操作。

回退损益功能：进行有外币业务核算时的汇兑损益处理。

制单处理功能：对各个业务处理提供制单的功能，并传递给总账。

票据管理功能：对银行承兑汇票和商业承兑汇票进行管理。

9.1.2 应付款管理系统初始化设置

初始化设置的作用是建立应付管理的基础数据，确定使用哪些单据（单据模板）处理应付业务，确定需要进行账龄管理的账龄区间，确定凭证科目。有了这些功能，用户可以选择使用自己定义的单据类型，进行业务的处理、统计、分析、制单，使应付业务管理更符合用户的需要。

1. 应付款管理系统的启用与系统选项的设置

在运行本系统前，应先启用本系统，并设置系统运行所需要的账套参数，以便系统根据所设定的选项进行相应的处理。

【操作步骤】

(1) 以账套主管 101 的身份注册用友 ERP-U8 V10.1 企业应用平台，打开"基础设置"选项卡，执行"基本信息"→"系统启用"命令，打开"系统启用"对话框，单击应付款管理系统对应的"系统编码"前的方框，弹出"日历"对话框，修改时间为 2016 年 1 月 1 日，然后单击"确定"按钮，弹出"确实要启用当前系统"对话框，单击"是"按钮，完成应收款管理系统的启用，如图 9-1-1 所示。

图 9-1-1 应收款管理系统启用

（2）打开"业务工作"选项卡，执行"财务会计"→"应付款管理"→"设置"→"选项"命令，打开"账套参数设置"对话框。

（3）单击"编辑"按钮，系统提示"选项修改需要重新登录才能生效"，单击"确定"按钮，在"常规"选项卡下单击"单据审核日期依据"栏的倒三角形按钮，选择"业务日期"，选择"应付账款核算模型"的"详细核算"，如图 9-1-2 所示。

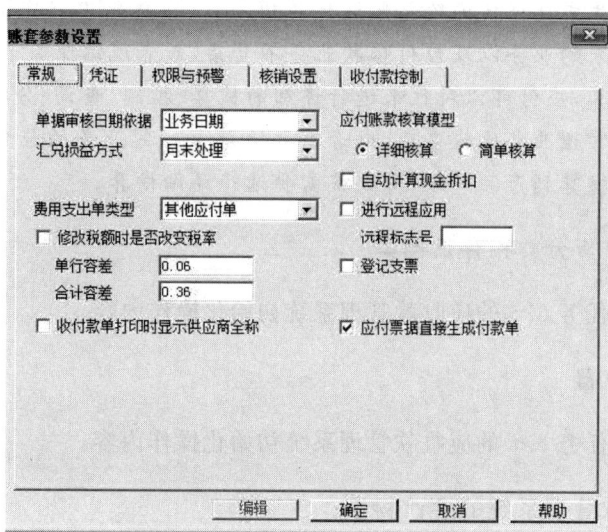

图 9-1-2　账套参数设置—常规

（4）单击"凭证"选项卡，将"受控科目制单方式"改为"明细到供应商"，"非控科目制单方式"改为"汇总方式"，如图 9-1-3 所示。

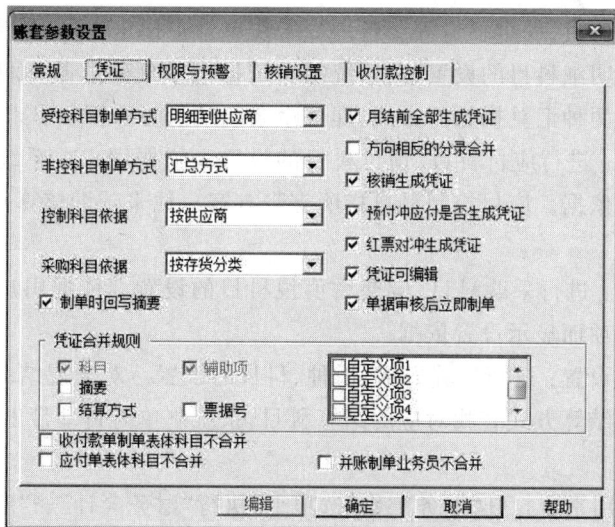

图 9-1-3　账套参数设置—凭证

【注意】

（1）系统提供两种确认单据审核日期的依据，即单据日期和业务日期。确认为单据日期，则在单据处理功能中进行单据审核时，自动将单据的审核日期（即入账日期）记为该单据的单据日期。确认为业务日期，则在单据处理功能中进行单据审核时，自动将单据的审核日期（即入账日期）记为当前业务日期（即登录日期）。

（2）系统提供两种应收系统的应用模型，用户可以选择简单核算和详细核算。用户必须选择其中一种方式，系统默认选择详细核算方式。选择简单核算，应付只是完成将采购传递过来的发票生成凭证传递给总账这样的模式。（在总账中以凭证为依据进行往来业务的查询。）如果采购业务以及应付账款业务不复杂，或者现结业务很多，则可以选择此方案。选择详细核算，应付可以对往来进行详细的核算、控制、查询、分析。如果采购业务以及应付款核算与管理业务比较复杂，或者需要追踪每一笔业务的应付款、付款等情况，或者需要将应付款核算到产品一级，那么就需要选择详细核算。

2. 增加设置存货分类和存货档案

详见项目8中任务8.1的应收款管理系统初始化操作内容。

3. 单据编号设置

详见项目8中任务8.1的应收款管理系统初始化操作内容。

4. 设置应付款管理系统的会计科目

由于应付款管理系统业务类型较固定，生成的凭证类型也较固定，因此为了简化凭证生成操作，可以在此处将各业务类型凭证中的常用科目预先设置好，系统将依据制单规则在生成凭证时自动带入。

基本科目设置：用户可以在此定义应付系统凭证制单所需要的基本科目，如应付科目、预付科目、采购科目、税金科目等。若用户未在单据中指定科目，且控制科目设置与产品科目设置中没有明细科目的设置，则系统制单依据制单规则取基本科目设置中的科目设置。系统可提供两种汇兑损益的方式，即外币余额结清时计算和月末计算两种方式。

控制科目设置：进行应付科目、预付科目的设置。依据用户在系统初始中的控制科目依据而显示设置依据。应付控制科目指所有带有客户往来辅助核算并受控于应付系统的科目。

产品科目设置：进行采购科目、应交增值税科目的设置。依据用户在系统初始中的销采购科目依据选项而显示设置依据。

结算方式科目设置：进行结算方式、币种、科目的设置。对于现结的发票、收付款单，系统依据单据上的结算方式查找对应的结算科目，系统制单时自动带出。

【操作步骤】

（1）在企业应用平台打开"业务工作"选项卡，执行"财务会计"→"应付款管理"→"设置"→"初始设置"命令，打开"初始设置"对话框。

（2）单击"基本科目设置"，再单击"增加"按钮，按要求进行相关设置，如图9-1-4所示。

（3）单击"控制科目设置"，按任务单进行相关设置，如图9-1-5所示。

图 9-1-4　基本科目设置

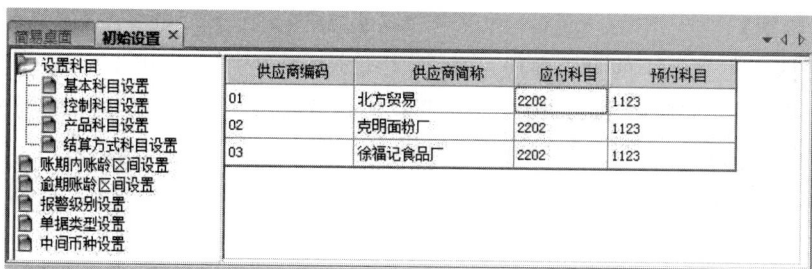

图 9-1-5　控制科目设置

（4）单击"产品科目设置"，按任务单进行相关设置，如图 9-1-6 所示。

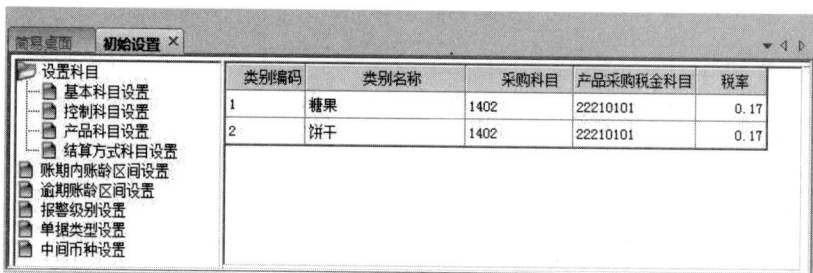

图 9-1-6　产品科目设置

（5）单击"结算方式科目设置"，按任务单进行相关设置，如图 9-1-7 所示。

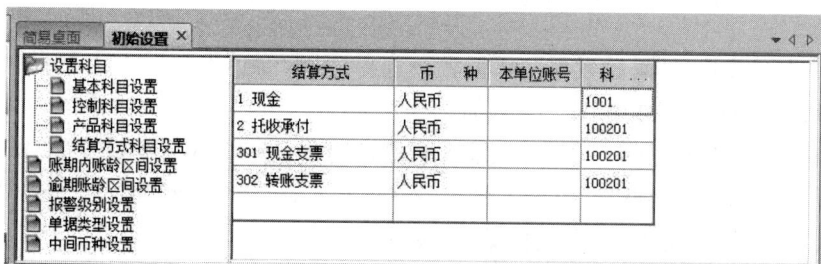

图 9-1-7　结算方式科目设置

【注意】

（1）进行基本科目设置时，输入的科目必须是总账系统中的末级科目。

（2）只有在这里设置了基本科目，在生成凭证时才能直接生成凭证中的会计科目，否则凭证中将没有会计科目，相应的会计科目只能手工录入。

（3）在付款时只要输入结算方式，就可以由系统自动生成该种结算方式对应的会计科目。

5. 录入期初余额

通过期初余额功能，可将正式启用账套前的所有应付业务数据录入到系统中作为期初建账的数据，系统即可对其进行管理，这样既保证了数据的连续性，又保证了数据的完整性。当初次使用本系统时，要将上期未处理完全的单据都录入到本系统，以便于以后的处理。当进入第二年度处理时，系统自动将上年度未处理完全的单据转成为下一年度的期初余额。

【操作步骤】

（1）以账套主管 101 的身份注册用友 ERP-U8 V10.1 企业应用平台，在企业应用平台打开"业务工作"选项卡，执行"财务会计"→"应付款管理"→"设置"→"期初余额"命令，打开"期初余额-查询"对话框，如图 9-1-8 所示。

（2）单击"确定"按钮，进入"期初余额明细表"界面，单击工具栏中的"增加"按钮，打开"单据类别"对话框，如图 9-1-9 所示。

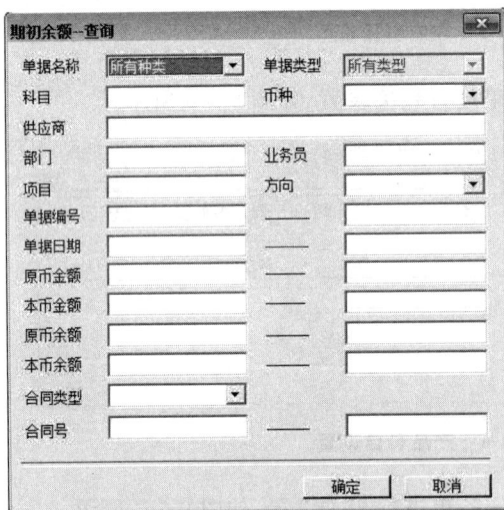

图 9-1-8　"期初余额-查询"对话框

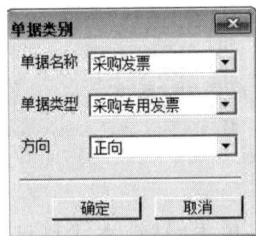

图 9-1-9　"单据类别"对话框

（3）单据名称选择"采购发票"；单据类型选择"采购专用发票"；方向选择"正向"，单击"确定"按钮，进入"采购专用发票"界面。

（4）单击工具栏中的"增加"按钮，录入开票日期"2015-10-16"，发票号"89456321"；供应商"北方贸易"，存货编码"04"，录入数量"2 150.00"，录入原币价税合计"64 000.00"，如图 9-1-10 所示。单击工具栏中的"保存"按钮。

（5）单击工具栏中的"增加"按钮，录入开票日期"2015-10-26"，发票号"89456345"；供

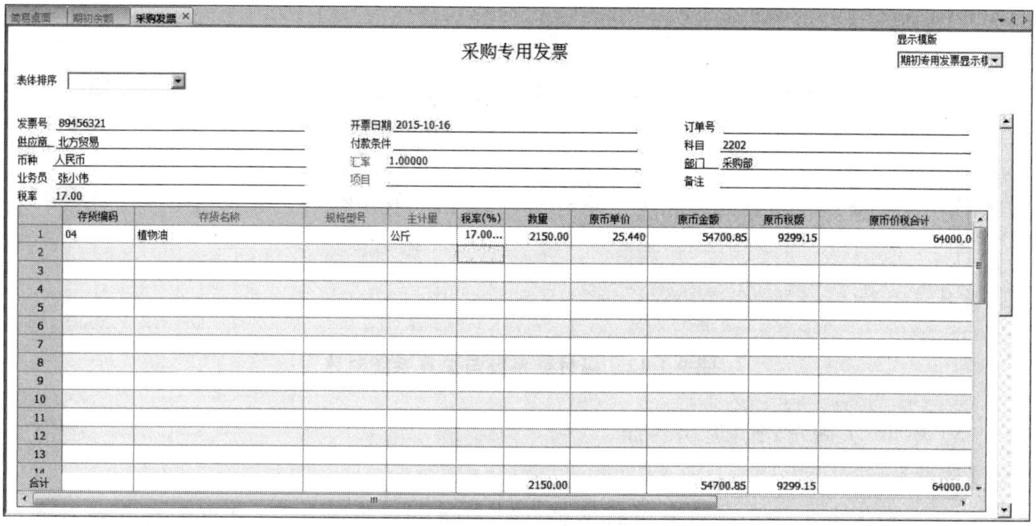

图 9-1-10　录入期初采购专用发票 1

应商"克明面粉厂",存货编码"03",录入数量原币"5 100.00",录入原币价税合计金额"36 000.00",如图 9-1-11 所示。单击工具栏中的"保存"按钮。单击"关闭"按钮,退出界面。录入采购专用发票时,只要输入数量和金额,单价自动弹出。

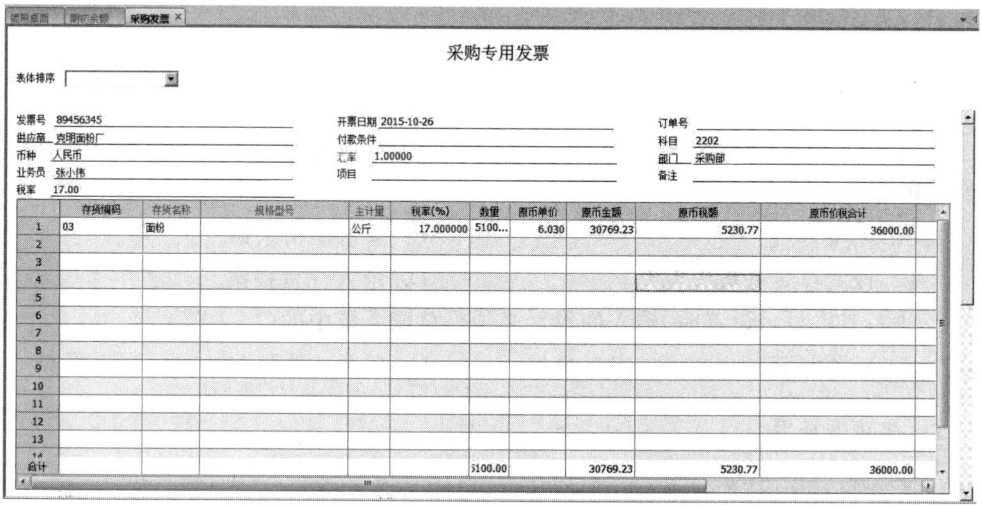

图 9-1-11　录入期初采购专用发票 2

6.应付款系统与总账系统对账

【操作步骤】

(1)以账套主管 101 的身份注册用友 ERP-U8 V10.1 企业应用平台,在企业应用平台打开"业务工作"选项卡,执行"财务会计"→"应付款管理"→"设置"→"期初余额"命令,打开"期初余额-查询"对话框。

(2)单击"确定"按钮,进入"期初余额明细表"界面,单击工具栏中的"对账"按钮,如

图 9-1-12 所示。

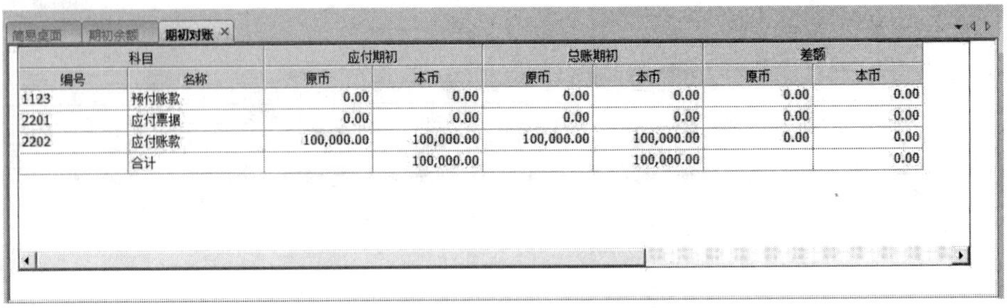

科目		应付期初		总账期初		差额	
编号	名称	原币	本币	原币	本币	原币	本币
1123	预付账款	0.00	0.00	0.00	0.00	0.00	0.00
2201	应付票据	0.00	0.00	0.00	0.00	0.00	0.00
2202	应付账款	100,000.00	100,000.00	100,000.00	100,000.00	0.00	0.00
	合计		100,000.00		100,000.00		0.00

图 9-1-12　应付款系统与总账系统对账

(3) 单击“关闭”按钮，退出界面。

【注意】

(1) 如果退出了录入期初余额的单据，在“期初余额明细表”窗口中没有看到新录入的期初余额，应单击“刷新”按钮，就可以列示所有的期初余额的内容。

(2) 在应付款期初余额录入完成后，应通过对账功能将应付款系统的期初余额与总账系统的期初余额进行核对。

(3) 期初余额所录入的票据保存后自动审核。

[理论测试 9-1]

一、单项选择题

1. 在应付款期初余额录入完成后，应通过(　　)将应付款系统的期初余额与总账系统的期初余额进行核对。

A. 对账功能　　B. 录入期初余额

C. 设置存货分类　　D. 录入存货档案

2. 进行基本科目设置时，输入的科目必须是总账系统中的(　　)。

A. 一级科目　　B. 末级科目　　C. 任意一级科目　　D. 以上都对

二、多项选择题

1. 在应付系统中，需要准备(　　)数据资料。

A. 存货档案　　B. 客户档案　　C. 供应商档案　　D. 部门档案

2. 应付款系统初始设置的内容主要包括(　　)。

A. 设置账套参数　　B. 初始数据　　C. 设置会计科目　　D. 凭证处理

三、判断题

1. 如果同时启用应付款和采购两个系统，则采购有关的票据均应从应付款系统输入。(　　)

2. 只有设置了基本科目，在生成凭证时才能直接生成凭证中的会计科目，否则凭证中将没有会计科目，相应的会计科目只能手工录入。(　　)

四、思考题

应付款管理功能有哪些？

任务9.2 应付款管理系统日常业务处理的操作

［任务单 9-2］

项目 9　应付款管理系统处理	学时	10
任务 9.2　应付款管理系统日常业务处理的操作	学时	4

一、学习目标

　　在用友 ERP-U8 V10.1 软件中操作完成学习任务，完成相应的理论测试。

二、学习资源

　　1. 用友 ERP-U8 V10.1 软件。

　　2. 操作视频：(1)基本业务：填制并审核采购专用发票，生成采购凭证；(2)基本业务：填制并审核付款单，生成付款凭证；(3)基本业务：核销往来账；(4)预付账款业务；(5)转账业务：填制并审核采购发票，生成凭证；(6)转账业务：将预付账款冲抵应付账款并生成凭证。

9.2.1 基本业务：填制并审核采购专用发票，生成采购凭证.mp4

9.2.2 基本业务：填制并审核付款单，生成付款凭证.mp4

9.2.3 基本业务：核销往来账.mp4

9.2.4 预付账款业务.mp4

9.2.5 转账业务：填制并审核采购发票，生成凭证.mp4

9.2.6 预付冲抵应付账款并生成凭证.mp4

三、学习方法

　　1. 认真观看视频并记录重点。

　　2. 和同学讨论交流。

四、准备工作

　　1. 引入应付款系统初始化(9-1)账套。

　　2. 修改计算系统时间为 2016 年 1 月 31 日。

五、学习任务

以操作员 102 的身份注册用友 ERP-U8 V10.1 企业应用平台,完成如下操作。

1. 基本业务

(1) 2016 年 1 月 10 日,从北方贸易有限公司购入蔗糖 1 000 公斤,无税单价 5.5 元/公斤,增值税率为 17%,采购增值税专用发票号码为 456456456,价税合计 6 435 元,货款未付。

借:在途物资 5 500
  应交税费——应交增值税(进项税额) 935
  贷:应付账款——北方贸易有限公司 6 435

(2) 2016 年 1 月 12 日,财务部门向北方贸易有限公司支付货款,开出转账支票一张,票号为 ZZ456,金额 6 435 元。

借:应付账款——北方贸易有限公司 6 435
  贷:银行存款 6 435

要求:填制并审核采购专用发票;生成转账凭证;填制并审核付款单,生成付款凭证;核销往来账。

【注意】 须依系统服务→权限→数据权限控制→取消"用户"进行操作,否则不能审核采购专用发票。

2. 预付账款业务

2016 年 1 月 13 日,财务部开出转账支票一张,票号为 ZZ459,金额 5 000 元,预付给南方徐福记食品厂购买蔗糖。

借:预付账款——南方徐福记食品厂 5 000
  贷:银行存款 5 000

要求:填制并审核付款单据,生成凭证。

3. 转账处理

2016 年 1 月 15 日,南方徐福记食品厂发来蔗糖 1 000 公斤,无税单价 5.5 元/公斤,增值税率 17%,采购增值税专用发票号码为 123123123,价税合计 6 435 元。

借:在途物资 5 500
  应交税费——应交增值税(进项税额) 935
  贷:应付账款——南方徐福记食品厂 6 435

要求:填制并审核采购发票,生成采购凭证;将预付账款冲抵应付账款并生成凭证。

4. 账套备份

在 E 盘根目录下建立一个文件夹,文件夹的名字为"216 账套备份",在该文件中建立一个名为"应付款管理系统日常业务处理 9-2"的文件夹,将账套备份到该文件夹中。

[信息页 9-2]

理论目标:

掌握应付单据和付款单据的录入与处理;

掌握核销业务。

技能目标:

熟练掌握应付款管理系统日常业务处理的基本方法,并能熟练进行操作。

日常处理是应付款管理系统的重要组成部分,是经常性的应付业务处理工作。

应付款管理日常业务员处理包括应付单据处理、付款单据处理、票据管理、转账处理、制单处理等操作。单据处理是本系统处理的起点,包括采购发票的应付单据。与采购有关的单据均在应付款管理中录入并审核(若没有启用采购模块)。应付款业务可以分为应付业务、现结业务、预付业务等,其业务流程大致相似,一般需要填制单据(采购发票或其他应付单等）→审核单据→生成凭证→填制付款单→审核付款单→生成凭证→核销往来。

9.2.1 基本业务

【操作步骤】

（1）填制采购专用发票。以操作员 102 的身份于 2016 年 1 月 10 日登录企业应用平台,在应付款管理系统中,执行"应付单据处理"→"应付单据录入"命令,打开"单据类别"对话框,系统默认单据名称"采购发票",单据类型"采购专用发票",方向"正向",单击"确定"按钮,打开"专用发票"窗口,再单击"增加"按钮,录入发票号"456456456";开票日期"2016-01-10";供应商"北方贸易";存货编码"05";数量"1 000.00";原币单价"5.50",如图 9-2-1 所示,然后保存。单击"关闭"按钮退出。

图 9-2-1 2016-01-10 采购专用发票

（2）审核采购专用发票。在应付款管理系统中,执行"应付单据处理"→"应付单据审核"命令,打开"应付单查询条件"对话框,单击"单据日期",将"√"取消,如图 9-2-2 所示;单击"确定"按钮,进入"应付单据列表"界面;单击工具栏中的"全选"按钮,如图 9-2-3 所示;单击"审核"按钮,弹出提示"本次成功审核单据 1 张"对话框。单击"确定"按钮,单击"关闭"按钮退出。

（3）生成转账凭证。在应付款管理系统中,执行"制单处理"命令,打开"制单查询"对话框,选择"发票制单",如图 9-2-4 所示。单击"确定"按钮,打开"采购发票制单"对话框,选择凭证类别"转账凭证",单击工具栏中的"全选"→"制单"按钮,生成凭证,单击"保存"按钮,如图 9-2-5 所示。

（4）填制付款单。以操作员 101 的身份于 2016 年 1 月 1 日登录企业应用平台,执行"系统服务"→"权限"→"数据权限控制"命令,将"用户"前面的"√"取消。以操作员 102 的身份于 2016 年 1 月 12 日登录企业应用平台,在应付款管理系统中,执行"付款单据处理"→"付款单据录入"命令,打开"付款单"界面,单击"增加"按钮,依次录入日期"2016-01-12";供应商"北方贸易";结算方式"转账支票";金额"6 435.00",票据号"ZZ456",如图 9-2-6 所示。单击"保存"按钮,单击"关闭"按钮退出。

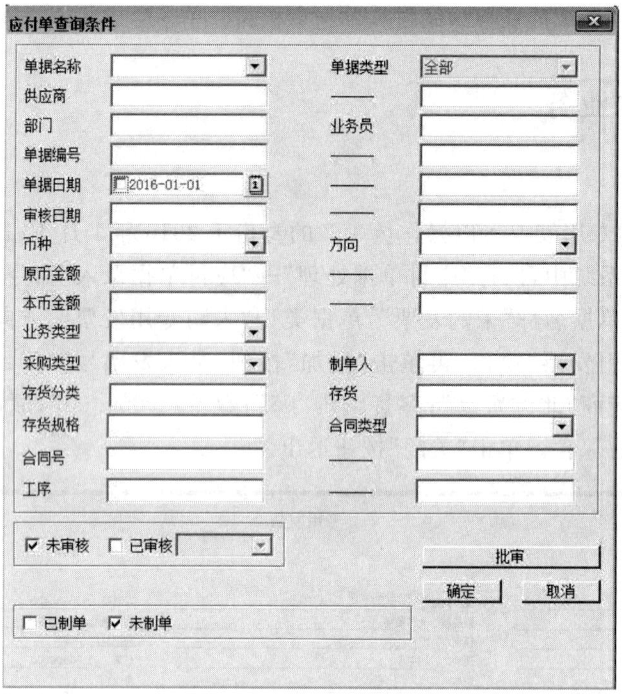

图 9-2-2　应付单查询条件

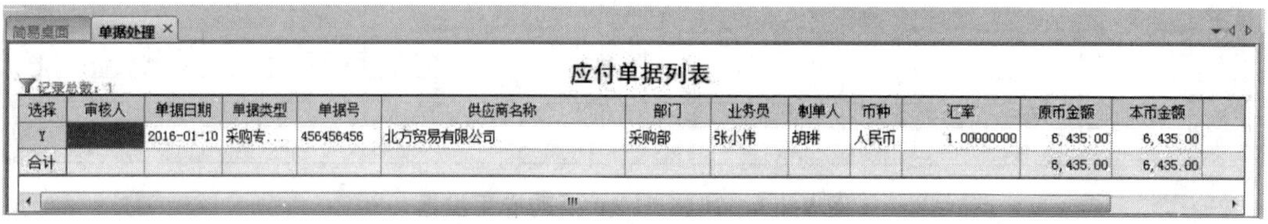

图 9-2-3　应付单据列表

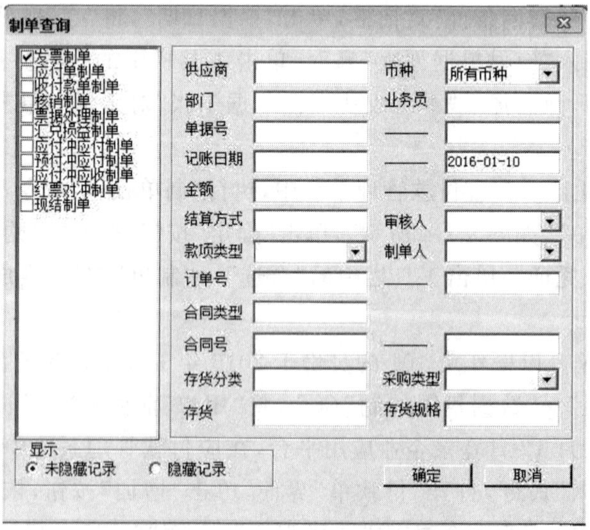

图 9-2-4　制单查询

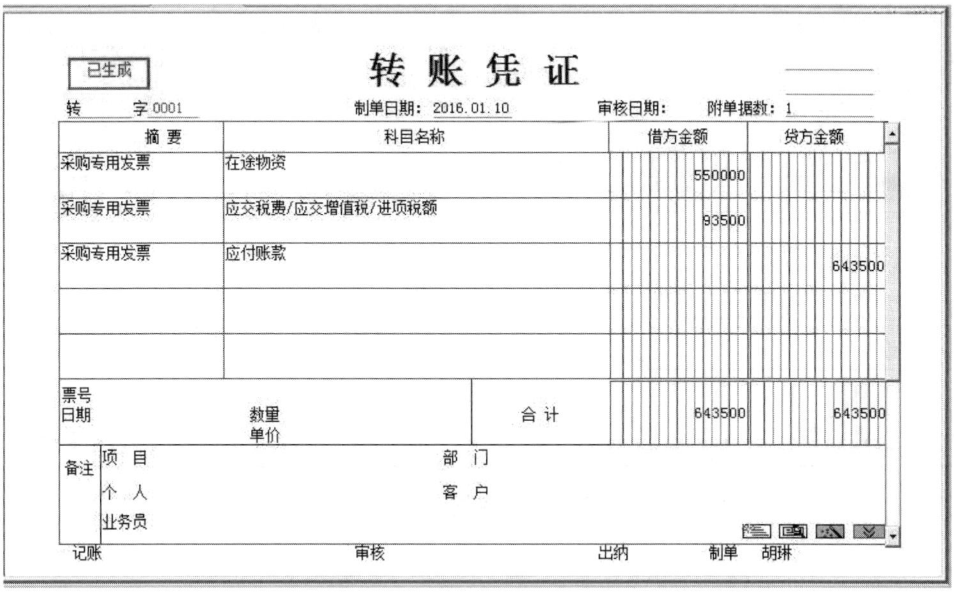

图 9-2-5　生成转账凭证

图 9-2-6　2016-01-12 付款单

（5）审核付款单。在应付款管理系统中，执行"付款单据处理"→"付款单据审核"命令，打开"付款单查询条件"界面，单击"确定"按钮，打开"收付款单列表"对话框，单击工具栏中的"全选"→"审核"按钮，提示"本次成功审核 1 张单据"，单击"关闭"按钮退出。

（6）生成付款凭证。在应付款管理系统中，执行"制单处理"命令，打开"制单查询"对话框，选择"收付款单制单"，单击"确定"按钮，打开"收付款单制单"对话框，选择凭证类别"付款凭证"，单击工具栏中的"全选"→"制单"按钮，生成凭证，单击"保存"按钮，如图 9-2-7 所示。

（7）核销往来账。在应付款管理系统中，执行"核销处理"→"核销处理"→"手工核销"命令，进入"核销条件"界面，选择供应商"01"，如图 9-2-8 所示，单击"确定"按钮，进入

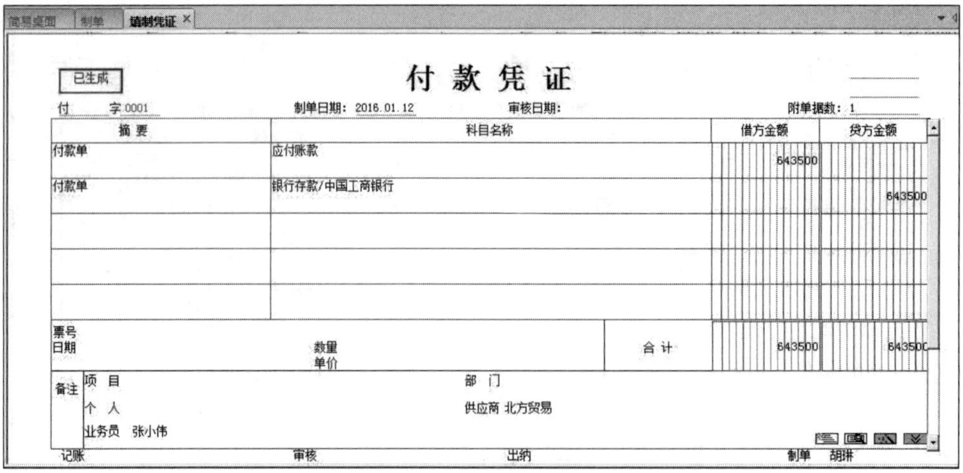

图 9-2-7　生成付款凭证

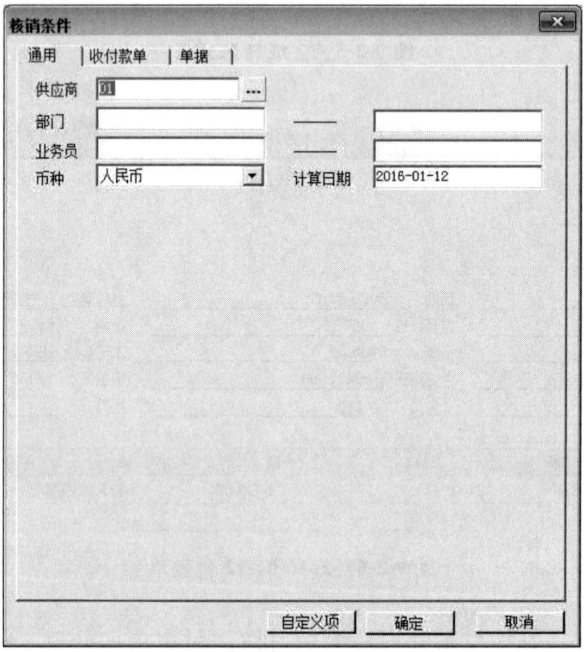

图 9-2-8　核销条件

"单据核销"界面,在下半部分的"本次结算"栏的第一行录入"6 435.00",如图 9-2-9 所示,单击工具栏中的"保存"按钮,单击"关闭"按钮退出。

【注意】

(1) 如果应付款系统与采购管理系统同时使用,采购发票在采购管理系统中录入,在付款系统中可以对单据进行查询、核销、制单等操作。此时应付系统需要录入的只限于应付单。

(2) 如果没有使用采购系统的,则所有发票和应付单均需在应付款系统录入。

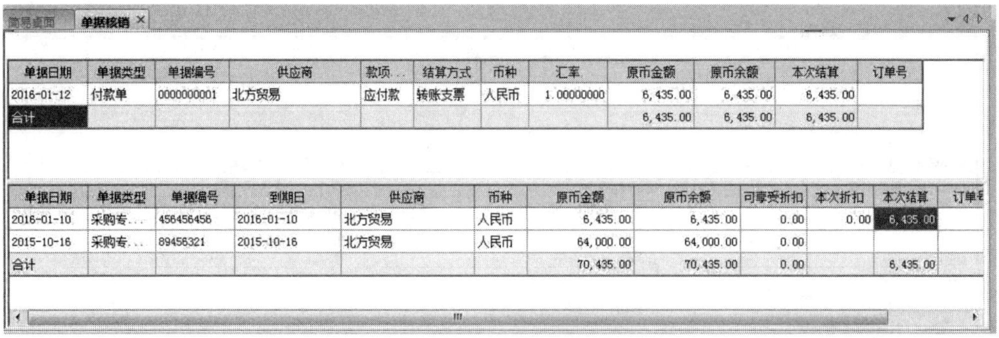

单据日期	单据类型	单据编号	供应商	款项...	结算方式	币种	汇率	原币金额	原币余额	本次结算	订单号
2016-01-12	付款单	0000000001	北方贸易	应付款	转账支票	人民币	1.00000000	6,435.00	6,435.00	6,435.00	
合计								6,435.00	6,435.00	6,435.00	

单据日期	单据类型	单据编号	到期日	供应商	币种	原币金额	原币余额	可享受折扣	本次折扣	本次结算	订单号
2016-01-10	采购专...	456456456	2016-01-10	北方贸易	人民币	6,435.00	6,435.00	0.00	0.00	6,435.00	
2015-10-16	采购专...	89456321	2015-10-16	北方贸易	人民币	64,000.00	64,000.00	0.00			
合计						70,435.00	70,435.00	0.00		6,435.00	

图 9-2-9 单据核销

(3) 若应付单据列表找不到要审核的单据，请依系统服务→权限→数据权限控制→取消“用户”操作。

(4) 在“制单查询”窗口中，如果直接选中“发票制单”选项，则制单窗口显示的是“采购发票制单”。如果同时选择“发票制单”和“收付款制单”，则制单窗口显示的是“应付制单”。

(5) 如果所选择的凭证类型错误，可以在生成凭证后再修改。

(6) 将凭证保存后可传递到总账系统，在总账系统进行审核和记账。

(7) 若一张付款单中，表头供应商与表体供应商不同，则表体供应商的款项为代收款。

(8) 核销是指付款与应付款单据之间建立的对应关系。对于核销操作本身而言，并不是系统必须处理的业务工作，如果不进行核销业务的操作处理，则会影响到应付系统在相关数据的分析与统计时的结果。

(9) 付款单据包括付款单、收款单的录入及单张结算单的核销。

9.2.2 预付款业务

预付业务是企业先付款、后收货的业务。

应付款系统的付款单用来记录企业所支付给供应商的款项，包括应付款、预付款和其他费用等。其中应付款、预付款性质的付款单与发票、应付单和付款单继续核销勾对。

【操作步骤】

(1) 填制付款单据：以操作员 102 的身份于 2016 年 1 月 13 日登录企业应用平台，在应付款管理系统中，执行“付款单据处理”→“付款单据录入”命令，打开“付款单”界面，单击“增加”按钮，依次录入日期“2016-01-13”；供应商“徐福记食品厂”；结算方式“转账支票”；本币金额“5 000.00”，票据号“ZZ459”，款项类型“预付款”，如图 9-2-10 所示。

(2) 审核并制单：单击“保存”→“审核”按钮，弹出“是否立即制单?”对话框，单击“是”按钮，单击“保存”按钮，生成凭证，如图 9-2-11 所示。单击“关闭”按钮退出。

图 9-2-10　2016-01-13 付款单

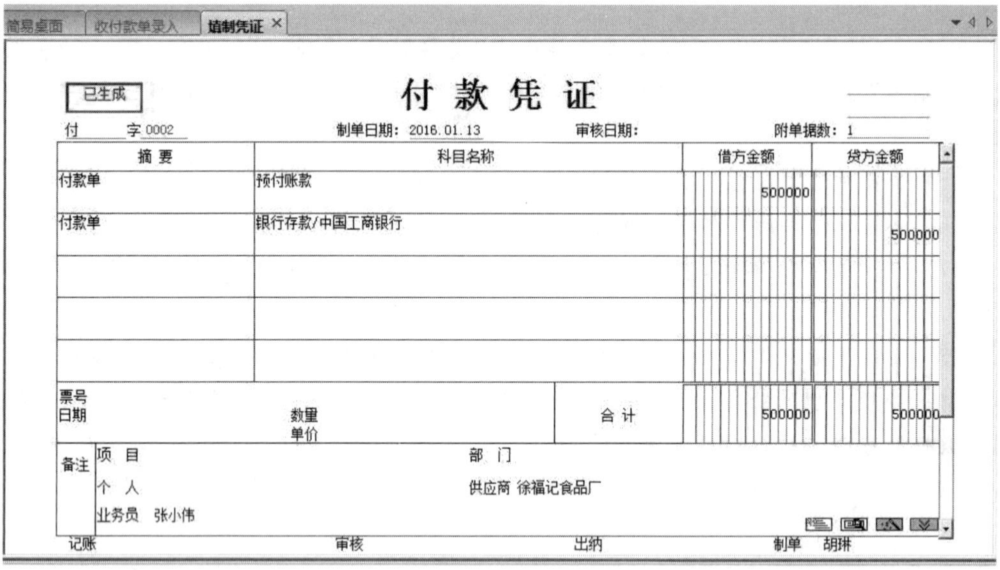

图 9-2-11　预付款凭证

9.2.3　转账业务

转账业务包括应付冲应付、预付冲应付、应付冲应收以及红票对冲等业务。

应付冲应付：将供应商、部门、业务员、项目和合同的应付款转到另一个账户中去。通过本功能将应付款业务在供应商、部门、业务员、项目和合同之间进行转入、转出，实现应付业务的调整，解决应付款业务在不同供应商、部门、业务员、项目和合同间入错户或合并户问题。每一笔应付款的转账金额不能大于其余额。每次只能选择一个转入单位。

预付冲应付：预付冲应付处理企业的预付款和应付款间的转账核销业务。

应付冲应收：用某客户的应收账款，冲抵某供应商的应付款项。

红票对冲：某客户的红字应收单与其蓝字应收单、收款单与付款单中间进行冲抵的操作。

【操作步骤】

（1）填制采购专用发票。以操作员 102 的身份于 2016 年 1 月 15 日登录企业应用平台，在应付款管理系统中，执行“应付单据处理”→“应付单据录入”命令，打开“单据类别”对话框，系统默认单据名称“采购发票”，单据类型“采购专用发票”，方向“正向”，单击“确定”按钮，打开“采购专用发票”窗口，再单击“增加”按钮，录入发票号“123123123”；开票日期“2016-01-15”；供应商“徐福记食品厂”；存货编码“05”；数量“1 000.00”；原币单价“5.50”，如图 9-2-12 所示，然后保存。单击“关闭”按钮退出。

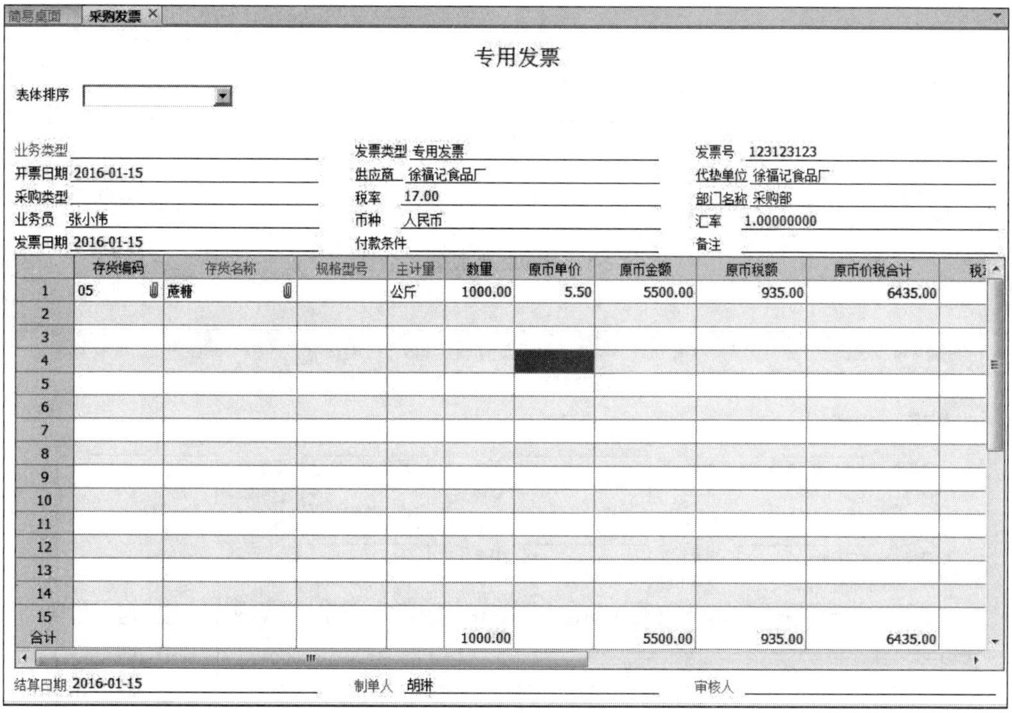
简易桌面 | 采购发票

专用发票

表体排序

业务类型 | 发票类型 专用发票 | 发票号 123123123
开票日期 2016-01-15 | 供应商 徐福记食品厂 | 代垫单位 徐福记食品厂
采购类型 | 税率 17.00 | 部门名称 采购部
业务员 张小伟 | 币种 人民币 | 汇率 1.00000000
发票日期 2016-01-15 | 付款条件 | 备注

	存货编码	存货名称	规格型号	主计量	数量	原币单价	原币金额	原币税额	原币价税合计
1	05	蔗糖		公斤	1000.00	5.50	5500.00	935.00	6435.00
2									
3									
4									
5									
6									
7									
8									
9									
10									
11									
12									
13									
14									
15									
合计					1000.00		5500.00	935.00	6435.00

结算日期 2016-01-15 | 制单人 胡琳 | 审核人

图 9-2-12　2016-01-15 采购专用发票

（2）审核采购专用发票。在应付款管理系统中，执行“应付单据处理”→“应付单据审核”命令，打开“应付单查询条件”对话框，单击“单据日期”，将“√”取消，单击“确定”按钮，进入“应付单据列表”界面，单击工具栏中的“全选”按钮，单击“审核”按钮，弹出提示“本次成功审核单据 1 张”对话框。单击“确定”按钮，单击“关闭”按钮退出。

（3）生成转账凭证。在应付款管理系统中，执行“制单处理”，打开“制单查询”对话框，选择“发票制单”，单击“确定”按钮，打开“发票制单”对话框，选择凭证类别“转账凭证”，单击工具栏中的“全选”→“制单”按钮，生成凭证，单击“保存”按钮，如图 9-2-13 所示。

（4）将预付账款冲抵应付账款：在应付款管理系统中，执行“转账”→“预付冲应付”命令，打开“预付冲应付”界面，选择供应商“南方徐福记食品厂”，打开“预付款”选项卡，单击"过滤"按钮,在界面的下半部分的"转账金额"栏录入"5 000.00",如图9-2-14所示。打开"应付款"选项卡,单击"过滤"按钮,在界面的下半部分的"转账金额"栏录入"5 000.00",如图9-2-15所示。

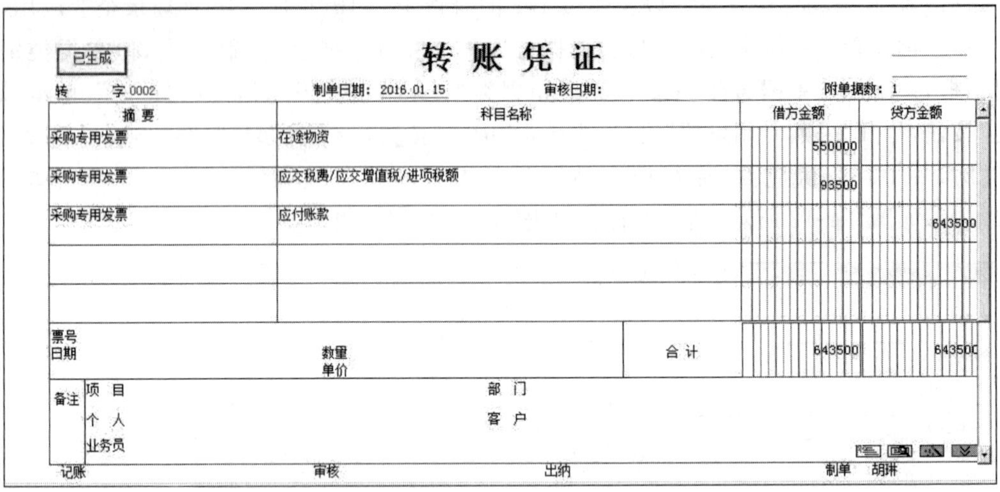

图 9-2-13　0002 生成转账凭证

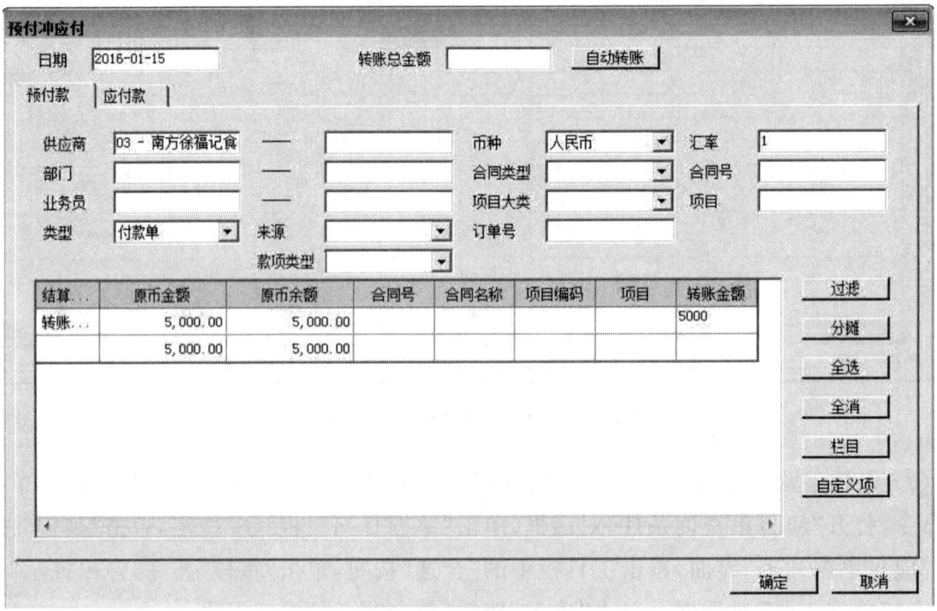

图 9-2-14　录入预付转账金额

（5）生成转账凭证:单击"确定"按钮,弹出"是否立即制单"提示,单击"是"按钮,进入凭证界面,修改凭证类别为"转",单击"保存"按钮,如图9-2-16所示,单击"退出"按钮。

【注意】　若要进行核销制单必须在"设置"选项中的"凭证"卡中选中"核销生成凭证"才可进行核销制单。

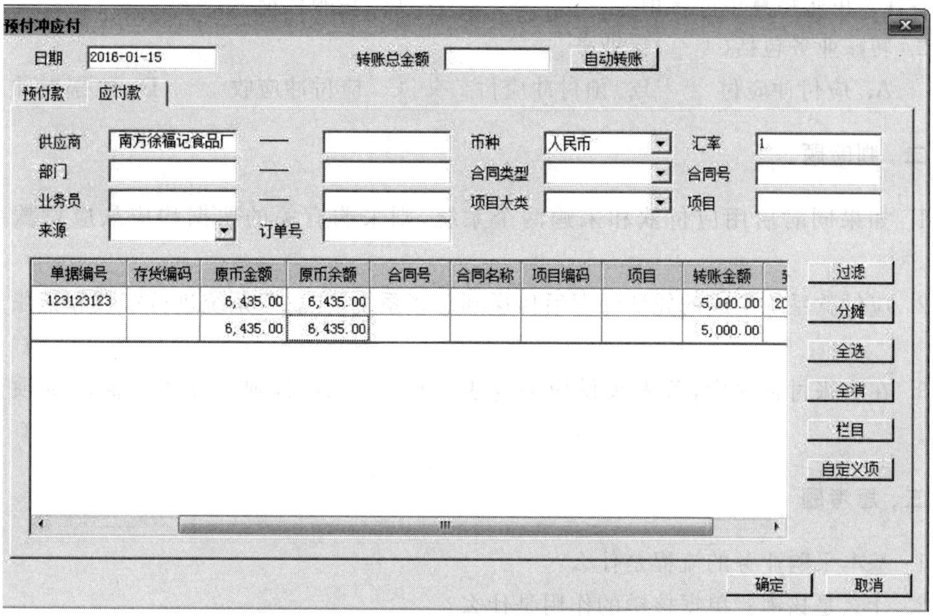

图 9-2-15　录入应付转账金额

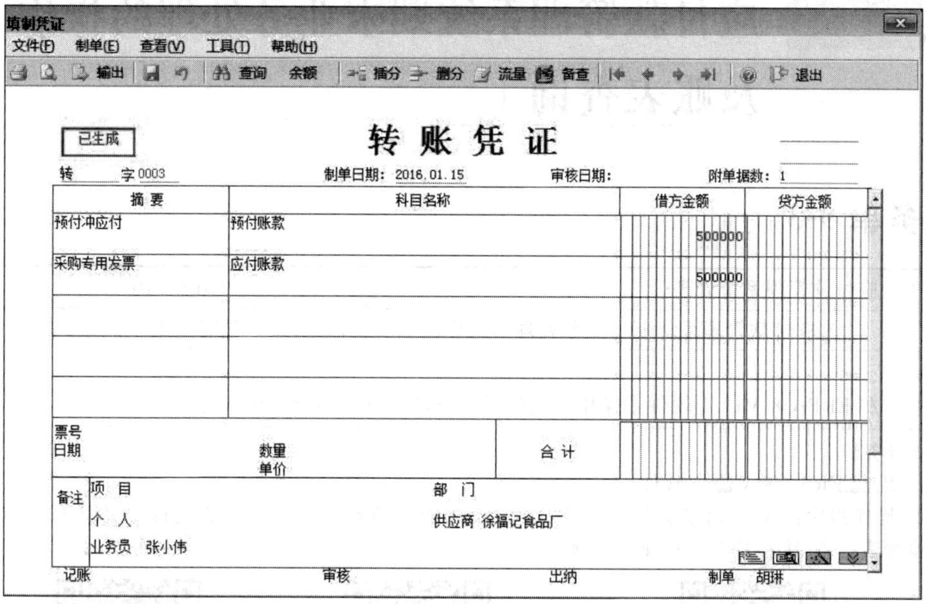

图 9-2-16　0003 生成转账凭证

［理论测试 9-2］

一、多项选择题

1. 付款单据包括（　　）。

　　A. 付款单　　　　　　　　　　　　B. 收款单的录入

C. 单张结算单的核销   D. 转账凭证

2. 转账业务包括(   )等业务。

A. 应付冲应付   B. 预付冲应付   C. 应付冲应收   D. 红票对冲

二、判断题

1. 如果同时启用应付款和采购两个系统,则采购有关的票据均应从应付款系统输入。   (   )

2. 应付款系统生成的凭证保存后传递到总账系统,在总账系统进行审核和记账。   (   )

3. 在一张付款单中,若表头供应商与表体供应商不同,则表体供应商的款项为代收款。   (   )

三、思考题

1. 基本采购业务的流程是什么?

2. 什么是核销? 单据核销的作用是什么?

任务9.3 应付款管理系统期末业务处理的操作及账表查询

[任务单 9-3]

项目 9 应付款管理系统处理		学时	10
任务 9.3	应付款管理系统期末业务处理的操作及账表查询	学时	2
一、学习目标 　　在用友 ERP-U8 V10.1 软件中操作完成学习任务,完成相应的理论测试。			
二、学习资源 　　1. 用友 ERP-U8 V10.1 软件。 　　2. 操作视频:(1)查询采购专用发票;(2)查询 1 月份填制的凭证;(3)查询科目明细账;(4)查询科目余额表;(5)月末结账;(6)取消结账。			

9.3.1 查询 1 月份填制的采购专用发票.mp4

9.3.2 查询 1 月份填制的凭证.mp4

9.3.3 查询科目明细账.mp4

9.3.4 查询科目余额表.mp4	9.3.5 月末结账.mp4	9.3.6 取消结账.mp4

三、学习方法

　　1. 认真观看视频并记录重点。

　　2. 和同学讨论交流。

四、准备工作

　　1. 引入"应付款管理系统日常业务处理 9-2"账套。

　　2. 修改计算系统时间为 2016 年 1 月 31 日。

五、学习任务

　　以账套主管 102 的身份注册用友 ERP-U8 V10.1 企业应用平台,完成如下操作。

　　1. 单据查询

　　(1) 查询 1 月份填制的采购专用发票。

　　(2) 查询 1 月份填制的凭证。

　　2. 账表查询

　　查询应付款系统的科目明细账、科目余额。

　　3. 期末处理

　　(1) 月末结账。

　　(2) 取消结账。

　　4. 账套备份

　　在 E 盘根目录下建立一个文件夹,文件夹的名字为"216 账套备份",在该文件中建立一个名为"应付款管理系统期末业务处理 9-3"的文件夹,将账套备份到该文件夹中。

［信息页 9-3］

理论目标：

掌握应付款管理系统的单据种类;

掌握应付款管理系统的账表种类。

技能目标：

熟练掌握应付款管理系统单据、账表的查询方法,并能熟练进行操作;

月末结账及取消结账操作。

9.3.1 单据查询

　　应付款系统提供对应收单、结算单、凭证等的查询。在查询列表中,系统提供了自定义、排序等功能。可以通过凭证查询来查看、修改、删除、冲销应付账款系统传到账务系统的凭证。

1. 查询 1 月份填制的采购专用发票

【操作步骤】

以操作员 102 的身份于 2016 年 1 月 31 日登录企业应用平台,在应付款管理系统中,执行"单据查询"→"发票"命令,打开"查询条件选择-发票查询"界面,选择"发票类型"为"01"(采购专用发票),如图 9-3-1 所示。单击"确定"按钮,弹出发票。

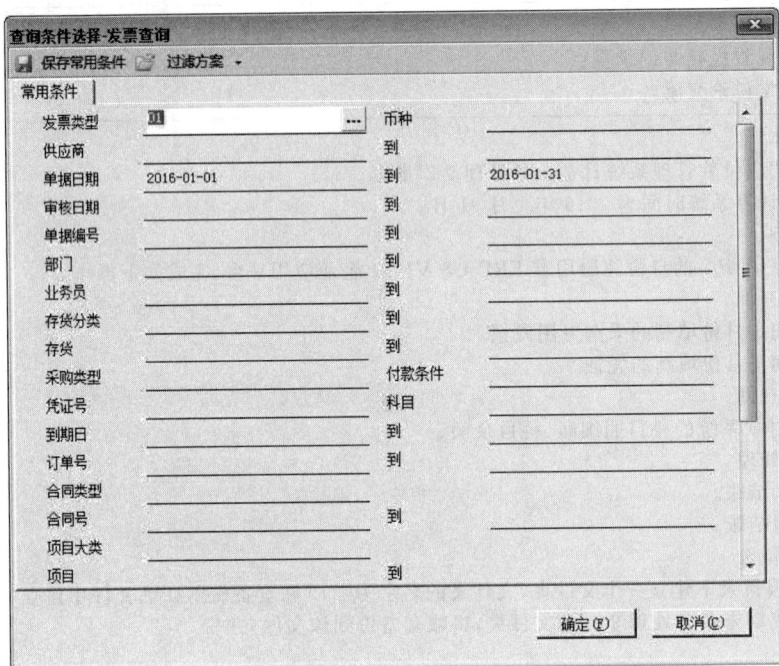

图 9-3-1　发票查询

2. 查询 1 月份填制的凭证

【操作步骤】

以操作员 102 的身份于 2016 年 1 月 31 日登录企业应用平台,在应付款管理系统中,执行"单据查询"→"凭证查询"命令,打开"凭证查询条件"界面,如图 9-3-2 所示。单击"确定"按钮,显示凭证查询结果。

图 9-3-2　凭证查询条件

【注意】

（1）在此可以对凭证进行删除操作，但对已结账的凭证不能删除。

（2）凭证被删除后，它对应的原始单据及操作可以重新制单。

9.3.2　账表查询

账表管理分为我的账表、业务账表、科目账表、统计分析。通过我的账表进行新建账夹，设置账夹口令，进行自定义报表。

通过账表查询，可以及时地了解一定期间内期初应付款结存汇总情况，应付款发生和付款发生的汇总情况、累计情况及期末应付款结存汇总情况；还可以了解各个供应商期初应付款结存明细情况，应付款发生和付款发生的明细情况、累计情况及期末应付款结存明细情况，能及时发现问题，加强对往来款项的监督管理。

通过统计分析，可以按用户定义的账龄区间，进行一定期间内应付款账龄分析、付款账龄分析、往来账龄分析，了解各个应付款周转天数、周转率，了解各个账龄区间内应付款、付款及往来情况，能及时发现问题，加强对往来款项动态的监督管理。

科目账表查询是用户通过不同角度进行科目账表的查询。

1.查询应付款系统的科目明细账

【操作步骤】

以操作员102的身份于2016年1月31日登录企业应用平台，在应付款管理系统中，执行"账表管理"→"科目账查询"→"科目明细账"命令，打开"供应商往来科目明细账"界面，如图9-3-3所示。单击"确定"按钮，显示科目明细账查询结果。

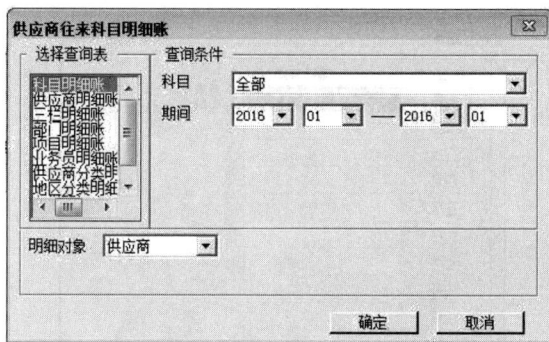

图 9-3-3　供应商往来科目明细账

2.查询应付款系统的科目余额表

【操作步骤】

以操作员102的身份于2016年1月31日登录企业应用平台，在应付款管理系统中，执行"账表管理"→"科目账查询"→"科目余额表"命令，打开"供应商往来科目余额表"界面，如图9-3-4所示。单击"确定"按钮，显示科目余额表查询结果。

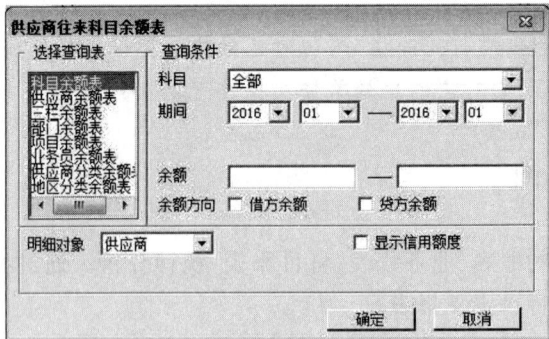

图 9-3-4　供应商往来科目余额表

9.3.3　期末处理

期末处理是指用户进行的期末结账工作。如果当月业务已全部处理完毕，就需要执行月末结账功能。只有月末结账后，才可以开始下一个月的工作。

1. 月末结账

【操作步骤】

以操作员 102 的身份于 2016 年 1 月 31 日登录企业应用平台，在应付款管理系统中，执行"期末处理"→"月末结账"命令，打开"月末处理"界面，选择一月份，如图 9-3-5 所示。单击"下一步"按钮，显示月末处理情况，单击"完成"按钮，弹出"1 月份结账成功"界面，单击"确定"按钮。

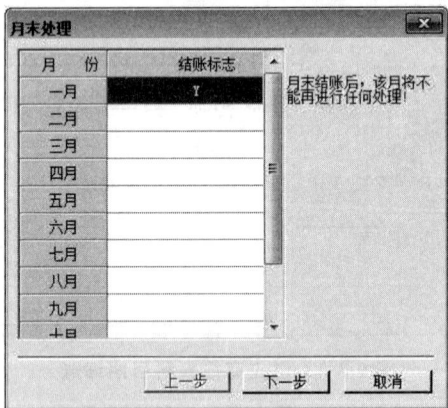

图 9-3-5　月末处理

【注意】

（1）月末处理一次只能选择一个月进行结账。

（2）上一个月没有结账，则本月不能结账。

2. 取消月末结账

【操作步骤】

以操作员 102 的身份于 2016 年 1 月 31 日登录企业应用平台,在应付款管理系统中,执行"期末处理"→"取消月结"命令,打开"取消结账"界面,选择一月份,如图 9-3-6 所示。单击"确定"按钮,弹出"取消结账成功"界面,单击"确定"按钮。

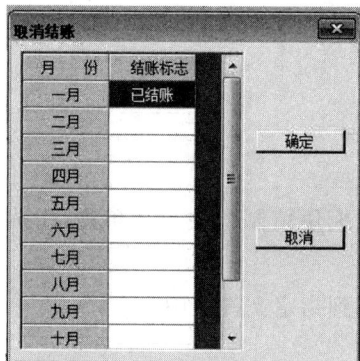

图 9-3-6　取消结账

[理论测试 9-3]

一、单项选择题

月末处理一次只能选择(　　)进行结账。

　　A. 一个月　　　　B. 二个月　　　　C. 一个季度　　　　D. 一年

二、多项选择题

账表管理分为(　　)。

　　A. 我的账表　　　B. 业务账表　　　C. 科目账表　　　D. 统计分析

三、判断题

1. 上一个月没有结账,则本月不能结账。　　　　　　　　　　　　　　　(　　)

2. 如果当月业务已全部处理完毕,就需要执行月末结账功能,只有月末结账后,才可以开始下一个月的工作。　　　　　　　　　　　　　　　　　　　　(　　)

四、思考题

上个月没有结账,本月可以结账吗?

综合实训 1

一、实训内容概况

（1）系统管理部分操作。

（2）各模块业务参数设置。

（3）账套基础档案维护。

（4）根据经济业务在相应模块填制相关业务单据，生成会计凭证，并登记账簿，完成各模块记账结账工作。

（5）编制会计报表并保存到指定文件夹中。

二、企业概况

1. 企业基本情况

企业名称：上海台电存储科技有限公司（简称"台电存储"）。企业地址：上海市嘉定区新城路 30 号。企业类型：工业企业，主营业务为生产销售存储设备。法定代表人：赵媚。联系电话和传真：010-66888866。纳税人识别号：01022882288。

2. 主要的会计政策和核算方法

（1）企业记账本位币为人民币。

（2）企业经上海市国家税务局认定为一般纳税人，执行 2007 年《企业会计准则》和《会计基础工作规范》。

（3）固定资产折旧方法采用平均年限法（二），按月计提折旧。

（4）存货成本核算采用实际成本法，存货发出按先进先出法。

三、账套建立及基础设置

（一）账套信息

账套号：888。

账套名称：上海台电存储科技有限公司。启用日期：2016 年 1 月 1 日。公司简称：台电存储。

基础信息：存货分类，客户、供应商不分类，有外币核算。

编码方案：科目编码：4222。部门编码：22。收发类别：12。存货分类：22。其他采用系统默认。

数据精度：采用系统默认。启用模块：总账、应收、应付、固定资产、薪资管理，启用日期均为 2016 年 1 月 1 日。

（二）操作员及权限信息

操作员编号	操作员姓名	系 统 权 限
881	赵媚	账套主管
882	林枝	公用目录设置、总账
883	康嘉	总账、应收、应付、薪资、固定资产

（三）基础档案

1. 部门档案

部门编码	部门名称	部门编码	部门名称
01	总裁办	05	人力资源部
02	财务部	06	采购部
03	营销中心	07	库存中心
04	生产车间		

2. 人员档案

人员编号	人员姓名	性别	行政部门	人员类别	是否业务员
001	赵媚	女	总裁办	在职人员	是
002	曹军	男	总裁办	在职人员	是
003	林枝	女	财务部	在职人员	是
004	康嘉	男	财务部	在职人员	是
005	黄燕	女	营销中心	在职人员	是
006	刘真	女	营销中心	在职人员	是
007	张文丽	女	生产车间	在职人员	是
008	王军伟	男	生产车间	在职人员	是
009	王珊珊	女	营销中心	在职人员	是
010	崔山明	男	营销中心	在职人员	是
011	李强	男	采购部	在职人员	是
012	王舒	女	采购部	在职人员	是
013	张宇峰	男	库存中心	在职人员	是

3. 供应商档案

编号	供应商名称	供应商简称
001	上海通达数码产品科技公司	通达数码
002	神舟数码股份公司	神州数码
003	上海沁和商贸公司	沁和商贸

4. 客户档案

编号	客户名称	客户简称
001	上海金飞扬通讯公司	金飞扬
002	大连明讯信息公司	明讯信息
003	武汉联易通公司	武汉联易通
004	上海手机商贸中心	手机商贸
005	南京迅捷公司	南京迅捷

5. 结算方式

编　号	结算名称
1	现金结算
2	现金支票
3	转账支票

6. 凭证类型

类　型	限制类型	限制科目
记账凭证	无限制	无

7. 存货分类

01	库存商品	0103	固态硬盘
0101	移动硬盘	02	原材料
0102	U盘	03	低值易耗品

8. 计量单位

计量单位组：01 无换算组无换算率。

计量单位编码	单位名称	所属单位组
01	个	01
02	台	01
03	部	01

9. 存货档案

存货编码	存货名称	单位	税率	存货分类	存货属性
0101001	台电 500GB 移动硬盘	个	17%	0101	内销、自制
0101002	台电 1TB 移动硬盘	个	17%	0101	内销、自制
0102002	台电 16GB U盘	个	17%	0102	内销、自制
0102003	台电 32GB U盘	个	17%	0102	内销、自制
0103001	台电 120GB 固态硬盘	个	17%	0103	内销、自制
0103002	台电 64GB 固态硬盘	个	17%	0103	内销、自制

存货编码	存货名称	单位	税率	存货分类	存货属性
02001	存储芯片	个	17%	02	外购、内销、生产耗用
02002	1TB 硬盘	个	17%	02	外购、内销、生产耗用
02003	包装盒	个	17%	02	外购、内销、生产耗用
02004	硬盘防震外壳	个	17%	02	外购、内销、生产耗用
03001	紧固螺丝	个	17%	03	外购、内销、生产耗用

10. 定义外币

币符:$;币名:美元;固定汇率:2016 年 1 月记账汇率 6.40;其他默认。

11. 设置本单位开户银行(币种:人民币)

编号	银行账号	开户银行/账户名称	所属银行编码
B01	874318964391	工行上海嘉定区新城支行	01 中国工商银行

12. 科目设置

科目编码	科目名称	方向	辅助核算	币别/计量
1001	库存现金	借	指定为现金科目	
1002	银行存款	借	指定为银行科目	
100201	工商银行	借		
100202	美元户	借	美元外币核算	
1121	应收票据	借	客户往来	
1122	应收账款	借	客户往来	
1123	预付账款	借	供应商往来	
122101	单位个人	借	个人往来	
1403	原材料	借		
140301	存储芯片	借	数量核算	个
140302	硬盘防震外壳	借	数量核算	个
140303	1TB 硬盘	借	数量核算	个
140304	包装盒	借	数量核算	个
140305	紧固螺丝	借	数量核算	个
1405	库存商品	借		
140501	台电 1TB 移动硬盘	借	数量核算	个
140502	台电 500GB 移动硬盘	借	数量核算	个
140503	台电 16GB U 盘	借	数量核算	个
140504	台电 32GB U 盘	借	数量核算	个
140505	台电 120GB 固态硬盘	借	数量核算	个
140506	台电 64GB 固态硬盘	借	数量核算	个
2201	应付票据	贷	供应商往来	
2202	应付账款	贷	供应商往来	

科目编码	科目名称	方向	辅助核算	币别/计量
2203	预收账款	贷	客户往来	
2211	应付职工薪酬	贷		
221101	工资	贷		
221102	社会保险	贷		
221103	住房公积金	贷		
2221	应交税费	贷		
222101	应交增值税	贷		
22210101	进项税额	贷		
22210102	销项税额	贷		
222102	未交增值税	贷		
222103	应交城建税	贷		
222104	应交教育费附加	贷		
5001	生产成本			
500101	基本生产成本	借		
50010101	直接材料	借		
50010102	直接人工	借		
50010103	制造费用	借		
5101	制造费用			
510101	制造费用——工资	借		
510102	制造费用——折旧费	借		
510103	其他	借		
6601	销售费用	借		
660101	工资	借		
660102	广告费	借		
660103	委托代销手续费	借		
660104	赠品费用	借		
660105	折旧费	借		
660109	其他	借		
6602	管理费用	借		
660201	工资	借		
660202	办公费	借		
660203	折旧费	借		
660209	其他	借		

13. 删除销售普通发票、销售专用发票表头项目"销售类型"

单据格式设置→销售管理→显示→销售专用发票→删除表头项目"销售类型"。

（四）各模块业务参数

1. 应收系统业务参数

应收款核销方式：按单据。坏账处理方式：应收账款余额百分比。其他参数为系统默认。

选项设置：受控科目制单方式明细到单据。

科目设置：应收科目为 1122,预收科目为 2203,销售收入科目为 6001,税金科目为 22210102。

结算方式科目设置：现金对应 1001,其他人民币结算方式均对应 100201。

坏账准备设置：提取比例为 0.5%,坏账准备期初余额为 1 000 元,坏账准备科目为 1231,对方科目为 6701。

2. 应付系统业务参数

应付款核销方式：按单据；其他参数为系统默认。

选项设置：单据审核日期依据单据日期,受控科目制单方式明细到单据。

科目设置：应付科目为 2202,预付科目为 1123,采购科目为 1401,税金科目为 22210101。

结算方式科目设置：现金对应 1001,其他人民币结算方式均对应 100201。

3. 各模块期初余额录入

要求在应收账款、应付账款录入期初应收单或应付单,总账期初余额进行引入。

应收账款(1122)期初余额：

日 期	客户名称	摘 要	方向	余 额
2013/11/5	上海手机商贸中心	客户欠款	借	138 600
2013/11/24	南京迅捷公司	客户欠款	借	98 740

应付账款(2202)期初余额：

日 期	供应商名称	摘 要	方向	余 额
2013/11/12	神州数码股份公司	欠供应商款	贷	17 600
2013/11/23	上海通达数码产品有限公司	欠供应商款	贷	29 000

(五)2016 年 1 月初会计科目体系发生额即辅助核算账户期初余额

科 目 名 称	方向	币别/计量	期初余额
库存现金(1001)	借		43 070
银行存款(1002)	借		980 000
工商银行(100201)	借		980 000
原材料(1403)	借		250 000
存储芯片(140301)	借		20 000
	借	个	1 000
硬盘防震外壳(140302)	借		5 000
	借	个	500
1TB 硬盘(140303)	借		200 000
	借	个	400
包装盒(140304)	借		25 000

科 目 名 称	方向	币别/计量	期初余额
	借	个	500
库存商品(1405)	借		70 000
台电 1TB 移动硬盘(140501)	借		70 000
		个	100
台电 500GB 移动硬盘(140502)	借		24 000
		个	120
台电 120GB 固态硬盘(140505)	借		60 000
		个	60
台电 64GB 固态硬盘(140506)	借		90 000
		个	300
固定资产(1601)	借		7 730 700
累计折旧(1602)	贷		3 251 700
在建工程(1604)	借		500 000
短期借款(2001)	贷		39 340
长期借款(2501)	贷		500 000
实收资本(4001)	贷		5 247 470
资本公积(4002)	贷		900 000

期初余额录入完毕,进行试算平衡。

(六) 固定资产模块

1. 模块初始化

(1) 启用月份:2016.1;固定资产类别编码方式:2-1-1-2;固定资产编码方式:按"类编码+序号"自动编码;已注销的卡片 5 年后删除;当(月初已计提月份=可使用月份-1)时,要求将剩余折旧全部提足。

(2) 用平均年限法按月计提折旧;卡片序号长度为 5。

设置入账科目:固定资产入账科目为"1601,固定资产"。

累计折旧入账科目:"1602,累计折旧"。

对账不平衡的情况下允许月末结账;业务发生后立即制单。

2. 设置资产类别

编码	类别名称	单位	计提属性	折 旧 方 法	卡片样式
01	房屋建筑类		正常计提	平均年限法(二)	通用
02	工器具		正常计提	平均年限法(二)	通用
03	办公用品		正常计提	平均年限法(二)	通用

3. 根据下表提供信息,设置部门对应折旧科目、增减方式的入账科目

(1) 部门及对应折旧科目

部　门	对应折旧科目	部　门	对应折旧科目
总裁办	660203"管理费用——折旧费"	生产车间	510102"制造费用——折旧费"
采购部	660203"管理费用——折旧费"	库存中心	660203"管理费用——折旧费"
财务部	660203"管理费用——折旧费"	人力资源部	660203"管理费用——折旧费"
营销中心	660105"销售费用——折旧费"		

（2）增减方式

增减方式目录	对应入账科目
增加方式：直接购入	100201"银行存款——工商银行"
减少方式：报废	1606"固定资产清理"

4. 根据下表提供资料，录入 2016 年 1 月原始卡片

编号	固定资产名称	类别编号	所在部门	增加方式	可使用年限	开始使用日期	原　值	12月份止累计折旧	净残值率
001	办公大楼	1	总裁办	在建工程转入	80	2012/8/1	7 500 000	3 200 000	7%
002	容量测试仪	2	库存中心	直接购入	10	2012/3/12	62 300	12 100	10%
003	功率测试器	2	库存中心	直接购入	8	2013/1/1	50 000	11 000	10%
004	频率试波仪	2	采购部	直接购入	5	2012/6/12	43 000	9 800	10%
005	办公电脑	3	采购部	直接购入	5	2012/11/1	6 500	1 300	10%
006	办公电脑	3	营销中心	直接购入	5	2012/11/1	6 500	1 300	10%
007	办公电脑	3	人力资源	直接购入	5	2012/11/1	6 500	1 300	10%
008	办公电脑	3	总裁办	直接购入	5	2012/11/1	6 500	1 300	10%
009	办公电脑	3	财务部	直接购入	5	2012/11/1	6 500	1 300	10%
010	办公电脑	3	库存中心	直接购入	5	2012/11/1	6 500	1 300	10%
011	复印机	3	总裁办	直接购入	6	2011/3/13	11 000	2 300	10%
012	电子稳压器	2	采购部	直接购入	6	2013/3/13	25 400	8 700	10%
合计							7 730 700	3 251 700	

购买资产增加方式均为"直接购入"，使用状况均为"在用"；录入原始卡片后，进行固定资产对账。

（七）薪资管理模块

1. 建立工资账套

（1）参数设置：工资类别个数，单个；核算币种，人民币。

（2）扣税设置：自动代扣所得税。

（3）扣零设置：进行扣零，且扣零至元。

（4）人员编码：与公共平台的人员编码一致。

（5）启用日期：2016 年 1 月 1 日。

2. 设置人员附加信息、新增工资项目

"881"于 2016 年 1 月 1 日登录建立薪资管理的基础设置。

（1）人员附加信息。增加人员附加信息"性别"（参照档案：男；女）。

（2）新增工资项目。

项目名称	类型	长度	小数位数	增减项
基本工资	数字	8	2	增项
岗位工资	数字	8	2	增项
社会保险	数字	8	2	减项
住房公积金	数字	8	2	减项
缺勤天数	数字	8	2	其他
缺勤扣款	数字	8	2	减项

3. 设置人员档案

人员编号	人员姓名	性别	行政部门	人员类别	账号（工商银行）
001	赵媚	女	总裁办	在职人员	62220216001
002	曹军	男	总裁办	在职人员	62220216002
003	林枝	女	财务部	在职人员	62220216003
004	康嘉	男	财务部	在职人员	62220216004
005	黄燕	女	营销中心	在职人员	62220216005
006	刘真	女	营销中心	在职人员	62220216006
007	张文丽	女	生产车间	在职人员	62220216007
008	王军伟	男	生产车间	在职人员	62220216008
009	王珊珊	女	营销中心	在职人员	62220216009
010	崔山明	男	营销中心	在职人员	62220216010
011	李强	男	采购部	在职人员	62220216011
012	王舒	女	采购部	在职人员	62220216012
013	张宇峰	男	库存中心	在职人员	62220216013

4. 设置工资项目公式

工资项目	公 式
缺勤扣款	缺勤天数×50
社会保险	（基本工资＋岗位工资）×0.102
住房公积金	（基本工资＋岗位工资）×0.12

5. 选项设置

将扣税设置的扣税基础设置为"应发合计"，查看税率设置，将附加费用修改为 2 800 元。

6. 录入期初工资数据

人员编号	人员姓名	性别	行政部门	人员类别	基本工资	岗位工资
001	赵媚	女	总裁办	在职人员	5 000	2 000
002	曹军	男	总裁办	在职人员	5 000	2 000
003	林枝	女	财务部	在职人员	4 000	800

人员编号	人员姓名	性别	行政部门	人员类别	基本工资	岗位工资
004	康嘉	男	财务部	在职人员	4 000	800
005	黄燕	女	营销中心	在职人员	3 500	800
006	刘真	女	营销中心	在职人员	3 500	800
007	张文丽	女	生产车间	在职人员	3 500	800
008	王军伟	男	生产车间	在职人员	3 500	800
009	王珊珊	女	营销中心	在职人员	2 500	650
010	崔山明	男	营销中心	在职人员	2 500	650
011	李强	男	采购部	在职人员	4 500	1 000
012	王舒	女	采购部	在职人员	4 500	1 000
013	张宇峰	男	库存中心	在职人员	3 500	800

7. 录入本月工资变动数据

崔山明缺勤 5 天。

8. 在薪资管理系统设置工资分摊

部　门	应付工资(100%)		
	工资项目	借方科目	贷方科目
总裁办、财务部、采购部、人力资源部、库存中心	应发合计	660201(管理费用——工资)	221101 应付职工薪酬——工资
营销中心	应发合计	660101(销售费用——工资)	
生产车间	应发合计	510101(制造费用——工资)	

部　门	个人-社会保险(10.2%)		
	工资项目	借方科目	贷方科目
总裁办、财务部、采购部、人力资源部、库存中心	应发合计	221101 应付职工薪酬——工资	2241
营销中心	应发合计	221101 应付职工薪酬——工资	
生产车间	应发合计	221101 应付职工薪酬——工资	

部　门	个人-住房公积金(12%)		
	工资项目	借方科目	贷方科目
总裁办、财务部、采购部、人力资源部、库存中心	应发合计	221101 应付职工薪酬——工资	2241
营销中心	应发合计	221101 应付职工薪酬——工资	
生产车间	应发合计	221101 应付职工薪酬——工资	

部　门	公司-社会保险(32.8%)		
	工资项目	借方科目	贷方科目
总裁办、财务部、采购部、人力资源部、库存中心	应发合计	660209(管理费用——其他)	221102 应付职工薪酬——社会保险
营销中心	应发合计	660109(销售费用——其他)	
生产车间	应发合计	510103(制造费用——其他)	

部　　门	公司-住房公积金（12%）		
	工资项目	借方科目	贷方科目
总裁办、财务部、采购部、人力资源部、库存中心	应发合计	660209（管理费用——其他）	221103 应付职工薪酬——住房公积金
营销中心	应发合计	660109（销售费用——其他）	
生产车间	应发合计	510103（制造费用——其他）	

部　　门	实 发 工 资		
	工资项目	借方科目	贷方科目
总裁办、财务部、采购部、人力资源部、库存中心	实发合计	221101 应付职工薪酬——工资	100201
营销中心	实发合计	221101 应付职工薪酬——工资	
生产车间	实发合计	221101 应付职工薪酬——工资	

四、日常业务及期末处理

1. 日常业务处理

根据业务需要，自行选择相关产品模块进行操作，以下业务均由 883 康嘉操作完成，制单日期均为业务发生日期。

（1）2016-01-01 公司从工商银行提取现金 20 000 元备用金，现金支票票号 8452，并生成常用凭证（编号 001，说明即摘要）以便日后使用。

（2）2016-01-03 财务现金支付本企业上月桶装水 520 元。

（3）2016-01-03 营销中心黄燕报销业务招待费 650.50 元，现金付讫。

（4）2016-01-05 生产车间领用原材料，存储芯片单价 20 元、1TB 硬盘单价 500 元、硬盘防震外壳单价 10 元、包装盒单价 50 元；各 250 个，用于生产台电 1TB 移动硬盘。

（5）2016-01-06 曹军报销参加继续教育培训班的培训费 3 500 元，工商银行支付，现金支票票号 3513。

（6）2016-01-06 由于企业使用外单位高新技术，所以需要每月工商银行现金支票（本月票号 5972）支付技术转让费 8 500 元，请填写本月凭证。

（7）2016-01-06 经公司研究决定，长期持有中青旅公司股票，购买中青旅股票 5 000 股，每股 20 元，工商银行转账支付，票号 6837。

（8）2016-01-07 采购部王舒因去杭州考察，预借差旅费 2 500 元，以现金支付。

（9）2016-01-07 公司各个部门购买办公用品，发生金额分别为：总裁办 1 500 元；财务部 660 元；人力资源部 1 800 元；营销中心 1 200 元；库存中心 540 元。财务现金付讫。

（10）2012-01-09 采购部门王舒从供应商通达数码采购 200 个存储芯片，原币金额 4 000 元，货未到，货款未付，王舒将采购专用发票交给财务部门，财务部门暂不支付货款。

（11）2016-01-10 营销中心黄燕销售给上海手机商贸中心 100 台台电 500GB 移动硬盘，无税单价 650 元，开具专用发票一张，货款未收。

（12）2016-01-10 采购部李强向神州数码采购 1TB 硬盘 300 个，单价 500 元，货已入库,采购专用发票已经收到,但财务部门暂不能支付货款。

(13) 2016-01-11 财务部对 1 月 8 日采购通达数码 200 个存储芯片进行全额支付款,付款方式为工商银行现金支票,结算票号 008925,并进行核销处理。

(14) 2016-01-12 8 日采购的存储芯片到货并验收入库。

(15) 2016-01-13 营销中心黄燕销售给上海金飞扬通讯公司:台电 120GB 固态硬盘 50 个,无税单价 2 100 元;台电 64GB 固态硬盘 220 个,无税单价 1 200 元;开具增值税专用发票一张,货款暂未收到。

(16) 2016-01-15 采购部王舒从沁和商贸采购硬盘防震外壳 500 台;无税单价 50 元,沁和商贸送货上门,货已验收入库,收到采购专用发票一张,货款 1 个月后付。

(17) 2016-01-17 财务部对 1 月 10 日采购神州数码 1TB 硬盘进行付款,付款方式为工商银行现金支票,结算票号 0135,并进行核销处理。

(18) 2016-01-18 财务部收到上海手机商贸中心 100 台台电 500GB 移动硬盘的全部货款的现金支票(票号 1836),请使用选择收款业务。

(19) 2016-01-21 采购部门王舒报销差旅费 2 000 元,剩余款项以现金退回。

(20) 2016-01-22 总裁办购入办公用固定资产饮用水净化机一台,使用年限 5 年,净残值率 10%,存放在办公室,价值 8 900 元,工商银行现金支票支付,票号 66892。

(21) 2016-01-23 财务部收到上海金飞扬通讯公司现金支票(票号 4705),货款 10 000 元,其他货款下月付清,并进行核销处理。

(22) 2016-01-24 由于南京迅捷公司经营不善已经倒闭,欠公司货款已无法追回,财务部全额做坏账发生业务处理。

(23) 2016-01-25 采购部需要从沁和商贸订购硬盘防震外壳 500 台,由于此批货源比较紧缺,供应商要求先预付款 12 000 元,打款后一个月发货,本公司预付给沁和商贸 12 000 元货款,工商银行现金支票付讫。

(24) 2016-01-25 在薪资管理系统生成工资分摊的凭证,根据工资分摊设置计提职工工资及代扣的社会保险及住房公积金,计提公司方承担的社会保险及住房公积金,并根据实发工资为员工发放工资。

(25) 2016-01-26 营销中心刘真销售给大连明讯信息公司台电 64GB 固态硬盘 40 个,无税单价 2 300 元,开出销售专用发票,货款未收。

(26) 2016-01-27 计提 1 月份折旧,生成折旧凭证。

(27) 2016-01-27 结转制造费用。

(28) 2016-01-28 采购部王舒向沁和商贸采购包装盒 300 个,原币金额 1 500 元,货已到库,采购专用发票已经收到,但财务部门暂不能支付货款。

(29) 2016-01-29 本月生产台电 1TB 移动硬盘全部完工 200 个(本月发生的生产成本全部为 1TB 移动硬盘的生产成本),已全部验收合格入库。

(30) 2016-01-30 计提坏账准备,要求在应收系统中处理。

2. 月末处理

(1) 2016-01-31 由操作员林枝对所有业务凭证进行出纳签字、审核凭证、记账的业务处理。

（2）2016-01-31 设置销售费用自动转账并结转销售成本。

（3）2016-01-31 由操作员赵媚设置期间损益结转并结转本年利润收入、支出类生成一张凭证即可，并把本张凭证由林枝进行审核，记账的操作。

（4）所有业务模块结账，固定资产、薪资管理、应收应付、总账结账。

3．财务报表生成

1 月 31 日，操作员赵媚在 UFO 报表中，调用"2007 年新会计制度科目"模板，编制 1 月份资产负债表、利润表，分别命名为资产负债表.rep 和利润表.rep，保存在学生文件夹中。

输出账套保存在学生文件夹中。

综合实训 2

第一部分　账套信息

一、建立账套

1. 增加下列操作员

编　号	姓　名	所属部门	编　号	姓　名	所属部门
001	赵克强	财务部	003	孙军	财务部
002	江浩	财务部	004	李红	财务部

2. 建立账套

（1）账套信息

账套号：888；账套名称：长沙商贸股份有限公司；启用会计期：2016 年 1 月。

（2）单位信息

单位名称：长沙商贸股份有限公司；单位简称：长沙商贸；单位地址：长沙市圭白路 888 号；法人代表：徐平；邮政编码：410000；联系电话及传真：56568888；电子邮件：CSSM@DHCL.COM；税号：354323400533221。

（3）核算类型

本币代码：RMB；本币名称：人民币；企业类型：商业；行业性质：2007 年新会计制度科目；账套主管：赵克强。按行业性质预置会计科目。

（4）基础信息

存货、客户、供应商有分类核算，无外币业务。

（5）分类编码方案

科目编码级次为：4-2-2-2-2；其他编码级次默认；数据精度定义均按默认值。

3. 系统启用

2016 年 1 月 1 日，系统管理员启用总账、应付、应收、固定资产、工资管理等系统。

4. 操作员权限设置

编号	姓名	权　　限
002	江浩	公用目录设置，除出纳外的总账权限
003	孙军	公用目录设置，应收、应付、固定资产、工资管理
004	李红	公用目录设置，总账之出纳管理、出纳签字

二、模块参数设置

1. 总账

制单权限控制到科目；出纳凭证必须经由出纳签字；凭证必须经由主管会计签字；数量、单价小数位保留 2 位；部门、个人、项目排序方式均按编码排序。

2. 应收款管理

应收款核销方式：按单据；单据审核日期依据：单据日期；坏账处理方式：应收余额百分比法；应收账款核算模型：详细核算；不根据信用额度自动报警。

3. 应付款管理

应付款核销方式：按单据；单据审核日期依据：单据日期；应付账款核算模型：详细核算；不根据信用额度自动报警。

4. 工资管理

工资类别个数：单个；从工资中代扣个人所得税；不扣零；人员编码长度：5 位。

5. 固定资产

本账套计提折旧；折旧汇总分配周期：1 个月；当（月初已计提月份＝可使用月份－1）时将剩余折旧全部提足；资产类别编码规则：2-1-1-2；固定资产编码方式：自动编码，部门编码＋类别编码＋序号；序号长度：3；与账务系统进行对账；固定资产对账科目：1601；累计折旧对账科目：1602；对账不平情况下不允许固定资产月末结账。

第二部分 基 础 档 案

一、部门档案

部门编码	部门名称	部门编码	部门名称
1	办公室	401	销售一部
2	财务部	402	销售二部
3	采购部	403	销售三部
4	销售部	5	仓管部

二、职员档案

职员编码	职员姓名	部门名称	人员类别	是否为业务员
01001	敖广	办公室	经理人员	是
01002	张立	办公室	经理人员	是
01003	刘小璐	办公室	管理人员	否
02001	赵克强	财务部	经理人员	否
02002	江浩	财务部	管理人员	否
02003	孙军	财务部	管理人员	否
02004	李红	财务部	管理人员	否
03001	江上舟	采购部	经理人员	是

职员编码	职员姓名	部门名称	人员类别	是否为业务员
03002	梁瑜	采购部	业务人员	是
03003	周密	采购部	业务人员	是
04001	余凡	销售一部	经理人员	是
04002	朱明宇	销售一部	业务人员	是
04003	陈文斌	销售一部	业务人员	是
04004	王春	销售二部	管理人员	是
04005	徐咏梅	销售二部	业务人员	是
04006	胡晓慧	销售三部	管理人员	是
04007	曾一平	销售三部	业务人员	是
04008	吴健	销售三部	业务人员	是
05001	何春红	仓管部	经理人员	是
05002	郑伟	仓管部	业务人员	是

三、客户分类

客户分类编码	客户分类名称
01	本地
02	外地

四、客户档案

客户编码	客户名称	客户简称	所属分类	开户银行	账号	税 号	业务员	部 门
01001	龙光股份有限公司	龙光公司	本地	工商银行	1234	123456789011111	朱明宇	销售一部
01002	绿谷股份有限公司	绿谷公司	本地	工商银行	4567	456789012344444	王春	销售二部
02001	紫微股份有限公司	紫微公司	外地	工商银行	7890	789012345677777	曾一平	销售三部

五、供应商分类

类 别 编 码	类 别 名 称
01	生产商
02	批发商

六、供应商档案

供应商 编码	供应商 名称	供应商 简称	所属分类	开户银行	账号	税 号	业务员	部 门
01001	贝贝股份 有限公司	贝贝公司	生产商	工商银行	9876	999888777666555	江上舟	采购部
02001	欢欢股份 有限公司	欢欢公司	批发商	工商银行	7654	777666555444333	梁 瑜	采购部
02002	妮妮股份 有限公司	妮妮公司	批发商	工商银行	5432	555444333222111	周 密	采购部

七、计量单位

编 码	名 称
1	台
2	件
3	元

八、存货分类

存货分类编码	存货分类名称
01	商品
02	其他

九、存货档案

存货编码	存货代码	存货名称	单位	存货属性
001	01	A 商品	件	外购、销售
01002	01	B 商品	台	外购、销售
01003	01	C 商品	台	外购、销售
02001	02	运费	元	应税劳务

十、会计科目

1. 修改会计科目

科目编码	科目名称	辅助核算	受控系统
1121	应收票据	客户往来	应收系统
1122	应收账款	客户往来	应收系统
1221	其他应收款	个人往来	
1123	预付账款	供应商往来	应付系统

续表

科目编码	科目名称	辅助核算	受控系统
1601	固定资产	部门核算	
2201	应付票据	供应商往来	应付系统
2202	应付账款	供应商往来	应付系统
2203	预收账款	客户往来	应收系统

2. 增加会计科目

科目编码	科目名称	科目类型	核算账类
100201	工行存款	资产	日记账、银行账
100202	建行存款	资产	日记账、银行账
140501	A商品	资产	数量金额(件)
140502	B商品	资产	数量金额(台)
140503	C商品	资产	数量金额(台)
22210101	进项税额	负债	
22210102	销项税额	负债	
22210103	已交税金	负债	
222102	未交增值税	负债	
222106	应交所得税	负债	
222108	应交城市维护建设税	负债	
222109	应交教育费附加	负债	
222112	应交个人所得税	负债	
221101	工资费用	负债	
221102	应付福利费	负债	
221103	工会经费	负债	
221104	职工教育经费	负债	
221105	养老保险	负债	
410401	未分配利润	权益	
600101	A商品	损益	数量金额(件)
600102	B商品	损益	数量金额(台)
600103	C商品	损益	数量金额(台)
640101	A商品	损益	数量金额(件)
640102	B商品	损益	数量金额(台)
640103	C商品	损益	数量金额(台)
660101	工资及福利费	损益	
660102	广告费	损益	
660103	折旧费	损益	
660199	其他费用	损益	
660201	工资及福利费	损益	
660202	差旅费	损益	

科目编码	科目名称	科目类型	核算账类
660203	折旧费	损益	
660204	办公费	损益	
660205	业务招待费	损益	
660206	工会经费	损益	
660207	职工教育经费	损益	
660208	养老保险	损益	
660299	其他费用	损益	

3. 指定科目

在编辑菜单中选择"指定科目"项,将 1001 现金指定为现金总账科目,将 1002 银行存款指定为银行总账科目。

十一、凭证类别

类别字	类别名称	限制类型	限 制 科 目
收	收款凭证	借方必有	1001,100201,100202
付	付款凭证	贷方必有	1001,100201,100202
转	转账凭证	凭证必无	1001,100201,100202

十二、结算方式

结算方式编码	结算方式名称	票据管理标志
1	现金	否
2	支票	是
201	现金支票	是
202	转账支票	是

十三、开户银行

编码	开户银行名称	账 号	暂封标志
001	中国工商银行	23242500789	否
002	中国建设银行	37383965432	否

十四、收发类别

类别编码	类别名称	收发标志
1	入库	收
2	出库	发

十五、采购类型

采购类型编码	采购类型名称	入库类别	是否默认值
01	商品采购	采购入库	是

十六、销售类型

销售类型编码	销售类型名称	出库类别	是否默认值
01	普通销售	销售出库	是

第三部分　期初设置

一、总账系统初始设置

（一）期初余额

科目编码	科目名称	余额方向	期初余额
1001	现金	借	1 573.00
1002	银行存款	借	1 426 805.23
100201	工行存款	借	1 326 805.23
100202	建行存款	借	100 000.00
1012	其他货币资金	借	56 000.00
1101	交易性金融资产	借	285 000.00
1121	应收票据	借	120 000.00
1122	应收账款	借	77 805.00
1221	其他应收款	借	1 500.00
1231	坏账准备	贷	396.53
1123	预付账款	借	50 000.00
1405	库存商品	借	266 500.00
140501	A商品	借	63 000.00
		件	105
140502	B商品	借	116 000.00
		台	58
140503	C商品	借	87 500.00
		台	350
1511	长期股权投资	借	300 000.00
1601	固定资产	借	6 021 000.00
1602	累计折旧	贷	1 089 843.00
1701	无形资产	借	150 000.00
1801	长期待摊费用	借	83 600.00
2101	短期借款	贷	500 000.00

科目编码	科目名称	余额方向	期初余额
2121	应付账款	贷	20 124.00
2131	预收账款	贷	60 000.00
2211	应付职工薪酬	贷	63 250.00
2221	应交税金	贷	73 117.70
222102	未交增值税	贷	38 250.00
222106	应交所得税	贷	29 700.00
222108	应交城市维护建设税	贷	2 677.50
222112	应交个人所得税	贷	2 490.20
2241	其他应付款	贷	55 378.00
2501	长期借款	贷	400 000.00
4001	实收资本（或股本）	贷	5 000 000.00
4002	资本公积	贷	613 600.00
4101	盈余公积	贷	760 544.00
4104	利润分配	贷	203 530.00
410401	未分配利润	贷	203 530.00

（二）辅助账期初余额

1. 1121 应收票据

日　期	凭证号	客　户	摘　要	方　向	金　额
2015-12-16	转-21	紫薇公司	销货款	借	120 000

2. 1122 应收账款

日　期	凭证号	客　户	摘　要	方　向	金　额
2015-12-26	转-52	龙光公司	销货款	借	60 021
2015-12-28	转-56	绿谷公司	销货款	借	17 784

3. 1221 其他应收款

日　期	凭证号	部门	个人	摘　要	方　向	金　额
2015-12-29	付-28	办公室	张立	出差借款	借	1 500

4. 1123 预付账款

日　期	凭证号	供应商	摘　要	方　向	金　额
2015-12-29	付-29	欢欢	预付款	借	50 000

5. 1601　固定资产

部门名称	固定资产原值	部门名称	固定资产原值
办公室	432 500	销售二部	1 006 500
财务部	453 500	销售三部	1 024 000
采购部	692 500	仓管部	980 000
销售一部	1 432 000	合计	6 021 000

6. 2121　应付账款

日　期	凭证号	供应商	摘　要	方　向	金　额
2015-12-29	转-58	妮妮公司	购货款	贷	20 124

7. 2131　预收账款

日　期	凭证号	客户	摘　要	方　向	金　额
2015-12-30	收-16	绿谷公司	预收款	贷	60 000

二、工资管理系统初始设置

（一）设置人员类别

经理人员、管理人员、业务人员。

（二）设置银行名称

银行名称：中国工商银行；账号长度：11 位；录入时自动带出的账号长度：8 位。

（三）人员档案

部门名称	人员编码	人员姓名	人员类别	银行账号
办公室	01001	敖广	经理人员	87654301001
办公室	01002	张立	经理人员	87654301002
办公室	01003	刘小璐	管理人员	87654301003
财务部	02001	赵克强	经理人员	87654302001
财务部	02002	江浩	管理人员	87654302002
财务部	02003	孙军	管理人员	87654302003
财务部	02004	李红	管理人员	87654302004
采购部	03001	江上舟	经理人员	87654303001
采购部	03002	梁瑜	业务人员	87654303002
采购部	03003	周密	业务人员	87654303003
销售一部	04001	余凡	经理人员	87654304001
销售一部	04002	朱明宇	业务人员	87654304002
销售一部	04003	陈文斌	业务人员	87654304003
销售二部	04004	王春	管理人员	87654304004
销售二部	04005	徐咏梅	业务人员	87654304005

部门名称	人员编码	人员姓名	人员类别	银行账号
销售三部	04006	胡晓慧	管理人员	87654304006
销售三部	04007	曾一平	业务人员	87654304007
销售三部	04008	吴健	业务人员	87654304008
仓管部	05001	何春红	经理人员	87654305001
仓管部	05002	郑伟	业务人员	87654305002

全部为中方人员,计税,工资不停发。

（四）设置工资项目

工资项目名称	类型	长度	小数	增减项
基本工资	数字	8	2	增项
岗位工资	数字	8	2	增项
奖金	数字	8	2	增项
交补	数字	8	2	增项
应发工资	数字	8	2	增项
事假天数	数字	4	0	其他
事假扣款	数字	8	2	减项
病假天数	数字	4	0	其他
病假扣款	数字	8	2	减项
养老保险	数字	8	2	减项
代扣税	数字	8	2	减项
扣款合计	数字	8	2	减项
实发工资	数字	8	2	增项
计税基数	数字	8	2	其他
工资分摊基数	数字	8	2	其他

工资计算公式:

岗位工资＝iff(人员类别="经理人员",1000,iff(人员类别="管理人员",800,700))

交补＝80

事假扣款＝基本工资/30×事假天数

病假扣款＝基本工资/30×病假天数×0.3

养老保险＝(基本工资＋岗位工资)×0.07

计税基数＝基本工资＋岗位工资＋奖金＋交补－事假扣款－病假扣款－养老保险

工资分摊基数＝基本工资＋岗位工资＋奖金＋交补－事假扣款－病假扣款

（五）扣缴所得税设置

所得项目:工资;对应工资项目:计税基数;计税基数:3 500 元。

（六）银行代发设置

单位编号:8650203106

（七）工资分摊设置

1. 计提费用类型

会计电算化（第二版）——用友 ERP-U8 V10.1 版

计提费用类型	计提分摊比例
工资分摊	100％
应付福利费	14％
工会经费	2％
职工教育经费	1.5％
养老保险	19％

2. 工资分摊设置

部　门	人员类别	项　目	工资分摊		应付福利费		工会经费,职工教育经费,养老保险	
			借方科目	贷方科目	借方科目	贷方科目	借方科目	贷方科目
全部部门	经理人员	工资分摊基数	660201	2211	660201	2211	660206 660207 660208	2181
办公室、财务部、销售部	管理人员	工资分摊基数	660201	2211	660201	2211	660206 660207 660208	2181
采购部、销售部、仓管部	业务人员	工资分摊基数	660101	2211	660101	2211	660206 660207 660208	2181

三、固定资产系统初始设置

(一)部门对应折旧科目

部门编码	部门名称	折旧科目	部门编码	部门名称	折旧科目
01	办公室	660203 折旧费	0401	销售一部	660103 折旧费
02	财务部	660203 折旧费	0402	销售二部	660103 折旧费
03	采购部	660203 折旧费	0403	销售三部	660103 折旧费
04	销售部	660103 折旧费	05	仓管部	660203 折旧费

(二)设置资产类别

类别编码	类别名称	使用年限	净残值率	计提属性	计提方法
01	房屋	30	5％	总提折旧	平均年限法(一)
02	营业设备	10	5％	正常计提	平均年限法(一)
03	办公设备	5	5％	正常计提	平均年限法(一)
04	运输设备	10	5％	正常计提	平均年限法(一)

（三）录入原始卡片

资产名称	类别号	增加方式	原　值	使用年限	使用部门	累计折旧	开始使用时间
办公楼	01	在建工程转入	1 680 000	30	办公室、财务部、采购部、仓管部各25%	240 240	2011-05-28
营业楼	01	在建工程转入	3 000 000	30	销售一部40%,销售二部30%,销售三部30%	499 200	2010-08-12
仓库	01	在建工程转入	560 000	30	仓管部	65 520	2012-03-22
5 吨卡车	04	直接购入	85 000	10	销售一部	21 488	2013-04-02
10 吨卡车	04	直接购入	260 000	10	采购部	65 728	2013-04-02
营业设备甲	02	直接购入	280 000	10	销售一部40%,销售二部30%,销售三部30%	139 356	2010-09-10
营业设备乙	02	直接购入	45 000	10	销售一部50%,销售二部50%	22 041	2010-10-08
营业设备丙	02	直接购入	40 000	10	销售三部	18 960	2010-12-05
计算机8台	03	直接购入	38 000	5	办公室、财务部、销售一部、采购部各25%	9 006	2014-09-25
保险柜	03	直接购入	21 000	20	财务部	5 460	2010-07-13
打印机4台	03	直接购入	12 000	5	办公室、财务部、采购部、销售一部各25%	2 844	2014-09-25

使用状况：均为在用。

四、应收款系统初始设置

1. **基本科目设置**

应收科目为11221,预收科目为2203,销售收入科目为6001,税金科目为22210102。

2. **结算方式科目设置**

现金结算对应1001,支票结算、汇票结算、电汇结算、其他结算对应100201。

3. **坏账准备设置**

提取比率为0.5%,坏账准备期初余额为396.53元,坏账准备科目为1231,对方科目为6701。

4. **账龄区间设置**

1~30,31~60,61~90,91~180,181~360,361以上。

5. **期初应收单据**

2015年12月16日,收到紫薇公司开出的由工商银行承兑的银行承兑汇票一份,票面金额120 000元,票据号25006,2005年12月16日签发,2006年1月16日到期。

2015年12月26日,销售给龙光公司A商品20件,无税单价780元;B商品10台,无税单价 3 570 元,共计货款 51 300 元,税款 8 721 元,价税合计 60 021 元。

2015 年 12 月 28 日,销售给绿谷公司 C 商品 40 台,无税单价 380 元,共计货款 15 200 元,税款 2 584 元,价税合计 17 784 元。

2015 年 12 月 30 日,收到绿谷公司预付款 60 000 元。(结算方式:转账支票)

五、应付款系统初始设置

1. 基本科目设置

应付科目为 2201,预付科目为 1123,采购科目为 1403,税金科目为 22210101。

2. 结算方式科目设置

现金结算对应 1001,支票结算、汇票结算、电汇结算、其他结算对应 100201。

3. 账龄区间设置

1~30,31~60,61~90,91~180,181~360,361 以上。

4. 录入期初采购专用发票

2005 年 12 月 29 日,向妮妮公司购进 C 商品 80 台,单价 215 元,共计货款 17 200 元,税款 2 924 元,价税合计 20 124 元。

2005 年 12 月 29 日,预付欢欢公司货款 50 000 元。(结算方式:转账支票)

第四部分　日　常　业　务

(1) 2 日,根据月初在用固定资产原值计提本月折旧,附单据 1 张。

(2) 2 日,绿谷公司汇来前欠货款 17 784 元,票号 2201,附件 1 张。

(3) 4 日,仓库发出绿谷公司 2 日所订 B 商品 20 台(协议价格 2 780 元/台),C 商品 80 台(协议价格 350 元/台),并开出专用发票,价款 83 600 元,税款 14 212 元,价税合计 97 812 元。(注:本实训题中的单价均指不含税单价。)

(4) 5 日,张立出差归来,报销差旅费 1 820 元,原预借 1 500 元,差额以现金付给,附单据 2 张。

(5) 5 日,电汇给妮妮公司 20 124 元,支付前欠货款,票号 4561,附单据 1 张。

(6) 6 日,交上月应交增值税 38 250 元,应交所得税 29 700 元,应交城市维护建设税 2 677.5 元,应交个人所得税 2 490.2 元,应交教育费附加 1 530 元,共计 74 647.7 元。结算方式:其他;附单据 3 张。

(7) 6 日,收到欢欢公司发来 B 商品 50 台,单价 1 500 元,验收入 2♯库。6 日,收到欢欢公司开来的专用发票,列 B 商品 50 台,单价 1 500 元,货款 75 000 元,税款 12 750 元,共计 87 750 元。

(8) 9 日,仓库发出龙光公司 6 日订购 A 商品 120 件,单价 910 元,开出专用发票,计货款 109 200 元,税款 18 564 元,共计 127 764 元,收到转账支票送存工商银行,票据号:4562,银行账号:2233。

(9) 9 日,以现金支付汽油费 900 元,附单据 1 张。

(10) 10 日,收到贝贝公司发来 A 商品 200 件,单价 835 元,验收入 1♯库,并收到专用发票一张,共计货款 167 000 元,税款 23 890 元,价税合计 195 390 元。

（11）10 日，发放本月工资，据统计，上月职工王春事假 1 天，徐咏梅病假 2 天，本月工资表如下：

人员编号	姓 名	基本工资	岗位工资	奖 金	交补	应发合计	事假扣款	病假扣款	养老保险	代扣税	扣款合计	实发合计
01001	敖广	2 800	1 000	1 000	80	4 880			266	33.42	299.42	4 580.58
01002	张立	2 500	1 000	1 000	80	4 580			245	25.05	270.05	4 309.95
01003	刘小璐	1 500	800	800	80	3 580			161		161	3 019
02001	赵克强	2 000	1 000	850	80	3 930			210	6.6	216.6	3 713.4
02002	江浩	1 500	800	800	80	3 180			161		161	3 019
02003	孙军	1 800	800	800	80	3 480			182		182	3 298
02004	李红	1 500	800	800	80	3 180			161		161	3 019
03001	江上舟	2 000	1 000	850	80	3 930			210	6.6	216.6	3 713.4
03002	梁瑜	1 500	700	800	80	3 080			154		154	2 926
03003	周密	1 800	700	800	80	3 380			175		175	3 205
04001	余凡	2 000	1 000	850	80	3 930			210	6.6	216.6	3 713.4
04002	朱明宇	1 800	700	800	80	3 380			175		175	3 205
04003	陈文斌	1 500	700	770	80	3 050			154		154	2 896
04004	王春	1 500	800	800	80	3 180	50		161		211	2 969
04005	徐咏梅	2 100	700	780	80	3 660		42	196		238	3 422
04006	胡晓慧	1 800	800	800	80	3 480			182		182	3 298
04007	曾一平	1 500	700	770	80	3 050			154		154	2 896
04008	吴健	1 800	700	770	80	3 450			175		175	3 175
05001	何春红	2 000	1 000	850	80	3 930			210	6.6	216.6	3 713.4
05002	郑伟	1 500	700	770	80	3 050			154		154	2 896
合 计		36 400	16 400	16 460	1 600	71 360	50	42	3 696	84.87	3 872.87	66 987.13

（12）11 日，收到龙光公司 2187＃ 转账支票，系上月货款 60 021 元。

（13）11 日，开出现金支票 2368＃，提现 3 000 元备用，附单据 1 张。

（14）11 日，办公室购进传真机一台，不含税价款 2 600 元，收到增值税发票，开出 2188＃ 转账支票付讫，当即交付使用，使用年限为 5 年。

（15）13 日，办公室购买办公用品 360 元，以现金支付，附单据 1 张。

（16）16 日，紫薇公司 2005 年 12 月 16 日签发的应收票据到期，款项收存银行，结算方式：其他。

（17）17 日，销售一部余凡报销业务招待 780 元，以现金支付。

（18）20 日，短期借款 200 000 元今日到期，开出 2189＃ 转账支票归还。

（19）24 日，售出持有的股票，收入 138 600 元，购入成本 105 000 元，获利 33 600 元，附单据 1 张。

（20）26 日，计提本月短期借款利息 2 500 元，附单据 1 张。

第五部分　期　末　处　理

一、工资管理系统期末处理

1. 工资分摊

（1）分摊工资。

（2）计提福利费。

（3）计提工会经费。

（4）计提职工教育经费。

（5）计提养老保险。

2. 月末处理

二、固定资产管理系统期末处理

1. 对账

孙军进入固定资产管理系统，办理对账，固定资产月末余额 6 023 600 元，累计折旧月末余额 1 109 950 元。

2. 结账

三、应收款管理系统期末处理

江浩进入应收款管理系统，执行自动核销，办理月末结账。

四、应付款管理系统期末处理

江浩进入应付款管理系统，执行自动核销，办理月末结账

五、总账系统期末处理

（1）结转本月销售成本。

（2）分收、支结转损益账户。

（3）输出全月科目汇总表，保存到"科目汇总表. xls"文件中。

第六部分　报　表　制　作

一、资产负债表制作

定义资产负债表格式及计算公式，保存为"资产负债表. rep"文件。

二、利润表制作

定义利润表格式及计算公式，保存为"利润表. rep"文件。

参 考 文 献

1. 周小芬.会计电算化实务[M].北京:清华大学出版社,2009.
2. 钟爱军,李树强.会计信息化应用教程[M].2版.北京:科学出版社,2012.
3. 谈先球,黄乐珊,徐庆林.会计电算化实务[M].北京:教育科学出版社,2013.
4. 庄蝴蝶.会计信息化[M].北京:高等教育出版社,2014.